ALBER STUDIENAUSGABE

Das Buch eröffnet dem deutschen Leser einen ersten Zugang zur Philosophie von Emmanuel Lévinas. Dessen zentrales Problem ist die Frage nach dem Anderen und die Verantwortung, die aus der Beziehung zum Anderen entspringt. Lévinas' These lautet: Allem voraus geht die Berührung mit dem Anderen. Daher wird die Stelle einer prima philosophia von der Ethik eingenommen. Den Schlußstein bildet Lévinas' Umdeutung der Subjekttheorie: Den Vorrang des Subjekts begründet nicht die Substanzialität, nicht die Intentionalität und auch nicht das Seinsverstehen, sondern die Verantwortung. In ihr liegt die Subjektivität des Subjekts.

Die Textauswahl hebt mit frühen phänomenologischen Arbeiten von Lévinas an und macht sichtbar, wie er seine eigene Position in der Auseinandersetzung mit der Phänomenologie Husserls und Heideggers entwickelt.

Der Autor, Emmanuel Lévinas, geb. 1905 in Kaunas/Kowno (Litauen), gest. 1995, lebte seit 1923 in Frankreich. Studium der Philosophie in Straßburg und Freiburg i. Br.; Teilnahme am Krieg, Gefangenschaft in Deutschland; nach dem Krieg Leiter des Israelitischen Lehrerseminars in Paris; Arbeiten zum Judentum und zur Philosophie; seit 1962 Professor für Philosophie; 1983 Karl-Jaspers-Preis.

Wichtige Buchveröffentlichungen: Théorie de l'intuition dans la phénoménologie de Husserl (1930), De L'existence à l'existant (1947; deutsche Übersetzung: „Vom Sein zum Seienden" 1997; [2]2008 als Studienausgabe bei Alber), En découvrant l'existence avec Husserl et Heidegger (1949, [4]1982; teilweise deutsche Übersetzung: „Die Spur des Anderen" 1983, [6]2012 als Studienausgabe bei Alber), Totalité et infini (1961, [7]1980; deutsche Übersetzung: „Totalität und Unendlichkeit" 1987, [5]2008 als Studienausgabe bei Alber), Difficile liberté (1963), Quatre lectures talmudiques (1968), Autrement qu'être ou au-delà de l'essence (1974; deutsche Übersetzung: „Jenseits des Seins oder anders als Sein geschieht" 1992; [4]2011 als Studienausgabe bei Alber), Du sacré au saint (1977), De Dieu qui vient à l'idée (1982; deutsche Übersetzung: „Wenn Gott ins Denken einfällt" 1985, [4]2004 als Studienausgabe bei Alber).

Emmanuel Lévinas

Die Spur des Anderen

ALBER STUDIENAUSGABE

Emmanuel Lévinas

Die Spur des Anderen

Untersuchungen
zur Phänomenologie
und Sozialphilosophie

Übersetzt, herausgegeben und
eingeleitet von
Wolfgang Nikolaus Krewani

Verlag Karl Alber Freiburg / München

Studienausgabe (= 7. Auflage) 2017

© VERLAG KARL ALBER
in der Verlag Herder GmbH, Freiburg im Breisgau 1983
Alle Rechte vorbehalten
www.verlag-alber.de

Herstellung: CPI books GmbH, Leck

Printed in Germany

ISBN 978-3-495-48501-9

Vorwort

Die hier vorgelegte Auswahl von Arbeiten des französischen Philosophen Emmanuel Lévinas hat vor allem das Ziel, in sein Werk einzuführen. Der Sache nach handelt es sich dabei um die Aufgabe, anhand von Texten das Problem der Verantwortung und des Anderen, wie es im Zentrum von Lévinas' Philosophie steht, zu entfalten und Lévinas' Antwort darauf zu skizzieren. Dieses Problem entsteht für Lévinas in der Auseinandersetzung mit der Phänomenologie. Aus diesem Grund nehmen die Beiträge zur Phänomenologie einen breiten Raum ein. Allerdings hat die Phänomenologie für Lévinas eine doppelte Bedeutung. Einerseits setzt er sich von ihr ab und entwickelt seinen eigenen Standpunkt gegen sie. Dies zeigen die ersten drei der übersetzten Beiträge. Andererseits nimmt Lévinas phänomenologische Thesen auf, weil er in ihnen schon implizit enthalten sieht, was seine Philosophie explizieren wird. Dies gilt insbesondere von den Beiträgen vier bis sechs. Aus der gewonnenen Orientierung werden dann die übrigen Untersuchungen verständlich, die vor allem Lévinas' eigene Philosophie vorstellen. Eine zusammenfassende Darstellung der Gedankenbewegung, die sich in der Zeit, aus der diese Aufsätze stammen, vollzieht, ist als Einleitung vorangestellt.
Das Studium der Philosophie von E. Lévinas hat in Deutschland soeben erst begonnen. Ein Arbeitskreis um Herrn Prof. B. Casper, Freiburg i. Br., trifft sich seit einigen Jahren – bis vor kurzem mit Unterstützung der

Thyssenstiftung – regelmäßig mit Herrn Prof. Lévinas, um seine Philosophie zu diskutieren. Hier wurden auch die ersten Übertragungen gemacht. Darüber hinaus fand Anfang 1983 in Löwen, ebenso mit der Unterstützung der Thyssenstiftung, ein Kolloquium statt, das Herr Prof. O. Pöggeler, Bochum, organisiert hatte und das sich Fragen der Deutung und Übersetzung von „Totalité et infini" widmete. Als vordringliche Aufgabe für ein breiteres Studium der Philosophie Lévinas' wird nun die Übertragung der beiden Hauptwerke „Totalité et infini" und „Autrement qu'être ou au-delà de l'essence" betrachtet. Daß die vorliegenden Übersetzungen erscheinen konnten, ist den Herren Casper und Pöggeler, die sich für die Veröffentlichung eingesetzt haben, ebenso zu danken wie Herrn Dr. Meinolf Wewel vom Verlag Alber, der durch sein Interesse und Entgegenkommen die Veröffentlichung möglich machte. Verschiedene Kollegen, unter ihnen besonders Herr Dr. L. Wenzler, haben sich der dankenswerten Mühe unterzogen, die Übersetzung oder Teile daraus zu lesen, und durch Korrekturen und Vorschläge zur Verbesserung des Textes beigetragen. Nicht zuletzt hat Herr Lévinas selbst am Zustandekommen dieser Übersetzungen Anteil dadurch, daß er die Genehmigung gab, und durch seine liebenswürdige Bereitschaft, bei Fragen und Schwierigkeiten zur Verfügung zu stehen.

Meerbusch, den 1. Mai 1983   Wolfgang Krewani

Inhalt

Einleitung:
Endlichkeit und Verantwortung 9

1. Von der Beschreibung zur Existenz 53
2. Überlegungen zur phänomenologischen „Technik" 81
3. Ist die Ontologie fundamental? 103
4. Der Untergang der Vorstellung 120
5. Intentionalität und Metaphysik 140
6. Intentionalität und Empfindung 154
7. Die Philosophie und die Idee des Unendlichen 185
8. Die Spur des Anderen 209
9. Rätsel und Phänomen 236
10. Sprache und Nähe 260
11. Die Substitution 295

Anhang:
Biographie 331
Verzeichnis der verwendeten Sigel 333
Nachweis für die Veröffentlichung der französischen Originaltexte 334

Auswahl aus den Schriften von E. Lévinas 336
Auswahl aus den Schriften über E. Lévinas 339
Verzeichnis der von Lévinas angeführten Literatur 342
Personenregister 345
Sachregister 347

Die Marginalien verweisen auf die Seitenzählung der französischen Originaltexte.
Die Originalanmerkungen von Lévinas sind arabisch gezählt. Mit kleinen Buchstaben gekennzeichnete Anmerkungen stammen vom Herausgeber und Übersetzer.

Einleitung:
Endlichkeit und Verantwortung

Die Menschen dieses Jahrhunderts beginnen zu begreifen, daß ein würdiges Leben für alle Menschen sich nicht mit den Mitteln der Planung und Organisation und noch weniger mit Gewalt, mag sie auch im Dienste der Vernunft stehen, durchsetzen läßt. Sie distanzieren sich von der Tradition des neuzeitlichen Denkens, das der Vernunft die Lösung aller Welträtsel zutraute. Die Ziele, die sich die europäische Wissenschaft einschließlich der Philosophie gesteckt hatte, sind nicht nur nicht erreicht, sondern es ist geradezu das Gegenteil dessen eingetreten, was Verfechter der neuzeitlichen Idee des Humanismus sich vorgestellt hatten. Der gottgleiche Mensch der Neuzeit, der die Geschichte an ihr befriedetes und erfülltes Ende zu führen gedachte, hat sich als eine beschränkte geschichtliche Form des Menschen erwiesen, deren Grenzen heute sichtbar geworden sind. Wie soll auch der Mensch, der auf vielfältige Weise abhängig und bedingt ist, in der Lage sein, eine Welt und eine Totalität einzurichten, da ihm sein eigenes Dasein undurchsichtig ist und bisher nicht hat durchsichtig gemacht werden können? Daher tritt nun der Rede von der Autonomie des Subjekts, die die Neuzeit in ihren wesentlichen Strömungen beherrscht hat, die Überzeugung von der Endlichkeit des menschlichen Daseins entgegen. Der Drang nach dem Unbedingten weicht dem Glauben an die Bedingtheit durch Tradition und Natur. Die Aufklärung hat sich grundsätzlich verdächtig gemacht – nicht nur bei ihren Gegnern –, und die These von der unaufhebbaren Endlichkeit des Menschen darf als allgemein anerkannt gelten.

Aber die neuzeitliche Idee der Autonomie des Menschen hat zwei Seiten. Einerseits setzt sie den Menschen über die Natur und realisiert das biblische Gebot: Machet Euch die Erde untertan. Andererseits aber ist die Befreiung des neuzeitlichen Menschen eine Befreiung zur Wahrheit. Der Mensch soll nicht den eigenen Idolen, Trugbildern seiner Phantasie und Wünsche gehorchen, sondern allein der Wahrheit unterworfen sein. Das Denken des Menschen und ebenso das Tun sollen an der Wahrheit ihr Maß haben. Die Idee der Verantwortung steht nicht minder im Zentrum der neuzeitlichen Intentionen als die Idee der Herrschaft: Beide machen einander den Rang streitig. Verantwortlich kann aber nur das autonome Subjekt sein. Der Impuls zur Verantwortung, der historisch motiviert ist u. a. durch den Bruch der antik-mittelalterlichen Welt, fordert die Loslösung aus den Bildern und der Verzauberung der Sinnlichkeit sowie die Befreiung aus den Vorurteilen der Geschichte, wie sie teils in den religiösen Bewegungen des Protestantismus, teils in der Philosophie vollzogen wurden. Die Neuzeit fordert das Selbstsein des Subjekts, den unbeteiligten Betrachter des weltlichen Geschehens, weil nur er verantwortliches Subjekt zu sein vermag.

Diese Idee ist es, die durch das neue Denken der Endlichkeit bedroht wird. Das endliche Subjekt besitzt sich nicht selbst. Das macht seine Endlichkeit aus. Es kann nicht den Grund seiner selbst legen; sein eigener Grund ist ihm auf immer entzogen. Das endliche Subjekt kann sich nicht vollständig übernehmen. Daher stellt sich unter der Voraussetzung der Endlichkeit des Subjekts die Frage nach der Verantwortung neu. Ist die Verantwortung eine Idee, die wir fahren zu lassen haben, weil sie mit unserem

übrigen Menschenbild inkompatibel ist? Ganz unbestreitbar sind Tendenzen dieser Art in der Gegenwart sichtbar. Wie muß Verantwortung begriffen werden, damit sie der Endlichkeit des Menschen nicht widerspreche? Wie kann der Mensch verantwortliches Subjekt sein, ohne in die Gefahrt der Gewalttätigkeit zu geraten, die die Neuzeit begleitet?
Fragen dieser Art stehen im Zentrum der Theorie des französischen Philosophen Emmanuel Lévinas. Seiner philosophischen Herkunft nach ist Lévinas Phänomenologe. Er hat nicht nur zwei Semester in Freiburg zugebracht und bei Husserl studiert (s. u. p. 121), sondern ist auch mit Schriften zur Phänomenologie hervorgetreten. Aber Lévinas übernimmt nicht einfach die Thesen der Phänomenologie, sondern stellt sich kritisch zu ihnen. Es ist vor allem Husserls Subjekttheorie sowie Heideggers Begriff der Existenz, die problematisch sind und in denen Lévinas zunächst eine Verendlichung und Auflösung des Subjekts und eine Gefährdung der Verantwortung sieht.

I. Die Phänomenologie als Problem

1. Die Substanzontologie

Was bedeutet diese Auflösung?
Die traditionelle Philosophie, also etwa die cartesische, ging davon aus, daß man an allem Seienden eine gleichbleibende, identische Substanz und davon verschiedene Zustände oder Attribute finde. Exemplarisch hat Descartes dies für das cogito festgestellt. Auf die Frage, was er sei, er, der denke, antwortet Descartes, sum res cogitans, ich bin ein Ding, das denkt (s. u. p. 65). Der Mensch ist seinem Wesen nach ein Denken, ein Vorgang, eine Reihe

von Ereignissen oder Erlebnissen, die im kontinuierlichen Wandel sind – so wie an den Dingen die Beschaffenheiten im Wandel sind – und deren Einheit durch eine Substanz, ein Identisches, ausgemacht wird. Diese Substanzialität bewirkt, daß wir trotz des Wandels der Erscheinungen etwas als ein Ding ansprechen. Indes ist diese dingliche Identität des Ich für Lévinas mehr als nur der Garant der Gleichheit mit sich selbst. Vielmehr sieht Lévinas in der Trennung der dauernden Substanz vom Fluß des Denkens die Möglichkeit, über das jeweils bedingte Geschehen hinauszugelangen zum Unbedingten und Absoluten. Denn als Substanz im Unterschied zu dem Strom des Erlebens hat das Subjekt zu sich einen Abstand. Es hat sich über das bloß unmittelbare Erleben erhoben und vollzieht eine Bewegung der Transzendenz hin zum Unendlichen und Unbedingten. Deswegen wird dieses identische Substrat auch Vernunft genannt. Die Vernunft ist das Organ des Unbedingten im Menschen.

„In allem vorkantischen Idealismus", so lesen wir, „war es die wesentliche Rolle der Vernunft, die Erfahrung überfliegen und beurteilen zu können; oder wenn man so will, es handelte sich immer um einen Idealismus mit der Idee des Unendlichen." (s. u. p. 86)

Aber Lévinas findet diesen Idealismus schon bei Platon: „Die Philosophie des ‚Phaidon' ist ein Sieg über den Tod durch das Denken. Sie setzt voraus, daß der Mensch für seinen Körper sterben kann; daß etwas in ihm sterben kann und daß infolgedessen der Mensch sich aus seiner Bedingung zu lösen vermag. Ein dem Menschen überlegenes Prinzip ist dem Menschen zugänglich..." (s. u. p. 75) Hier übrigens kündigt sich ein Thema an, das sich bei Lévinas später durchhält, wenn er den Tod als Transzendenz zum Anderen deutet.

In diesem Rahmen kommt auch der Vorstellung im Sinne

der repraesentatio eine durchaus positive Bedeutung zu. Im Unterschied zur Empfindung, die das Erlebnis unmittelbar gibt, bewahrt das Subjekt vom Vorgestellten eine Distanz. Die Vorstellung ist der Akt, in dem die Trennung der Vernunft von ihrem zeitlichen Erleben stattfindet. Die Vorstellung ist „die Möglichkeit, sich die Trennung des Ich in Erinnerung zu rufen" (TI 19). Diese Trennung des Ich von seinen Manifestationen vollzieht sich vorzüglich in der theoretischen Einstellung. „Unter der Vorstellung hat man die theoretische Einstellung zu verstehen."[a] Im theoretischen Denken vollzieht sich die Transzendenz. „Daher ist der Idealismus genötigt, die eigentliche Beziehung des Geistes zum Sein in der wissenschaftlichen Forschung zu suchen; denn die Wissenschaft garantiert die absolute Äußerlichkeit des Menschen im Verhältnis zu sich selbst. Hinsichtlich dessen, was auf das engste mit ihm verbunden ist, wie sein Körper oder seine Leidenschaften, nimmt er die Haltung des Mannes ein, der zuschaut, der sich nicht einläßt auf die Ereignisse, denen sein Blick gilt." (s. u. p. 62)
Die unbeteiligte Einstellung einnehmen kann der theoretische Zuschauer aber nur, weil er schon über sich hinaus ist; und er ist über sich hinaus, weil er sich selbst aus der Perspektive des Vollkommenen und des Unendlichen sieht. „Der Idealismus ist zutiefst platonisch und cartesisch" – in der Tat sind insbesondere Platon und Descartes die immer wiederkehrenden Kronzeugen –: „Der Ausgangspunkt liegt im Menschen; aber der Mensch erhebt sich über sich selbst in dem Maße, in dem er seine Stellung unter Bezug auf die Idee des Vollkommenen definiert." (s. u. p. 62) Dies ist die Voraussetzung, unter der Verantwortung möglich ist. Verantwortung setzt nicht nur ein

---

[a] Lévy-Bruhl et la philosophie contemporaine, p. 558.

Subjekt voraus, das zu sich selbst Distanz hat; sie verlangt einen Zugang zum Unbedingten derart, daß das Subjekt in seinem Verhalten den Forderungen des Unbedingten zu antworten vermag. Beides sind nicht zwei verschiedene Sachen, sondern nur zwei Aspekte desselben. Der Zugang zum Anderen und die Verantwortung bedingen sich gegenseitig.

2. Die phänomenologische Auflösung der subjektiven Substanz

Eben diese Überzeugungen werden durch die Phänomenologie endgültig zerstört. Der Grundbegriff der Phänomenologie heißt nicht Subjekt-Objekt, sondern Intentionalität des Bewußtseins.

Die Intentionalität gliedert sich nach dem Schema „Ich denke etwas" (ego cogito cogitatum). Dabei entsteht das eigentliche Problem durch den Umstand, daß das Denken seiner Struktur nach ein Strom, eine ständige Bewegung ist. Es tritt die Frage auf, wie sich in diesem Strom bleibende Einheiten bilden können. Nicht die Gegenstände sind offenbar das Wirkliche, das Zugrundeliegende, sondern das strömende Denken. Die eigentümliche Leistung des intentionalen Bewußtseins besteht darin, auf der Grundlage des Strömens und in ihm identische Gegenstände zu konstituieren. Das vorzügliche und erste Identische, das alle anderen Identitäten trägt, ist das Ich. Es läge nahe, anzunehmen, das Ich sei ein Bleibendes, Unzeitliches, das die Bewegung seiner Erlebnisse als Strom erfährt. Gegen diese Auffassung beruft sich Lévinas auf Husserls Kritik an Brentano in den „Vorlesungen zur Phänomenologie des inneren Zeitbewußtseins". „Die Zeit und das Zeitbewußtsein entspringen weder einem zeitlosen Punkt noch vor dem Hintergrund einer gegebenen

Zeit. Der ganze Sinn der Kritik, die Husserl am Anfang der ‚Vorlesungen zur Phänomenologie des inneren Zeitbewußtseins' an die Adresse Brentanos richtet, besteht in der Ablehnung der Deduktion oder der Konstruktion der Zeit von einem zeitlosen Blick aus . . . Die Zeit entquillt nicht einer unbeweglichen Ewigkeit für ein unbeteiligtes Subjekt." (s. u. p. 168/169) Auf der Ebene der Konstitution des Subjekts zeigt sich am ehesten die Begrenztheit des Subjekt-Objekt-Schemas. Vielmehr bildet sich im Vollzug des Erlebens selbst das erlebte Ich, das Subjekt ist sich selbst das Objekt, so daß das Subjekt sich nicht als bloßen Gegenstand zu erfassen vermag. Das Subjekt hat zu dem Vollzug des Denkens keine Distanz mehr, sondern es ist seiner Substanz nach Denken und, indem es sich für sich selbst erschließt, das Gedachte. Die Substanz wird in den Vollzug des Denkens aufgelöst.

Eben dies stellt Lévinas fest, wenn er von der Intentionalität schreibt: „Die phänomenologische Konzeption der Intentionalität besteht im wesentlichen darin, daß sie Denken und Existieren identifiziert. Dem Bewußtsein kommt nicht das Denken als wesentliches Attribut zu, es ist keine Sache, die denkt, es ist Denken sozusagen seiner Substanz nach. Sein *Seinsakt* besteht im Denken." (s. u. p. 65)

Was Lévinas hier für Husserl herausstellt, gilt für Heidegger natürlich um so mehr. Husserl hat den Schritt von der Beschreibung zur Existenz nicht radikal vollzogen. Obwohl er den Begriff eines Seins, „das von der Zeit verschlungen ist"[b], vorbereitet und möglich gemacht hat, hat er doch dem Aufgehen des Ich im Strom der Geschichte die Wesensschau entgegengesetzt.[c] Er hat an einem extra-

---

[b] Le permanent et l'humain chez Husserl, p. 54.
[c] Loc. cit. p. 54 sq.

mundanen, transzendentalen Ich festgehalten und schließlich nicht davon abgelassen, in der philosophischen Theorie eine Möglichkeit zu sehen, sich aus der geschichtlichen Bedingtheit abzulösen.[d] Heidegger dagegen ist radikal genug, die Endlichkeit des Subjekts oder des Daseins zu einem Axiom seiner Philosophie zu machen. Die Bewegung von der Beschreibung zur Existenz vollendet sich mit Heidegger.

Gemäß der Philosophie der Existenz ist der Mensch zwar durch ein Können bestimmt, und insofern haben wir in der Phänomenologie einen Idealismus vor uns. Aber dieses Können ist nicht korrelativ der Idee des Unbedingten. Sofern nun die Vernunft das Organ des Unbedingten und des Vollkommenen ist, das den Menschen über sich und seine Bedingtheit erhebt, kann die Phänomenologie von Lévinas als Idealismus ohne Vernunft bezeichnet werden: „Die Phänomenologie ist das Paradox eines Idealismus ohne Vernunft." (s. u. p. 62)

Damit wird sichtbar, worin die Phänomenologie ein Problem ist für Lévinas: Gemäß ihrer Auffassung kann das Subjekt sich nicht kraft des Bezugs zur Idee des Unendlichen von sich freimachen, sondern wird bedroht vom Aufgehen in der Existenz, von einem anonymen Existieren. Das Sein ist daher für Lévinas nicht Gegenstand der Sorge des Daseins, sondern Gegenstand des Entsetzens (EE 102), ein anonymes Milieu, aus dem der Mensch sich zu befreien strebt, ohne sich doch vollständig freimachen zu können. „Wie wollen wir uns diesem Existieren ohne Existierendes nähern" (TA 25), fragt Lévinas. Er stellt damit keine nur rhetorische Frage; denn das Existieren ist bloßes „Geschehen", bloßes „Verb", das dem Namen und Substantiv vorausgeht. Es ist unnennbar.

---

[d] Loc. cit. p. 56.

In dem Versuch, das Existieren metaphorisch zu beschreiben, bezeichnet er es als „es gibt" (TA 26), als eine waltende Leere und Nichtigkeit ohne Seiende; er vergleicht es mit der schlaflosen Nacht, einer endlos – indefinit – erstreckten Gegenwart ohne jede Orientierung, „immer dieselbe Gegenwart oder dieselbe Vergangenheit, die dauert" (TA 27). Er vergleicht es mit dem Fluß, dessen Bewegtheit keine Einheit und Identität zuläßt. „Das Sein", so heißt es schließlich, „ist das Übel [le mal], nicht weil es endlich, sondern weil es ohne Grenzen ist." (TA 29)
Hier liegt offenbar der Versuch vor, eine Erfahrung zu beschreiben, die sich der Mitteilung nur sehr schwer erschließt, die aber doch – obwohl sie die Menschen auf sich vereinzelt – von vielen Zeitgenossen gemacht wurde und in den Termini des Nichts, des Absurden, der Angst oder des Ekels beschrieben wurde. Schon einige Jahre, bevor Sartre den Ekel zum Thema eines Romans macht, nennt Lévinas den Ekel [la nausée] die „eigentliche Erfahrung des reinen Seins"[e]. Es ist das Bewußtsein des „Man-kann-nichts-mehr-tun", das Bewußtsein der „Nutzlosigkeit jeder Aktion"[f]. In dieser Erfahrung gewinnt Lévinas die Gewißheit, daß es höchste Zeit ist, herauszuspringen.[g] Der Aufsatz schließt mit der Forderung, „das Sein auf einem neuen Weg zu verlassen".[h]

3. Die zwei Wege

Es wäre ein vollständiges Mißverständnis, darin eine Kritik Lévinas' an Heidegger oder an der Phänomenologie zu

---

[e] De l'évasion, p. 386.
[f] Loc. cit. p. 386/387.
[g] Loc. cit. p. 387.
[h] Loc. cit. p. 392.

sehen. Die Phänomenologie sagt nur das, was ist. Und es kann nicht Aufgabe des Philosophen sein, sich das, was ist, im Namen irgendwelcher Forderungen zu verbergen. Heideggers Philosophie stellt für Lévinas den zu seiner Zeit fortgeschrittensten Stand der philosophischen Reflexion dar. Er erkennt dies ausdrücklich an. In einer seiner frühen Arbeiten bezieht er sich auf Heideggers Unterscheidung von Sein und Seiendem, die er mit „exister" und „existant" (Existieren und Existierendem) übersetzt: „Diese Unterscheidung von Heidegger", schreibt er, „ist für mich das Tiefste aus ‚Sein und Zeit'." (TA 24) Auch in einer anderen Schrift aus derselben Zeit bekennt Lévinas, daß seine Reflexionen sich in einem großen Maße an Heideggers Philosophie inspirierten. Sie seien zwar bestimmt durch das „tiefe Bedürfnis, das Klima dieser Philosophie zu verlassen", aber zugleich doch auch „durch die Überzeugung", daß es keinen Ausweg gäbe in eine vor-heideggersche Position (EE 19).

Der neue Weg, den wir zu suchen haben, das ist Lévinas' gleichbleibende Überzeugung, führt uns aus der Verschlossenheit in die Immanenz hinaus zum Anderen; zugleich ist er ein Weg der Verantwortung.

In der Überzeugung, daß die Transzendenz zum Anderen führt, bleibt sich Lévinas gleich. Wohl aber gibt er zwei verschiedene Antworten auf die Frage, wo der primäre Ort und welche die primäre Weise der Erfahrung des Anderen sei. Wir kommen hier auf eine Eigentümlichkeit der Philosophie Lévinas', die S. Strasser unter dem Titel „Die Kehre im Denken von Lévinas" behandelt hat.[i] Zunächst bis hin zu „Totalité et infini" sucht Lévinas den Anderen *jenseits* der Phänomenologie. In der Phänomenologie haben wir die Beschreibung einer Welt der Imma-

---

[i] Vgl. S. Strasser, Jenseits von Sein und Zeit, p. 219 sq.

nenz, *aus* der es gilt herauszukommen. Daher ist der Andere *jenseits* zu finden. Andererseits aber kündigt sich in dem neuen Interesse an der Phänomenologie, das zu den sehr detaillierten Untersuchungen seit Ende der fünfziger Jahre führt, insbesondere den hier abgedruckten Arbeiten unter dem Titel „Der Untergang der Vorstellung", „Intentionalität und Metaphysik" sowie „Intentionalität und Empfindung", eine Wende an, die den Anderen nicht jenseits des Bewußtseins ansiedelt, sondern *diesseits*. Nun gilt es, um zum Anderen zu gelangen, den Weg zurück *in* die Phänomenologie zu nehmen, um den wahren Ertrag der husserlschen Analysen über die Zeitlichkeit des Bewußtseins und seine Lehre vom Empfinden einzuholen. Lévinas vollzieht, um es mit seinen Worten zu sagen, eine Wende von einer „Metaphysik des Transzendenten" zu einer „Metaphysik des Transzendentalen" (s. u. p. 142).

Lévinas selbst spricht von zwei Phasen seiner Philosophie, einer vorkritischen und einer kritischen. Dabei ordnet er „Totalité et infini" der vorkritischen Phase zu, während der neue Standpunkt seine wenigstens vorläufig abschließende Darstellung in dem Werk „Autrement qu'être ou au-delà de l'essence" gefunden hat. Dies ist eine sehr globale Angabe, vor allem in bezug auf „Totalité et infini". Die allmähliche Umorientierung beginnt bereits vor dem Erscheinen von „Totalité et infini". Der Übergang scheint in dem Aufsatz „Überlegungen zur phänomenologischen Technik" einzusetzen. Dort wird die Phänomenologie zwar noch als ein „Idealismus ohne Vernunft" bezeichnet (s. u. p. 86), zugleich aber entdeckt Lévinas den Zusammenhang zwischen dem Selbst, das er hier noch Person nennt, und der Urimpression (s. u. p. 97), der sich danach mehr und mehr in den Vordergrund schiebt. Davon zeugen dann vor allem die weiteren hier abgedruckten

Aufsätze. Insbesondere aber ist der Aufsatz über den „Untergang der Vorstellung" ein deutliches Signal. Denn nun wird die Vorstellung ganz und gar dem Bereich der Immanenz zugeschrieben und bewahrt nichts mehr von ihrem früheren Zusammenhang mit dem Unendlichen. Wir wollen die beiden Wege nacheinander beschreiben.

II. Der Weg über die Phänomenologie hinaus

Philosophie überhaupt vollzieht sich für Lévinas in zwei Schritten: Der erste führt aus der Existenz heraus zum Existierenden, d. h. zum identischen Subjekt. Der zweite führt vom identischen Subjekt zum Anderen.

Diese beiden Schritte definieren das philosophische Programm, wie Lévinas es in seiner Biographie dargestellt hat: „Hier ist der Weg, den der Unterzeichner dieses Buches verfolgt hat. Eine Analyse, die das Verschwinden eines jeden Seienden – und selbst des cogito, das denkt – fingiert, ist erfüllt vom Brausen eines anonymen Existierens, das Existenz ist ohne Existierendes und das keine Negation zu überwinden vermag. *Es gibt* – unpersönlich – wie *es regnet* oder *es ist Nacht*... Das Licht und der Sinn entstehen erst mit dem Auftauchen und der Setzung von Existierenden in dieser entsetzlichen Neutralität des *es gibt*. Sie sind auf dem Wege vom Sein zum Seienden und vom Seienden zum Anderen – Weg, den die Zeit selbst vorzeichnet." (DL 375)

1. Vom Sein zum Seienden

Den ersten Schritt vollzieht der europäische Mensch mit der griechischen Philosophie. Für die griechische Philosophie ist die Existenz gegenwärtig in Gestalt der Meinung

und der Manipulation durch die Meinung. „Entstand die Philosophie nicht auf griechischem Boden, um die Meinung zu entthronen? Alle Tyrannei droht und lauert im Bereich der Meinung. Vermittelst der Meinung sickert in die Seele das subtilste und perfideste Gift, das die Seele in ihrem Grunde ändert, das aus ihr ein anderes macht." (s. u. p. 187)
Diese Aussage enthüllt erst ihren ganzen Sinn, wenn wir sie mit dem zusammenhalten, was Descartes über die Meinung sagt. Die Meinung tritt bei Descartes auf als das Hörensagen in der Kindheit, das in unseren Vorurteilen weiterlebt. Die Meinung ist eine Form der Abhängigkeit von der Geschichte. Die Meinung ist des weiteren der Schein des unmittelbaren Sinnlichen, mit dem der Meinende sich zufriedengibt. Die Meinung setzt einen Mangel an Distanz zu sich selbst voraus. Darin stimmt die Meinung mit dem überein, was Lévinas auch die Teilhabe (participation) nennt (s. u. p. 187). Der Ausdruck ist dem französischen Soziologen Lévy-Bruhl entlehnt. Lévinas hat ihn folgendermaßen erläutert: „In der mystischen Teilhabe, die grundsätzlich unterschieden ist von der platonischen Teilnahme an einem Genus, verliert sich die Identität der Termini. Sie entäußern sich dessen, was ihre eigentliche Substantivität ausmacht. Die Teilhabe eines Terminus an einem anderen liegt nicht in der Gemeinsamkeit eines Attributs, ein Terminus *ist der Andere*. Die *private* Existenz jedes Terminus', die durch das Subjekt, das ist, beherrscht wird, kehrt zu einem unterschiedslosen Grund zurück. Die Existenz des einen überschwemmt den anderen und ist eben dadurch nicht mehr Existenz des einen. Wir erkennen darin das *es gibt*" (EE 99) und die Existenz.

Die Befreiung aus dem *es gibt* wird von der Philosophie bewirkt. Das Denken betrachtet das Mannigfaltige unter dem Gesichtspunkt der Einheit und Selbigkeit. Selbigkeit des Ich bedeutet aber Substanzialität und Rückzug aus dem unmittelbaren Kontakt mit dem Sinnlichen.
In diesem Abstand gewinnt das Subjekt Herrschaft und Macht über das Existieren. Das Existieren wird zur Tätigkeit des Subjekts, zu seinen Prädikaten, so wie das Denken das Prädikat der Substanz wird. Die Erhebung zur Substanz oder die Verselbigung ist die Aufhebung der Andersheit der Existenz.
Diese Intention auf Selbigkeit, die die Philosophie inspiriert, kommt in der Phänomenologie zu ihrem vollständigen Ausdruck. Sie führt alles Seiende überhaupt auf das Ich und die identifizierenden Akte des Ich zurück. Husserl nennt die Egologie die Grunddisziplin der Phänomenologie. Lévinas erweitert diese These: „Alle Philosophie ist Egologie." (s. u. p. 189) Die Urgestalt des Abendlandes ist nicht Abraham, der auf Geheiß Gottes seine Heimat verließ, um zu neuen Horizonten zu gelangen, sondern der Abenteurer Odysseus, dessen Ziel die Rückkehr in die Heimat ist (s. u. p. 215/216). Auch das Subjekt vollzieht eine Bewegung, die zirkulär aus ihm heraus und wieder zu ihm zurückführt. Das Subjekt geht nur aus sich heraus, um sich das Andere anzueignen und es zu verselbigen. Die Phänomenologie als ausdrückliche Philosophie der Immanenz bringt an den Tag, was die Philosophie schon immer war, nämlich Selbstbezug.

2. Vom Seienden zum Anderen

Im zweiten Schritt wird der Übergang vom identischen Seienden, vom Ich, zum Anderen gefordert. Das Problem, das mit dem Begriff des Anderen verbunden ist, ist die Frage nach seiner Andersheit. Ist das Andere nicht ebensosehr durch das Selbst bestimmt wie das Selbe durch das Andere? Findet nicht zwischen dem Selben und dem Anderen eine dialektische Vermittlung statt dergestalt, daß von einer absoluten Andersheit keine Rede sein kann? Wenn dies richtig ist, dann ist das Andere nur ein anderes Selbes, wie auch nach Husserl das *andere* Ich nur ein anderes *Ich* ist, so daß das Andere in dieser dialektischen Einheit seine Andersheit verliert. Diesen Einwand bemüht sich Lévinas dadurch zu entkräften, daß er beide – Selbes und Anderes – in vollkommener Unabhängigkeit voneinander behauptet. Das Andere ist nicht das Andere in bezug auf das Selbe, sondern es ist an sich selbst das Andere, und das Selbe ist an sich selbst das Selbe. Die Unabhängigkeit des Selben ist daher keine bloß relative, sondern eine „absolute Unabhängigkeit, – die sich nicht setzt durch ein Entgegensetzen" (TI 31).

Der Bekräftigung dieser These dient die Untersuchung der Bewegung der Transzendenz. Lévinas unterscheidet zwei Formen der Transzendenz, nämlich das Bedürfnis und das Begehren. Das Andere kann nicht Gegenstand eines Bedürfnisses sein; wäre es Gegenstand eines Bedürfnisses, so würde dem Subjekt etwas fehlen. Indem es diesen Mangel kompensiert, würde es sich mit dem erfüllen, was ihm rechtens zukommt. Daher kommt für die Fassung des absolut Anderen zunächst alles darauf an, die Transzendenz des Subjektes in angemessener Weise zu fassen. Wenn das Subjekt eine Bewegung hin zum Anderen vollzieht, die in der Aneignung ihre Erfüllung findet, dann verliert das Andere in dieser Bewegung seine Andersheit. In diesem Falle spricht Lévinas von Bedürfnis [besoin].[k] Das Bedürfnis kann befriedigt werden. Das Leben im

---

[k] In EE heißt das Bedürfnis noch ‚désir'. Vgl. EE 65.

Kreislauf von Bedürfnis und Bedürfnisbefriedigung weist nicht über sich hinaus, sondern hat eine eigene Abgeschlossenheit. Das bedürftige Subjekt ist das Subjekt der Natur nach.

Vom Bedürfnis unterscheidet Lévinas das Begehren [désir],[1] das über die Natur hinausgeht und das metaphysische Wesen des Menschen ausmacht. Das Begehren hat seine Quelle nicht im Subjekt, sondern „entsteht von seinem ‚Gegenstand' her" (TI 33). Das Andere ist Bedingung des Subjekts in der Weise eines Telos. Aber das Begehren ist doch insofern keine Finalität, als das Andere kein erreichbares Ziel (finis, franz. fin) ist, sondern infinit, unendlich. Aus diesem Grunde kennt das Begehren keine Erfüllung, sondern wächst in dem Maße, in dem das Subjekt dem „Gegenstand" des Begehrens nach- und nahekommt. Der „Gegenstand" des Begehrens ist das Unendliche. Das Begehren selbst ist die Idee des Unendlichen in uns (s. u. „Die Philosophie und die Idee des Unendlichen", p. 185 ff.). Voraussetzung aber dafür, daß das Begehren allein vom Gegenstand her entsteht, ist, daß das Subjekt schon vor dem Begehren fertig und in sich abgeschlossen sei. Zwischen der Andersheit des Anderen einerseits und der Unabhängigkeit des Subjekts andererseits besteht eine Korrelation dergestalt, daß Lévinas sagen kann: „Die Unabhängigkeit macht die Idee des Unendlichen möglich." (TI 31) Weil das Begehren die Transzendenz eines Unbedürftigen ist, läßt es die Andersheit des Anderen unberührt.

Die Unterscheidung des Begehrens vom Bedürfnis gestattet uns, ex post einen Punkt zu klären, der oben offen geblieben war. Es mußte sich die Frage stellen, warum Lévinas nicht zu einer der Formen der Substanzontologie

---

[1] In EE heißt das ‚désir' ‚espoir' (Hoffnung). Vgl. etwa EE 153.

zurückgekehrt ist, wenn in diesen der Zugang zum Unbedingten und die Möglichkeit der Verantwortung besser gewahrt waren, als in der Phänomenologie. Die Antwort lautet: Das bisherige Denken hat das Andere nicht *als* Anderes gedacht, weil es zwischen Bedürfnis und Begehren keinen Unterschied machte (s. u. p. 272, Anm. 2). Das Andere sollte das Unbedingte sein und doch angeeignet werden. Die Transzendenz des Anderen war nicht gewahrt. Hier wird auch ein positiver Sinn der Phänomenologie sichtbar. Sie vernichtet alle Möglichkeit, das Transzendente in Kategorien des nur relativ Transzendenten oder Immanenten zu denken. Wenn es ein Anderes geben soll, und wenn zugleich die phänomenologische Kritik erweist, daß alles bisherige Andere doch immer nur unter die Kategorien das Selben fiel, so wird dank der Phänomenologie eine grundsätzlich neue Besinnung gefordert.

Die mehr formalen Bestimmungen des Begehrens und des Unendlichen werden konkret in der Begegnung mit dem Antlitz. Das Antlitz ist der Ort, an dem das Andere als der Andere erfahrbar wird. Daher finden wir am Antlitz die Bestimmungen des Unendlichen wieder. Es ist Ausdruck, Bestimmungsgrund des Willens und ursprünglich zeitigend.
– Das Antlitz ist Ausdruck, kein Phänomen.
Das Phänomen ist an den Horizont des Miterscheinenden gebunden. Ein Ding ist, was es ist, aufgrund des Kontextes, in dem es steht. Es hat keine Bedeutung an sich selbst, sondern erhält diese Bedeutung auf dem Grunde des Verweisungszusammenhanges. Im Verweisungszusammenhang bedeutet nichts an sich selbst. Vom Antlitz des Anderen hingegen sagt Lévinas, es sei das „Selbst-Bedeuten par excellence" (s. u. p. 282). „Der Andere *ist* durch sich selbst und keineswegs durch den Bezug auf ein System."

(TI 47) Gewiß kann man den Anderen auch aus dem Zusammenhang begreifen, und in der Tat ist dies die allgemeine Form, den Anderen zu verstehen. Der Kontext verleiht ihm immer schon eine bestimmte Form, er ist etwas Bestimmtes. Aber vom Kontext her begegne ich nicht dem Anderen, bestenfalls dem Anderen in seinem phänomenalen Stand.

Der Andere als anderer bestimmt sich von sich selbst her, kat'hautó. Er durchbricht die Formen, er ist ein Loch in der Welt (s. u. p. 227); „Im Gewebe der Welt ist er gewissermaßen nichts." (TI 173). Weil er aller Formen entkleidet ist, spricht Lévinas auch von der Nacktheit (nudité) des Anderen (s. u. p. 222; TI 46). Der Andere ist nackt, er ist die Witwe, die Waise, der Fremde; diese privativen Ausdrücke sind die Kehrseite dessen, daß der Andere von sich her bedeutet: Er ist Ausdruck (TI 151 sq.) und unabhängige Quelle des Sinnes. Lévinas unterscheidet bei der Analyse des Ausdrucks zwei Ebenen: die Ebene des sich selbst bedeutenden Ausdrucks und die Ebene des Zeichengebrauchs. Im Ausdruck wird gemäß Lévinas nicht primär *etwas* ausgedrückt, eine Idee, ein Gedanke o. ä. Vielmehr drückt sich der Ausdruck zunächst selbst aus. Bevor Zeichen ausgetauscht werden und konkrete Gedanken, muß ich schon verstanden haben, daß der Wandel der Erscheinungen, in denen sich das Andere präsentiert, nicht durch Kausalgesetze bestimmt wird, sondern Ausdruck eines Subjekts ist. Noch vor jedem Zeichen und unabhängig davon, ob ich die Zeichen verstehe, muß ich doch den Anderen als einen solchen verstanden haben, der sich ausdrückt, als Ausdruck. Daher ist das erste, was der Andere ausdrückt, sein Ausdrucksein selbst. „Der erste Inhalt des Ausdrucks ist dieser Ausdruck selbst." (TI 21/22 und 272) Wäre das Verstehen der Zeichen und nicht des Anderen als Ausdruck das Erste, so vermöchten wir nicht die Zeichen einer fremden Sprache, die wir nicht verstehen, als Ausdruck zu verstehen.

Aber vom Anderen heißt es nicht allein: „Das Antlitz zerreißt das Sinnliche" (TI 172), sondern auch: „Das Antlitz drückt sich im Sinnlichen aus." (ibid.) In der Sprache erfährt das Sinnliche seine unendlich erneuerbare Anordnung und Orientierung. Diese Orientierung des Sinnlichen ist aus ihm selber nicht zu erklären. An sich selbst ist das Sinnliche das Apeiron. Vielmehr hat die Orientierung ihren Ursprung im Anderen. Die Substanz des Sinnlichen, das Prinzip der Anordnung der Erscheinungen, ist der Andere. Das Sinnliche oder Phänomenale „hat keinen Ursprung, weil es keine Substanz hat" (TI 132). Durch die Sprache hingegen wird das Sinnliche auf einen Ursprung bezogen: „Der Andere ist Prinzip des Phänomens." (TI 65) Daher ist der Andere nicht allein der Fremde; vielmehr kann er auch eine Herschaft über die Phänomene begründen und den Versuch machen, mit den Mitteln der Gewalt oder der Manipulation andere Ausdrucksformen zu unterdrücken. Daher sind Kampf und Krieg eine mögliche Beziehung zwischen den Subjekten (vgl. TI 195 sq.).

– Das Antlitz ist Bestimmungsgrund des Willens.
Die Erfahrung des Anderen bewirkt eine Umkehr der natürlichen Willensrichtung. Der natürliche Wille ist der Wille unter dem Prinzip des Selben. Seine Intention geht auf Aneignung und Besitz. Die Erfahrung des Anderen setzt diesem natürlichen Willen einen Widerstand entgegen. Keinen materiellen Widerstand, sondern einen moralischen Widerstand. Der Umgang des Subjekts mit den Dingen ändert sich, indem das Subjekt den Bedürfnissen und den Rechten des Anderen Rechnung trägt. Der Umgang mit den Dingen, die Herrschaft über das Mate-

rielle, bedarf nun der Zustimmung des Anderen. Es tritt der Unterschied auf von Können und Dürfen; ja mehr noch: Das Können, der natürliche Wille, steht nicht mehr neben dem moralisch inspirierten Willen oder dem Dürfen, sondern wird dem Dürfen unterworfen. Der Wille bedarf der Rechtfertigung durch den Anderen und unterwirft sich der Moral. „Die Moral beginnt, wenn die Freiheit, statt sich durch sich selbst zu rechtfertigen, sich als willkürlich und gewalttätig empfindet." (TI 56) Indem er das natürliche „ich kann" in Frage stellt, „bezeichnet der Andere das Ende der Vermögen..." (TI 59). So gewinnt das Subjekt Distanz zum Sinnlichen, seinem Besitz; es findet eine Objektivierung statt, die am Ende das Subjekt von seinem Besitz loslöst und in Freigebigkeit und Großmut gegenüber dem Anderen umschlägt. Diese Distanz aber, die der Andere bewirkt, ist zeitliche Distanz.
– Das Antlitz ist das ursprünglich Zeitigende.
Zeit und Bewußtsein sind Synonyme. „Bewußtsein haben heißt Zeit haben." (TI 214; vgl. auch TI 5)
Das Bewußtsein ist aber nur dadurch möglich, daß die Zeit sich gegen sich selbst verschiebt: daß die Zeit von sich Abstand gewinnt und so zu einem Bewußtsein führt. Es entsteht der Unterschied von Sein und Seiendem. Dieser Abstand kann verschieden groß sein. Die Skala reicht vom sinnlichen Empfinden bis zur unbeteiligten Kontemplation. Das Maß des Abstandes ist zugleich das Maß der Objektivität. „Das Bewußtsein des Objekts – die Thematisierung – beruht auf dem Abstand zu sich, der nur Zeit sein kann; oder, wenn man so will, er beruht auf dem Selbstbewußtsein unter der Voraussetzung, daß man im Selbstbewußtsein den ‚Abstand von sich zu sich' als Zeit anerkennt." (TI 185)
Dieser Abstand, den das Subjekt zum Objekt hat – die

Objektivität des Objekts –, beruht aber seinerseits auf der Beziehung zum Anderen: „Die Objektivität resultiert aus der Sprache, die den Besitz in Frage zu stellen gestattet. Diese Ablösung hat einen positiven Sinn: Eingang der Sache in die Sphäre des Anderen." (TI 184) So heißt es dann: „Die Sachen ... das ist die Beziehung des Selben mit dem Anderen." (TI 48/49) Und: „In der Großmut [générosité] wird die von mir besessene Welt – die Welt, die dem Genuß dargeboten ist – von einem Standpunkt wahrgenommen, der von der egoistischen Position unabhängig ist ... Objektivität fällt zusammen mit Abschaffung des unveräußerlichen Eigentums –, *was die Epiphanie des Anderen voraussetzt.*" (TI 48/49. Hervorhebung nicht bei Lévinas) Das Maß des Abstandes des Subjekts von sich ist das Maß der Objektivität des Sinnlichen. Diese Objektivität hängt aber vom Anderen ab. Insofern hängt der zeitliche Abstand, der für das Bewußtsein konstitutiv ist, vom Anderen ab. Das Bewußtsein ist, auch wo es dies nicht erkannt hat, Begehren des Anderen. „Das wahre Begehren ist dasjenige, das durch das Begehrte nicht befriedigt, sondern vertieft wird. Es ist Güte." (s. u. p. 202) Der Ausdruck „vertieft" übersetzt das französische ‚creusé', das ‚aushöhlen', ‚eine Höhle graben' meint. Das Begehren gräbt die Höhlung der Innerlichkeit und des Bewußtseins inmitten des Seins. Dieses Bewußtsein ist als Begehren Güte, weil es an allem Objektiven desinteressiert ist zugunsten des Anderen.

3. Skizze von „Totalité et infini"

Unter diesen Voraussetzungen können wir das Schema und die Argumentationsfolge von „Totalité et infini" einsehen. Die zentrale These von „Totalité et infini" ist, daß die Innerlichkeit, das Bewußtsein, die Subjektivität, die hier noch alle synonym gebraucht werden, keine letzte Gegebenheit sind, sondern sich allein der Begegnung mit dem Anderen als dem Unendlichen verdanken. Nach einem ersten Abschnitt, der unter dem Titel „Das Selbe und das Andere" die Grundbegriffe ihrem Allgemeinen nach entwickelt, findet die Darstellung der Entfaltung des Bewußtseins in den Abschnitten „Innerlichkeit und Ökonomie", „Antlitz und Außerhalb" und „Jenseits des Antlitzes" statt. Die drei Abschnitte sollen nacheinander skizziert werden.

a) Der erste der genannten Abschnitte hat die Aufgabe, die Entwicklung des Subjekts hin zu einer Innerlichkeit zu zeigen, in der das Subjekt nicht mehr unmittelbar mit dem Strom des Sinnlichen zusammenfällt.

Diese Distanz des Subjekts vom Sinnlichen entwickelt sich über drei Stufen: 1) Genuß, 2) Arbeit und Besitz, 3) Vorstellung oder Theorie. Der Abstand, den das Subjekt zu sich, d. h. zum Strom seiner Empfindungen gewinnt, wird von Lévinas zugleich zeitlich gedeutet. Die Stufe der unmittelbaren Einheit des Subjekts mit dem Sinnlichen wird bezeichnet als „paradiesischer Genuß, ohne Zeit und Sorge" (TI 137). Entsprechend faßt der Genuß auch nicht das Sinnliche als Gegenständliches, sondern in seiner Gegenwärtigkeit: „Die Sinnlichkeit bringt in Beziehung zu einer reinen Qualität ohne Träger, zum Element." (TI 109) Oder: „Das Sinnliche ist, an sich selbst, eine Erscheinung, ohne daß etwas erscheint." (TI 109) Die Arbeit und der Besitz bedeuten schon eine Distanz zum Sinnlichen. Die Arbeit setzt den aufgeschobenen, den „verhinderten Genuß" (TI 70) voraus. Sie „reißt die Dinge aus den Elementen heraus, in denen ich bade; sie entdeckt dauerhafte Substanzen..." (TI 133). Die Vorstellung schließlich, das Denken oder die Theorie, gewinnen den größten Abstand vom Sinnlichen. „Das Wissen oder die Theorie

bedeutet eine Beziehung zum Sein derart, daß das erkennende Seiende das erkannte Seiende erscheinen läßt und dabei seine Andersheit respektiert ..." (TI 12/13)
Mit der Vorstellung (représentation), die der theoretischen Einstellung entspricht und den Abschluß des Abschnittes über „Innerlichkeit und Ökonomie" bildet, ist ein kritischer Punkt erreicht; denn er bildet die Schwelle für den Übergang vom Selben zum Anderen. Zugleich verbindet sich hiermit ein Problem der Darstellung. Um den Sinn der Vorstellung zu erfahren, muß das Subjekt über die Vorstellung hinausgehen und den Anderen erfahren. Dann wird ihm klar, was es mit seiner Innerlichkeit und dem Abstand zu sich selbst auf sich hat. Aus der neuen Perspektive wird der ganze Abschnitt in ein neues Licht getaucht; er bietet sich nun einer doppelten Deutung. Einerseits soll das Selbe absolute Selbständigkeit haben, es soll in sich abgeschlossen, getrennt von allem Anderen sein. Dies war die bisherige Perspektive. Nun aber erweist sich dieses Bewußtsein als abhängig, nämlich abhängig vom Anderen.
Lévinas erinnert hier an Descartes, der in den „Meditationen" eine ähnliche Argumentationsfolge kennt: „Wenn Descartes in einem ersten Schritt ein zweifelsfreies Selbstbewußtsein durch sich gewinnt, so gewahrt er in einem zweiten Schritt – einer Reflexion über die Reflexion – die Bedingungen dieser Gewißheit." (TI 186) Das Unendliche ist also schon im Selben anwesend und doch nicht als solches erkannt. Diese Rolle spielt in „Totalité et infini" der Begriff des Weiblichen (le féminin, TI 127 sq.). Die Frau – die für Lévinas wesentlich auch diskret im Sinne von zurückgezogen ist – erfüllt die Bedingung eines Anderen, dessen Anwesenheit darin besteht, nicht anwesend zu sein. „Damit sich die Intimität der Sammlung in der Ökonomie des Seins produzieren kann, – muß die

Gegenwart des Anderen ... gleichzeitig mit dieser Gegenwart in ihrem Rückzug und in ihrer Abwesenheit offenbar werden. Und der Andere, dessen Gegenwart auf diskrete Weise eine Abwesenheit ist ... ist die Frau." (TI 128)
Das Thema der Frau oder des Weiblichen als einer Dynamik, die die Zeit eröffnet, spielt von Anfang an in der Philosophie von Lévinas eine zentrale Rolle. In den Vorträgen „Le temps et l'autre" sagte Lévinas: „Ich beziehe mich gern auf die großen Themen von Goethe oder Dante, auf Beatrice oder das *ewig Weibliche* ..." (TA 78/79) Als dasjenige, was die Zeit eröffnet, aber selbst doch nicht gegenständlich ist, sondern sich entzieht, ist das Weibliche nach der Konzeption der Vorträge von 1946/1947 die Zukunft. Die Beziehung zum Weiblichen ist „die Beziehung zur Andersheit, zum Geheimnis, d. h. zur Zukunft" (TA 81).
Lévinas schließt diesen Abschnitt ab mit einem Paragraphen über „Phänomen und Sein" (TI 155 sq.). Dies ist die Stelle, an der der Bereich des bloß Phänomenalen und der Immanenz durchstoßen wird und das Subjekt zum Sein im Sinne des Anderen gelangt. Von hier aus läßt sich die bisher nicht aufgehobene Zweideutigkeit der Phänomenologie erklären. Die Phänomenologie löst einerseits das Subjekt und die Substanz auf. Andererseits aber soll sie auch Philosophie als Egologie sein. Als Egologie konstituiert die Philosophie Selbigkeit durch den Bezug der Phänomene auf Einheit und Substanz. Diese Zweideutigkeit der Phänomenologie erklärt sich nun durch ihre systematische Stelle. Sie gehört einerseits der Philosophie des Selben an und ist insofern Herrschaft über das Phänomen. Andererseits aber ist sie Phänomenologie, Lehre von den Erscheinungen und nicht Lehre vom Sein im Sinne des Anderen. Das Phänomen ist „Realität, das der Realität

ermangelt" (TI 156). In der Phänomenologie kommt die Phänomenalität selbst der Welt und ihr Unterschied zum Sein zu Bewußtsein. Daher wird dem hypostatischen Subjekt auch Einsamkeit als Wesenszug zugeschrieben (TA 35). Das Subjekt erfährt seine Trennung vom Wirklichen. Die Trennung wird erst aufgehoben, das Phänomen wird erst dann zur Beziehung zum Wirklichen, wenn an die Stelle des endlosen phänomenalen Verweisungszusammenhanges der ganz anders gerichtete Bezug zum Anderen tritt: „Die Phänomenalität, um die es sich handelt, bedeutet nicht bloß eine Relativität der Erkenntnis, sondern eine *Seinsweise*, in der nichts endgültig ist, in der alles Zeichen ist, Gegenwärtiges, das in seiner Gegenwart abwest, und in diesem Sinne Traum. Mit dem Außen, das nicht das Außen der Dinge ist – verschwindet der Symbolismus und beginnt die Ordnung des Seins" – nämlich des Wirklichen und des Anderen – „und erhebt sich ein Tag, von dessen Grund sich kein neuer Tag mehr zu heben braucht." (TI 153) Hier also wird die Phänomenologie verstanden als die Schwelle zur Philosophie des Anderen. Die Zweideutigkeit ist nicht ein Mangel an begrifflicher Genauigkeit, sondern kommt ihr wesentlich zu.

b) Wenn der Abschnitt über „Innerlichkeit und Ökonomie" in der Erfahrung des Anderen sein Ziel erreicht, dann sind doch damit nicht alle Probleme gelöst. Vielmehr stellt sich die neue Frage, wie es möglich sei, daß die Pluralität des Ich und des Anderen oder der Anderen nicht doch wieder in der Einheit aufgehe. Daher wird der Abschnitt über „Das Antlitz und das Außerhalb" von zwei Themen beherrscht: der konkreten Bestimmung der Erfahrung des Anderen („Antlitz und Ethik") und dem Problem des Pluralismus („Die ethische Beziehung und die Zeit").

Es hat sich ergeben, daß der Andere jenseits des Bereichs der Erscheinungen ist. Aber auch das Subjekt gehört nicht unmittelbar dem Bereich des Sinnlichen an, sondern dank der Innerlichkeit und der Zeit hat es sich aus dem Sinnlichen und Phänomenalen zurückgezogen. Es ist indes nicht ganz frei vom Sinnlichen, sondern bleibt an es gebunden. Die Freiheit des Subjekts ist endlich. Da die befreiende Distanz das Werk der Zeit ist, fallen endliche Freiheit und Zeitlichkeit zusammen. „Die endliche Freiheit macht nicht den Begriff der Zeit verständlich, sondern die Zeit macht den Begriff der endlichen Freiheit sinnvoll." (TI 199) Die begrenzte Zeit des Subjekts, das schließlich im Tod wieder an das bloß Sinnliche zurückfallen muß, bestimmt den Spielraum der subjektiven Innerlichkeit.

Dieses Verhältnis eines zeitlichen Subjekts zum Sinnlichen ist das Verhältnis der Seele zum Leib. Oder genauer: Der menschliche Leib ist dieses Verhältnis. „Die Leiblichkeit ist die Existenzweise eines Seienden, dessen Gegenwart im Augenblick selbst der Gegenwart aufgeschoben wird." (TI 200) Die Leiblichkeit ist eine „Ausdehnung in der Spannung des Augenblicks" (distension dans la tension de l'instant, TI 200). Dank der Leiblichkeit ist der Mensch eins mit dem Sinnlichen und zugleich von ihm distanziert. Der Leib ist die Einheit von Innen und Außen: „Man betrachtet ihn nicht nacheinander vom biologischen Standpunkt und von dem Standpunkt aus, der ihn von Innen als Leib aufrechthält. Die Originalität des Leibes besteht in der Koinzidenz beider Standpunkte." (TI 205)[m] Der Leib ist, in einer früheren Terminologie ausgedrückt, die Einheit von Sein und Seiendem. Daher ist der Mensch als leiblicher verletzlich und von der Totalität bedroht.

Auch der Andere lebt im Sinnlichen, vom Sinnlichen und drückt sich in ihm aus. Das Sinnliche ist das allgemeine

---

[m] Vgl. auch Le moi et la totalité, p. 366/367.

Medium. Über das Sinnliche beziehen sich die Subjekte aufeinander. Deswegen kann das Sinnliche auch das Medium der Gewalt sein, einer Gewalt, die unmerklich die Seele verzehrt wie die Meinung und die Teilhabe oder die als physische Gewalt zwingt. „Der Leib, in dem der Ausdruck aufleuchtet... bedeutet zugleich den Eintritt des Ich in die Berechnungen des Anderen." (TI 206)
Die Gewalt indes, insbesondere die Gewalt des Todes, wird nicht nur im konkreten Falle ein Problem für das Subjekt, sondern stellt das Subjekt grundsätzlich in Frage. Wenn die Gewalt die Wahrheit des Wirklichen ist, kommt der Innerlichkeit, die sich gegen die Gewalt wehrt, keine Wahrheit zu. Das Innere ist dann nur ein Reflex an der Totalität, dessen Wahrheit die Totalität ist. Die Pluralität selbständiger Seiender, des Ich und der Anderen, hätte sich als nichtig erwiesen.
Gegen diese Auffassung hält Lévinas an der Wahrheit des Ich fest. Aber der Mensch ist auch nicht als solcher in der Wahrheit. Seiner sinnlichen Natur nach ist der Mensch vielmehr eher in der Unwahrheit; denn seiner Sinnlichkeit nach hat er teil an dem materiellen Zusammenhang, der die Personen bedroht. Grundsätzlich ist, bei beschränkten Ressourcen, wie man heute zu sagen pflegt, das Leben des einen der Tod des anderen. Die Not des Anderen zu erkennen und dafür die Verantwortung zu übernehmen, das macht die Wahrheit der Innerlichkeit aus. Das Ich ist in seiner Wahrheit, „wenn seine Angst vor dem Tode sich umkehrt in die Angst, einen Mord zu begehen" (TI 222). „Die Person findet sich also bestätigt... Aber diese Bestätigung besteht nicht darin, ihren subjektiven Neigungen zu schmeicheln und sie über den Tod zu trösten, sondern darin, für den Anderen zu existieren, d. h. sich in Frage zu stellen und den Mord mehr zu fürchten als den Tod." (TI 223/224) Nur die Ethik bewirkt, daß das Ich

nicht nur ein Reflex an der Totalität ist, sondern in Wahrheit Ich. Indem es in Wahrheit Ich ist, ein moralisches Ich, ist es zugleich der Garant für die Pluralität, die über die Totalität der Erscheinungen hinausgeht. „So produzieren sich Ich und die Anderen allein kraft der Moralität . . ." (TI 223. Zum Begriff des Produzierens s. TI 231)

c) Somit hat sich die Moral als rechtfertigender Grund für die Subjektivität qua Innerlichkeit und die Pluralität erwiesen. Aber trotz der Pluralität scheint die Subjektivität der schließlichen Vernichtung nicht entgehen zu können. „Wird nicht die Gewalt, der der Tod dieses Seiende unterwirft, die Wahrheit unmöglich machen?" (TI 231) Die formale Definition des Todes in der Philosophie von Lévinas ist die Koinzidenz von Seiendem und Sein, die Reduktion des Seienden auf die reine Sinnlichkeit. Mit dieser Reduktion verliert das Subjekt auch jegliche Freiheit. Das Ereignis des Todes ist die Abstandslosigkeit, und diese ist das Ende der Freiheit und des Könnens. Ich kann meinen Tod nicht mehr übernehmen. Der Tod ist keine Möglichkeit, sondern eine Unmöglichkeit, entgegen der Auffassung Heideggers. „Der Punkt des Todes nähert sich nicht wie eine Grenze des Seins, sondern wie eine Unbekannte, die als Unbekannte das Können suspendiert." (TI 260)

Wird der Tod als Ende des Könnens bestimmt, dann fällt der Tod nicht notwendig mit dem Ende des Subjekts zusammen. Dann kann es ein Subjekt über den Tod hinaus geben. Eine solche Erfahrung ist für Lévinas die sinnliche Liebe. Ihr ist der vierte Abschnitt mit dem Titel „Jenseits des Antlitzes" gewidmet.

Die sinnliche Liebe drückt sich vor allem in der Zärtlichkeit und Liebkosung aus. Sie geht als Liebkosung weiter als die bisherige Erfahrung und bleibt doch auch hinter ihr zurück. Sie bleibt hinter ihr zurück, sofern sie eine Rückkehr zum unmittelbar Sinnlichen und zum Genuß ist. „Als Berührung ist die Liebkosung Sinnlichkeit." (TI 235) Aber das Sinnliche ist hier doch nicht das Sinnliche des Genusses, sondern ein entmaterialisiertes Sinnliches. „Die Liebkosung transzendiert das Sinnliche." (ibid.) Daher spricht Lévinas auch von „Ultramaterialität" (TI 234). Aber das Jenseits des Sinnlichen wird nicht mehr als ein Jemand faßbar, es wird unendlich gesucht, weil es unendlich unfaßbar bleibt. „Das Geheimnis erscheint, ohne zu erscheinen." (TI 234) „Diese Gleichzeitigkeit von Erscheinen und Abwesenheit nennen wir die Weiblichkeit." (TI 234) Wenn hier das Seiende aufgelöst ist, so nicht, weil der Stand des bloß Phänomenalen wiederhergestellt wäre, sondern weil sich eine neue Dimension *hinter* der Substanz des Anderen, hinter dem Antlitz öffnet, eine absolute Zukunft, die nie gegenwärtig sein wird. Sie hat die unfaßbare Unmittelbarkeit des Sinnlichen und zugleich unbedingte Zukünftigkeit.

Aber nicht nur der Andere löst sich in diese Unmittelbarkeit auf, sondern desgleichen das Ich. Die Liebe bedeutet für das Ich, „von sich aus auf sich zu verzichten, darauf verzichten ohne Gewalt..." (TI 231). Die Liebe ist nicht die Beziehung zwischen Seienden, sondern unmittelbare Empfindung. Auch „der Leib verläßt den Status des Seienden" (TI 236; vgl. auch p. 241). Die klassische Definition der Empfindung lautet: gemeinsamer Akt des Empfindenden und des Empfundenen. Eben so definiert Lévinas die erotische Sinnlichkeit (TI 243).

Wenn in der Liebe das Ich die Herrschaft über das Sinnliche aufgibt und auch sich selbst als Seiendes, wenn es die Distanz zu sich aufgibt und damit an den Tod heranreicht, so geschieht doch gerade durch diese Aufgabe die Erneuerung des Ich, sofern in der Liebe ein Kind gezeugt

wird. Das Kind ist einerseits getrennt vom Vater und andererseits ist es der Vater: „Mein Kind ist ein Fremder (Jesaja 49), der aber nicht nur mir gehört, sondern ich bin." (TI 245) Das Subjekt ist nicht Ursache seiner eigenen Erneuerung in der Weise, wie bei Bergson etwa der Augenblick den nächsten Augenblick in sich enthält und dynamisch aus sich entläßt. Wenn das Ich sich dennoch erneuert und ihm eine Dauer zukommt, so aus der unendlichen Zukunft her, in die es hineinlebt. „Die Beziehung zu einer solchen Zukunft kann nicht auf ein Können von Möglichkeiten zurückgeführt werden." (TI 245)
Die unendliche Zeit ist es, die dem Subjekt Dauer verleiht, eine Dauer freilich, die nicht kontinuierlich ist, sondern eine dauernde Schöpfung, in der, wie bei Descartes, kein Augenblick den anderen aus sich heraus zu erzeugen vermag.

III. Der Weg in die Phänomenologie hinein

1. Die Wende im Denken von E. Lévinas

Die Schwierigkeiten, die das Werk von Lévinas der Deutung entgegensetzt, liegen vorzüglich daran, daß Lévinas nach „Totalité et infini" eine Wende vollzieht, die sich bereits vorher ankündigt und die an Motive aus „Totalité et infini" anknüpft. Es wäre für das Verständnis von Lévinas eine wichtige Aufgabe, die inneren und sachlichen Gründe, d. h. die Widersprüche aufzusuchen, die eine Neuorientierung erzwingen. Diese Studie beschränkt sich darauf, die Wende als solche sowie die zentralen Bedeutungsveränderungen, die sie ausmachen, anzuzeigen.
Die Wende vollzieht sich als Umwertung der Korrelation

von Existenz und Vorstellung. Die Existenz ist das unmittelbare Strömen der Erlebnisse, die sich nicht durch ihren Bezug auf eine einheitliche Substanz bestimmen, sondern sich gegenseitig – „lateral", wie Lévinas sagt – definieren. Die Vorstellung ist diejenige Verhaltensweise des Subjekts, die das Phänomenale auf eine Einheit, die zugleich der Ursprung des Mannigfaltigen ist, bezieht und dadurch über das bloß Sinnliche hinausgeht. Oder Vorstellung ist das so Vorgestellte. Die Wende läuft darauf hinaus, die Begegnung mit dem Anderen nicht mehr jenseits der Vorstellung zu suchen, sondern diesseits der Vorstellung im unmittelbaren Erleben, und statt dessen der Vorstellung die Rolle der Verselbigung zuzuweisen, weil sie unter dem Prinzip der Einheit und Selbigkeit steht. Diese Entwicklung läßt sich ablesen am Gegensatz von zwei Aufsätzen, die Lévinas im Abstand von zwei Jahren verfaßt hat, nämlich „Lévy-Bruhl et la philosophie contemporaine" (1957) und „Der Untergang der Vorstellung" (1959).
„Der Vorrang des theoretischen Denkens", so heißt es in dem ersten Aufsatz, „beruht auf der Unabhängigkeit, die die Vorstellung qua Vorstellung im Hinblick auf alle Geschichte wahrt." (loc. cit. 567) Insofern hat die Vorstellung am Charakter des Absoluten teil. Lévinas spricht vom „Absoluten der kognitiven Einstellung" (ibid.) Dank des vorstellenden Denkens hat der Mensch Beziehung zu einem Jenseits der Geschichte. Weil die Vorstellung aus dem geschlossenen Zusammenhang des subjektiven Lebens, das unter der Herrschaft des Prinzips des Selben steht, nicht erklärt werden kann, sondern nur aus einer Berührung, die vom Anderen ausgeht, kann Lévinas die Vorstellung vergleichen mit der Göttin „Minerva, die fertig gerüstet dem Haupt des Jupiter entstieg" (loc. cit. 567). Zwischen der Unmittelbarkeit des subjektiven Le-

bens und der Vorstellung gibt es kein Kontinuum und keine Kausalität. Folgerichtig wird dann der „Untergang der Vorstellung" – so eine Kapitelüberschrift (loc. cit. 558–561) – und ihr Aufgehen in der Teilhabe als eine Bedrohung dargestellt. Indem Lévy-Bruhl das Sein des Menschen auf Teilhabe reduziert – „‚Sein heißt teilhaben'" (loc. cit. 563) –, vollzieht er indes nur, was auch auf anderen Gebieten geschieht: auf dem Gebiet der Malerei, des Romans, der Religionspsychologie und schließlich auch der Philosophie, insbesondere bei Heidegger (loc. cit. 562 sq.). Der Untergang der Vorstellung ist die Heraufkunft der „Metaphysik des Anonymen" (so eine Kapitelüberschrift loc. cit. 562).

Daß es sich hier nicht um einen beiläufigen Gedanken in einer Gelegenheitsschrift handelt, wird dadurch belegt, daß die Teilhabe im Sinne Lévy-Bruhls von Anfang an bis hin zu „Totalité et infini" ein konstantes Thema ist.[n] Allerdings hat Lévinas den angezogenen Aufsatz in keine seiner Aufsatzsammlungen aufgenommen. Dies ist gewiß eine Form, sich davon zu distanzieren. Er hat außerdem schon in „Totalité et infini" die Teilhabe, die im Zusammenhang steht mit dem ersten Schritt seiner Philosophie, nämlich dem Übergang vom Sein zum Seienden – nicht mehr ausdrücklich zum Thema gemacht. Der erste Abschnitt behandelt unter dem Titel „Das Selbe und das Andere" die Grundkategorien für das Verhältnis des Seienden zum Anderen. Der zweite Abschnitt „Innerlichkeit und Ökonomie" geht vom Seienden aus, ohne die Frage nach der Entstehung aus dem Sein aufzunehmen. Begriffe wie *es gibt*, *Teilhabe* etc. werden nicht mehr definiert, obwohl sie doch immer wieder vorkommen und

---

[n] Vgl. neben dem zitierten Aufsatz EE 98 sq.; La réalité et son ombre, p. 774 und 776; TI 32, 93, 155, 207; dieser Band p. 187 und 197.

damit das Thema untergründig präsent halten; so wenn vom *Apeiron* (TI 115, 132, 137, 165), vom *Nichts* (TI 116, 165), vom *es gibt* (TI 66, 117, 165, 171) oder von der *Teilhabe* (TI 32, 93, 207) die Rede ist.
Den Grund für das Abrücken von seiner früheren Meinung finden wir in dem Aufsatz unter dem Titel „Der Untergang der Vorstellung" (s. u. p. 120 sq.). In diesem Aufsatz vertritt Lévinas die These, die vermeintliche Unabhängigkeit der Vorstellung und ihre Diskontinuität im Verhältnis zu den Horizontimplikationen habe als Abstraktion zu gelten und beruhe auf einem Vergessen. Es bedarf der Intentionalanalyse, die die Implikate der Vorstellungen freilegt, „weil die Intention, die sich auf sie" – nämlich die Gegenstände – „richtet, nicht den Sinn der Gegenstände erfaßt, sondern nur eine unvermeidlich mißverständliche Abstraktion" (s. u. p. 128). Die Vorstellung gibt sich so, als könne sie ihre allmähliche Verfertigung in den intentionalen Akten des Subjekts überspringen und dem Verstand des Subjekts entspringen wie Minerva dem Haupt des Jupiter. Aber diese Auffassung beruht allein auf einem Mangel an Reflexion. Sie ist insbesondere deswegen schädlich, weil die *„unmittelbare* Gegenwart bei den Dingen noch nicht den Sinn der Dinge versteht..." (s. u. p. 124). „Unmittelbar" meint hier nicht die Unmittelbarkeit des Erlebens, sondern die vermeintliche Unvermitteltheit durch intentionale Akte. „Sie vergißt alles, was die Intention nur implizit enthält und was das Bewußtsein sieht, ohne zu sehen." (s. u. p. 128)
Das Neue dieser Untersuchung besteht also darin, daß Lévinas, nachdem er auch noch in „Totalité et infini" die Diskontinuität zwischen dem Sinnlichen und der Vorstellung betont hat (vgl. TI 112), nun die Vorstellung und ihren Sinn an die anonyme Intentionalität zurückbindet und zur Sinnerhellung die Intentionalanalyse fordert.

Zugleich erfährt die anonyme Intentionalität eine neue Bewertung, und zwar in zweifacher Hinsicht. Husserls Philosophie galt dem Bemühen, die subjektiven Akte und die erkenntnistheoretischen Voraussetzungen auf dem Wege der Explikation in die Evidenz der Vorstellung zu überführen (s. u. p. 138). Gemäß Lévinas indes besteht das wirkliche Verdienst Husserls darin, durch den Nachweis einer anonym fungierenden Intentionalität den Rahmen des Bewußtseins in Richtung auf eine transzendentale Metaphysik überschritten zu haben. Lévinas spricht von der „Idee eines Außerhalb, das nicht objektiv ist" (s. u. p. 143). Dieses Außerhalb kann nicht in die Immanenz übergeführt werden. Die Reflexion ist ein grundsätzlich gestufter Akt, der sich nicht einzuholen vermag.

Zum zweiten aber wird dieses anonyme Leben in Beziehung gebracht zum Unendlichen. „Das Denken", so heißt es, „denkt mehr als es denkt." (s. u. p. 131/197) Dies ist die sakrosankte Formel für die Idee des Unendlichen. Die Seinsweise des Unendlichen ist aber der Andere. Die transzendentale Analyse öffnet also einen Weg zum Anderen. „In einer Phänomenologie . . ., in der die Tätigkeit der totalisierenden und totalitären Vorstellung schon in ihrer eigenen Intention überschritten ist; in der die Vorstellung sich bereits inmitten von Horizonten findet, die sie zwar gewissermaßen nicht intendiert hat, auf die sie aber nicht verzichtet, dort wird eine ethische, d. h. wesentlich den Anderen berücksichtigende Sinngebung möglich." (s. u. p. 138/139) Und einige Zeilen zuvor deutet Lévinas an, daß sich dieses Sinn verleihende intentionale Leben der Objektivierung entzieht, daß es aber vielleicht unter dem Gesichtspunkt der Gesellschaft in seiner Wirklichkeit zugänglich wird.

2. Intentionalität und Nähe

Die Bedeutung von Lévinas' Beschäftigung mit Husserl seit dem Jahre 1959 besteht darin, daß seine Philosophie eine neue Orientierung erhält, in deren Folge die Phänomenologie in Richtung auf eine Philosophie des Anderen vertieft wird. Diese Entwicklung findet ihren vorläufigen Abschluß in der Schrift „Autrement qu'être ou au-delà de l'essence". Damit bestätigt sich Lévinas' Unterscheidung zwischen einer vorkritischen Philosophie, der noch „Totalité et infini" angehört, und einer kritischen. Dabei ist der zentrale Anknüpfungspunkt an die Phänomenologie Husserls Unterscheidung zwischen zweierlei Formen der Intentionalität, nämlich einer objektivierenden Intentionalität, wie Lévinas sie nennt, und einer transitiven. Gemäß dieser doppelten Intentionalität spricht Lévinas auch von einer „transzendentalen Bedingtheit, der gemäß Seiende und Dinge sich *jenseits* des eigentlichen intellektuellen Aktes (im Kulturellen) oder *diesseits* (im Sinnlichen) einordnen" (DEHH 6). Worin besteht der Akt, der Diesseits und Jenseits trennt? Was ist das Diesseits, was das Jenseits?

In seinen frühen Untersuchungen über die Entstehung des Seienden aus dem Sein geht Lévinas davon aus, daß das Seiende dadurch entsteht, daß ein Anfang aus sich selbst gesetzt wird. Das Sein ist anfangs- und grenzenlos. Das Seiende zerreißt diesen Verweisungszusammenhang und setzt sich als es selbst aus sich selbst (partir de soi). Dieser Akt der Setzung fällt mit dem gegenwärtigen Augenblick zusammen, ja ist der gegenwärtige Augenblick, weil von hier aus überhaupt erst Zeit im Sinne einer orientierten Mannigfaltigkeit gemäß Zukunft und Vergangenheit möglich wird. Der gegenwärtige Augenblick ist der Perspektivpunkt, der für alle zeitlichen Bestimmungen die Orientierung verbürgt. Er ist also auch der Ursprungspunkt für das, was ihm vorausgeht und was ihn begründet. Insofern übt er die Funktion des Gedächtnisses aus. „Durch das Gedächtnis gebe ich mir nachträglich, retroaktiv, einen Grund: Ich übernehme heute, was in der absoluten Vergangenheit des Ursprungs kein Subjekt hatte, um aufgenommen zu werden und was daher wie eine Fatalität lastete... Das Gedächtnis macht das Unmögliche wirklich: Das Gedächtnis übernimmt nachträglich die Passivität des Vergangenen und herrscht über es. Das Gedächtnis ist als Inversion der historischen Zeit das Wesen der Innerlichkeit." (TI 27)

Da der Akt alle Zeit in seinem Augenblick eint, die Vergangenheit reproduziert und die Zukunft antizipiert, ist er ein Akt der Synchronisierung. Die Zeit des so entstehenden Bewußtseins ist synchrone Zeit: „Die abgründige Verborgenheit, aus der es" – das Sein – „kommt, wird der Forschung zum Versprechen. Sie öffnet sich daher wie eine Zukunft... Die Erinnerung versetzt selbst die Vergangenheit in diese Zukunft, die der Spielraum der Forschung und der historischen Deutung wird..." (s. u. p. 210) Dieser Bereich des konstituierten Seienden, das dem Seinsverständnis zugänglich ist, macht den Bereich dessen aus, was „jenseits des eigentlichen intellektuellen Aktes" ist.

Der Akt aber heißt „intellektuell", weil er das Seinsverständnis (intelligence de l'être) eröffnet (vgl. unten p. 277, Anm. 6). Im intellektuellen Akt des gegenwärtigen Augenblicks hat die objektivierende Intentionalität, in der sich das Jenseits konstituiert, ihren Grund. Aber der Akt ist nicht nur intellektuell, weil er einen Zugang zum Sein schafft oder selbst der Zugang zum Sein ist, sondern auch intellektuell im Sinne des Idealen, das sich vom Sinnlichen absetzt. Der Akt der Konstitution ist ein Akt der Idealisierung und der Sprachkonstitution. „In der Tat erschöpft sich die Definition der Intentionalität nicht darin, eine Erschlossenheit des Seins oder eine Subjekt-Objekt-Korrelation zu sein ..." (s. u. p. 264) Würde die Intentionalität das Wirkliche ergreifen wollen, so könnte sie es nicht aussprechen; denn der Strom der sinnlichen Erscheinungen kennt keine Identität und kein Verharren. Alles Ansprechen von etwas als etwas ist ein Akt der Identifikation; es wird etwas identisch gesetzt und ist nun als dieses oder jenes wiedererkennbar und reproduzierbar. Das immer anders und anders des Stromes der vorbeigleitenden Bilder erhält eine Ordnung und wird identifizierbar. „Alles, wenn man will, ist in der Erfahrung bildhaft, außer der Identität der Individuen, die über den Augenblicken der Bilder steht." (s. u. p. 266) Dieses Verstehen ist der eigentlich intellektuelle Akt. Er ist das Werk des idealisierenden Verstandes. Die objektivierende oder idealisierende Intentionalität schafft die Sprache als Medium der Mitteilung; Lévinas nennt sie die kerygmatische Sprache, weil sie ihr Wesen darin hat, etwas als etwas zu „verkünden" (s. u. p. 265). Aber die kerygmatische Sprache hat keinen Zugang zum Seienden an sich selbst in seiner Singularität, sondern nur zum Seienden in seiner idealen, in seiner vermittelten Form.

Von der objektivierenden oder idealisierenden Intentionalität unterscheidet Lévinas mit Husserl eine „transitive Intentionalität" (s. u. p. 150), die er auch „Intentionalität des Sinnlichen" (s. u. p. 145) oder Intentionalität der „Transitivität" nennt (s. u. p. 150) und die als Nähe, ursprüngliche Sprache und Unendlichkeit gedeutet wird. Der Ausdruck „transitiv", „Transitivität", kommt schon sehr früh in der Philosophie von Lévinas vor. Transitivität meint zunächst die grammatische Kategorie der Transitivität eines Verbs im Unterschied zur Intransitivität bestimmter Verben. Unter dem Einfluß der Phänomenologie gewinnt das Sein eine solche Transitivität. Bei Heidegger etwa wird das Verb „existieren" – bislang intransitiv – zum transitiven Verb, weil es mit dem Seinsverständnis in eins gesetzt wird. Verstehen ist immer sein eigenes Sein verstehen. „Hier nimmt das Verb existieren in gewisser Weise einen aktiven Sinn an. Man könnte vielleicht sagen, daß alle Philosophie Heideggers darin besteht, das Verb existieren als transitives Verb zu betrachten." (DEHH 80)

Hat die Transitivität als Bestimmung der Existenz und Teilhabe zunächst als eine Form der Entfremdung des Subjekts gegolten, so charakterisiert sie nun den Bereich des Diesseits, in dem der Andere gesucht wird. Transitivität bedeutet nun eine Form der Intentionalität, die sich von der objektivierenden abhebt (s. u. p. 150). Nicht nur dem Sprachgebrauch nach scheint Lévinas hier in Übereinstimmung zu sein mit Merleau-Ponty, der nicht von der transitiven Intentionalität, sondern von der transitiven Synthesis gesprochen hat (synthèse de transition).º Wie Lévinas, für den die transitive Intentionalität nichts mehr mit der Spontaneität des Subjekts zu tun hat, hat auch Merleau-Ponty Hemmungen, von einer Synthese zu sprechen. „Soll hier noch von einer Synthese die Rede sein können", schreibt er, „so nur, mit dem Husserlschen Ausdruck, ‚Übergangssynthese', die nicht diskrete Perspektiven miteinander verknüpft, sondern den Übergang von einer zur anderen vollzieht."ᵖ

Husserl selber hat den Unterschied zwischen der von Lévinas so genannten objektivierenden und transitiven

---

º Vgl. Phénoménologie de la perception, Paris 1945, p. 307.
ᵖ Phänomenologie der Wahrnehmung, Berlin 1966, p. 309.

Intentionalität in verschiedener Weise terminologisch gefaßt. Zunächst spricht er von der „eigentümlichen Intentionalität" der Retention (Hua X, § 12). Das Eigentümliche der retentionalen Intentionalität hängt mit den Problemen zusammen, die in der Untersuchung über die Phänomenologie des inneren Zeitbewußtseins zu lösen sind. Diese Untersuchung steht nämlich vor der Aufgabe, einerseits die Konstitution zeitlicher Objekte, vorzüglich solcher der immanenten Wahrnehmung aufzuklären, zugleich aber die Einheit des jeder Einzelwahrnehmung zugrunde liegenden Bewußtseins zu explizieren. Dieses Problem führt zu der Frage, wie die einzelnen für die Objekte konstitutiven Erlebnisse nicht nur abschattungsweise auf die *Gegenstände* bezogen sind, sondern sich zur Einheit eines *Bewußtseins* verbinden. Die Verknüpfung der Phasen nicht zur Einheit des Gegenstandes, sondern zur Einheit des Bewußtseins wird durch die Retention gewährleistet. „Erinnerung ist ein Ausdruck", schreibt Husserl, „der immer nur Beziehung hat auf ein konstituiertes Zeitobjekt; Retention aber ein Ausdruck, der verwendbar ist, um die intentionale Beziehung (eine grundverschiedene) von Bewußtseinsphase auf Bewußtseinsphase zu bezeichnen, wobei Bewußtseinsphasen und Bewußtseinskontinuitäten selbst nicht wieder angesehen werden dürfen als Zeitobjekte." (Hua X, 333) Dieser Doppelung der Intentionalität ist ein eigener Paragraph gewidmet (Hua X, § 39); hier nennt Husserl diese besondere Intentionalität auch „Längsintentionalität"; an anderer Stelle spricht er von „Zusammenhangsintentionen" (Hua X, 105 u. 301).

Gemäß Lévinas zeigt Husserl in diesem Bereich etwas auf, was nicht mehr durch einen Akt des Bewußtseins gedeckt wird. Wir sind diesseits der Spontaneität des Bewußtseins im Bereich der Sinnlichkeit und der Rezeptivität. Dennoch spricht Husserl auch hier noch von Intentionalität. Husserl durchbricht also einerseits die Immanenz des Bewußtseins, sofern im Bereich der transitiven Intentionalität ein Geschehen stattfindet, dessen das Bewußtsein nicht mehr Herr ist; andererseits aber deutet Husserl auch diesen Bereich noch in Kategorien des Könnens und der Intentionalität. „Die Zeit der Sinnlichkeit ist bei Husserl die Zeit des Wiederholbaren." (AQ 43) Darin liegt der grundsätzliche Widerspruch, in dem Husserl befangen bleibt.

Lévinas löst diesen Widerspruch dadurch auf, daß er die beiden Ebenen rigoros trennt. Hatte Husserl noch durchgehend von Intentionalität gesprochen, so reserviert Lévinas nun diesen Ausdruck allein für die thematisierende Intentionalität. Den Bereich diesseits des eigentlich intellektuellen Aktes deutet er mit den Begriffen der Sinnlichkeit und Passivität. Das Sinnliche ist in seinem Ursprung nicht das Material für die sinngebende Tätigkeit des Subjekts, sondern hat selbst subjektiven Charakter. Das Empfinden ist das ursprüngliche Subjekt, sofern für das Empfinden ein minimaler Abstand sich auftun muß, eine Differenz, damit überhaupt Empfindung sei. Dieser Abstand ist die sich öffnende Zeit. Daher kann Lévinas auch sagen: „Die Zeit ist nicht nur die Form, die die Empfindungen aufnimmt . . . sie ist das Empfinden der Empfindung." (s. u. p. 167) Wenn das Subjekt selbst das Geschehen der Empfindung ist, dann steht es ihm nicht wie einem Fremden gegenüber. Das bedeutet aber, daß es dieses Geschehen nicht beherrscht, sondern selbst von ihm beherrscht wird. Das Subjekt ist in einem Geschehen impliziert, dessen Ursprung sich ihm entzieht. Das Subjekt war also schon Subjekt, als es noch nicht Subjekt war. Das Bewußtsein erwacht „in der Trennung des Fühlens vom Gefühlten" (s. u. p. 270), aber es handelt sich um ein

Bewußtsein „ohne Subjekt: ‚passive Aktivität' der Zeit, für die kein Subjekt die Initiative für sich in Anspruch nehmen könnte" (s. u. p. 270).
Das Bewußtsein entsteht also nicht aus sich selbst, sondern aus einem Anderen, die Zeit ist nicht Selbstaffektion. Dieses Verhältnis zum Anderen nennt Lévinas Nähe oder Berührung (s. u. p. 261 sq.). In der Transitivität, die die kontinuierliche Geburt des Bewußtseins in der Urimpression ist, ist auch die Nähe zum Anderen gegeben.
Dieses Andere ist der Andere, da die Berührung Bedingung der objektivierenden Intentionalität und damit der idealen Sprache ist. Die Sprache ist nicht Bedingung für die Kommunikation der Menschen untereinander dergestalt, daß die Sprache als das ideale Allgemeine dem Kontakt vorausginge, sondern umgekehrt: Die Sprache entsteht aus dem Kontakt mit dem Anderen. Daher kann Lévinas in Anlehnung an seine Unterscheidung von Ausdruck und Zeichengebrauch und entsprechend dem Begriffspaar Nähe und idealisierende Intentionalität nun auch zwei Formen der Sprache unterscheiden: eine ursprüngliche Sprache, die als die Möglichkeit bezeichnet wird, „unabhängig von jedem den Gesprächspartnern gemeinsamen Zeichensystem in Beziehung zu treten" (s. u. p. 287), und die Sprache als Resultat der Idealisierung, die eins ist mit der Vorstellung. Die ursprüngliche Sprache ist aber eine Sprache des Unmittelbaren und des Sinnlichen. Sie gleicht der erotischen Beziehung, die in „Totalité et infini" beschrieben worden war. Daher wird die Sprache als unmittelbare Sinnlichkeit auch wiederum am Beispiel der Liebkosung gedeutet (s. u. p. 278/279).
In der Unmittelbarkeit der sinnlichen Berührung bietet sich der Andere nicht als anderer Mensch und nicht als Leib; da nichts Gegenständliches an ihm ist, spricht Lévinas von der Haut (s. u. p. 284 u. a.). Aber alle

Sinnlichkeit wird bedeutend. „Über alle Dinge ergießt sich vom menschlichen Antlitz und von der menschlichen Haut her die Zärtlichkeit... Die Poesie der Welt ist untrennbar verbunden mit der Nähe par excellence oder mit der Nähe des Nächsten par excellence." (s. u. p. 280) Dieser Begriff der Nähe als der sinnlichen Differenz gestattet nun auch die Wiederaufnahme bzw. Umdeutung der Begriffe des Unendlichen und des Begehrens. Im Anderen begegnet das Subjekt dem Unendlichen nicht, weil er aus einer unendlichen *Zukunft* käme, sondern weil er immer schon *vergangen* ist und nur als Spur gegenwärtig. Wegen der Zeitstruktur dieses Geschehens, die alle retentionale Intentionalität bestimmt, kann der Andere nie gegenwärtig werden. Davon ist unbetroffen die Möglichkeit, in einem Akt der Wiedererinnerung die vergangenen Momente zu repräsentieren. Der Andere als Singuläres findet nicht Eingang in die Gegenwart kraft der Wiedererinnerung, sondern kraft des Begehrens. Das Begehren ist die Idee des Unendlichen im Subjekt. Diese Idee des Unendlichen, von der Lévinas sagt, sie sei die Seinsweise des Unendlichen (TI XV), ist real als Betroffenheit des Subjekts und als Hören auf den Ruf zur Verantwortung. In ihr erkennen wir die Subjektivität des Subjekts.

Wir haben uns bei der Darstellung der Philosophie von Lévinas leiten lassen von der Frage, ob die Endlichkeit des Menschen, die in der Phänomenologie zutage tritt, und der Anspruch auf Verantwortung miteinander vereinbar seien. Verantwortung scheint die Selbsthabe des Subjekts vorauszusetzen. Die Endlichkeit aber schließt eben jene Selbsthabe aus. Wir sind nun darüber belehrt, daß die Unhintergehbarkeit der Vergangenheit und die Unmittel-

barkeit des Appells an die Verantwortung nicht getrennt werden können. Sie gehören zusammen.
Die Bedeutung dieses Ergebnisses läßt sich nicht mit wenigen Worten dartun. Sie scheint uns zunächst darin zu liegen, daß die gelebte Sinnlichkeit, statt bloß ästhetische Produktion zu sein oder Konstitut des Subjekts, als Zugang zum Anderen und zum Unbedingten gedeutet wird. Nicht primär im Denken, sondern in der Sinnlichkeit vollzieht sich die Transzendenz.
Darin begegnet das Denken Lévinas' dem Versuch Heideggers sowie Gadamers, auf dem Wege über eine neue Kunsttheorie das Sinnliche aus seiner bloßen Subjektivität zu befreien.
Andererseits aber gehen die Intentionen der hermeneutischen Philosophie und der Lévinas'schen in verschiedene Richtungen. Die hermeneutische Philosophie steht unter dem Bilde des Kreises. Der Kreis aber ist das antike Symbol für die Einheit des Kosmos. Die Rückkehr zur Einheit eines kosmischen Denkens ist daher ein wesentliches Motiv der hermeneutischen Philosophie. Lévinas' Anliegen dagegen ist ein spezifisch neuzeitliches: Angesichts der Einsicht in die Endlichkeit des Subjekts bemüht er sich um eine Neuinterpretation der „Autonomie" des Subjekts, die zugleich kompatibel ist mit der Idee eines sozialen Pluralismus. Die Verknüpfung beider geschieht im Begriff der Verantwortung. Die ausgezeichnete Stellung des Subjekts und die Idee eines „pluralen Existierens" gehören nicht der Antike und nicht der mittelalterlichen Welt an, sondern sind ein Erbe der Neuzeit, auf das wir nicht leicht verzichten.

1. Von der Beschreibung zur Existenz

Es gibt eine Art, die Phänomenologie darzustellen, die für den gesunden Menschenverstand sehr beruhigend ist: nämlich als eine Botanik des Geistes. Die traditionelle Spekulation hätte durch ihren Verzicht, zu beschreiben, Klassen zu bilden und die Begriffe festzuhalten, die verschiedenen Forschungsstufen übersprungen. Der unbestreitbare Beitrag der Phänomenologie bestünde in der Aufforderung zur systematischen und geduldigen, freilich vorläufigen Beschreibung, im „Zurück zu den Sachen selbst". So wäre die Phänomenologie nützlich für die Positivisten wie die Metaphysiker, der notwendige Ausgangspunkt eines jeden Idealismus und Realismus, die für viele Geister die Koordinaten des Denkens darstellen.

p. 91

Kann aber eine Vorschrift des gesunden Menschenverstandes, die in Wahrheit von allen Philosophen der Vergangenheit, wenn sie dieses Namens würdig waren, befolgt wurde, den Eindruck der Neuheit erklären, den man beim ersten Kontakt mit der Phänomenologie und den Lehren, die sich von ihr herschreiben, empfindet? Kann eine einfache Methode Philosophie ersetzen? – Wir sind nicht der Auffassung. Aber es wäre nicht ohne Interesse, zu zeigen, wie eine Methode auf eine Philosophie zurückweist; wie diese noch im Stil der phänomenologischen Untersuchungen und bis in ihre Verfahren hinein sich wiederfindet. Das Hin und Her der besonderen Thesen oder ihre Entwicklung, die den voreiligen Historiker interessieren, sollen uns daher nicht bei dem Versuch stören, uns von der Bewegung und ihrem Ziel eine klare Vorstellung zu verschaffen.

I. Die Phänomenologen haben die Betonung auf die Beschreibung gelegt. Die Polemik gegen den Psychologismus im ersten Teil der „Logischen Untersuchungen"[a] hat die letzten Möglichkeiten phänomenologischer Beweisführung erschöpft. Die verhältnismäßig leichte Lektüre des Buches erklärt sich durch seine Bemühung, Argumenten zum Zwecke der Widerlegung die gehörige Form zu geben, zu beweisen und zu deduzieren. Erst vom zweiten Band an (mit Ausnahme der 2. Untersuchung, die sich noch polemisch gibt) gewann die Methode ihre charakteristische Form und hob sich von der Beweisführung ab. Die „Weil" begnügen sich damit, den Vorrang eines Phänomens vor einem anderen herauszustellen, die Ordnung der Phänomene zu beschreiben. Sie treiben nie über die Phänomene hinaus. „Weil" sich die Synthese der sinnlichen Wahrnehmung niemals vollendet, ist die Existenz der äußeren Welt relativ und ungewiß. Das Argument zielt nicht auf eine These, deren Bedeutung unabhängig wäre von der Beschreibung, die in der These zusammengefaßt ist. Die Relativität und Ungewißheit der äußeren Welt bedeuten nichts anderes als die Unabgeschlossenheit der Synthese der sinnlichen Wahrnehmung. Seinerseits entspringt das Ideal einer absoluten Existenz, gemessen an dem sich die Existenz der Welt als relativ darstellt, der Beschreibung einerseits der adäquatio rei ac intellectus in der Erfüllung[b] der Intention durch eine Intuition, andererseits der Beschreibung der inneren Wahrnehmung der

---
[a] Edmund Husserl, Logische Untersuchungen.
[b] ‚Erfüllung' in Klammern auf deutsch im Original.

Reflexion. Die Konklusion faßt zusammen. Sie mündet nicht wie in den scholastischen oder cartesischen Beweisen – oder selbst wie bei Kant, z. B. in der „Widerlegung des Idealismus"[c] – dank der Verbindung eines rationalen Grundsatzes mit dem Gegebenen in eine höhere Wahrheit. Sie mündet nicht einmal in eine Intuition im Sinne Bergsons. Bei Bergson zielt die Intuition über die Beschreibung hinaus auf eine Wahrheit, die, bevor sie eine „unmittelbare Gegebenheit des Bewußtseins" in einem ausgezeichneten Augenblick wird, in der Berührung mit den Dingen geahnt wird und ihren Ausdruck findet in der berühmten Formel „Es ist alles, als ob". Bei Bergson bewahrt die Intuition den Charakter des Privilegs, sie bleibt etwas Mystisches, eine Möglichkeit, die menschliche Bedingung zu transzendieren. Über das „Zurück zu den Sachen selbst" hinaus ist die Phänomenologie die Weigerung, sich jemals von ihnen zu lösen. Nicht nur „zu den Sachen selbst", sondern auch „nie von den Sachen weg".[d]

Es wäre ein Leichtes, in allen husserlschen Analysen zu zeigen, wie jede Evidenz alle die Evidenzen, aus denen sie hervorgegangen ist, hinter sich her zieht, wie sie sich damit sättigt. Genauso wie die „kategoriale Anschauung", ist die Wesensschau ganz und gar an die sinnlichen Intuitionen gebunden. Mit dem Gegenstand der Wissenschaft treten wir nicht ein in eine höhere Sphäre, in eine wahre Wirklichkeit, wo die Vernunft eine andere Luft atmen würde; der Gegenstand der Wissenschaft bleibt an die sinnliche Wahrnehmung, die seine Konstruktion erlaubte, gebunden; ohne sie bleibt er uneinsichtig, expo-

---

[c] Vgl. I. Kant, Kritik der reinen Vernunft, B 274 sq.
[d] ‚Zu den Sachen selbst' und ‚nie von den Sachen weg' auf deutsch im Original.

niert sich der Gefahr von Paradoxen, von Widersinn, von Wissenschaftskrisen. Die ganze Phänomenologie scheint gerade dazu bestimmt zu sein, in diesen schwebenden Evidenzen alle die vergangenen Evidenzen wieder aufzufinden, die sie stützen.

In der klassischen Philosophie lief die Analyse der Erkenntnis auf die Beschreibung der Grenzen dieser Erkenntnis hinaus; sie erklärte sich aber durch das Bedürfnis einer absoluten Erkenntnis. Die Idee des Vollkommenen, die dem Philosophen gegeben war, erlaubte die Beschreibung der Endlichkeit. Die phänomenologische Beschreibung sucht die Bedeutung des Endlichen im Endlichen selbst, so daß die Unvollkommenheit der Erkenntnis, anstatt am intendierten Objekt vorbei zu gehen, es gerade definiert. Von daher der besondere Stil der Beschreibung. Wo die klassische Philosophie auf der Unvollkommenheit eines Erkenntnisphänomens insistiert, begnügt sich die Phänomenologie nicht mit der in dieser Unvollkommenheit eingeschlossenen Negation, sondern betrachtet diese Negation als konstitutiv für das Phänomen. Wenn das Gefühl ein dunkler und verworrener Tatbestand des Seelenlebens ist, so nimmt die phänomenologische Beschreibung diese Dunkelheit und diese Verworrenheit für ein positives Merkmal des Gefühls: Es ist nicht dunkel im Verhältnis zu einem Ideal von Helligkeit, vielmehr konstituiert die Dunkelheit das Gefühl als Gefühl. Wenn die Erinnerung immer modifiziert ist durch die Gegenwart, in der sie stattfindet, und durch unsere Kenntnis von dem, was, als die Erinnerung sich bildete, noch Zukunft war, was aber in der Gegenwart, in der die Erinnerung hervorgerufen wird, schon Vergangenheit ist – so spricht die Phänomenologie nicht von einer Fälschung der Erinnerung, sondern nimmt die Alteration für die Wesensart der Erinnerung. „Selbst für Gott" – das soll heißen, dies gilt selbst für ein Erkenntnissubjekt, das nicht durch die empirischen und kontingenten Mängel des Menschen behindert wäre. Wenn die Angst keinen Gegenstand hat, so wird diese Abwesenheit des Objekts, dieses Nichts, zur positiven Bestimmung der Angst als einer privilegierten „Erfahrung" des Nichts.

II. Eine wesentliche Unterscheidung ist erforderlich, wenn man an die Methode Heideggers herantritt. Dieser Unterschied muß hervorgehoben werden, um die gängige Verwechselung der Philosophie Heideggers mit dem philosophischen Anthropologismus oder der Existenzphilosophie, die nur ein Aspekt der Philosophie Heideggers sind, zu vermeiden. Diese Verwechselung ist um so verbreiteter, als bis zur Gegenwart[e] allein dieser letzte Aspekt des heideggerschen Werkes einen dominierenden Einfluß auf die zeitgenössische Spekulation und insbesondere auf den französischen Existenzialismus ausgeübt hat. Die Philosophie Heideggers beschäftigt sich nicht mit dem Menschen um seiner selbst willen. Sie ist ursprünglich am Sein interessiert. Es handelt sich dabei übrigens, wie alle Welt inzwischen weiß, nicht um ein Seiendes, auch kein absolutes, wie die philosophische Tradition es an die Stelle des Seins gesetzt hat, sondern um das Sein qua Verb, um das Sein und nicht das Seiende.[f] Nun hat die Frage „Was ist Sein?" eine Bedingung: die Möglichkeit selbst für das Sein, sich zu offenbaren, sich zu entbergen. Diese ursprüngliche Erschlossenheit des Seins, Bedingung jeder Beziehung zu ihm, ist die Wahrheit des Seins. Die Wahrheit ist also für Heidegger nicht etwas, was dem Sein von

---

[e] D. h. bis 1949.
[f] Der französische Text lautet: „Il s'agit... de l'être verbe, de l'être – Sein et non pas de l'être – Seiendes."

außen hinzugefügt würde durch die Menschen, sondern ein Ereignis des Seins. Die menschliche Existenz oder das Dasein, sofern es Transzendenz oder Ekstase ist, vollzieht die Wahrheit. Weil es Wahrheit gibt, gibt es Denken und darum also steht der Mensch im Zentrum des philosophischen Problems. In dieser Hinsicht wenigstens läßt die Situation an Platon denken: „Ist es nicht dieselbe Notwendigkeit, die will, daß, wenn diese Dinge (die Ideen) existieren, auch unsere Seelen existieren ... und daß, wenn sie nicht existieren, auch unsere Seelen nicht?" (Phaidon 76 e)g Die Wahrheit, Zeitgenosse des Seins, resultiert nicht aus der Beziehung zwischen einem Geist und einer Welt.

„Sein und Zeit", wo diese notwendige Korrelation zwischen dem Sein und dem Seinsverständnis entwickelt wird, ist daher zunächst an der Anthropologie desinteressiert. Es untersucht die Bedingungen des Denkens, die Wahrheit als Bedingung des Denkens. Nur aus dieser Perspektive erscheint die menschliche Existenz. Es handelt sich nicht darum, die menschliche Natur, das Bewußtsein oder das Subjekt zu beschreiben, sondern den Menschen als das ontologische Ereignis der Wahrheit. Die Besonderheiten der Analyse ergeben sich aus dieser Perspektive.

Aber „Sein und Zeit" ist auch eine Anthropologie. Und zwar deswegen, weil das Seinsverständnis, das im Dasein geschieht, nicht die Struktur eines theoretischen Denkens hat. Nicht daß das Denken der Aufgabe nicht gewachsen wäre und daß es ergänzt werden müßte durch dieses

---

g Die ganze Stelle lautet in der Übersetzung von Schleiermacher folgendermaßen: „Verhält es sich wohl so und ist es die ganz gleiche Notwendigkeit, daß jenes ist und daß auch unsere Seelen sind auch vor unserer Geburt und daß, wenn jenes nicht, dann auch nicht dieses?"

pathetische, emotionale und geängstigte Leben, das so viele Autoren mit dem Namen Existenz belegen. Das Denken erreicht das Selbstverständnis nicht, weil es auf einen Gegenstand hintendiert, auf ein Etwas abzielt, auf ein Seiendes; wohingegen das Seinsverständnis sich auf das *Sein* des Seienden beziehen müßte, von dem seinerseits nicht gesagt werden kann, „es ist", und das in diesem Sinne *Nichts* ist.
Existenz im Gegensatz zum Denken bedeutet genau dieses Verständnis des Seins und des Seienden. Und in dem Maße allerdings, in dem das Denken eines Seienden das Verständnis des Seins des Seienden voraussetzt, setzt alles Denken die Existenz voraus. Wie vollzieht sich die Existenz oder das Seinsverständnis, das von dem Denken vorausgesetzt ist? Die phänomenologische Methode, die Heidegger von Husserl übernimmt, gestattet, es zu artikulieren. Denn schon bei Husserl finden sich die wesentlichen Voraussetzungen vereint, die die Philosophie auf den Begriff der Existenz hin orientieren.

III. In der Phänomenologie Heideggers scheint die Methode auf den ersten Blick weiter zu führen als bei Husserl. Heidegger hat einmal den kühnen Ausdruck „phänomenologische Konstruktion" benutzt. Damit scheint er über die bloße Beschreibung hinauszugehen. Wenn der Begriff der Sorge als Bedingung des *In-der-Welt-seins* erscheint, wenn die Zeit als Bedingung der Sorge erscheint, dann haben wir mit dem Rückgang vom Bedingten zur Bedingung so etwas wie einen Beweisgang vor uns. Indes liegt der charakteristische Zug einer solchen Deduktion darin, daß sie niemals die Anwendung der ratio auf gegebene Daten ist. Der Übergang bleibt ein konkretes Ereignis der menschlichen Existenz. Die philosophische Deduktion wird niemals ein intellektuelles Ge-

p. 95 schehen, das sich oberhalb der Existenz vollzöge; sie ähnelt eher einem historischen Ereignis, das keines der Bande zu den Ereignissen, von denen es sich abhebt, löst. Diese Situation ist durchaus entgegengesetzt derjenigen, die im „Phaidon" angedeutet ist, wo der Philosoph hinsichtlich seines Körpers stirbt, auf einen Teil seiner Menschlichkeit verzichtet. Der Gang von Heideggers uneigentlicher Existenz zur eigentlichen Existenz – der nichts anderes ist als die philosophische Erhebung, das eigentliche Geschehen der Philosophie – wird von der uneigentlichen Existenz selbst vollzogen; und die Rückkehr zum eigentlichen Dasein bewahrt alle Möglichkeiten des Verfallens, die unverändert auch die Erhebung kennzeichnen.

Die Möglichkeit der Philosophie bleibt eng verbunden mit ihrer Unmöglichkeit und ihrem Versagen; sie stellt nicht nur die Aporie dar, auf die – gemäß Koyrés Artikel in „Critique", 1 und 2 – die Heideggersche Auffassung von der Wahrheit hinausläuft, dieser Widerspruch kennzeichnet die tiefe Urprünglichkeit des phänomenologischen Denkens. Schon bei Husserl, der der vermeintlich befreienden Funktion der deduktiven Vernunft mißtraute, ging die Befreiung von der phänomenologischen Reduktion aus, sofern sie ein Vermögen der totalen Reflexion ist. Bei Heidegger verfügt der Mensch über keinerlei Mittel, das ihn über seine Bedingung hinausheben würde. Auf gar keinen Fall wäre die Vernunft in der Lage, diese Aufgabe zu übernehmen. Der Mensch findet nicht in sich selbst den absoluten Punkt, von dem aus er die Gesamtheit seiner Bedingung überschauen könnte, einen Punkt, von dem aus er sich selbst von außen betrachten oder an dem er wenigstens, wie bei Husserl, mit seinem eigenen Ursprung koinzidieren könnte. Der Rückgang auf die Bedingung vollzieht sich noch als das Werk eines bedingten

Wesens und nicht, wie bei Platon, als das Werk eines Seienden, das etwas in sich abgetötet hat und damit von seinen Fesseln frei geworden ist. Wie man bei Husserl keinen Begriff aus seiner Beschreibung und seiner Genese herauslösen kann, so löst sich bei Heidegger kein Denkschritt ab von der menschlichen Existenz. Von hier aus ergibt sich eine erste Möglichkeit, die Phänomenologie im Verhältnis zu Idealismus und Realismus zu situieren, vorausgesetzt, daß man diese Begriffe nicht in ihrer Schulbedeutung nimmt.

Mit seiner Behauptung, die äußere Welt bestehe nur für das Denken, hat der Idealismus gewiß nicht die Gegebenheiten unserer täglichen Erfahrung in Zweifel ziehen, sondern nur ihre Bedeutung entdecken wollen. Er bestreitet jedes gemeinsame Maß zwischen dem Geist und den Dingen: Der Geist behauptet sich als Orientierungspunkt für jegliche Realität, welche auch in ihrer rohesten Erscheinungsform die Antwort auf Fragen ist; unausgesprochene Fragen, die aber die transzendentale Analyse unter dem Namen von apriorischen Bedingungen oder Formen der Erkenntnis freilegt. Indem er die Vorgängigkeit des Geistes im Verhältnis zu den Dingen behauptet, ist der Idealismus im ganzen eine Lehre der Würde des Menschen.

Aber diese Würde, kraft derer der Mensch nicht unter die Dinge gezählt werden kann – welche die Beziehungen auch seien, die ihn mit ihnen verbinden –, diese Würde bestimmt sich als Vernunft. Die Vernunft spielt hier nicht nur eine zentrale Rolle als Mittel, die menschliche Neugier zu befriedigen und Gewißheiten zu gewährleisten, sondern als das Vermögen, den Menschen gewissermaßen außerhalb seiner selbst zu plazieren. Wenn der Realismus die Äußerlichkeit der Welt im Verhältnis zum Menschen behauptet, so kann man sagen, daß der Idealismus die

p. 96

Äußerlichkeit des Menschen im Verhältnis zu sich selbst behauptet. Daher ist der Idealismus genötigt, die eigentliche Beziehung des Geistes zum Sein in der wissenschaftlichen Forschung zu suchen; denn die Wissenschaft garantiert die absolute Äußerlichkeit des Menschen im Verhältnis zu sich selbst. In der Tat bleibt der Wissenschaftler außerhalb der Wirklichkeit, die er untersucht. Hinsichtlich dessen, was auf das engste mit ihm verbunden ist, wie sein Körper oder seine Leidenschaften, nimmt er die Haltung des Mannes ein, der zuschaut, der sich nicht einläßt auf die Ereignisse, denen sein Blick gilt. Er spart sich immer eine Möglichkeit des Rückzugs auf. Der Idealismus, der vom Menschen ausgeht, brauchte paradoxerweise immer ein Prinzip a priori, ohne das der Mensch zwar das Universum, nicht aber sich selbst verstehen kann. Das gilt bis hin zu den empiristischen Versionen des Idealismus. Er implizierte immer die Vernunft im starken Sinne des Wortes, nicht nur als ein aus der Erfahrung gewonnenes „Prinzip" für die Erfahrung, sondern als ein Prinzip der Erhebung, der Begründung, der Bewegung, des Aufstiegs. Der Idealismus ist zutiefst platonisch und cartesisch: Der Ausgangspunkt liegt im Menschen; aber der Mensch erhebt sich über sich selbst in dem Maße, in dem er seine Stellung unter Bezug auf die Idee des Vollkommenen definiert. Obwohl die Idee des Vollkommenen sich im Menschen findet und Bedeutung für ihn hat, gestattet sie ihm gleichwohl, aus der Immanenz seiner Bedeutung herauszutreten. Das so verstandene ontologische Argument definiert die Transzendenz und bleibt der Eckstein des Idealismus.

Die Vernunft in diesem Sinne fehlt in der Philosophie Heideggers, sie fehlt in der Phänomenologie überhaupt. Die Phänomenologie ist das Paradox eines Idealismus ohne Vernunft. Idealismus; denn in ihr gewinnt der

Mensch seinen Sinn nicht im Ausgang von einer Welt ohne Mensch. Aber entgegen dem Idealismus, der das erforderliche Instrumentarium besitzt, um über den Menschen selbst hinauszugehen, setzt Heidegger den Menschen als ein Wesen, das sich nicht vollständig übernehmen kann. Die Geworfenheit bezeichnet dem Verstehen eine Grenze. Im Menschen selbst erscheint ein unauflöslicher Kern, der das idealistische Bewußtsein in Existenz verwandelt. Die Welt gewinnt einen Sinn dank des Menschen, aber der Mensch hat nicht im ganzen einen Sinn. Und darin taucht bei Heidegger wieder das traditionelle Thema des Realismus auf: das Problem einer Realität, die sich vom Verstehen abhebt. – Husserl strebt zwar nach der vollständigen Einsicht des Menschen durch sich selbst – und die Möglichkeit der phänomenologischen Reduktion scheint diese Einsicht zu versprechen; aber sie geht nicht über die *Koinzidenz* mit dem Ursprung hinaus. Und dieser Ursprung läßt sich nicht aussprechen unabhängig von einer Beschreibung, deren Termini alle ihren Sinn gewinnen im Ausgang von dem konkreten Leben inmitten der Welt. Der husserlsche Idealismus verzichtet auf Vernunft: er kennt kein Prinzip, das gestattet, sich von der konkreten Existenz zu befreien und sich außerhalb von ihr zu stellen. Die Befreiung besteht für ihn nicht in einer Erinnerung, in einer Aktivierung von Keimen eingeborener Vernunft, die jedenfalls von anderswo herkämen als aus dem Weltleben selbst, sondern in der Beschreibung. Der Akt der „Vernunft" besteht nicht darin „abzuheben" – wie man heute sagt –, sondern mit dem Ursprung zusammenzufallen, darin, die Welt zu rekonstituieren, und nicht, sich hinter sich und hinter die Welt zu bringen durch einen Akt ähnlich dem des platonischen Sterbens. Die Philosophie bricht nicht auf *innerhalb* der menschlichen Existenz, sie fällt mit dieser Existenz zusammen. Es gibt keinen Ur-

p. 97

sprung des Lichtes, über das der Mensch verfügt und in dessen Licht er das Licht wahrnimmt, es gibt kein Licht als Bedingung des Lichts der Evidenz. Dieses Übertroffenwerden der Evidenz des cogito durch das unendliche Licht, womit die dritte Meditation Descartes' endet, dieses „valde credibile est . . . illam similitudinem, in qua Dei idea continetur, a me percipi per eandem facultatem, per quam ego ipse a me percipior . . ."[h] ist in der Philosophie Husserls abwesend. Die Philosophie sondert sich nicht mehr in einem privilegierten Augenblick vom Leben ab, sondern koinzidiert mit ihm, ist das wesentliche Ereignis des Lebens, aber des konkreten Lebens, des Lebens, das seine Grenzen nicht überschreitet. Man kann nicht mehr sagen, primum vivere deinde philosophari, noch die Folge der Termini umkehren. Die Philosophie ist selbst Existenz und Geschehen. Damit kündigt sich eins der Hauptthemen der Philosophie der Existenz an. Es wird sich nur darum handeln, zu zeigen, welche die Struktur des philosophischen Aktes ist, wenn er sich nicht mehr in der Idee des Vollkommenen festmacht.

IV. Der Verzicht auf die Begründung der Transzendenz durch die Idee des Vollkommenen führt zur Transzendenz qua Intentionalität. Wir erfassen hier an der phänomenologischen Beschreibung einen neuen Zug, in dem sich ihre unwiderstehliche Entwicklung hin zu einer Existenzphilosophie ankündigt. Der cartesische Idealismus vermochte im menschlichen Subjekt die Endlichkeit mit dem Unendlichen, an dem das Subjekt teilhat und kraft dessen es in gewisser Weise aus der Endlichkeit heraustritt, zu versöhnen, weil er radikal zwischen dem Sein des Subjekts und seinen Ideen unterschied. Obwohl Descartes

---

[h] Ch. Adam & P. Tannery (éd.), Œuvres de Descartes, VII, p. 51.

die denkende Substanz ausschließlich durch das Denken definiert, und obwohl für ihn das Ich zu sein aufhört, wenn es aufhört zu denken, ist das Ich nicht schlicht und einfach ein Denken. Wie in der Tat könnte die denkende Substanz, ohne selbst unendlich zu sein, die Idee des Unendlichen haben, wenn Existieren und Denken zusammenfielen? Dank der Idee des Vollkommenen faßt das Denken im Absoluten Wurzel, aber die Existenz eines im Absoluten verwurzelten Denkens ist *weniger* als das Absolute, ist nur ein Denken, nicht mehr als ein Denken. – Oder auch: Wenn kraft der Idee des Vollkommenen die Existenz des Denkens im Sein gründet, so ist die Tatsache, begründet zu sein, nicht identisch mit der Tatsache zu sein, welch letztere sich darüber abspielt, in einer Sphäre, in der es Grenzen gibt. Die Bedingung der Existenz unterscheidet sich von der Existenz selbst. Die eine ist unendlich, die andere endlich. Das Entscheidende bei Descartes ist, daß die endliche Existenz nicht vom Unendlichen abgeschieden und daß die Verbindung durch das Denken gewährleistet ist; das Entscheidende ist, daß das Denken, das die ganze Existenz des cogito konstituiert, doch zu dieser Existenz hinzutritt, indem es sie an das Absolute bindet. Dadurch ist die menschliche Existenz nicht Denken, sondern eine Sache, die denkt.

p. 98

Die phänomenologische Konzeption der Intentionalität besteht im wesentlichen darin, daß sie Denken und Existieren identifiziert. Dem Bewußtsein kommt nicht das Denken als wesentliches Attribut zu, es ist keine Sache, die denkt, es ist Denken sozusagen seiner Substanz nach. Sein *Seinsakt* besteht im Denken. Der Radikalismus des husserlschen Begriffs der Intentionalität läßt sich ermessen, wenn man ihn auf die cartesische Konzeption des Denkens, die wir soeben analysiert haben, bezieht. Ihr gemäß bedeutet das Denken, sofern ihm die Idee des

Vollkommenen erschlossen ist, ein Mehr im endlichen Sein gegenüber dem, was das endliche Sein des Denkens im strikten Sinne ausmacht. Wenn Husserl bestreitet, daß man sagen könne, das Bewußtsein existiere zuerst und tendiere dann auf seinen Gegenstand, so behauptet er damit in Wirklichkeit, daß das *Existieren* des Bewußtseins in seinem Denken selbst liegt. Das Denken hat keine ontologische Bedingung; das Denken ist selbst die Ontologie. Die husserlschen Einwände gegen den cartesischen Übergang vom *cogito* zur Idee der „Sache, die denkt", entstammen daher nicht einzig dem Bemühen, die „Naturalisierung" und die „Verdinglichung" des Bewußtseins zu vermeiden. Es geht auch hinsichtlich der ontologischen Struktur des Bewußtseins darum, den Verweis auf ein Fundament, den Verweis auf irgendeinen Kern, der der Intention als Gerüst dienen könnte, zu bestreiten; das Bewußtsein soll nicht als Substantiv gedacht werden.
Die Aussage, der Akt des Denkens sei für das Bewußtsein gleichbedeutend mit dem Akt des Existierens – und Husserls Konzeption ist in diesem Punkte eindeutig –, verändert den eigentlichen Begriff des Seins. Das Denken ist nicht nur ein wesentliches Attribut des Seins; Sein ist Denken. Von nun an charakterisiert die transitive Struktur des Denkens den Seinsakt. Wie das Denken immer Denken von etwas ist, so hat das Verb „sein" immer ein Akkusativobjekt: ich *bin* mein Schmerz, ich *bin* meine Vergangenheit, ich *bin* meine Welt. Es ist evident, daß das Verb „sein" in diesen Formeln nicht die Funktion der Copula hat. Es drückt keine attributive Beziehung aus, selbst nicht eine solche, in der das Prädikatsnomen sich auf das Subjekt in seiner Totalität bis hin zur Identität mit ihm beziehen würde. Was in diesen Sätzen durch die Unterstreichung des Wortes *ist* (wie sie häufig vorkommt in der zeitgenössischen existentialistischen Literatur) ausge-

p. 99

drückt werden soll, ist der transitive Charakter dieses Verbs, die Analogie, die zwischen dem Verb sein und dem Verb denken bestehen soll. Von nun an wird der Akt der Existenz als eine Intention begriffen. Freilich ist für Husserl die Transitivität nicht das einzige Merkmal, das von nun an das Existieren bestimmt. Alle Sonderheiten des theoretischen Lebens erscheinen bei Husserls als Seinsstruktur. Aber die Einführung der Transitivität in den Begriff des Seins hat den Begriff der Existenz vorzubereiten gestattet, wie er seit Heidegger und, in Frankreich, seit Sartre benutzt wird.

V. Man kennt die Schwierigkeiten, denen man bei dem Versuch begegnet, den Existenzialismus zu definieren. Das große Publikum der Romanleser identifiziert gern den Existenzialismus mit einer gewissen pessimistischen Anschauung vom Menschen. Die Philosophie der Existenz erwärme sich krankhaft für die sogenannten niederen Formen des menschlichen Lebens und predige einen Neo-Realismus.
Es ist evident, daß dieses Urteil bereits vom rein literarischen Standpunkt aus sehr grob ist. Zola ist immer ungerührter Zeuge der Natur. Sein Bericht wird nur lebhaft, wo er die bürgerlichen Konventionen und den Optimismus der idealistischen Verschleierung verletzt. Sartre dagegen gefällt sich nicht in der Klarheit einer illusionslosen Darstellung, sondern erzeugt eine Unruhe und einen metaphysischen Schwindel. In der existenzialistischen Literatur vollendet sich das Skandalöse, Obszöne, im Eschatologischen.
Der Grund hierfür liegt darin, daß dem Existenzialismus seine literarischen Themen nicht von dem Bedürfnis nach getreuer Abschilderung der Natur, die alle Fragen beantwortet, vorgeschrieben werden. Er orientiert sich am

Begriff einer Existenz, die von jeder Bedingung unabhängig ist und dennoch weiterhin transzendiert wie das Denken. Daher einerseits Überfluß an pathetischen Situationen: Tod, Einsamkeit, Angst. Daher aber andererseits die Bedeutungsträchtigkeit von Situationen, die dem Naturalismus bloß als materielle erschienen. Indem der Naturalismus sie in aller ihrer Gewalt beschrieb, konnte er die Personen in ein Universum stellen, das außerhalb von ihnen existierte, das sie umgab und erklärte. Für den Existenzialismus konstituieren diese Formen der Existenz, indem sie realisiert werden, einen Sinn; sie bieten nicht nur ein Beispiel oder die Konkretisierung eines kosmologischen oder ontologischen Prinzips, sondern vollziehen das Ereignis selbst, durch das gewisse ontologische Strukturen im Sein auftreten.

Aufs Ganze gesehen ist die Philosophie der Existenz die Verwirklichung einer neuen Kategorie. Das Existieren erscheint nicht mehr als eine unbewegliche Sphäre (als welche es im übrigen zusammenfällt mit einem Substrat, das *ist*); aber es ist auch nicht begriffen als eine Relation, wie sie die platonische Dialektik im „Parmenides" suggeriert. Das Existieren besteht nicht in einer gedachten Relation, welche, da sie die Zeit beherrscht, auf ihre Art unbeweglich ist. Tatsächlich ist die platonische Relation nicht das Existieren. In gewisser Weise existiert sie, sie hat darüber hinaus das Sein. Die Idee der Transitivität, die die Existenzphilosophie in den Seinsbegriff eingeführt hat, nähert sich nicht so sehr dem „Werden", das Platon seit dem „Parmenides" in die Welt der Ideen eingeführt hat; sie konkretisiert sich viel eher in der Zeitrelation. Schon Bergson operiert mit ihr. Für ihn unterhält ein Augenblick nicht nur eine Beziehung zu einem anderen, sondern er *ist* in gewisser Weise der andere, ohne freilich mit ihm identisch zu werden. Die von der Zukunft schwangere

Gegenwart, das ist genau die Gegenwart, die die Zukunft *existiert*. Die einigermaßen summarische Aburteilung Bergsons durch Heidegger in „Sein und Zeit" scheint daher durchaus ungerechtfertigt. Denn nicht nur ist das einzig zitierte Werk Bergsons seine lateinische Dissertation „Quid Aristoteles de loco senserit", in bezug auf die Heidegger dem französischen Philosophen auf eine absolut unerklärliche Weise eine These zuschreibt, nach der die Zeit der Raum wäre, sondern Bergson besitzt bereits im Begriff des Lebens oder der Dauer den Begriff einer Existenz, die begriffen ist nach dem Modell der Transitivität des Denkens, welche nach unserer Auffassung den großen Beitrag zur Philosophie seitens der phänomenologischen und existenzialistischen Philosophie im weiten Sinne des Wortes bedeutet.

Man versteht von daher die Möglichkeiten, die sich der Philosophie eröffnen, das Gesamte der „Eigenschaften" des menschlichen Wesens im Sinne der Existenzanalyse wiederaufzunehmen. Alles, was Teil der menschlichen Verfassung war, alle „wesentlichen" und sogar die akzidentellen Attribute des Menschen werden seine Modi zu existieren, Weisen, diese Eigenschaften zu *sein*. Die Analyse wandelt sich in die Untersuchung der Intentionen, deren Erfüllung oder Scheitern diese Eigenschaften sind. Die „wesentlichen" Eigenschaften des Menschen und seine ganze konkrete Natur machen das Existieren selbst des Menschen aus; sie sind nicht das Ergebnis oder die Elemente seiner Definition, sondern machen selbst den Seinsakt aus.

VI. Auf der Ebene der Kategorien scheint uns die Neuheit der Philosophie der Existenz in der Entdeckung des transitiven Charakters des Verbs „existieren" zu liegen. Man denkt nicht nur etwas, man existiert etwas. Die

Existenz ist transzendent nicht aufgrund einer Eigenschaft, mit der sie begabt wäre oder die ihr zukäme; ihr Existieren besteht im Transzendieren. Dieser Gebrauch

p. 101 des Verbs „existieren" bestimmt alles, was sich in den Schriften an die Philosophie der Existenz anschließt. Und die Entdeckung der Möglichkeit, so zu sprechen und zu denken, stellt eine unendlich bedeutendere philosophische Entdeckung dar als die Analysen selbst, die so ermöglicht werden und die je nach dem Talent der Autoren verschieden sind. Aus diesem Grunde scheint uns Heidegger auf dem Gebiet der Existenzphilosophie allen anderen weit überlegen, wie immer auch der Inhalt seiner Analysen vertieft oder modifiziert werden mag. Im Hinblick auf ihn kann man sein, was Malebranche oder Spinoza im Hinblick auf Descartes waren. Das ist schon ganz ordentlich, aber es ist nicht die Bestimmung Descartes'.

Damit wollen wir natürlich nicht sagen, der Heideggersche Begriff der Existenz sei eine grammatische oder stilistische Entdeckung. Die Sprache, in der sich dieser Begriff präsentiert, übersetzt ganz gewiß eine Einsicht in das Sein und hängt metaphysisch ab von der Unterscheidung der Zeit einerseits und jeder Art Beziehung, die am Unendlichen teilhat, andererseits. Oder auch von der Analogie zwischen der Struktur des Denkens und der Struktur des Existierens.

Aber ist die Philosophie Heideggers nicht das Gegenteil dieser Konzeption? Besteht die Neuheit seiner Philosophie nicht gerade darin, die Kraft des Denkens, zu der sich der Idealismus bekannt hatte, den ontologischen Bedingungen zu unterwerfen? Zeigt er nicht – radikaler noch als der Realismus, der das Denken nur äußerlich begrenzt sieht –, daß das Sein das Bewußtsein determiniert und daß das Denken, in seinem Vollzug, sich an einem inneren Widerstand stößt?

Gewiß! Aber im Denken liegt die Transitivität und in ihm liegt der Ausgriff auf das Unendliche. Sicher ordnet sich bei Heidegger das theoretische Denken, mit dem wir gewöhnlich das Denken überhaupt identifizieren, etwas anderem unter, das nicht theoretisches Denken ist. Es scheint zunächst, als verliere so das Denken seinen unbeteiligten Charakter, als betone man die affektiven und tätigen Elemente, in die das Denken eingetaucht ist, eine Spannung, die gewissermaßen die Folgeerscheinung der Affektivität und der Aktivität ist. Man setzt dieses Merkmal der Spannung schlicht und einfach identisch mit der Existenz, und man bildet sich ein, die Philosophie der Existenz sei gleichbedeutend mit der Betonung des konkreten, mühsamen und sorgenbeladenen Charakters unseres Lebens. Man achtet mehr auf den pathetischen, bewegenden Charakter der Sorge, der Angst, als auf die Originalität der Seinskategorie, die die neue Philosophie ins Spiel bringt. Dies alles ist es wahrscheinlich auch, was den Existentialismus der Mode und dem Zeitgeschmack empfiehlt.
In Wirklichkeit liegt gerade in der Unbeteiligtheit des theoretischen Denkens sein Ausgriff auf das Unendliche. Das theoretische Denken ist gleichmütig, nicht weil es nicht Aktion wäre, sondern weil es von seiner Bedingung losgelöst ist und weil es, wenn man so sagen darf, hinter sich steht. In diesem Sinne ist der Gedanke des Endlichen schon der Gedanke des Unendlichen. Descartes hat recht. p. 102
Jede Bewußtwerdung ist Definition, d. h. Apperzeption des Unendlichen. Das Spezifische der Existenzphilosophie ist nicht, das Endliche zu *denken*, ohne sich auf das Unendliche zu beziehen – was unmöglich gewesen wäre –, sondern für das menschliche Seiende eine Beziehung zum Endlichen zu setzen, die gerade nicht Denken ist. Eine Relation, die nicht Beziehung ist zwischen dem Endlichen

und dem Unendlichen, sondern das Geschehen selbst des Endens – des Sterbens. Diese Beziehung mit dem Endlichen, die kein Denken ist, das ist die Existenz. Daher in der gesamten existentialistischen Philosophie und schon in der Phänomenologie Husserls nicht so sehr eine Reflexion, die über die Definition der menschlichen Tatsachen nachdächte und diese Tatsachen gemäß dieser Definition untereinander in Beziehung setzte, sondern eine Analyse der Intention, die diese Tatsachen belebt. Die Tatsache gilt nicht mehr als Indiz oder als Symptom eines ontologischen Vorganges, noch als Verifikation eines universellen kosmischen Gesetzes; sie ist dieser Prozeß selbst, sie ist dieses Geschehen.

Daher endlich auch die Eigenart, in der Analyse von Begriffen diese Begriffe selbst vorkommen zu lassen. Z. B.: Existieren heißt die Existenz verstehen. Daher die Eigenart, den Begriff durch die Unmöglichkeit seiner Definition zu definieren. Es sind dies Verfahrensweisen, die nur den Rückbezug des Begriffes auf die endliche Existenz ausdrücken. Aber Rückbezug, der nicht intellektuell sein kann, der vielmehr im Vollzug des Gedankens liegt – so wie der Tod nicht eine Idee vom Ende ist, sondern das Geschehen des Endes. Endlichkeit, welche unter diesen Voraussetzungen nicht quantitativ ist, da quantitative Endlichkeit das Unendliche voraussetzen würde, sondern in gewisser Weise qualitativ; sie ist nicht gegeben, sondern vollzogen durch das Geschehen des Endes. Sie ist eine „Intention des Endes", nicht Idee, sondern Existenz.

Es ist beachtlich, in welchem Maße sich bereits bei Kant das Verfahren ankündigt, der Beziehung mit der Existenz das vorzuenthalten, was für das Denken wesentlich war: nämlich den Anspruch auf einen Platz im Absoluten. Die Philosophie der Existenz wendet sich nicht zufällig Kant zu. Die Trennung von Vernunft und Verstand ist die erste Einsicht eines Denkens, das sich nicht auf das Unendliche bezieht. Und der Begriff einer praktischen Vernunft und bloß praktischer Wahrheiten kündigt bereits den Begriff der existentiellen Wahrheit an, den Begriff der von der theoretischen Wahrheit verschiedenen Wahrheit im Tun. Gewiß, die kantische Moral gewinnt die unendlichen Realitäten zurück und gründet demzufolge die Existenz nicht auf das Nichts. Aber die ständige Unterscheidung zwischen Wahrheiten, die nur praktisch sind, und theoretischen Wahrheiten – wobei sich jene nicht weniger aus dem Denken ergeben als diese –, diese ständige Unterscheidung zumindest bringt bereits den Begriff eines Denkens, das nicht mehr die Struktur des cartesischen Denkens hat.

Er übernimmt vom Denken die Transitivität, er verwirft den Anspruch des Denkens auf das Unendliche – dies scheint uns der existentialistische Begriff der Existenz zu sein. Welche ist auf dem Gebiete der Kategorien die metaphysische Bedeutung dieser Revolution? Aller Möglichkeit beraubt, durch das Denken hinter sich zu treten, beraubt einer jeglichen Beziehung zu ihrem Grunde, beraubt eines jeden idealistischen Substituts für die Idee der Schöpfung, existiert die Existenz auch nicht als Materie oder Ding, sie ruht nicht unbeweglich in ihrer Gegenwart. Sie ist Können. Daß die Existenz Können sei, das wäre verständlich bei einem Wesen, das sich denkend schon ins Vollkommene und ins Unendliche versetzt. Welchen Sinn kann der Begriff des Könnens haben, wenn man ihn vom Begriff des Denkens trennt? Wie kann das Existieren Können bedeuten, wenn Existieren heißt, sich nicht hinter das Existieren bringen zu können? Die Existenz ist unfähig, sich dem Absoluten zuzuwenden, unfähig zu dem Akt der Rückwendung auf ihre Bedingung.

p. 103

Diese Rückwendung wäre gleichbedeutend mit dem wesensgemäßen Vollzug einer Bewegung hin zur Vergangenheit und über diese hinaus, wesentlich Erinnerung an ein „tiefes Einst, niemals genügend einst" (das Absolute, gerade in seiner Zeitlosigkeit, bedeutet „Schon", verweist auf einen Ort hinter der Vergangenheit, geht auf das Prinzip zurück). Vielmehr ist die Existenz eine Bewegung hin auf die Zukunft. Und diese Bewegung auf die Zukunft hin, worin die Transitivität des Denkens erhalten bleibt, ist Negation des Denkens in dem Maße, in dem diese Zukunft selbst die Negation des Absoluten, das Nichtsein, das Nichts ist. *Das Können, das kein Denken ist, ist der Tod.* Das Können des endlichen Wesens ist das Sterbenkönnen. Ohne die Transitivität auf den Tod hin wäre die Philosophie der Existenz notwendig auf eine Philosophie des Denkens zurückgekommen. Das „Etwas", das Ziel seiner Transzendenz, kann sich nur vor dem unendlichen Hintergrund darstellen, von dem es sich abhebt, wie man seit Descartes weiß. Die Zukunft wäre nur die Aktualisierung eines Vermögens, wie bei Aristoteles gehalten durch die präexistente Aktualität des Aktes. Oder die Zukunft wäre Vergangenheit. Auch der Bergsonsche Begriff der Erneuerung und des Unvorhergesehenen ändert daran nichts. Die Bergsonsche Philosophie, in der der Begriff der Existenz durchscheint, setzt den cartesischen Rahmen voraus. Sie ist noch das Verlangen, das Denken, sofern es Trennung vom Sein ist, zu ersetzen durch ein Denken, das sich mit ihm identifiziert, das Denken, das im endlichen Wesen nur Denken des unendlichen Seins ist, zu ersetzen durch ein Denken, das den Zusammenfall von Denken und Sein gestattet. Heidegger entwickelt bis in ihre Konsequenzen die These Kants, der das Denken in der unaufhebbaren Endlichkeit der Existenz gründen läßt.

Dies steht in radikalem Gegensatz zu Platon, und zunächst zum „Phaidon". Die Philosophie des „Phaidon" ist ein Sieg über den Tod durch das Denken; besser: Sie konzipiert den Tod als Bedingung des Denkens. Sie setzt voraus, daß der Mensch für seinen Körper[i] sterben kann; daß etwas in ihm sterben kann und daß infolgedessen der Mensch sich aus seiner Bedingung zu lösen vermag. Ein dem Menschen überlegenes Prinzip ist dem Menschen zugänglich, und deswegen ist der Tod nicht Selbstmord, ist nicht ein Können des Menschen. Was sich am Anfang des „Phaidon" in mythischer Form als Verurteilung des Selbstmordes darstellt, ist Unvermögen zum Selbstmord – wenn „sich das Leben nehmen" heißt, die Pforten des Nichts erzwingen. Die Prinzipien bewahren ihre Gewalt über das Denken – es ist dem Denken im Grunde unmöglich, sich aus der Kontemplation der Ideen, d. h. aus dem Sein, loszureißen. Sich den Tod geben heißt, fortzufahren in der Übernahme aller Pflichten der Existenz, sich dem Wagnis eines unvorbereiteten Überlebens auszusetzen, und darum ist die Philosophie gehorsam gegenüber dem obersten Richtspruch der Idee. Der wahre und gute Tod ist ein passiver Tod. Für Platon ist der wahre Tod nicht das Nichts. Der Tod steht dem Leben konträr, nicht kontradiktorisch gegenüber. Er gehört noch zum Sein. Die Zukunft des Todes ist schon Moment einer zyklischen Bewegung, d. h. in einem gewissen Sinne eine Vergangenheit. Die Transzendenz zum Nichts ist das fundamentale Charakteristikum der Philosophie der Existenz. Dieser Transzendenz ist es zu danken, daß seinen Schmerz existieren oder seinen Hunger existieren oder seine Freude existieren, nicht heißt, seinen Schmerz, seinen Hunger

p. 104

---

[i] Der Mensch stirbt „für seinen Körper" im selben Sinne, in dem der Eintritt ins Kloster den Tod „für die Welt" bedeutet.

oder seine Freude denken noch sich ihrer bewußt werden, noch sich mit ihnen identifizieren, sondern sich in ihnen transzendieren, d. h. in ihnen sterben, und dieses ist schließlich Vermögen über sie oder besser Vermögen in ihnen. Dem Denken, das sich von dem endlichen Sein abhebt, indem es seiner Bedingung gewahr wird, steht gegenüber die Existenz, die sich von ihrer Endlichkeit abhebt, indem sie sie im Tode bestätigt. Aus diesem Grunde schließlich ist die Heideggersche Formel „Der Tod ist Möglichkeit der Unmöglichkeit" bewundernswert genau und darf nicht verwechselt werden mit jener, die den Tod als die Unmöglichkeit der Möglichkeit setzt. Die erste setzt das Nichts als Garant des Könnens des Menschen, die andere als bloßes Hindernis der menschlichen Freiheit.
So bewahrt denn die Existenz, obwohl sie dem Denken entgegengesetzt ist, dank des Ontologismus der Existenzphilosophie die für das Denken charakteristische Funktion des Könnens. Daher ist es das Verstehen, das Heidegger auf dem Grunde aller Strukturen des menschlichen Seins freilegt. Diese ontischen Strukturen – Seinsstrukturen – erscheinen als ontologische Strukturen, erstanden aus dem Verstehen des Seins. Das Verstehen ist nicht deswegen konstitutiv für das Sein, weil es sich am Widerstand des Gegenstandes stößt, und auch nicht – was auf dasselbe hinausliefe – weil das Denken der Sache, die denkt, aufgepfropft wäre, sondern weil das existentielle Element des Denkens sich auf der Ebene des Denkens selbst in seiner Endlichkeit findet. Die Existenz, die der Machtlosigkeit über den Ursprung entspringt, wird im Verstehen des Todes übernommen. Die ontologische Basis des „verstehenden Denkens" ist nicht in der Idee des Unendlichen, sondern im Endlichen; das Endliche ist keine Idee mehr, nicht mehr im eigentlichen Sinne Grund,

und es bestimmt alle Schritte der Philosophie. Wir haben oben, als wir von der Idee der Bedingtheit bei Heidegger und der Idee der Beschreibung bei Husserl sprachen, darauf hingewiesen. Das Können der Existenz besteht nicht darin, das Unvermögen über den Ursprung zu überwinden, indem es in einem Akt der Erinnerung hinter diesen Ursprung zurückginge, sondern im Endlichen selbst zu können, enden zu können. Die Ekstase der Zukunft hat bei Heidegger einen Vorrang vor den beiden anderen. Und diese Ekstase ist die Ekstase eines endlichen Wesens: Während Heidegger ihren Vorrang behauptet, insistiert er zugleich auf der Tatsache, daß die drei Ekstasen dennoch gleichursprünglich sind, d. h. daß es der Ekstase der Zukunft nicht gelingt, den endlichen Charakter der Geworfenheit zu überwinden, sondern nur ihn zu übernehmen im Sterbenkönnen.

p. 105

VII. Weder handelt es sich in dieser Untersuchung darum, die Haltung der Existenzphilosophie zu rechtfertigen noch sie gegen die Kritiker zu verteidigen; allein die grundlegende Zielsetzung herauszuarbeiten waren wir bemüht. Indes gibt es einen Einwand, der der Existenzphilosophie unter verschiedenen Formen gemacht worden ist und bei dem wir vor dem Ende noch einen Augenblick verweilen möchten.
Wenn der Begriff der Existenz den alten Begriff des Denkens, wie er seit Platon die Philosophie beherrscht, ersetzt – Denken als die Bestimmung des endlichen Seienden im Verhältnis zum Unendlichen oder im Verhältnis zum Vollkommenen –, widerlegt sich dann die Philosophie der Existenz in dem Maße, in dem sie Philosophie ist, d. h. eine Rede über die Existenz? Enthebt sie sich dieser Existenz nicht selbst wenigstens durch die Rede, durch die sie im Absoluten Fuß faßt? Wenn dem so wäre, kämen wir

in die Situation zurück, die Husserl im ersten Band der „Logischen Untersuchungen" kritisiert hat. Es sind in der Tat die Argumente in diesem Buch, die man wiederaufnehmen muß, wenn man der Existenzphilosophie vorwirft, sie widerspreche sich, indem sie das Absolute absolut ablehne, oder wenn man, wie es A. Koyré in seinem Artikel in der „Revue Critique" (1 u. 2) tut, gegen Heidegger den Vorwurf erhebt, er behaupte als Wahrheit, daß man an der Wahrheit verzweifeln müsse, weil sie schon je mit Lüge durchsetzt sei.

Zunächst könnte nach unserer Auffassung die Existenzphilosophie antworten, dieser Widerspruch sei nicht identisch mit dem Widerspruch, der einen auf ein Objekt gerichteten Gedanken zunichte macht. Der Widerspruch resultiert hier nicht aus zwei Denkakten, die auf ein gegebenes Objekt gerichtet sind, sondern setzt einem Gedanken die Reflexion über diesen Gedanken entgegen. In der Existenzphilosophie ist der Reflexionsrückgang nicht bloß ein theoretischer Akt, sondern bleibt selbst als zeitlich fixiertes Ereignis an die Existenz gebunden. Infolgedessen stellt er einen neuen Schritt der Sorge dar, die sich dergestalt in Frage stellen und ihr Mißlingen sowie schließlich ihren Tod eingestehen kann. So wird der Widerspruch gewissermaßen zum Kennzeichen der menschlichen Endlichkeit. Als Rede einer Existenz, die nicht mehr im Absoluten beheimatet ist, die nicht mehr Denken ist im cartesischen Sinne, verläuft die Philosophie wie eine Spirale, die vergeblich versucht, sich einzuwikkeln, und der es nicht gelingt, sich zu schließen.

In Wirklichkeit kennt die Existenzphilosophie keine Reflexion, die ihr im Absoluten eine Stelle anweisen würde; sie versteht die Reflexion noch als einen Schritt, den sie als Existenz vollzieht. Das heißt, daß diese Bewegung der Rückbeugung oder der Distanzierung selbst einen temporalen Sinn bewahrt. Im übrigen spricht Heidegger nicht von Reflexion. Für ihn ist die Philosophie eine explizite Weise der Transzendenz; sie beruht auf der impliziten Transzendenz der Vorphilosophie oder der Vorontologie der Existenz selbst; infolgedessen ist die Bindung der expliziten Philosophie an die Existenz oder an das alltägliche Verfallen als Möglichkeit niemals aufgehoben. Die Explikation selbst – der Übergang vom Impliziten zum Expliziten – bewahrt eine existentielle, d. h. zeitliche Bedeutung; sie ist kein Sprung ins Absolute, keine Rückkehr zum Denken in dem oben vorgetragenen Sinne.

Eine Philosophie, die die Existenz hinter sich lassen möchte, wird sich unserer Meinung nach nicht die Richtung weisen lassen dürfen durch die Rückkehr zum Denken als Wiedererinnerung oder durch den Begriff einer Existenz, die sich dem Unendlichen durch das Denken verbindet. Damit würde die Erfahrung der Ohnmacht des Denkens über die Existenz, des Unvermögens der Vernunft über die Seele, des Scheiterns des Anspruchs des „Phaidon", über die Todesangst zu triumphieren, bestritten.

Für Heidegger ist der Tod der absolut neue und, aufs ganze gesehen, widersprüchliche Begriff des Denkens oder des *Logos der Zukunft*. Er bleibt Denken in dem Maße, in dem er Verstehen, das heißt Können ist. Schließlich beschreibt Heidegger die Existenz in Termini des Verstehens, gelungenen oder gescheiterten Verstehens. Die Beziehung eines Seienden zum Sein ist für ihn Ontologie, Seinsverständnis. Dadurch kehrt Heidegger zur traditionellen Philosophie zurück. Der Idealismus und der Realismus sind Ontologien. Am Sein teilhaben heißt, es denken oder es verstehen. Der Idealismus ist das totale Verstehen. Für den Realismus heißt sein, sich dem Verstehen verschließen. Aber diese negative Bedeutung wird durch keinerlei positive ergänzt. Nur kraft des Bezugs zur Erkenntnis behauptet das realistische Sein seine Dichte und sein Gewicht.

Aber ist die Beziehung des Menschen zum Sein allein Ontologie? Ist sie Verstehen oder ein mit Nichtverstehen unentwirrbar vermischtes Verstehen, Herrschaft des Seins über uns inmitten unserer Herrschaft über das Sein? Die Relation, wie sie etwa in der Idee der Schöpfung mitgedacht ist, reduziert sie sich auf die Idee der Ursache, wie es die mittelalterliche, noch von den kosmologischen Interessen der Antike dominierte Philosophie glaubte, oder auf die Idee eines unverständlichen Ursprungs, der den Menschen seiner Herrschaft über die Welt und über sich selbst beraubt? Unterhält der Mensch, soweit er Kreatur ist oder geschlechtliches Wesen, keine andere Beziehung zum Sein als die der Herrschaft über es oder der Knechtschaft, des Tuns oder des Erleidens?

2. Überlegungen zur phänomenologischen „Technik"

Die Philosophie ist keine strenge Wissenschaft geworden, betrieben von einem Team von Forschern und mit endgültigen Resultaten. Es ist sehr wahrscheinlich, daß die Philosophie sich dieser Form des geistigen Lebens verschließt. Aber gewisse Hoffnungen Husserls finden sich verwirklicht. *Die Phänomenologie eint die Philosophen*, aber nicht auf die Weise, wie der Kantianismus die Kantianer, der Spinozismus die Anhänger des Spinoza einte. Die Phänomenologen beziehen sich nicht auf Thesen, die Husserl ausdrücklich formuliert hätte, sie widmen sich nicht ausschließlich der Interpretation oder der Geschichte seiner Schriften. Eine Weise des Tuns nähert sie einander. Die Übereinstimmung besteht eher in der Art, die Probleme anzugehen, als in der Bejahung einer Anzahl fester Aussagen.

p. 111

Die Husserlsche Phänomenologie als Methode darzustellen ist freilich ein Gemeinplatz. Dies ist nicht genau unsere Absicht; wir wollen nur einige, fast technische Verfahren hervorheben, die quasi spontan von denen praktiziert werden, die, sei es auch nur zum Teil, durch das Husserlsche Werk geformt sind. Die Phänomenologie ist in hervorragendem Sinne Methode; denn sie ist wesentlich offen. Sie kann auf den verschiedensten Gebieten angewandt werden, ein wenig wie die Methode der mathematischen Physik nach Galilei und Descartes, wie die Dialektik nach Hegel und vor allem Marx, oder wie die Psychoanalyse nach Freud. Man kann ebensogut eine Phänomenologie der Wissenschaften betreiben, des Kantianismus, des Sozialismus, wie eine Phänomenologie der Phänomenologie selbst. Aber die Weise, wie sie seit den „Logischen Untersuchungen", die sie durch die Tat selbst erwiesen hatten, betrieben wurde; der Stil, den sie angenommen hat; die Umkehrungen und Erneuerungen, die sie dem Denken zugemutet hat, fallen nicht immer mit dem zusammen, was Husserl im strengen Sinne unter Methode verstand. Was diesen Punkt angeht, so scheint sein Werk nicht durch die methodologischen Betrachtungen, von denen es voll ist, gewirkt zu haben. Im übrigen drücken sich in ihnen zumeist eher fertige Stellungnahmen aus, Antworten auf Probleme als Kunstregeln, wie sie zu behandeln seien.

Wir wollen damit nicht sagen, diese Thesen seien für die Ausübung der Methode nicht wesentlich. Aber die Theorien der Intuition, der Ideen, der Reduktion, der konstituierten und konstituierenden Intersubjektivität, ohne die sich nach Husserl die Phänomenologie nicht zur Würde einer Philosophie erheben würde, diese Theorien sind in Wirklichkeit eher Elemente eines Systems als der Weg, der zu seiner Entdeckung führt. Sie haben ihren Wert für die Methode, wie jede Seinserkenntnis für die Methode von Bedeutung ist. Nimmt man sie als methodische Regeln, so erscheinen sie als zu formal.

Hinter der naiven Sicht der Dinge soll die phänomenologische Reduktion das Feld einer radikalen Erfahrung öffnen – sie soll die Wirklichkeit in ihrer endgültigen Struktur hervortreten lassen. Es würde demnach genügen, sie so aufzunehmen, wie sie sich gibt. Niemals haben die Philosophen etwas anderes gesucht und versprochen als die Vision des wahren Wirklichen hinter der gewöhnlichen und abstrakten Erfahrung. Dieses Feld transzendentaler Tatsachen, das durch die Wesenserschauung oder die phänomenologische Reduktion eröffnet werden soll, fordert eine Weise der Behandlung, die so etwas wie eine „Phrasierung" der phänomenologischen Forschung darstellt. Das Husserlsche Werk bietet eher den Prototyp als die Technologie dieser *Weise*.

Trotz des Reichtums der Analysen und der Tiefe der Perspektiven, die in so vielen bemerkenswerten phänomenologischen Werken seit dem Krieg in Frankreich, in Deutschland und anderswo hervorgetreten sind, möchten wir in aller Bescheidenheit einige dieser elementaren Denkbewegungen nennen, die diesen Werken von der Husserlschen Weise her zukommen. Es handelt sich also nicht um die Beurteilung von Systemen durch den Aufweis ihrer Komposition, und noch weniger handelt es sich darum, das Husserlsche System, wie es in dem zu Lebzeiten veröffentlichten Werk vorliegt und dessen Entwicklung im opus postumum sichtbar wird, dem Maßstab der Technik zu unterwerfen. Dieses Verfahren, in dem der Historiker den Schlaukopf spielt gegenüber dem dargestelten Autor, ist eitel und unwürdig. Ich möchte einfach eine Reihe von Gesten hervorheben, die für den externen Beobachter die Physiognomie eines Denkers festhalten, und einer Anzahl von ihnen Familienähnlichkeit verleihen. Unsere Überlegungen, die ohne irgendeine systematische Absicht sind, betreffen die Begriffe der Beschreibung, der Intentionalität, der Empfindung und der Subjektivität. Für das Unzusammenhängende dieser Überlegungen bitte ich um Entschuldigung.

1. In der Phänomenologie wird nicht mehr im mathematischen oder logischen Sinne dieses Terminus deduziert. Andererseits haben die Tatsachen, die die phänomenologische Reduktion zugänglich macht, nicht die Aufgabe, Hypothesen nahezulegen oder zu bestätigen. Weder De-

p. 113 duktion noch Induktion. Die Tatsachen des Bewußtseins führen nicht auf ein Prinzip, das sie erklärt. Die „Weil", die in den Texten erscheinen, begnügen sich damit, die Vorgängigkeit einer Tatsache im Verhältnis zu einer anderen festzustellen; sie überschreiten niemals das Phänomen. „Weil" die Synthese der sinnlichen Wahrnehmung sich nie vollendet, ist die Existenz der äußeren Welt relativ und ungewiß. Aber die Relativität und die Ungewißheit der äußeren Welt bedeuten nichts anderes als den unvollendeten Charakter der Synthese oder der Wahrnehmung des Sinnlichen. Die abstrakten Begriffe, die ihren Ausdruck in den Termini der Relativität und der Ungewißheit finden, *trennen* sich nicht von den Phänomenen und ihrem Verlauf, den die Termini resümieren. Ohne diese Phänomene werden diese Termini abstrakt und zweideutig.

Das Ideal der absoluten Existenz, in bezug worauf die Existenz der Welt als relativ gesetzt wird, ist seinerseits der Beschreibung der „Erfüllung" einer „signitiven" Intention durch die Intuition entnommen. Anders als in den scholastischen oder cartesischen Beweisgängen zielt die Konklusion nicht ab auf eine Wahrheit, die oberhalb der Tatsachen, die sie nahegelegt haben, stünde; nicht einmal auf eine Intuition im Sinne Bergsons, die über die Beschreibung hinausgeht hin auf eine Wahrheit, welche sich in der Formel ausdrückt: „es sieht alles so aus als ob".

Die Erfahrung der Tatsachen des Bewußtseins ist der Ursprung aller Begriffe, die man legitimerweise verwenden kann. Die Beschreibung rekurriert auf keinen im vorhinein *gesonderten*, angeblich für die Beschreibung notwendigen Begriff. Darin besteht ihr außergewöhnlicher Anspruch, kraft dessen sie philosophische Würde für sich fordert. So gesteht bei Descartes die Beschreibung des Cogito in der Unvollkommenheit seines Zweifels am

Ende, daß sie auf die Idee des Unendlichen und Vollkommenen bezogen ist: Die im vorhinein gegebene Idee des Vollkommenen macht die Beschreibung der Endlichkeit möglich. Die phänomenologische Beschreibung sucht die Bedeutung des Endlichen im Endlichen selbst. Von daher der besondere Stil der Beschreibung. Sooft ein Philosoph der klassischen Art die Unvollkommenheit eines Erkenntnisphänomens hervorhebt, begnügt sich die Phänomenologie nicht mit der in dieser Unvollkommenheit implizierten Negation, sondern setzt diese Negation als für das Phänomen konstitutiv. Wenn dem Gefühl als Tatsache des psychologischen Lebens Dunkelheit zukommt, so wird die phänomenologische Beschreibung diese Dunkelheit als ein positives Merkmal des Gefühls aufnehmen, sie wird sie nicht als bloß verminderte Helle denken. Wenn die Erinnerung immer durch die Gegenwart, in der sie auftritt, modifiziert ist, wird die Phänomenologie nicht von einer verfälschten Erinnerung sprechen, sondern diese Veränderung zur wesentlichen Natur der Erinnerung machen. Die in sich exakte und von der modifizierenden Gegenwart unabhängige Erinnerung ist eine *Abstraktion*, Quelle von Zweideutigkeiten. Der legitime Begriff der Erinnerung muß der konkreten Situation des gelebten Gedächtnisses entnommen werden. Selbst für Gott hat die Erinnerung diese Struktur, wie sie aus der Beschreibung hervorgeht. „Selbst für Gott", diese Formel ist beachtlich. Um uns das Endliche der Phänomene zu Bewußtsein zu bringen, brauchen wir nicht die Idee Gottes, des Unendlichen und des Vollkommenen; das Wesen des Phänomens, so wie es sich auf der Ebene des Endlichen zeigt, ist sein Wesen an sich. Das ganze Sein des Gegenstandes liegt in seiner Wahrheit, würden wir heute sagen – selbst für Gott. Was für eine Philosophie, die das Gegebene an der – schon von Kant als transzendentaler Schein entlarvten – Höhe

p. 114

des Ideals mißt, Versagen, Fehler oder empirische Zufälligkeit ist, wird von der Phänomenologie in „Positivität" und „Wesensstruktur" umgekehrt. Dadurch erhalten diese Beschreibungen eine entschieden dialektische Gangart. Was auf den ersten Blick sich als Versagen darstellte – die Unabgeschlossenheit einer Reihe von Abschattungen des Dinges –, ist eine Weise der Vollendung des Dings; gerade das, wodurch die Erinnerung deformiert wird, konstituiert die Genauigkeit *sui generis* der Erinnerung. Bald werden die Zweifel, die den Glauben Kierkegaards beschwerten und zerbrachen, diesem Glauben Eigentlichkeit verbürgen; der Gott, der sich verbirgt, wird gerade in der Verhüllung der Gott sein, der sich offenbart. Die widersprüchliche Doppelsinnigkeit der Begriffe (wohl zu unterscheiden von der Zweideutigkeit der Worte) konstituiert ihr Wesen. Philosophien der Zweideutigkeit – sehr schöne – werden möglich. Die unmittelbare Verknüpfung zwischen Begriffen wird zum Symptom für Vergessen, Abstraktion, Uneigentliches. Man geht mit einer außerordentlichen Sorgfalt vor. Glückliches Versagen! – es bringt das Denken, das vor allem sich zu ergreifen sucht, ohne über sich hinauszugehen, in die nächste Nähe seines Zieles; denn für die Phänomenologie gründet das Übersich-Hinausgehen meistens in einem Mangel an Reflexion, in Vorurteil und Meinung, in Unphilosophie.
In dieser Unabhängigkeit des Endlichen in bezug auf das Unendliche liegt das Merkmal einer nach-kantischen Philosophie.
In allem vor-kantischen Idealismus war es die wesentliche Rolle der Vernunft, die Erfahrung überfliegen und beurteilen zu können; oder wenn man so will, es handelte sich immer um einen Idealismus mit der Idee des Unendlichen. Die Phänomenologie ist das Paradox eines Idealismus ohne Vernunft. Für Husserl ist die Vernunft kein Mittel,

sich mit einem Schlag über die Gegebenheiten zu erheben; sie ist vielmehr gleichbedeutend mit der Erfahrung, mit dem bevorzugten Augenblick der „leibhaften"[a] Gegenwart des Gegenstandes, seiner Gegenwart „in Fleisch und Blut", wenn man so sagen darf.

2. Die Phänomenologie destruiert die Vorstellung und das theoretische Objekt. Die unbeteiligte Betrachtung des Gegenstandes – die die Phänomenologie indes gefördert zu haben scheint – entlarvt sie als Abstraktion, als partielle Betrachtung des Seins, als ein *Vergessen ihrer Wahrheit*, wie wir in modernen Termini sagen könnten. *Auf das Objekt abzielen, es sich vorstellen, heißt schon, das Sein seiner Wahrheit vergessen.*
Phänomenologie betreiben heißt, die direkte Sicht des Gegenstandes als naiv denunzieren. Indem die Husserlsche Phänomenologie in den Regionen der eidetischen Wissenschaften den Leitfaden der intentionalen Analyse findet (was oft als Logizismus oder Objektivismus bezeichnet wurde), geht sie also vom Gegenstand aus, aber zurück zur Quelle des Stromes, der den Gegenstand konstituiert. Sie geht von der äußersten Grenze der Abstraktion aus, welche im naiven Realismus (naiv eben aus diesem Grunde) für das Sein selbst gilt.

p. 115

Diese Position tritt sehr bald hervor, seit dem 2. Band der „Logischen Untersuchungen". Sie spricht sich freilich in einer von der unseren sehr verschiedenen und weit weniger pathetischen Sprache aus. Aber die unsere erweitert nur die Ausstrahlung der Husserlschen Phänomenologie, die insgesamt aus den „Logischen Untersuchungen" hervorgeht.
Zu den Sachen selbst, das heißt zunächst: sich nicht an die

---

[a] ‚leibhaft' deutsch im Original.

Worte halten, die nur auf ein abwesendes Wirkliches abzielen. Husserl erkennt diese Unvollkommenheit der signitiven Intentionen an der Zweideutigkeit, die sich unvermeidlich in das Sprachdenken einschleicht. Scheinbar ein minderer Fehler, dem man durch etwas mehr Gedankenklarheit scheint steuern zu können, tritt die Zweideutigkeit als unvermeidlich oder als wesentlich auf, sobald das Denken sich an die Worte hält. Zweideutigkeit ist das Ergebnis des Leeren oder der verdünnten Luft der Abstraktion. Aber der Rekurs auf das intuitive Denken, auf die *Erfüllung*[b] im Gegensatz zum *signitiven* Denken, setzt diesen Zweideutigkeiten kein Ende; sie bedrohen *alles Sehen, das am Gegenstand haftet*. Um der Zweideutigkeit, d. h. der Abstraktion und der Partialität der Beziehung zum Objekt ein Ende zu bereiten, bedarf es der Rückkehr zu den Akten, in denen sich dieses intuitive Gegenwärtigsein der Gegenstände enthüllt. *Die Rückkehr zu den Akten, in denen sich die intuitive Gegenwart der Gegenstände enthüllt, ist die wahre Rückkehr zu den Sachen*. Gewiß ist dies der große Anstoß der „Logischen Untersuchungen" – gerade weil der erste Band dieses Werkes, die „Prolegomena", und alles, was in den Untersuchungen II und III zugunsten des Gegenstandes und seines Wesens gesagt wird, verhinderten, daß man dieser Rückkehr zu den Akten des Bewußtseins eine psychologistische Bedeutung gab. Seit den „Logischen Untersuchungen" bestätigt sich also, was uns die Verfahrensweise der Phänomenologen zu beherrschen scheint: *Der Zugang zum Objekt ist Teil des Seins des Objekts*.

Es bedeutet wenig, wenn die Akte, als deren einfacher transzendenter Pol der Gegenstand erscheint, von Husserl weiterhin als theoretische Akte beschrieben werden. Was

---

[b] ‚Erfüllung' auf deutsch im Original.

alle Analysen geprägt hat, ist diese rückschreitende Bewegung vom Objekt weg, hin zur konkreten Fülle seiner Konstitution, in der die Sinnlichkeit die erste Rolle spielt. Es ist klar, daß Kant als erster so vorgegangen ist, indem er die abstrakte Idee der Gleichzeitigkeit (durch die Anbindung an die Idee der Wechselwirkung) oder die Idee der Folge (durch die Unterordnung unter die physikalische Kausalität) entformalisiert hat. Eine Idee bezieht sich auf eine andere, ohne sie analytisch zu enthalten. Aber bei Husserl spielt die Konstitution, was man auch darüber gesagt haben mag, nicht die Rolle, die sie bei Kant spielt und die der gemeinsame Ausdruck suggeriert. Bei den Phänomenologen zielt die Konstitution des Gegenstandes nicht auf die *Rechtfertigung des Gebrauchs der Begriffe oder Kategorien*, oder, wie Kant es nennt, auf die Deduktion. Die Husserlsche Konstitution besteht in der Rekonstitution des konkreten Seins des Gegenstandes, in einer Rückkehr zu all dem, was in der auf den Gegenstand fixierten Einstellung, die kein Denken, sondern eine Technik ist, vergessen wurde. Diese Unterscheidung zwischen Denken und Technik, die in der „Krisis" wieder auftaucht, findet sich sehr früh bei Husserl. Schon nach den „Prolegomena" (LU I, 9/10) muß der Wissenschaftler nicht vollständig verstehen, was er macht. Er *operiert* an seinem Gegenstand. In diesem Sinne ist das theoretische Denken technisch. Während es den Gegenstand entdeckt, kennt es nicht die Wege, die zu ihm hingeführt haben und die den ontologischen Ort dieses Gegenstandes ausmachen, das Sein, wovon der Gegenstand nur eine Abstraktion ist. Die phänomenologische Art und Weise besteht darin, diese Zugangswege aller durchlaufenen und vergessenen Evidenzen wiederzufinden. An ihnen bemißt sich das ontologische Gewicht des Gegenstandes, der über sie hinauszugehen scheint.

p. 116

Das Sein eines Seienden ist das Drama, das durch Erinnerung und Vergessen, Konstruktion und Zerfall, Sturz und Erhebung hindurch zu der Abstraktion geführt hat, zu dieser Entität, die den Anspruch macht, außerhalb des Dramas zu stehen. Im folgenden und nachhusserlschen Abschnitt der Phänomenologie werden noch pathetischere Ereignisse in das Drama eingeführt und schließlich nichts Geringeres als die ganze europäische Geschichte. Der Gegenstand unseres theoretischen Lebens ist nur der Bruchteil einer Welt, die hinter ihm verborgen ist. Die Phänomenologen müssen das Drama wiederfinden; denn es bestimmt den Sinn dieses abstrakten Gegenstandes; denn es ist seine Wahrheit.

In diesem Punkte übrigens erinnern die Schritte der Husserlschen Phänomenologie an gewisse Unterscheidungen der Hegelschen Phänomenologie: Das abstrakte Denken zielt auf das Ansich – der Verstand. Es muß auf das Absolute und Konkrete bezogen werden – auf die Vernunft. Hat aber vielleicht ganz im Gegenteil die kantische Unterscheidung zwischen Verstandesbegriff und Vernunftidee – letztere in ihrer Trennung vom Sinnlichen, aber gerade dadurch auf eine notwendige Illusion abzielend – den phänomenologischen Begriff eines Denkens vorbereitet, das trotz seiner Gewißheiten abstrakt bleibt?

3. Das Aufzeigen der Weisen, wie der abstrakte Gegenstand erscheint, impliziert seinerseits eine wesentliche Wechselseitigkeit zwischen den Gegenständen und den subjektiven Akten, die für ihr Erscheinen notwendig sind. Davon wollen wir jetzt sprechen. Andererseits kennzeichnet die Phänomenologie die beachtliche, aber auch ursprüngliche Rolle, die sie der Sinnlichkeit im Geschehen der Wahrheit zuweist. Darauf werden wir gleich zurückkommen. Die von den Phänomenologen untersuchten

Begriffe sind nicht mehr Wesen, die prinzipiell auf verschiedenen Wegen erreichbar wären. Die Weise, in der ein Begriff oder ein Seiendes zugänglich ist, die geistigen Bewegungen, die ihn erfassen, sind nicht nur für jeden Begriff streng festgelegt (im Namen einer willkürlichen, aber einheitlichen Gesetzgebung). Diese Bewegungen, die vollzogen werden, damit der Begriff einem Geist erscheinen kann, *sind gewissermaßen das fundamentale ontologische Geschehen dieses Begriffes selbst.* Die Rolle, die bei Hegel eine gegebene historische Situation spielt, außerhalb derer diese oder jene Idee nicht einmal *denkbar* ist – diese Rolle übernimmt bei Husserl die ebenso notwendige und ebenso unersetzliche Konfiguration der subjektiven Schritte. Das Geliebte oder der Gebrauchsgegenstand oder das Kunstwerk existiert und ist jedes auf seine Art „Substanz". Und diese Art kann man nicht von den „Intentionen" trennen, in denen es sich eben als dieses abzeichnet.

p. 117

Seit den „Logischen Untersuchungen" konstituiert das Offenbarwerden der Seienden – in diesem Fall der logischen Wesen – das eigentliche Sein dieser Seienden. Das Sein der Seienden liegt in ihrer Wahrheit: *Das Wesen der Seienden liegt in der Wahrheit oder in der Offenbarung ihres Wesens.*

Dergestalt ist die Phänomenologie als Enthüllung der Seienden eine *Methode der Enthüllung ihrer Enthüllung.* Die Phänomenologie erschöpft sich nicht darin, die Phänomene erscheinen zu lassen, wie sie erscheinen; diese Erscheinung, diese Phänomenologie – sie ist das wesentliche Ereignis des Seins.

Sofern die Gegenstände ihr Sein an ihrem Enthülltsein haben, verändert sich für die Phänomenologie die Natur der Probleme. Es geht nicht mehr um Beweise der Existenz. *Wir sind je schon im Sein, wir sind Teil seines Spiels,* wir sind Partner bei der Entdeckung. Es bleibt nur noch die Aufgabe, diese Weisen der Enthüllung, die Existenzmodi sind, zu beschreiben. Schon substituiert sich die Ontologie, wie Heidegger sie versteht, der Metaphysik. Denn die Enthüllung ist das entscheidende Geschehen des Seins. Heute würde man sagen: Die Wahrheit ist das eigentliche Wesen des Seins. Die Aufgaben hinsichtlich der Realität bestehen darin, die Weise zu beschreiben, wie sie einen Sinn empfängt, der sie erhellt oder enthüllt oder die Weise dieser Sinngebung.^c

Die Tatsache, daß das Sein Offenbarsein ist, daß das Wesen des Seins seine Wahrheit ist, drückt sich aus in dem Begriff der Intentionalität. Die Intentionalität besteht nicht in der Behauptung einer Korrelation zwischen Subjekt und Objekt. Die Intentionalität als das zentrale Thema der Phänomenologie bestätigen heißt nicht einmal, die Korrelation von Subjekt und Objekt als eine *Art* von Intentionalität begreifen. Die Vorstellung eines Gegenstandes durch einen Betrachter, der an dem Gegenstand haftet, hat zu ihrem Preis ein vielfältiges Preisgeben und Vergessen. Sie ist abstrakt im Sinne Hegels. Weil das Sein im Sich-Offenbaren besteht, spielt sich das Sein als Intentionalität ab. Der Gegenstand hingegen ist eine Weise, in der das sich offenbarende Sein recht eigentlich die Geschichte seiner Sichtbarkeit vergessen macht. Der Gegenstand, sofern er Korrelat der theoretischen Betrachtung ist, erzeugt die Illusion, durch sich selbst zu bedeuten. Dies ist der Grund, warum bei Husserl die Phänomenologie vom Gegenstand und von der Natur, der Quintessenz

---

^c Der französische Text der zugrunde gelegten zweiten Auflage von DEHH ist hier verunstaltet. Anstatt „ou la façon dont elle le prête" muß es nach Auskunft von Herrn Lévinas heißen „la façon dont cette signification lui est prêtée".

aller Objektivität, ausgeht und den Weg zurück nimmt zu ihren intentionalen Implikaten.

4. Das eigentümliche Verfahren der Phänomenologie besteht darin, der Sinnlichkeit im Rahmen der Konstitution einen Hauptplatz einzuräumen. Auch wenn Husserl die Idealitität der Begriffe und syntaktischen Relationen bestätigt, läßt er sie doch fußen auf der Sinnlichkeit. Und man kennt den berühmten Text: „Die Idee eines ‚reinen Intellekts‘, interpretiert als ein ‚Vermögen‘ reinen Denkens (hier: kategorialer Aktion) und völlig abgelöst von jedem ‚Vermögen der Sinnlichkeit‘ konnte nur konzipiert werden vor einer Elementaranalyse der Erkenntnis nach ihrem evident unaufhebbaren Bestand." (LU II/2, 183) Die Sinnlichkeit wird nicht als einfache, formlos gegebene Materie betrachtet, auf die ein spontanes Denken angewandt würde, sei es, um sie zu formen, sei es, um auf dem Wege der Abstraktion Beziehungen herauszulösen. Sie bezeichnet nicht den Anteil der Rezeptivität an der objektivierenden Spontaneität. Sie erscheint weder als das Gestammel des Denkens, das dem Irrtum und der Illusion geweiht ist, noch als Sprungbrett der rationalen Erkenntnis. Das Sinnliche ist keine Aufgabe [d] im neukantianischen Sinne noch ein dunkler Gedanke im Sinne Leibnizens. Die neue Art, die Sinnlichkeit zu behandeln, besteht darin, ihr in ihrer Stumpfheit selbst und in ihrer Dichte Bedeutung und eigene Weisheit, eine Art von Intentionalität, zuzugestehen. Die Sinne haben einen Sinn.

p. 118

Jede intellektuelle Konstruktion bezieht ihren Stil und sogar das Ausmaß ihrer Architektur aus der sinnlichen Erfahrung, über die sie behauptet, hinauszugehen. Die Sinnlichkeit registriert nicht nur das Faktum. Sie webt eine

---

[d] ‚Aufgabe‘ auf deutsch im Original.

Welt, an der die höchsten Werke des Geistes hängen und der sie nicht zu entkommen vermögen. Mit den Fäden, die in den „Inhalt" der Empfindungen gewirkt sind, weben sich „Formen", die, wie der Raum und die Zeit bei Kant, jeden Gegenstand kennzeichnen, der sich danach dem Denken anbietet.

Aber ein Gewebe von Intentionalitäten läßt sich in den hyletischen Daten selbst erkennen. Diese Intentionalitäten sind nicht eine bloße Wiederholung der Intentionalität, die zum Nicht-Ich führt und in der bereits die räumliche Bestimmtheit, das Gewicht des Ich, sein *Jetzt* vergessen werden. Die in „Erfahrung und Urteil"[e] aufgezeigten Beziehungen im Bereich des Vorprädikativen sind nicht bloßes Vorspiel. Die Sinnlichkeit bezeichnet den subjektiven Charakter des Subjekts, die Bewegung rückwärts zu dem Ausgangspunkt (und in diesem Sinne zum Prinzip) allen Empfangens, zu dem Hier und dem Jetzt, aus denen alles erstmalig hervortritt. Die *Urimpression*[f] ist die Individuation des Subjekts. „Die Urimpression ist der absolute Anfang dieser Erzeugung, der Urquell, das, woraus alles andere stetig sich erzeugt. Sie selber aber wird nicht erzeugt, sie entsteht nicht als Erzeugtes, sondern durch genesis spontanea, sie ist Urzeugung... Sie ist Urschöpfung." (Hua X, 100)

Die Sinnlichkeit ist auf diese Weise eng verbunden mit dem Zeitbewußtsein: sie ist die Gegenwart, um die herum das Seiende sich ordnet. Die Zeit ist nicht begriffen als eine Form der Welt, ja nicht einmal als eine Form des psychischen Lebens, sondern als Artikulation der Subjektivität. Nicht als Rhythmus des inneren Lebens, sondern als der Umriß der ersten und grundlegenden Beziehungen, die

---

[e] E. Husserl, Erfahrung und Urteil.
[f] ‚Urimpression' auf deutsch im Original.

das Subjekt mit dem Sein verknüpfen und die machen, daß das Sein dem *Jetzt* entquillt. Dialektik des Festhaltens und Loslassens durch die Hervorbringung des *Jetzt*, in dem Husserl zugleich die Passivität der Empfindung und die Tätigkeit des Subjekts unterscheidet. Aber im Gegensatz zu Hegels Auffassung reißt sich hier das Subjekt los aus jedem System und jeder Totalität; ausgehend von der Immanenz des bewußten Zustandes transzendendiert es nach rückwärts, vollzieht einen Rückstieg.
Die Zeit, die seit Platon den Philosophen als wesentliches Merkmal der Sinnlichkeit gilt, wird als die Existenz des Subjekts Quelle aller Bedeutung. Alle Beziehungen, in denen sich die Struktur des Bewußtseins als Subjektivität ausgestaltet, werden seit Husserl ebenso sehr als zeitliche wie als intentionale beschrieben. Der Definition eines Begriffs substituiert sich seine zeitliche Struktur, die Weise seiner Zeitigung.
Die Sinnlichkeit ist also nicht einfach ein gestaltloser Inhalt, eine Tatsache im Sinne der empiristischen Psychologie. Sie ist „intentional" – und zwar ist sie darin intentional, daß sie jedem Inhalt eine *Stelle* anweist, und daß sie sich selbst situiert, nicht im Hinblick auf Gegenstände, sondern im Verhältnis zu *sich*. Sie ist der *Nullpunkt* der Situation, der Ursprung selbst des Sich-Situierens. Die vorprädikativen oder gelebten Beziehungen vollziehen sich als die stiftenden Einstellungen, die von diesem Nullpunkt ausgehen. Das Sinnliche ist Modifikation der Urimpression[g], welche in ausgezeichneter Weise das *Hier* und das *Jetzt* ist. Man kann nicht umhin, in dieser Beschreibung der Sinnlichkeit das auf der Ebene des *Leibes* gelebte Sinnliche zu sehen, dessen grundlegendes Geschehen darin liegt, *sich zu halten*, d. h. sich selbst zu

---

[g] ,Urimpression' auf deutsch im Original.

halten wie der Leib *sich* auf den Beinen hält. Dieser Umstand *koinzidiert* mit der Tatsache der *Orientierung*, d. h. damit, daß man eine Einstellung zu ... einnimmt. Es liegt darin ein neues Kennzeichen des Subjektiven. Das Subjektive behält nicht den willkürlichen Sinn des Passiven und Nicht-Universalen. Es inauguriert den Ursprung, den Anfang und – in einem von Ursache oder Prämisse sehr verschiedenen Sinn – das Prinzip. Kant hat diesen Begriff der Sinnlichkeit sicher bemerkt (vielleicht ist er bereits führend in der transzendentalen Ästhetik). Denn in dem berühmten Artikel „Was heißt, sich im Denken orientieren" erklärt er die Möglichkeit, sich im geometrischen Raum zu orientieren, durch die Unterscheidung der rechten und der linken Hand. Diese Unterscheidung bezieht er auf das Gefühl[h]. Gefühl[i] setzt einen leiblichen Geometer voraus und nicht einen bloßen Widerschein dieses vergegenständlichten Raumes, konventionell Subjekt genannt.

Ausgehend von den „Logischen Untersuchungen" über die „Vorlesungen zur Phänomenologie des inneren Zeitbewußtseins" bis hin zu „Erfahrung und Urteil" führt die Husserlsche Phänomenologie diesen neuen Begriff der Sinnlichkeit und der Subjektivität ein. Die Historiker sind frappiert von der Tatsache, daß die Beschreibung dieses sinnlichen und passiven Bewußtseins sich augenblicklich umkehrt, sobald sie in Beziehung gesetzt wird zur Aktivität des Subjekts, deren Vollzug sie sein soll. In Wirklichkeit kann man sich fragen, ob diese Zweisinnigkeit nicht das Wesentliche ist, ob es nicht gerade die Bezugnahme auf die Tätigkeit des Subjekts ist, die der Sinnlichkeit diese Rolle der Ursprungs-Subjektivität verleiht. Denn sie

---

[h] ‚Gefühl' auf deutsch im Original.
[i] ‚Gefühl' auf deutsch im Original.

nimmt vorweg, was für die zeitgenössische Phänomenologie die Spekulationen über die Rolle des Leibes im Rahmen der Subjektivität sein werden. In Wirklichkeit bestimmt die Zweideutigkeit von Aktivität und Passivität in der Beschreibung der Sinnlichkeit diesen neuen Typ des Bewußtseins, der Leib heißt, Subjekt-Leib. Subjekt als Leib, und nicht als einfache Parallele des vorgestellten Gegenstandes.

Die Phänomenologie bewahrt die Person in dem Maße, in dem der Begriff des Subjekts an die Sinnlichkeit geknüpft wird, die Individuation eins ist mit der Doppeldeutigkeit der Urimpression[k], die Aktivität und die Passivität zusammenfallen, das *Jetzt* dem historischen Ganzen, das es konstituiert, vorausgeht. Die Person löst sich nicht in dem von ihr konstituierten oder gedachten Werk auf, sondern bleibt immer transzendent, diesseits. In diesem Sinne sind wir der Auffassung, daß die Phänomenologie der Position Spinozas und Hegels entgegengesetzt ist. Für sie absorbiert das Gedachte den Denker, löst sich der Denker in der Ewigkeit der Rede auf. Die Sinnlichkeit macht, daß die „Ewigkeit" der Ideen zurückweist auf einen *Kopf*, der denkt, auf ein Subjekt, das zeitlich gegenwärtig ist. Hier vollzieht sich bei Husserl die Anknüpfung des Seins an die Zeit. Hier liegt die tiefe Verwandtschaft zwischen der Phänomenologie und dem Bergsonismus.

Das Ich als das *Jetzt* definiert sich durch nichts anderes als durch sich, d. h. es definiert sich nicht, es grenzt an nichts, es bleibt außerhalb des Systems. Das ist der Grund, warum die ganze Analyse der vorprädikativen Passivität als Aktivität eines Subjekts herausgestellt wird. Das Ich ist immer eine Transzendenz in der Immanenz, es fällt nicht zusammen mit dem, was es als Existenz geerbt hat. Selbst

---

[k] ‚Urimpression' auf deutsch im Original.

seinem sinnlichen Leisten geht das Ich voraus. Es ist in gar keiner Weise eine Qualität. Es ist allerdings in einem gewissen Sinne eine Qualität – aber es ist die Möglichkeit, sich in dieser Qualität zu ergreifen. Die Dialektik des Sinnlichen, die Hegels „Phänomenologie des Geistes" eröffnet, findet auf das Husserlsche Sinnliche, das absolut Subjekt ist, keine Anwendung. Die Universalität wird konstituiert im Ausgang von einem Subjekt, das sich darin nicht resorbiert. Damit ist indes keineswegs gesagt, das Universale sei ein Existenzmodus, in den die Menschheit sich bloß verirrt habe. Sondern nur, daß das Universale, losgelöst vom Ich, durch das es konstituiert wird und das vom Universalen nicht erschöpft wird, eine abstrakte Existenzweise ist.

Am Ende erscheint das phänomenologische Ich nicht in der Geschichte, die es konstituiert, sondern im Bewußtsein. Auf diese Weise ist es der Totalität entrissen. Und so kann es mit der Vergangenheit brechen und ist nicht, indem es mit der Vergangenheit bricht, sich selbst zum Trotz, Fortsetzer dieser Vergangenheit, die dann von der Soziologie oder der Psychoanalyse wiederaufgedeckt wird. Es kann brechen und kann infolgedessen sprechen.

5. Die alte Metaphysik unterschied die Erscheinung der Phänomene von ihrer Bedeutung. Der Begriff hatte sein Maß nicht an dem Sinn, den er für das Bewußtsein hatte. Seine Beziehung zum Bewußtsein war nur eine der zufälligen Gestalten seines Seins. Man umfaßte sowohl den Begriff als auch das Bewußtsein gewissermaßen von außen, der Blick respektierte die logischen Normen, die dem betrachtenden Denken entstammten. So kompromittiert im „Parmenides" von Platon die *Beziehung* zwischen dem Absoluten und dem Bewußtsein, das es denkt, das Absolute selbst; ein bezogenes Absolutes ist ein Widerspruch.

In der Phänomenologie ist das Sein eines Seienden bestimmt durch seine Wahrheit, durch sein Leuchten und durch den Sinn der Intentionen, die es zugänglich machen, und durch die „intentionale" Geschichte, die es zusammenfaßt.
Seither ist die Rede von Seinsstrukturen, die nicht sogleich auf logische Normen bezogen werden, man nimmt die Begriffe in ihrer Paradoxie: so der famose Kreis des Verstehens, in dem das Ganze die Teile voraussetzt, in dem aber die Teile auf das Ganze verweisen; so der Begriff des Zeugs, bei dem die Struktur des Wozu sich auf keinerlei Substanzkategorie stützt; so im Zusammenhang mit der Angst der Rückgriff auf das Nichts, der freilich im Gegensatz steht zu allen eleatischen Prinzipien; so bei Husserl selbst die wesenhafte Unabgeschlossenheit der objektiven Sphäre, die unexakten Begriffe, die Idealität der Wesen.
Situationen, deren Intention sich nicht auf Erkenntnis beschränkt, können als Bedingungen der Erkenntnis angenommen werden, ohne daß diese Annahme den Charakter einer irrationalen Entscheidung hätte. Es entspricht echt phänomenologischer Verfahrensweise, für die Erkenntnisbeziehungen Fundamente zu entdecken, denen im eigentlichen Sinne die Struktur des Wissens fehlt – dies nicht deswegen, weil diese Fundamente zwingend sind ohne Gewißheit, sondern weil sie, als vorgängige und bedingende, gewisser sind als die Gewißheit, vernünftiger als die Vernunft.
Sicher ist richtig, daß im Werke von Husserl selbst die auf den Gegenstand gerichteten Intentionen niemals auf nicht-objektivierenden Akten beruhen. Aber die Sinnlichkeit und die Passivität, die eifersüchtig festgehaltenen „hyletischen Daten" an der Basis eines Bewußtseins, von dem niemand besser als Husserl die Bewegung nach außen

hat zeigen können, sie entheben die Husserlsche Subjektivität der Rolle, einfache Replik des Gegenstandes zu sein, und geleiten uns ins Diesseits der Korrelation Subjekt Objekt und ihres Vorrangs.

Dasselbe gilt von der Reduktion auf die primordiale egologische Erkenntnissphäre, mit der in der V. der „Cartesianischen Meditationen" Husserl die Konstitution der Intersubjektivität beginnt. Sie endet nicht bei Evidenzen, die wie objektive Erkenntnisse strukturiert wären (gerade aufgrund ihres monadologischen Charakters). Dennoch haben wir darin eine Situation, die die Objektivität begründet.

p. 122

Die Phänomenologen bewegen sich mit Leichtigkeit in diesen Beziehungen zwischen dem Subjekt und dem Sein; diese Beziehungen reduzieren sich nicht auf Wissensbeziehungen, haben aber gleichwohl, als Offenbarung des Seins, Wahrheit. Der so enthüllte Seinsmodus spricht sich aus in Abhängigkeit von den subjektiven Intentionen, denen er sich enthüllt. Nichts ist bezeichnender für die phänomenologische Reflexion als die Idee intentionaler Relationen mit Korrelaten, die keine Vorstellungen sind und die nicht als Substanzen existieren.

Auch hier befand sich Kant mit seiner Theorie der Postulate der praktischen Vernunft, die „über ursprüngliche Prinzipien a priori verfügt ... die sich aller möglichen Einsicht durch die theoretische Vernunft entziehen" (KpV)[1], unter den Vorläufern.

Es gibt Wahrheit ohne Vorstellung: „Dieses Fürwahrhalten ... dem Grade nach keinem Wissen nachsteht, ob es gleich der Art nach davon völlig verschieden ist."[1]

---

[1] Kant, Was heißt, sich im Denken orientieren? p. 360. [Das Zitat steht auf deutsch im Original.]

[1] Lévinas zitiert hier eine Stelle aus einer französischen Übersetzung der KpV, die nicht nachgewiesen werden konnte.

6. Die phänomenologische Reduktion war eine radikale Art, den natürlichen Zugang zur Welt, die als Gegenstand gesetzt ist, zu unterbrechen, der radikale Kampf gegen die Abstraktion, deren Resümee der Gegenstand ist.
Aber auf der Seite der Noemata ist es ihr nicht gelungen, das Ganze des Universums in Klammern zu setzen. Für ein Gutteil der gegenwärtigen Phänomenologie hat sich aus der Reduktion eine Abstufung der Realitäten entwickelt: Realitäten, die für die natürliche Einstellung Objekte gewesen waren, erscheinen in der Perspektive der Reduktion als *Modi der Auffassung*. Aus der Reduktion wird eine *Subjektivierung* des Seins; vormalige Gegenstände werden als *subjektive* Bedingungen von Gegenständen aufgefaßt, als ihr Ursprung und Prinzip. Von hier aus erleben wir nicht nur die außerordentliche Subjektivierung des Leibes und der Leibesorgane; wir entdecken als Zugangswege zum Sein und als Momente der Subjektivität die Erde, den Himmel, die Brücke und den Tempel. Seit den „Ideen"[m] liefert die sinnliche Wahrnehmung nicht nur den Ausgangspunkt für die wissenschaftliche Konstruktion, sondern den Ort, den das konstruierte intelligible Objekt niemals verläßt. Um es in seinem konkreten Sein zu verstehen, muß man das Objekt der Wissenschaft auf diesen Ort zurückbeziehen. Die Phänomenologie, so kann man sagen, fordert für die Welt, wie sie vom konkreten Menschen, der sein Leben lebt, wahrgenommen wird, den unverlierbaren Vorrang zurück. Es ist durchaus diese These der „Ideen", die Heidegger wieder aufnimmt mit der Versicherung, der im *Bauen* vorgezeichnete Ort enthalte den geometrischen Raum, welcher selbst nichts enthalten könne.

---

[m] E. Husserl, Ideen zu einer reinen Phänomenologie und phänomenologischen Philosophie.

p. 123   Die Subjektivierung dessen, was einst die empirischen Realitäten waren, besteht nicht darin, sie in Bewußt*seinsinhalte* oder Gegebenheiten zu verwandeln, sondern in der Entdeckung, daß sie selbst *enthalten und geben*. Nichts ist endgültig gegebene Qualität, jede Qualität ist Beziehung. Die Einsichtigkeit eines Begriffes hängt nicht mehr davon ab, ob er auf ein Prinzip oder einen Zweck reduziert werden kann, noch von dem System, in dem er seinen Platz hätte, sondern von seiner Funktion im Rahmen der Transzendenz der Intentionalität. Jede Gegebenheit, selbst die Erde und der Leib und die Dinge sind Momente des Werks der Sinngebung[n]. Daraus folgt eine Entformalisierung der gegenständlichen und wissenschaftlichen Realität. Sie ist involviert in den Beziehungen vom Objekt zur Bedingung. Beziehungen, die weder analytisch noch synthetisch noch dialektisch sind, sondern intentional.
Für einen Zuschauer von draußen liegt in diesem neuen Bezug zwischen Gegebenheiten und anderen Gegebenheiten, die ihnen als subjektive Bedingung dienen, eine neue Weise, die Begriffe hervorquellen zu lassen

---

[n] ‚Sinngebung' auf deutsch im Original.

3. Ist die Ontologie fundamental?

1. Primat der Ontologie p. 88

Beruht der Primat, den die Ontologie im Bereich der Erkenntnis besitzt, nicht auf der leuchtendsten Evidenz? Setzt nicht schon alle Erkenntnis der Beziehungen, die die Seienden einander verbinden oder entgegensetzen, ein Verständnis der Tatsache voraus, daß diese Seienden und diese Beziehungen sind? Indem man die Bedeutung dieses Umstandes ans Licht hebt, also das Problem der Ontologie stellt – das ein jeder implizit löst, sei es auch durch Vergessen – kommt es anscheinend zu einem grundlegenden Wissen, ohne das alle philosophische, wissenschaftliche und alltägliche Erkenntnis naiv bliebe.
Die Bedeutung der zeitgenössischen ontologischen Forschungen folgt aus dem unabweislichen und ursprünglichen Charakter dieser Einsicht. Auf sie gestützt erhoben sich die Denker rasch über die „Erleuchtungen" literarischer Kaffeekränzchen, um aufs neue die Luft der großen Dialoge von Platon und der Metaphysik des Aristoteles zu atmen.
Diese grundlegende Evidenz in Frage zu stellen ist ein gewagtes Unterfangen. Wer allerdings den Zugang zur Philosophie von dieser Fragestellung aus sucht, geht zumindest zurück zu ihrer Quelle jenseits der Literatur und ihrer gefühlvollen Probleme.

2. Die zeitgenössische Ontologie

Die Wiederaufnahme der Ontologie durch die zeitgenössische Philosophie ist dadurch gekennzeichnet, daß die Erkenntnis des Seins überhaupt oder die Fundamentalontologie eine *faktische Situation* auf seiten des erkennenden Geistes voraussetzt. Eine Vernunft, die von allen zeitlichen Zufälligkeiten befreit wäre, eine den Ideen gleichewige Seele entspricht dem Bild, das sich die naive Vernunft von sich selbst macht, die Vernunft, sofern sie sich nicht kennt oder sich vergißt. Die sogenannte authentische Ontologie fällt zusammen mit der Faktizität des zeitlichen Daseins. Das Sein als Sein verstehen heißt, im Diesseits[a] existieren. Dies ist nicht so zu verstehen, daß das *Diesseits*, indem es der Seele Prüfungen auferlegt, sie erhebt und reinigt und dadurch zur Empfänglichkeit für das Sein vorbereitet. Das Diesseits eröffnet keine Geschichte, deren Fortschritt allein die Idee des Seins dem Denken zugänglich machen würde. Dem *Diesseits* gebührt der Vorrang weder aufgrund des Verzichts, den es fordert, noch dank der Zivilisation, die es gebiert. Schon in den zeitlichen Sorgen des Diesseits buchstabiert sich das Seinsverständnis. In der Ontologie triumphiert nicht der Mensch über seine Bedingung, sie vollzieht sich vielmehr als die Spannung, in der diese Bedingung anerkannt und übernommen wird.

Die Möglichkeit, Kontingenz und Faktizität nicht als gegebene Daten der Einsicht zu begreifen, sondern als Akt der Einsicht; die Möglichkeit, in der Nacktheit der Tatsache und der gegebenen Inhalte die Transitivität des Verstehens und eine „Bedeutungsintention" aufzuweisen, wur-

---

[a] ‚Im Diesseits' übersetzt den französischen Ausdruck ‚ici-bas'. Lévinas übersetzt mit ‚ici-bas' auch das Heideggersche ‚Da'. Vgl. DEHH 58.

de von Husserl entdeckt, aber von Heidegger auf die Einsicht in das Sein überhaupt bezogen. Sie stellt die große Neuheit der zeitgenössischen Ontologie dar. Damit setzt das Verstehen des Seins nicht nur eine theoretische Einstellung voraus, sondern das gesamte menschliche Verhalten. Der ganze Mensch ist Ontologie. Seine Wissenschaft, sein Gefühlsleben, die Befriedigung seiner Bedürfnisse und seine Arbeit, sein gesellschaftliches Leben und sein Tod sind Artikulationen des Seinsverständnisses oder der Wahrheit. Jedem dieser Momente kommt eine streng determinierte Funktion zu. Unsere gesamte Zivilisation fließt aus diesem Seinsverständnis, sei es auch in der Weise des Seinsvergessens. Die Wahrheit ist nicht, weil es den Menschen gibt. Es gibt die Menschheit, weil das Sein überhaupt von seiner *Erschlossenheit* unabtrennbar ist, weil es Wahrheit gibt, oder weil, wenn man so will, das Sein einsichtig ist.

Die Rückkehr zu den eigentlichen Themen der Philosophie – und auch hierin ist das Werk Heideggers überraschend – geschieht nicht durch die fromme Entscheidung, endlich zu ich weiß nicht welcher *philosophia perennis* zurückzukehren, sondern durch eine radikale Aufmerksamkeit gegenüber den drängenden Sorgen des Tages. Die abstrakte Frage nach der Bedeutung des Seins als Sein und die Probleme der Stunde fallen plötzlich ineins.

3. Die Doppeldeutigkeit der zeitgenössischen Ontologie   p. 90

Wenn das Seinsverständnis mit der Fülle der konkreten Existenz ineins gesetzt wird, droht die Ontologie zunächst in der Existenz unterzugehen. Diese *Philosophie der Existenz*, die Heidegger für sein Teil ablehnt, ist nur der – freilich unvermeidliche – Widerpart seines Begriffs von Ontologie. Die historische Existenz, die den Philosophen interessiert, soweit sie Ontologie ist, interessiert die Menschen und die Literatur, weil sie dramatisch ist. Wenn Philosophie und Leben miteinander verschmelzen, weiß man nicht mehr, ob man sich der Philosophie widmet, weil sie Leben ist, oder ob man am Leben hängt, weil es Philosophie ist. Als wesentlichen Beitrag der neuen Ontologie kann man ihren Widerstand gegen den klassischen Intellektualismus ansehen. Ein Werkzeug verstehen heißt nicht, es ansehen, sondern es zu handhaben verstehen; unsere Situation im Wirklichen verstehen, heißt nicht, sie definieren, sondern sich in einer affektiven Gestimmtheit befinden; das Sein verstehen heißt existieren. Dies alles scheint auf einen Bruch mit der theoretischen Struktur des europäischen Denkens hinzuweisen. Denken heißt nicht mehr betrachten, sondern sich engagieren, inbegriffen sein in dem, was man denkt, Mittäter sein. Das Denken ist das dramatische Ereignis des In-der-Welt-seins.

Die Komödie beginnt mit der einfachsten unserer Gesten. Allen unseren Gesten eignet eine unvermeidliche Ungeschicklichkeit. Indem ich die Hand ausstreckte, um den Stuhl heranzuziehen, haben sich Falten gebildet im Ärmel meines Rocks, habe ich den Fußboden gestreift, habe ich die Asche meiner Zigarette fallen lassen. Indem ich tat, was ich wollte, habe ich tausend Dinge getan, die ich nicht wollte. Es war kein reiner Akt, ich habe Spuren hinterlassen. Indem ich diese Spuren verwischte, habe ich neue Spuren erzeugt. Diese unvermeidliche Ungeschicklichkeit aller meiner Handlungen wird Sherlock Holmes zum Gegenstand seiner Wissenschaft machen, und dadurch kann sich die Komödie zur Tragödie wenden.

Wenn die Ungeschicklichkeit der Handlung sich gegen das erstrebte Ziel wendet, sind wir mitten in der Tragödie. Um die unheilvollen Voraussagen zu vereiteln, tut Laios

genau das, was zu ihrer Erfüllung erforderlich ist. Der Erfolg des Ödipus arbeitet an seinem Unglück. Wie das Wild, das auf der schneebedeckten Ebene vor dem Lärm der Jäger in gerader Richtung flieht und so genau die Spuren hinterläßt, die es verderben werden.
So sind wir verantwortlich über unsere Intentionen hinaus. Dem Blick, der die Handlung leitet, ist es unmöglich, das versehentliche Tun zu vermeiden. Wir haben einen Finger im Getriebe, die Dinge wenden sich gegen uns zurück. Damit ist gesagt, daß unser Bewußtsein und die bewußte Herrschaft über die Wirklichkeit unsere Beziehung zu ihr nicht erschöpfen, daß wir ihr mit der ganzen Dichte unseres Seins zugehören. Unser Aufenthalt in der Welt fällt nicht zusammen mit dem Bewußtsein der Wirklichkeit – diese Einsicht in der Philosophie Heideggers hat die literarische Welt tief beeindruckt.

p. 91

Aber sogleich verblaßt die Philosophie der Existenz vor der Ontologie. Dieser Umstand, beteiligt zu sein, dieses Ereignis, in das ich mich verwickelt finde, diese Tatsache, gebunden zu sein, wie ich es bin, an das, was mein Gegenstand sein sollte, durch Bindungen, die sich nicht auf Gedanken zurückführen lassen, diese Existenz wird als Verstehen gedeutet.
Von daher teilt sich der transitive Charakter des Verbs Erkennen dem Verb Existieren mit.[1] Der erste Satz der „Metaphysik" des Aristoteles, „Alle Menschen streben von Natur nach Wissen", bleibt wahr für eine Philosophie, von der man leichtfertig glaubte, sie verachte den Intellekt. Die Ontologie krönt nicht nur unsere praktischen Beziehungen zum Sein, wie im zehnten Buch der „Nikomachischen Ethik" die Betrachtung der Wesenhei-

---

[1] Vgl. unsere Bemerkungen zu diesem Gegenstand in J. Wahl, Esquisse pour une histoire de l'existentialisme, p. 95/96.

ten die Tugenden krönt. Die Ontologie ist das Wesen aller Beziehung zu den Seienden und sogar aller Beziehung im Sein. Gehört die Tatsache, daß das Seiende „erschlossen" ist, nicht mit zur Tatsache seines Seins? Die Interpretation unserer konkreten Existenz ist abhängig von ihrem Eintritt in die „Lichtung" des Seins überhaupt. Wir existieren in einem Verstehenskreislauf mit dem Wirklichen – das Verstehen ist das Ereignis selbst, das von der Existenz artikuliert wird. Alles Nichtverstehen ist nur ein defizienter Modus des Verstehens. So ist die Analyse der Existenz und dessen, was man ihre Haecceitas (Da)[b] nennt, nichts als die Beschreibung des Wesens der Wahrheit, der Bedingung der Verstehbarkeit selbst des Seins.

4. Der Andere als Gesprächspartner

Man kann nicht vernünftigerweise der Trennung von Philosophie und Vernunft das Wort reden. Aber man kann sich durchaus fragen, ob die Vernunft, gesetzt als Möglichkeit einer solchen Rede und Sprache, dieser Sprache notwendig vorausgeht, ob die Sprache nicht in einer Relation begründet ist, die früher ist als das Verstehen und die die Vernunft ermöglicht. Die folgenden Seiten machen den Versuch, diese Beziehung, die nicht auf das Verstehen – auch nicht wie es von Heidegger jenseits des klassischen Intellektualismus bestimmt worden ist – zurückführbar ist, zu umreißen.

Das Verstehen beruht für Heidegger in letzter Instanz auf der *Erschlossenheit* des Seins. Der Berkeleysche Idealismus erfaßte im Sein wegen der qualitativen Inhalte des Seins einen Bezug zum Denken. Heidegger erblickt die

---

[b] ‚Da' auf deutsch im Original.

Intelligibilität des Seins in der gewissermaßen formalen Tatsache, daß das Seiende ist, in seinem Seinsakt, in seiner Unabhängigkeit selbst in seiner Verstehbarkeit. Dies impliziert nicht eine vorgängige Abhängigkeit von einem subjektiven Denken, sondern so etwas wie eine Vakanz, die ihren Inhaber erwartet; eine Vakanz, die eröffnet wird durch eben die Tatsache, daß das Seiende ist. Daher beschreibt Heidegger die Gliederungen des Sehens in ihrer formalsten Struktur als solche, in denen die Subjekt-Objekt-Beziehung sich der Beziehung des Objekts mit dem Licht unterordnet; das Licht selbst ist nicht Objekt. Von daher besteht das Verstehen des Seienden darin, über das Seiende hinauszugehen, eben in das *Offene*, und das Seiende *im Horizont des Seins* wahrzunehmen. Das heißt, daß das Verstehen bei Heidegger sich der großen Tradition der westlichen Philosophie anschließt: Das besondere Sein wird verstanden, indem man bereits einen Platz jenseits des Besonderen einnimmt; verstehen, das ist: sich auf das Besondere beziehen vermittelst der Erkenntnis, die immer Erkenntnis des Allgemeinen ist.
Gegen die verehrungswürdige Tradition, die Heidegger fortsetzt, kann man nicht persönliche Präferenzen ins Feld führen. Gegenüber der fundamentalen These, die für jede Beziehung zum besonderen Seienden die Vertrautheit oder das Vergessen des Seins voraussetzt, kann nicht geltend gemacht werden, man *möchte lieber* in dem Seienden den Grund der Ontologie sehen. Sobald man zu reflektieren beginnt, scheint nichts anderes übrig zu bleiben, als die Beziehungen zwischen Seienden den Strukturen des Seins zu unterwerfen, die Metaphysik der Ontologie, das Existenzielle dem Existenzialen, und zwar aus eben den Gründen, die seit Platon die Empfindung des Besonderen der Erkenntnis des Universalen unterwerfen. Wie kann im übrigen die *Beziehung* zum *Seienden* anfangs

etwas anderes sein als sein *Verstehen* als Seiendes – was sonst als die Tatsache, es in Freiheit sein zu lassen als ein Seiendes?

Außer beim Anderen. Gewiß besteht unsere Beziehung zu ihm darin, ihn verstehen zu wollen, aber diese Beziehung geht über das Verstehen hinaus. Nicht nur, weil die Erkenntnis des Anderen, unabhängig von der Neugier, auch Sympathie oder Liebe verlangt, Seinsweisen, die von der interesselosen Betrachtung unterschieden sind. Sondern weil der Andere in unserer Beziehung mit ihm uns nicht auf der Grundlage eines Begriffs affiziert. Er ist seiend und gilt als solcher.

p. 93

Der Parteigänger der Ontologie wird dem entgegnen: Gibt man nicht, indem man ‚*seiend*' ausspricht, zu verstehen, daß das Seiende uns aus einer Offenbarkeit des Seins begegnet, daß es folglich, in die Erschlossenheit für das Sein gestellt, schon von eh und je im Bereich des Verstehens steht? So gehalten in der Offenheit des Seins, ist es je schon für ein Verstehen. Was heißt denn Unabhängigkeit des Seienden, wenn nicht Bezogenheit auf die Ontologie? Sich auf das Seiende als Seiendes beziehen bedeutet für Heidegger, das Seiende begegnen lassen, es in seiner Unabhängigkeit von der Wahrnehmung verstehen, die es entdeckt und ergreift. Dank eben dieses Verstehens gibt es sich als Seiendes und nicht als Objekt. So beruht für Heidegger das *Miteinandersein*[c] auf der ontologischen Beziehung.

Wir erwidern: Handelt es sich in unserer Beziehung mit dem Anderen darum, ihn *sein zu lassen*? Erfüllt sich die Unabhängigkeit des Anderen nicht in seiner Rolle als Angerufener? Ist derjenige, zu dem man spricht, schon im vorhinein verstanden in seinem Sein? Durchaus nicht. Der

---

[c] ‚Miteinandersein' auf deutsch im Original.

Andere ist nicht zunächst Gegenstand des Verstehens und danach Gesprächspartner. Beide Beziehungen fallen zusammen. Anders gesagt: Vom Verstehen des Anderen ist seine Anrufung untrennbar.

Eine Person verstehen heißt, bereits mit ihr sprechen. Die Existenz eines Anderen setzen, indem man sie sein läßt, das heißt, diese Existenz schon akzeptiert haben, sie schon berücksichtigt haben. „Akzeptiert haben", „berücksichtigt haben" läßt sich nicht auf das Verstehen, auf das Seinlassen zurückführen. Die Sprache zeichnet eine ursprüngliche Beziehung vor. Es kommt auf die Einsicht an, daß das Fungieren der *Sprache* nicht dem *Bewußtsein* untergeordnet ist, das ich von der Gegenwart des Anderen habe, von seiner Nachbarschaft oder der Gemeinschaft mit ihm, sondern daß es Bedingung dieser „Bewußtwerdung" ist.

Freilich bleibt uns noch zu erklären, warum das Ereignis der Sprache sich nicht mehr auf der Ebene des Verstehens abspielt. Warum sollen wir denn nicht den Begriff des Verstehens erweitern, gemäß dem Verfahren, das uns von der Phänomenologie vertraut ist? Warum dürfen wir nicht den Anruf des Anderen als das spezifische Merkmal seines Verständnisses ansehen?

Das scheint uns unmöglich. Der praktische Umgang mit den Gebrauchsgegenständen etwa wird als ihr Verstehen gedeutet. Aber in diesem Beispiel rechtfertigt sich die Erweiterung des Begriffs der Erkenntnis durch die Transzendenz über die gekannten Gegenstände hinaus. Sie vollzieht sich trotz all dessen, was es im Besorgen des „Zeugs" an vortheoretischer Bindung geben mag. Mitten im Besorgen ist das Seiende durch eben die Bewegung, die es ergreift, *überschritten* – und man erkennt in diesem „Jenseits", das notwendig ist für das Sein „bei", den Weg und das eigentliche Verfahren des Verstehens. Dieses

p. 94

Überschreiten liegt nicht allein an dem vorgängigen Erscheinen von „Welt", so oft wir mit Zeug zu tun haben, wie es Heidegger will. Dasselbe Überschreiten zeichnet sich auch im *Besitz* und im *Verzehr* des Gegenstandes ab. Nichts dergleichen, wenn es sich um meine Beziehung mit dem Anderen handelt. Auch hier verstehe ich, wenn man so will, das Sein im Anderen, jenseits dessen, was er als besonderes Seiendes ist; die Person, mit der ich in Beziehung bin, nenne ich Seiendes, aber während ich sie Seiendes nenne, rufe ich sie an. Ich denke nicht nur, daß sie ist, sondern ich spreche mit ihr. Sie ist mein *Teilhaber*, sie teilt mit mir die Beziehung, durch die sie mir nur gegenwärtig werden sollte. Ich habe mit ihr gesprochen, das heißt, ich habe das universale Sein, das sie verkörpert, vernachlässigt, um mich an das partikulare Seiende zu halten, das sie ist. Die Formel „Bevor ich mit einem Seienden in Verbindung stehe, muß ich es als Seiendes verstanden haben", verliert hier ihre strikte Anwendung: Indem ich das Seiende verstehe, sage ich ihm gleichzeitig mein Verstehen.

Der Mensch ist das einzige Seiende, dem ich nicht begegnen kann, ohne ihm diese Begegnung selbst auszudrükken. Genau dadurch unterscheidet sich die Begegnung von der Erkenntnis. Jede Haltung gegenüber Menschlichem impliziert das Grüßen – sei es auch als Verweigerung des Grußes. Hier entwirft sich Wahrnehmung nicht hin auf einen Horizont – Feld meiner Freiheit, meines Vermögens, meines Eigentums –, um sich vor diesem vertrauten Hintergrund mit dem Individuum zu befassen. Sie bezieht sich auf das bloße Individuum, auf das Seiende als solches. Und dies bedeutet eben, wenn man es in die Terminologie des „Verstehens" kleiden will, daß mein Verstehen des Seienden als eines solchen schon der Ausdruck ist, den ich ihm von diesem Verstehen darbiete.

Diese Unmöglichkeit, den anderen anzugehen, ohne mit ihm zu sprechen, bedeutet, daß hier das Denken vom Ausdruck nicht getrennt werden kann. Aber der Ausdruck besteht nicht darin, einen Gedanken bezüglich des Anderen irgendwie in den Geist des Anderen umzupflanzen. Dies ist nicht erst seit Heidegger, sondern seit Sokrates bekannt. Der Ausdruck besteht auch nicht in der *Artikulation* des Verstehens, das ich schon je mit dem Anderen teile. Schon vor aller verstehenden Teilnahme an einem gemeinsamen Inhalt besteht der Ausdruck darin, die Gemeinsamkeit herzustellen, und zwar durch eine Beziehung, die auf das Verstehen nicht zurückgeführt werden kann.

Die Beziehung zum Anderen ist also nicht Ontologie. p. 95
Dieses Band mit dem Anderen, das sich nicht auf seine Vorstellung, sondern auf seine Anrufung zurückführt, wobei der Anrufung kein Verstehen vorausgeht, nennen wir *Religion*. Das Wesen der Rede ist Gebet. Was das auf einen Gegenstand gerichtete Denken von der Verbindung mit einer Person unterscheidet, ist die Tatsache, daß letztere sich als Vokativ ausspricht: Der Gegenstand der Benennung ist zugleich das Angerufene.

Bei der Wahl des Terminus Religion – ohne das Wort *Gott* oder das Wort *heilig* [sacré] ausgesprochen zu haben – haben wir zunächst an die Bedeutung gedacht, die Auguste Comte ihm am Anfang seiner „Politique positive" gibt. Hinter der Analyse der Begegnung des Anderen, die wir gegeben haben, verbirgt sich keinerlei Theologie, keinerlei Mystik. Uns kam es darauf an, die formale Struktur herauszustellen: Der Gegenstand der Begegnung ist uns zugleich gegeben und *in Gemeinschaft* mit uns, ohne daß diese Gemeinsamkeit sich auf irgendeine Eigenschaft, die an dem Gegebenen hervortreten würde, zurückführen ließe, ohne daß die Erkenntnis den Vorrang vor der

Gemeinschaft gewinnen könnte. Wenn indes das Wort Religion geeignet ist, eine Beziehung zwischen den Menschen anzukündigen, die auf kein Verstehen zurückgeführt werden kann und gerade dadurch sich von der Ausübung der Macht entfernt, eine Beziehung, die vielmehr in den menschlichen Antlitzen das Unendliche erreicht, dann akzeptieren wir den ethischen Anklang in diesem Wort und das, was darin an kantischer Philosophie widerklingt.

Die Religion ist die Beziehung zum Seienden als Seiendem. Sie besteht nicht darin, es als Seiendes zu *begreifen*, ein Vorgang, in dem das *Seiende* schon angeglichen ist, mag auch diese Angleichung darauf hinauslaufen, es als *Seiendes* herauszulösen, es *sein zu lassen*. Sie besteht auch nicht darin, irgendeine *Zugehörigkeit* zu behaupten oder darin, daß die Bemühung, das Seiende zu verstehen, auf ein Irrationales stieße. Fällt das Rationale mit dem Vermögen über den Gegenstand zusammen? Ist die Vernunft Herrschaft? Besteht ihre Herrschaft darin, den Widerstand des Seienden als solchen nicht durch einen Appell an dieses Widerständige selbst zu überwinden, sondern gleichsam durch die List des Jägers, der sich der Schwächen des Seienden bedient, um das Starke, Eigene an ihm zu fangen, der es da packt, wo es auf sein Besonderes verzichtet, nämlich an seiner Stelle im Horizont des universalen Seins? Das Verstehen als List, das kämpfende und gewalttätige Verstehen, das für die Dinge gemacht ist – ist es in der Lage, eine menschliche Ordnung zu erstellen? Wir haben uns paradoxerweise daran gewöhnt, im Kampf die eigentliche Erscheinung des Geistes und seine Realität zu sehen. Aber stellt sich die Ordnung der Vernunft nicht eher her in einer Situation, in der „man plaudert", in der der Widerstand des Seienden als Seienden nicht gebrochen, sondern befriedet wird?

Die Bemühung der gegenwärtigen Philosophie, den Menschen aus Kategorien, die allein den Dingen angemessen sind, zu befreien, darf sich daher nicht damit zufriedengeben, dem Statischen, Unbelebten, Determinierten die Dynamik, die Dauer, die Transzendenz oder die Freiheit als das Wesen des Menschen entgegenzustellen. Es handelt sich nicht so sehr darum, ein Wesen dem anderen entgegenzustellen, zu sagen, worin die Natur des Menschen besteht. Es handelt sich vor allem darum, dem Menschen den Platz ausfindig zu machen, wo er aufhört, uns vom Horizont des Seins her anzugehen, d. h. sich unserem Können darzubieten. Das Seiende als solches (und nicht das Seiende als Verkörperung des universalen Seins) kann nur sein, wenn mit ihm gesprochen wird. Das Seiende ist der Mensch, und der Mensch ist zugänglich als Nächster. Als Antlitz.

p. 96

5. Die ethische Bedeutung des Anderen

Indem das Verstehen sich auf das Seiende in der Erschlossenheit des Seins bezieht, schreibt es ihm eine Bedeutung vom Sein her zu. In diesem Sinne ruft es das Seiende nicht an, sondern nennt es nur. Und so vollzieht das Verstehen im Hinblick auf das Seiende einen Akt der Gewalt und der Negation, der partiellen Negation, die Gewalt ist. Diese Partialität, diese Unvollständigkeit tritt hervor in der Tatsache, daß sich das Seiende, ohne zu verschwinden, in meiner Gewalt befindet. Die partielle Negation, die Gewalt ist, verneint die Unabhängigkeit des Seienden: Es gehört mir. Der Besitz ist der Modus, in dem ein Seiendes, ohne zu existieren aufzuhören, teilweise verneint ist. Es geht nicht allein um das Seiende als Instrument oder Werkzeug, d. h. als Mittel; es ist auch Zweck – als verzehrbares ist es Lebensmittel, und im Genuß bietet es sich mir an, gibt es sich mir hin. Gewiß ist das Sehen das Maß meiner Herrschaft über das Objekt; aber dieses Sehen ist schon Genuß. Die Begegnung des Anderen besteht darin, daß ich ihn nicht besitze, und zwar unabhängig von meiner Herrschaft über ihn oder seiner Knechtschaft. Er geht nicht vollständig auf in der Erschlossenheit des Seins, in der ich mich schon aufhalte wie auf dem Felde meiner Freiheit. Er begegnet mir nicht vom Sein überhaupt her. Allerdings bietet sich alles, was mir an ihm vom Sein im allgemeinen her zugänglich wird, meinem Verstehen und meinem Besitz. Ich verstehe ihn von seiner Geschichte, seinem Milieu, seinen Gewohnheiten her. Was von ihm dem Verstehen entgeht, das ist er selbst, das Seiende. Ihn kann ich nicht in der Gewalt partiell verneinen, indem ich ihn vom Sein im allgemeinen her begreife und ihn besitze. Der Andere ist das einzige Seiende, dessen Negation nur als ganze geschehen kann: als Mord. Der Andere ist das einzige Wesen, das ich töten wollen kann.

p. 97 Ich kann wollen. Und doch ist dieses Können ganz das Gegenteil des Könnens. Der Sieg dieses Könnens ist seine Niederlage als Können. In dem Augenblick, in dem mein Töten-können sich realisiert, entkommt mir der Andere. Gewiß kann ich, indem ich töte, ein Ziel *erreichen*, ich kann töten, wie ich jage oder wie ich Bäume oder Tiere umlege. Aber dann habe ich den Anderen in der Offenheit des Seins überhaupt ergriffen, als Element der Welt, in der ich mich aufhalte, ich habe ihm nicht in die Augen gesehen, ich bin nicht seinem Antlitz begegnet. Die Versuchung der vollständigen Negation, die das Unendliche dieses Versuchs und seine Unmöglichkeit ermißt, das ist die Gegenwart des Antlitzes. Dem Anderen von Angesicht zu Angesicht gegenüberstehen – das bedeutet, nicht töten zu können. Dies ist zugleich die Situation der Rede. Solange die Dinge nur Dinge sind, stellt sich die Beziehung zu ihnen als Verstehen her: Als Seiende lassen sie sich vom Sein her, von einer Totalität her, die ihnen eine Bedeutung verleiht, überraschen. Das Unmittelbare ist nicht Gegenstand des Verstehens. Eine unmittelbare Gegebenheit des Bewußtseins ist eine contradictio in adiecto. Sich geben heißt, sich der List der Vernunft aussetzen, begriffen werden durch die Vermittlung des Begriffs, im Lichte des Seins überhaupt, auf einem Umweg, „über die Bande"[d]; sich geben heißt bedeuten von etwas anderem her, das man nicht ist. Die Beziehung zum Antlitz als Ereignis der Gemeinschaftlichkeit, das Wort, ist eine Beziehung mit dem Seienden selbst als bloßem Seienden.

Die Relation zum *Seienden* sei Anrufung eines Antlitzes und schon Wort, sie sei mehr Beziehung zu einer Tiefe als zu einem Horizont, ein Loch im Horizont, mein Nächster sei das Seiende par excellence, all dies mag einigermaßen überraschend erscheinen, solange man sich an die Konzeption eines an sich selbst bedeutungslosen Seienden hält, das, Silhouette am leuchtenden Horizont, nur dank seiner Gegenwart im Horizont eine Bedeutung gewinnt. Das Antlitz *bedeutet* auf andere Weise. In ihm bestätigt sich der unendliche Widerstand des Seienden gegenüber unserer Macht; er bestätigt sich gerade gegen den mörderischen Willen, den er herausfordert; denn ganz nackt – und die Nacktheit des Antlitzes ist nicht eine Stilfigur – bedeutet der unendliche Widerstand durch sich selbst. Man kann nicht einmal sagen, das Antlitz sei eine Öffnung; damit würde man es auf eine umgebende Fülle beziehen.

Können die Dinge ein Antlitz annehmen? Ist die Kunst

---

[d] Wie beim Billardspiel.

nicht eine Tätigkeit, die den Dingen ein Antlitz verleiht? Ist die Fassade eines Hauses nicht ein Haus, das uns ansieht? Die Analyse, soweit sie bisher durchgeführt ist, genügt nicht zur Antwort. Immerhin fragen wir uns, ob sich nicht in der Kunst die unpersönliche Gangart des Rhythmus in ihrer Faszination und Magie an die Stelle der Gemeinsamkeit, des Antlitzes, des Wortes setzt.

p. 98

Dem Verstehen, der Bedeutung, die sich vom Horizont herschreiben, stellen wir das Bedeuten des Antlitzes entgegen. Können die kurzen Hinweise, durch die wir diesen Begriff eingeführt haben, einen Vorblick geben auf seine Rolle im Rahmen des Verstehens selbst sowie auf alle die Bedingungen, die eine kaum geahnte Sphäre von Beziehungen vorzeichnen? Indes, was wir davon ahnen, scheint uns durch die praktische Philosophie Kants, der wir uns besonders verwandt fühlen, nahegelegt.

Inwiefern das Sehen des Antlitzes nicht mehr Sehen ist, sondern Hören und Sprechen; wieso die Begegnung des Antlitzes, d. h. das moralische Bewußtsein, als Bedingung des Bewußtseins überhaupt und der Erschlossenheit beschrieben werden kann; wie das Bewußtsein sich bestätigt als Unmöglichkeit zu töten; welche die Bedingungen für das Erscheinen des Antlitzes sind, d. h. die Bedingungen für die Versuchung und die Unmöglichkeit des Mordes; wie ich mir selbst als Antlitz erscheinen kann; in welchem Maße schließlich die Beziehung zum Anderen oder die Gemeinschaftlichkeit unsere auf das Verstehen nicht zurückführbare Beziehung zum Unendlichen ist – dies sind Themen, die sich aus diesem ersten Protest gegen den Primat der Ontologie ergeben. Auf keinen Fall vermöchte sich das philosophische Suchen dabei zu bescheiden, über sich oder über die Existenz zu reflektieren. Die Reflexion liefert uns nur den Bericht eines persönlichen Abenteuers, einer privaten Seele, die ohne Unterlaß zu sich zurückkehrt, selbst wenn sie sich zu fliehen scheint. Das Menschliche gewährt sich erst einer Beziehung, die kein Können ist.

4. Der Untergang der Vorstellung

p. 125   Einem Menschen begegnen heißt, von einem Rätsel wachgehalten werden. Im Umgang mit Husserl war dieses Rätsel immer das Rätsel seines Werks. Trotz der relativen Schlichtheit, mit der er jeden aufnahm, und der tätigen Sympathie, die man in seinem Hause finden konnte, begegnete man in Husserl immer der Phänomenologie. Meine Erinnerungen gehen zurück auf eine Jugend, der Husserl bereits in seinem ganzen Mythos erschien; sie umfassen nur zwei Semester persönlicher Beziehungen. Aber sieht man auch von unserer respektvollen Schüchternheit ab, von unserer Bereitschaft, uns faszinieren zu lassen, und dem Hang unserer zwanzig Jahre für die Mythologie, so denke ich, daß selten ein Mensch sich mehr mit seinem Werk identifizierte und mehr dieses Werk von sich distanzierte. Wohl unter Bezug auf diese oder jene Gruppe seiner nicht veröffentlichten Manuskripte, die auf dem Grund irgendeiner Kiste ruhten und der Phänomenologie der Retention, des Sinnlichen oder des Ich galten, konnte er mit vollkommener Natürlichkeit sagen: „Wir haben schon darüber ganze Wissenschaften."[a] Und diese nicht gekannten Wissenschaften, er schien sie eher empfangen als gegeben zu haben. Von seinem Werk selbst sprach Husserl auch privat nur in den Termini dieses Werks selbst. Es wurde daraus Phänomenologie über die Phänomenologie, und zu meiner Zeit fast

---

[a] Das Zitat steht auf deutsch im Original.

immer ein Monolog, den man nicht zu unterbrechen wagte. So verschmilzt für mich die Schuld gegenüber dem Menschen mit der Schuld gegenüber dem Werk.[1]
Dieser Mann, eher feierlich ernst in seinem Gehaben, aber

---

[1] Über die persönlichen Beziehungen zu Husserl werden andere als ich interessante Anekdoten berichten. Ich möchte nur drei Punkte anführen. – Während der beiden Semester meines Aufenthaltes in Freiburg (Sommer 1928, Winter 1928/1929) nahm Frau Husserl unter dem Vorwand einer bevorstehenden Reise nach Frankreich bei mir Unterricht. Der Unterricht hatte eher den Zweck einer Zugabe zum Geldbeutel des Studenten als einer Bereicherung des Wortschatzes der hervorragenden Schülerin. Diese Gesten versteckter Güte waren häufig im Hause Husserl und hatten erlauchte Adressaten. – Ende Juli 1928 machte ich ein Referat in Husserls Seminar. Es war die letzte Sitzung des letzten Seminars in seiner Laufbahn. Von dem Referat war natürlich in dem darauffolgenden Abschied keine Rede. Husserl sagte, daß nun, da er dank seines Alters Zeit habe, sie zu lösen, die philosophischen Probleme ihm endlich in ihrer ganzen Klarheit erschienen. – Letzter Punkt schließlich, den zu berichten ich zögern würde, wenn das kürzlich aufgeworfene Problem von Husserls Judentum mich nicht reizen würde, es dem Dossier hinzuzufügen. Husserl und seine Frau waren, wie man weiß, zum Protestantismus konvertierte Juden. Die letzten Photos des Meisters betonen die jüdischen Züge seiner Physiognomie (man hat vielleicht unrecht zu sagen, daß sie anfing, der der Propheten zu ähneln, denn schließlich besitzt niemand das Gesicht des Jeremias oder des Habakuk). Frau Husserl sprach mir von Juden strikt in der dritten Person, nicht einmal in der zweiten. Husserl sprach mit mir niemals darüber. Außer einem Mal. Seine Frau sollte die Durchreise in Straßburg benutzen, um einen sehr wichtigen Einkauf zu tätigen. Nach der Rückkehr von den Einkäufen, die sie in Begleitung von Frau Hering, der Mutter des Straßburger Theologen und Philosophen, gemacht hatte, erklärte sie in meiner Gegenwart: „Wir haben ein seriöses Haus gefunden. Die Leute, obgleich Juden, sind sehr zuverlässig." [b]Ich habe nicht verborgen, daß ich mich verletzt fühlte. Darauf Husserl: „Lassen Sie, Herr Lévinas, ich komme selbst aus einem Haus von Kaufleuten und..." Er fuhr nicht fort. Die Juden sind hart gegeneinander; dennoch dulden sie nicht die „Judengeschichten", die die Nichtjuden ihnen erzählen, so wie die Geistlichen die antiklerikalen Witze nicht mögen, wenn sie von Laien kommen, aber unter sich gewiß solche erzählen. Die Bemerkung von Husserl hat mich beruhigt.
[b] Der letzte Teil des Zitats, „die Leute, obgleich Juden, sind sehr zuverlässig", steht auf deutsch im Original.

p. 126 gesprächig, korrekt in seiner äußeren Erscheinung, aber vergeßlich, was das Äußere angeht, abwesend aber nicht abweisend, und wie ein wenig unsicher in seinen Sicherheiten, unterstrich die Physiognomie seines Werkes, das in Strenge verliebt war und dennoch offen, kühn und ohne Unterlaß neu anfangend wie eine permanente Revolution, das sich in Formen kleidete, die man damals weniger klassisch gewollt hätte, weniger didaktisch, das eine Sprach sprach, die man sich dramatischer und sogar weniger monoton gewünscht hätte; ein Werk, dessen wahrhaft neue Akzente nur für Ohren klingen, die fein oder geübt sind, die auf jeden Fall auf der Lauer sind. Ganz anders stellte sich damals Heideggers von Anfang an blendende Philosophie dar. Für eine damals bereits sich vermindernde Gruppe von Schülern, die Husserl noch ausgebildet hatte, bevor sie Heidegger kennenlernten, bildete die Gegenüberstellung dieser beiden Denkweisen in Freiburg einen bedeutenden Gegenstand der Betrachtung und der Diskussion. Zu den Schülern gehörten Eugen Fink und Ludwig Landgrebe. Für diejenigen, die mit Heidegger im Winter 1928/1929 ankamen, war Husserl, der seit dem Ende des WS 1927/28 emeritiert war[c] und der während des Übergangssemesters im Sommer 1928 nur mit auf die Hälfte reduzierter Stundenzahl gelesen hatte, nur mehr einer der Altvordern. Auf dem

---

[c] Im französischen Original steht die irritierende Angabe, daß Husserl mit dem Ende des WS 1928/29 emeritiert wurde. Bei dieser Angabe handelt es sich aber um einen Druckfehler. In einem Brief zu den Zeitangaben führt Lévinas aus, daß Husserl zwar zum Ende des WS 1927/28 emeritiert wurde, daß er aber, um die Zwischenzeit bis zur Ankunft Heideggers, der erst im WS 1928/29 seine Vorlesungen aufnahm, zu überbrücken, im SS 1928 noch gelesen hat. Vgl. dazu K. Schumann, Husserl-Chronik. Denk- und Lebensweg E. Husserls, Den Haag (Nijhoff) 1977; Husserliana-Dokumente Bd. 1.

Umweg über diese Diskussion trat ich selbst in die Phänomenologie ein und bildete mich an ihrer Disziplin. Auf diesen Seiten werde ich versuchen, die Themen, die mir damals im Denken Husserls entscheidend erschienen, unter dem Gesichtspunkt wieder wachzurufen, unter dem sie sich in diesen fernen Jahren dargestellt haben. Behält man von einer Philosophie, die einen bestimmt, die Wahrheiten eines „absoluten Wissens" in der Erinnerung oder behält man bestimmte Gesten und einen gewissen Tonfall, die für einen das Antlitz eines Gesprächspartners prägen, wie er für jede Rede, so auch die innere, erforderlich ist?

I. Phänomenologie, das ist Intentionalität. Was soll das heißen? Ablehnung eines Sensualismus, der das Bewußtsein mit verdinglichten Empfindungen identifizierte? Aber die Empfindung spielt eine bedeutende Rolle in der Phänomenologie, und die Intentionalität rehabilitiert die Empfindung. Notwendige Wechselbeziehung zwischen Subjekt und Objekt? Gewiß. Aber für den Protest gegen die Trennung von Subjekt und Objekt brauchte man nicht auf Husserl zu warten. Wenn Intentionalität nur bedeutet, daß das Bewußtsein zum Objekt hin „aufbricht" und daß wir unmittelbar bei den Sachen sind, hätte es niemals eine Phänomenologie gegeben.

p. 127

Wir besäßen eine Erkenntnistheorie, die dem naiven Leben der Vorstellung angemessen wäre. Die Vorstellung trifft auf bleibende Wesenheiten, die sich aus jeder Art Horizont losgerissen haben – die in diesem Sinne abstrakt sind – und sich in einer selbstgenügsamen Gegenwart darbieten. Das Gegenwärtige des Lebens ist nämlich eine primordiale, obgleich unverdächtige Form der Abstraktion, in der die Seienden sich halten, als sei hier ihr

Anfang. Die Re-präsentation[d] tritt an die Seienden heran, als ob sie sich ganz und gar aus sich selbst erhielten, als ob sie Substanzen wären. Sie hat von der Bedingung dieser Seienden abzusehen, und sei es auch nur einen Augenblick, den Augenblick der Vorstellung. Sie siegt über den Schwindel der unendlichen Bedingtheit, der das wahre Denken und das Denken des Wahren angesichts der Seienden erfaßt. Ohne die unendliche Reihe der Vergangenheit, auf die mein heutiger Tag verweist, zu durchlaufen, nehme ich diesen Tag in seiner vollen Realität entgegen und beziehe sogar mein Sein aus diesen flüchtigen Augenblicken. Schon Kant hat gezeigt, daß der Verstand seinem theoretischen Werk nachgehen kann, ohne die Vernunft zufriedenzustellen; er hat damit den ewigen Wesenscharakter dieses „empirischen Realismus", der ohne unbedingte Prinzipien auskommt, herausgestellt.
Wie jede Philosophie, so lehrt die Phänomenologie, daß die *unmittelbare* Gegenwart bei den Dingen noch nicht den Sinn der Dinge versteht und demzufolge nicht die Wahrheit ersetzt. Wenn wir aber Husserl neue Möglichkeiten des Philosophierens verdanken, so der Weise, wie das Unmittelbare zu überwinden er uns einlädt. Husserl bringt vor allem die Idee einer Analyse der Intentionen; die Analyse der Intentionen vermag uns über das Sein (das diese Intentionen nur hätten begreifen oder reflektieren sollen) mehr zu lehren als das Denken, das in diesen Intentionen aufgeht. So als wäre das grundlegende ontologische Geschehen, das im begriffenen oder reflektierten Objekt bereits verloren ist, eine transzendentale Bewe-

---

[d] Der französische Ausdruck für Vorstellung, la représentation, hat zu seinem Stamm das Wort présent, gegenwärtig. Dadurch enthält das französische Wort für Vorstellung einen unmittelbaren Bezug auf die Gegenwart, der im Deutschen in dieser Weise nicht wiedergegeben werden kann.

gung und objektiver als die Objektivität. Die Erneuerung des Begriffs des *Transzendentalen* selbst, die vielleicht durch den Rückgriff auf den Ausdruck Konstitution verdeckt wird, erscheint uns als ein wesentlicher Beitrag der Phänomenologie. Von daher ergibt sich auf der Ebene dessen, was man die „philosophische Beweisführung" nennen könnte, eine neue Art, von einer Idee zur anderen fortzugehen. Von daher ergibt sich eine Veränderung im Begriff der Philosophie selbst; sie war identisch mit der Integration von jedem „Anderen" in das „Selbe" oder mit der Deduktion alles „Anderen" aus dem „Selben" (d. h. sie war identisch mit dem Idealismus im radikalen Sinne des Wortes); in ihr wird künftig der philosophische Eros nicht durch eine *Beziehung* zwischen dem Selben und dem Anderen verkehrt. Schließlich bedeutet sie überhaupt einen neuen Stil in der Philosophie. Die Philosophie ist nicht strenge Wissenschaft geworden als Lehrgebäude, das sich universal durchsetzt. Aber die Phänomenologie hat den Anfang gemacht mit einer Bewußtseinsanalyse, in der die größte Sorgfalt der Struktur gilt, der Weise, wie eine Bewegung der Seele sich einer anderen Bewegung integriert, der Art, wie die Bewegung auf dem Ganzen des Phänomens beruht, sich ihm einschachtelt und in ihm wohnt. Man kann keine Analyse mehr dadurch führen, daß man die Ingredienzien eines Seelenzustandes aufzählt. Natürlich hängen die Anhaltspunkte für diese „Strukturformeln" von den letzten Voraussetzungen der Lehre ab. Aber ein neuer Geist der Strenge ist erwacht: Die Durchdringung besteht nicht darin, das Feine oder das unendlich Kleine in der Seele zu erreichen, sondern diese feinen Elemente oder ihre Verlängerungen nicht ohne Struktur zu lassen. Dies sind die Punkte, die uns für das ganze nachhusserlsche Denken wesentlich erscheinen; dies ist der Gewinn, den wir für unseren bescheidenen Teil aus

p. 128

dem langen Umgang mit den Husserlschen Arbeiten gezogen haben. Sie drängen sich dem Denken auf seit den „Logischen Untersuchungen", die die Phänomenologie so schlecht definieren und so gut beweisen; denn sie beweisen sie, wie man die Bewegung beweist – indem man geht.

II. Warum sollte die Logik, die die idealen Gesetze aufstellt, welche die leeren Formen des „Gedachten" beherrschen, zu ihrer Begründung eine Beschreibung der Schritte des intentionalen Denkens erfordern? Dies ist eine Frage der Exegese, die um so mehr denjenigen beunruhigen wird, der sich zur Idealität der logischen Formen bekennt, der an der Unmöglichkeit festhält, sie mit den „realen Inhalten" des Bewußtseins, mit den *Akten* des Sich-Vorstellens und Urteilens oder gar mit den „primären Inhalten" oder Empfindungen ineinszusetzen. Die Frage ist virulent, noch bevor die *„Ideen"*[e] durch die explizite Formulierung des transzendentalen Idealismus eine ganze Generation von Schülern erschüttern. Husserl vertritt den transzendentalen Idealismus scheinbar im Gegensatz zum Realismus der formalen und materialen Wesenheiten, deren Transzendenz allerdings unbestritten das große Thema des ganzen Husserlschen Werkes darstellt. Dieser Realismus findet Nachfolge vom ersten Band der „Logischen Untersuchungen" an, dem überzeugendsten Band der philosophischen Literatur.

Wozu diese Rückkehr zur Beschreibung des Bewußtseins? Ist es vielleicht „interessant" und „lehrreich", neben den idealen Wesenheiten die subjektiven Akte zu kennen, die sie erfassen? Wieso aber soll diese zusätzliche und interessante Untersuchung gewisse Verwechselungen und

---

[e] E. Husserl, Ideen zu einer reinen Phänomenologie und phänomenologischen Philosophie.

Zweideutigkeiten der reinen Logik, einer Wissenschaft von mathematischer und keineswegs psychologischer Natur, zu vermeiden gestatten? Husserl führt unter diesen Verwechselungen den Psychologismus auf, als rechtfertige er, auch nach seiner Erledigung durch die „*Prolegomena*", noch so große und neue Anstrengungen. Freilich beruft sich Husserl schon in der Einleitung des zweiten Bandes der „Logischen Untersuchungen" auf das Bedürfnis, die Klarheit einer Erkenntnistheorie – die auch philosophische Klarheit wäre – auf die Begriffe der reinen Logik auszuweiten. Die Phänomenologie des Bewußtseins erschließt „die ‚Quellen‘, aus denen die Grundbegriffe und die idealen Gesetze der reinen Logik ‚entspringen‘, und bis zu welchen sie wieder zurückverfolgt werden müssen, um ihnen die für ein erkenntniskritisches Verständnis der reinen Logik erforderliche ‚*Klarheit und Deutlichkeit*‘ zu verschaffen" (LU II/1, 3). Allerdings bestimmen Erkenntnistheorie und -kritik, nimmt man diese Disziplinen in dem Sinn, den sie seit Kant haben, die Quellen der wissenschaftlichen Tätigkeit und überall die Grenzen des legitimen Gebrauchs der Vernunft. Aber ihre Aufgabe besteht weder darin, die Begriffe selbst, deren sich die Wissenschaft bedient, zu klären, noch gar die Begriffe der reinen Logik, die seit Aristoteles in ihrer Vollkommenheit vollendet ist, zu revidieren. Hinsichtlich der erkenntnistheoretischen Zielsetzungen besteht die Neuheit der Husserlschen Phänomenologie darin, daß sie das Bewußtsein zu Hilfe nimmt, um die Begriffe der Wissenschaft zu erhellen, und um sie gegen die unvermeidliche Zweideutigkeit abzusichern, der sie ausgesetzt sind, sofern das Denken in der natürlichen Einstellung auf die Gegenstände fixiert ist. „So kann sie ... zur Förderung reinlogischer Forschung nicht entbehrt werden." (LU II/1, 5) Die Tatsache schließlich, „daß das ‚an sich‘ der Objektivi-

p. 129

tät zur ‚Vorstellung', ja in der Erkenntnis zur ‚Erfahrung' komme, also am Ende doch wieder subjektiv werde" (LU II/1, 80), wäre allenfalls ein Problem in einer Philosophie, die das Subjekt als immanente, in sich abgeschlossene Sphäre nimmt; dieses Problem ist von vornherein mit der Idee der Intentionalität des Bewußtseins gelöst; denn das Bewußtsein ist eigentlich definiert als Gegenwart des Subjekts bei den transzendenten Dingen.

Es sei denn, das ganze Interesse der angekündigten Untersuchung gelte, statt der Subjekt-Objekt-Korrelation und der durch sie bestimmten Intentionalität einer anderen Dynamik, die die Intentionalität belebt. Ihr wahres Rätsel bestünde nicht in der Anwesenheit bei den Gegenständen, sondern in dem neuen Sinn, den sie dieser Gegenwart zu geben vermöchte.

Die Analyse des Bewußtseins ist für die Klärung der Gegenstände erforderlich, weil die Intention, die sich auf sie richtet, nicht den Sinn der Gegenstände erfaßt, sondern nur eine unvermeidlich mißverständliche Abstraktion; sie ist erforderlich, weil die Intention in ihrem „Aufbruch hin zum Objekt" auch ein Nichtwissen und ein Verkennen des Sinnes dieses Objekts ist; denn sie vergißt alles, was die Intention nur implizit enthält und was das Bewußtsein sieht, ohne zu sehen. Dies ist die Antwort auf die Schwierigkeit, an die wir erinnert haben. Husserl erteilt diese Antwort in § 20 der „Cartesianischen Meditationen", wo er die Eigenart der intentionalen Analyse charakterisiert: „Ihre überall eigentümliche Leistung ist Enthüllung der in den Bewußtseinsaktualitäten *implizierten* Potentialitäten, wodurch sich in noematischer Hinsicht *Auslegung, Verdeutlichung* und evtl. *Klärung* des bewußtseinsmäßig Vermeinten, des gegenständlichen Sinnes vollzieht." (CM 83/84)

So bezeichnet die Intentionalität eine Relation mit dem

Objekt, aber eine Relation dergestalt, daß sie in sich wesentlich einen impliziten Sinn trägt. Die Gegenwart bei den Dingen impliziert eine andere Gegenwart bei ihnen, die sich nicht kennt, andere Horizonte, die diesen Intentionen implizit sind und die die aufmerksamste und gewissenhafteste Betrachtung des in naiver Einstellung gegebenen Objektes nicht zu entdecken vermöchte. „Intentionale Analyse ist geleitet von der Grunderkenntnis, daß jedes cogito als Bewußtsein zwar im weitesten Sinne Meinung seines Gemeinten ist, aber daß dieses Vermeinte in jedem Moment mehr ist (mit einem Mehr Vermeintes), als was im jeweiligen Moment als *explizit* Gemeintes vorliegt... Dieses in jedem Bewußtsein liegende Über-sich-hinaus-Meinen muß als Wesensmoment desselben betrachtet werden." (CM 84) „Die *Horizontstruktur* aller Intentionalität schreibt also der phänomenologischen Analyse und Deskription eine total neuartige Methodik vor." (CM 86)

Die klassische Relation zwischen Subjekt und Objekt ist Gegenwart des Objektes und Gegenwart bei dem Objekt. Die Beziehung ist nämlich so gedacht, daß das Gegenwärtige das Sein des Subjekts und des Gegenstandes erschöpft. Der Gegenstand ist in jedem Augenblick genau das, als was das Subjekt ihn aktualiter denkt. Anders gesagt, die Subjekt-Objekt-Beziehung ist zur Gänze bewußt. Trotz der Zeit, die sie dauern kann, beginnt diese Beziehung ewig neu diese durchsichtige und aktuelle Gegenwart und bleibt im etymologischen Sinne des Wortes Re-präsentation. Die Intentionalität hingegen trägt in sich die zahllosen Horizonte ihrer Implikationen und denkt unendlich viel mehr „Sachen" als allein den Gegenstand, den sie fixiert. Die Intentionalität behaupten heißt also, das Denken in seiner Bindung an das Implizite sehen, in das es nicht zufällig fällt, sondern in dem es sich kraft seines

Wesens hält. Dadurch ist das Denken nicht mehr bloße Gegenwart noch bloße Vorstellung. Diese Entdeckung des Impliziten, das nicht einfach „defiziente Form" oder „Verfallsform" des Expliziten ist, erscheint im Rahmen einer Geschichte der Ideen, in der der Begriff der Aktualität mit dem Zustand absoluter Wachheit, mit der Durchsichtigkeit des Intellekts zusammenfiel, als Ungeheuerlichkeit oder als Wunder. Daß dieses Denken einem anonymen und dunklen Leben verpflichtet ist, abhängig von vergessenen Landschaften, die dem Gegenstand selbst, den das Bewußtsein in seiner Fülle zu besitzen scheint, zurückerstattet werden müssen, diese Erkenntnis trifft sich zweifellos mit den modernen Konzeptionen des Unbewußten und der Tiefe. Aber daraus fließt nicht allein eine neue Psychologie. Es beginnt eine neue Ontologie: das Sein wird nicht mehr als dem Denken korrelativ gesetzt, sondern als Grund des Denkens selbst, durch welches das Sein allererst konstituiert wird. Wir werden darauf zurückkommen. Halten wir für den Augenblick fest: Der Umstand, daß die bewußte Aktualität in der Potentialität ihre Bedingung hat, erschüttert die unbedingte Herrschaft der Vorstellung in viel radikaler Weise als die Entdeckung einer spezifischen Intentionalität innerhalb des gefühlsmäßigen Lebens, die nicht auf theoretische Intentionalität zurückgeführt werden kann, in radikaler Weise auch als die Feststellung eines aktiven Engagements in der Welt, das der Kontemplation vorausgeht. Husserl hinterfragt die Herrschaft der Vorstellung aus Anlaß der Strukturen reiner Logik, aus Anlaß der reinen Formen des „etwas überhaupt". In ihnen spielt kein Gefühl mit, nichts bietet sich in ihnen dem Willen, und dennoch offenbaren sie ihre Wahrheit nur, wenn sie in den Horizont zurückversetzt sind. Was den Begriff der Vorstellung erschüttert, ist kein Irrationalismus des Gefühls oder des Willens. Ein Denken, das die Implikationen des Denkens, die vor der Reflexion über dieses Denken unsichtbar sind, vergißt, vollzieht *Operationen* an den Gegenständen, statt sie zu denken. Die phänomenologische Reduktion gebietet der *Operation* Einhalt, um zur Wahrheit zurückzugehen, um die vorgestellten Seienden in ihrem transzendentalen Entstehen zu zeigen.

Die Idee einer notwendigen Implikation, die vom Subjekt, das sich auf das Objekt richtet, in überhaupt keiner Weise wahrgenommen werden kann; die erst *nachträglich* in der Reflexion entdeckt wird; die also nicht in der Gegenwart hervortritt, die also *ohne mein Wissen* geschieht – setzt dem Ideal der Vorstellung und der Herrschaft des Subjekts ein Ende, setzt ein Ende dem Idealismus, für den nichts heimlich in mich Eingang fand. So offenbart sich im Denken eine grundlegende *Passion*, die nichts mehr gemein hat mit der Passivität der Empfindung, des Gegebenen, von der Empirismus und Realismus ausgingen. Die Husserlsche Phänomenologie hat uns nicht gelehrt, Bewußtseinszustände auf das Sein zu projizieren oder gar, objektive Strukturen auf Bewußtseinszustände zu reduzieren; vielmehr hat sie uns gelehrt, auf ein „subjektives Gebiet, das objektiver ist als alle Objektivität", zurückzugehen. Sie hat dieses neue Gebiet freigelegt. Das reine Ich ist eine „Transzendenz in der Immanenz"; es ist selbst gewissermaßen konstituiert in Abhängigkeit von diesem Gebiet, wo sich das wesentliche Spiel abspielt.

III. Die Intention in der Intention selbst zu überschreiten, mehr zu denken als man denkt, wäre eine Absurdität, wenn dieses Überschreiten des Denkens durch das Denken eine Bewegung derselben Natur wäre wie die Bewegung der Vorstellung, wenn das „Potentielle" nur ein vermindertes oder zurückgesunkenes „Aktuelles" wäre (oder die Banalität der Stufen des Bewußtseins). Mit seinen konkreten Analysen zeigt Husserl, daß das Denken, das auf das Objekt geht, Gedanken enthält, die in noematische Horizonte einmünden; diese *tragen* bereits das Subjekt in seiner Bewegung hin zum Objekt, stützen es in seinem subjektiven Werk, *spielen eine transzendentale Rolle*: Die Sinnlichkeit und die sinnlichen Qualitäten sind nicht der Stoff, aus denen die kategoriale Form oder die ideale Wesenheit gemacht sind, sondern die Situation, in die sich das Subjekt bereits bringt, um eine kategoriale Intention zu vollziehen; mein Leib ist nicht nur ein wahrgenommener Gegenstand, sondern ein wahrnehmendes Subjekt; die Erde ist nicht nur die Grundlage, auf der die Gegenstände erscheinen, sondern die Bedingung, die vom Subjekt für die Wahrnehmung der Gegenstände gefordert wird. Der in der Intentionalität implizierte Horizont ist also nicht der Kontext des Gegenstandes, solange er für das Denken noch vage bleibt, sondern die *Situation* des Subjekts. In dieser wesentlichen Potentialität der Intention kündigt sich ein *situiertes* Subjekt an oder ein Subjekt in der Welt, wie Heidegger sagen wird. Die Gegenwart bei den Sachen, die die Intentionalität ausdrückt, ist eine Transzendenz, die bereits so etwas wie eine Geschichte in der Welt hat, in die sie erst eintritt. Wenn Husserl für diese Implikationen vollständige Aufklärung fordert, so fordert er sie nur in der Reflexion. Für Husserl offenbart das Sein seine Wahrheit nicht eher in der Geschichte als im Bewußtsein, aber das Bewußtsein, das die Wahrheit des Seins ergreift, ist nicht mehr das souveräne Bewußtsein der Vorstellung.

Die Bahn ist eröffnet für die Existenzphilosophien, die das Gebiet des Pathos und des Religiösen, auf das sie sich beschränkt hatten, verlassen können. Die Bahn ist eröffnet für alle die Analysen, denen Husserl so hartnäckig den

Vorzug gegeben hat: für die Analysen des Sinnlichen und des Vorprädikativen, die zurückgehen auf die *Urimpression*, in der wir zugleich das erste Subjekt und das erste Objekt haben, Gebendes und Gegebenes. Der Weg ist offen für die Philosophie des eigenen Leibes. Hier offenbart die Intentionalität ihre wahre Natur; denn die Philosophie des eigenen Leibes läßt die intentionale Bewegung hin auf das Vorgestellte in allen impliziten – nicht vorgestellten – Horizonten der leiblichen Existenz wurzeln; diese erhält ihr Sein aus diesen Horizonten, die aber in einem gewissen Sinne von ihr konstituiert werden (da sie ihrer bewußt ist), als ob in diesem Falle das konstituierte Seiende seine eigene Konstitution bedingen würde. Diese paradoxe Struktur ist es, die Heidegger überall hervorhebt und ins Werk setzt. Die Subjektivität, die Dimension als solche des Subjektiven, ist durch das Sein gewissermaßen hervorgerufen, damit sich erfüllen könne, was vorgezeichnet ist in der Entbergung des Seins, im Glanz der „Physis", wo das Sein in Wahrheit ist.

Die Gegenwart bei den Dingen und ihr Bezug auf die Horizonte, die zunächst und zumeist ungeahnt bleiben, obwohl sie diese Gegenwart leiten, kündigen in der Tat auch die Seinsphilosophie im Sinne Heideggers an. Alles Denken, das sich auf das *Seiende* richtet, hält sich bereits im Sein des Seienden auf, dessen Nichtrückführbarkeit auf das Seiende Heidegger zeigt; das Sein ist Horizont und Gegend, es steuert jede Stellungnahme, es ist Licht der Landschaft, es leitet bereits die erste Regung des Subjekts, das will, arbeitet oder urteilt. Das ganze Werk Heideggers besteht darin, diese Dimension zugänglich zu machen und zu erforschen; sie ist in der Geschichte der Ideen unbekannt, und dennoch gibt er ihr den bekanntesten Namen des Seins.[f] Im Verhältnis zum traditionellen Modell der

---
[f] ‚Sein' auf deutsch im Original.

p. 133

Objektivität ist dies ein subjektives Gebiet, aber von einem Subjektivismus, der „objektiver ist als alle Objektivität".

Die transzendentale Tätigkeit besteht weder darin, einen Inhalt zu reflektieren noch ein gedachtes Seiendes hervorzubringen. Die Konstitution des Gegenstandes steht bereits unter dem Schutz einer vorprädikativen „Welt", die indes vom Subjekt konstituiert wird; und umgekehrt ist der Aufenthalt eines Subjekts in der Welt nur denkbar als Spontaneität eines konstituierenden Subjekts; ohne die Spontaneität wäre dieser Aufenthalt des Subjekts nur die einfache Zugehörigkeit eines Teils zum Ganzen, das Subjekt wäre bloßes Produkt eines Gebietes. Die Unentschiedenheit zwischen der Distanziertheit des transzendentalen Idealismus und der Einbindung in die Welt, die man Husserl vorwirft, ist nicht seine Schwäche, sondern seine Stärke. Diese Gleichzeitigkeit von Freiheit und Zugehörigkeit, ohne daß einer der Termini geopfert würde, ist vielleicht die *Sinngebung*[g] selbst, der Akt, einen Sinn zu verleihen, der durch das Sein insgesamt hindurchgeht und es trägt. Auf jeden Fall erhält die transzendentale Tätigkeit in der Phänomenologie diese neue Orientierung. Die Welt ist nicht nur konstituiert, sondern auch konstituierend. Das Subjekt ist nicht mehr bloßes Subjekt, das Objekt ist nicht mehr bloßes Objekt. Das Phänomen ist zugleich das, was sich zeigt, und das, was zeigt, das Sein und der Zugang zum Sein. Ohne die Erhellung dessen, was offenbart – des Phänomens als Zugang – bleibt dasjenige, was sich offenbart – das Sein – abstrakt. Der neue Akzent und der Glanz gewisser phänomenologischer Analysen, dieser Eindruck, den sie hinterlassen, als würden in ihnen Begriffe und Dinge entformalisiert, hängen zusammen mit der

---

[g] ‚Sinngebung' auf deutsch im Original.

doppelten Perspektive, in die die Dinge gestellt werden. Die Gegenstände werden ihrer stumpfen Festigkeit entrissen, um im Spiel der Strahlen, die zwischen dem Gebenden und dem Gegebenen hin- und herwandern, zu leuchten. Hin-und-Her, in dem der Mensch die Welt konstituiert, der er freilich bereits angehört. Die Analyse ähnelt dem Wiederkäuen einer ewigen Tautologie: Der Raum setzt den Raum voraus, der vorgestellte Raum setzt eine gewisse Verwurzelung im Raum voraus; die Verwurzelung ihrerseits ist nur möglich als *Entwurf* des Raumes. In dieser scheinbaren Tautologie bricht das Wesen, das Sein des Seienden, auf. Der Raum wird Erfahrung des Raumes. Er trennt sich nicht mehr von seiner Offenbarung, seiner Wahrheit, in sie hinein verlängert er sich nicht nur, sondern eher vollzieht er sich in ihnen. Diese Umwendung, die macht, daß das Sein den Akt begründet, der es entwirft, daß die Gegenwart des Aktes – seine Aktualität – sich in Vergangenheit verkehrt, daß aber sogleich das Sein des Objekts sich vollendet in der Einstellung, die ihm gilt und daß die Vorgängigkeit des Seins aufs neue Zukunft wird – diese Umwendung, die macht, daß das menschliche Verhalten als ursprüngliches Erfahren statt als Ergebnis der Erfahrung verstanden wird, diese Umwendung, das ist die Phänomenologie selbst. Sie führt uns aus den Kategorien Subjekt–Objekt heraus und zerstört die Herrschaft der Vorstellung. Subjekt und Objekt sind nur die Pole dieses intentionalen Lebens. Die Rechtfertigung der phänomenologischen Reduktion schien uns nie in der Apodiktizität der immanenten Sphäre zu liegen, sondern in der Öffnung dieses Spiels der Intentionalität, in dem Verzicht auf das feste Objekt, das bloßes Resultat ist und Verschleierung dieses Spiels. Die Intentionalität bedeutet, daß jedes Bewußtsein Bewußtsein von etwas ist, sie bedeutet aber vor allem, *daß jeglicher Gegenstand das Bewußtsein,*

p. 134

durch das er erstrahlt und eben dadurch erscheint, ruft und gewissermaßen hervorbringt.

Die sinnliche Erfahrung hat den Vorzug; denn diese Zweideutigkeit der Konstitution, in der das Noema die es konstituierende Noese bedingt und abschirmt, spielt sich in ihr ab. Dieselbe Vorliebe hat die Phänomenologie für die kulturellen Attribute, die das Denken konstituiert, aber von denen es sich in der Konstitution bereits nährt. Die kulturelle Welt ist dem Anschein nach spät, aber ihr eigentliches Sein besteht darin, Sinn zu verleihen. In den phänomenologischen Analysen begründet sie alles das, was an den Dingen und Begriffen bloßer Inhalt und bloß Gegebenes scheint.

Die Begriffe, die bis dahin auf der Ebene des Gegenstandes angesiedelt waren, bilden von nun an eine Reihe, deren Elemente sich weder analytisch noch synthetisch miteinander verknüpfen. Sie ergänzen sich nicht gegenseitig wie die Fragmente eines Puzzles, sondern bedingen sich transzendental. Die Verbindung zwischen der Situation und dem Objekt, das sich auf sie bezieht, ebenso wie die Beziehung zwischen den Phänomenen, die die Einheit einer Situation ausmachen (welche Beziehung sich der Beschreibung erschließt), sind genauso notwendig wie die deduktiven Beziehungen. Obwohl sie, streng objektiv genommen, isoliert sind, nähert die Phänomenologie sie einander an. Es sind dies Verknüpfungen, die sich bislang nur die Dichter und die Propheten in der Metapher und in der „Vision" erlaubten und die in den Etymologien der Sprachen aufbewahrt sind. Himmel und Erde, Hand und Werkzeug, Leib und Anderer bedingen a priori Erkenntnis und Sein. Dieses Bedingungsverhältnis verkennen heißt, im Denken Abstraktionen, Zweideutigkeiten und Leere hervorbringen. Es ist vielleicht diese Warnung vor dem klaren Denken, welches seine konstituierenden Horizonte vergißt, die Husserls Werk auf die unmittelbarste Weise nützlich sein läßt für alle Theoretiker, insbesondere für die, die sich einbilden, das theologische, moralische und politische Denken zu spiritualisieren, und dabei die konkreten und in gewisser Weise fleischlichen Bedingungen verkennen, aus denen die scheinbar reineren Begriffe ihren Sinn ziehen.

IV. Aber der Umstand, daß das Denken wesenhaft implizit ist, daß das Ideal einer totalen Aktualität nur einer abstrakten Sicht auf das Denken selbst entstammt, bezeichnet vielleicht das Ende einer ganzen Ausrichtung in der Philosophie. Die Philosophie, als Opposition gegen die Meinung entstanden, strebte nach Weisheit als dem Augenblick des vollen Selbstbesitzes, in dem nichts Fremdes mehr, nichts anderes die ruhmreiche Identifikation des Selben im Denken begrenzt. Die Annäherung an die Wahrheit bestand in der Entdeckung einer Totalität, in der das Verschiedene sich als Identisches, das heißt Deduzierbares, auf derselben Ebene oder auf der Ebene des Selben wiederfand. Daher die Bedeutung der Deduktion (sei sie analytisch, mechanistisch oder dialektisch), die aus der partiellen Erfahrung die Totalität ableitete. Das Denken, das das im Denken Implizite explizit machte, war de iure dieses Vermögen der restlosen Aktualisierung, der reine Akt selbst.

p. 135

Und sieh da – das in aller Aufrichtigkeit seiner Intention auf den Gegenstand gerichtete Denken berührt in seiner naiven Aufrichtigkeit nicht das Sein; es denkt mehr als es denkt, und es denkt anders als es aktualiter denkt, und in diesem Sinne ist es sich selbst nicht immanent, mag es auch kraft seines Blickes den Gegenstand, den es anvisiert, „leibhaft" vor sich haben. Wir sind jenseits von Idealismus und Realismus; denn das Sein ist weder im Denken noch außerhalb des Denkens, sondern das Denken selbst ist außer sich. Es bedarf eines zweiten Aktes und eines abgestuften, nachträglich auf sich zurückkommenden Denkens, um die verborgenen Horizonte zu entdecken, die nicht mehr die Umgebung des Objekts sind, sondern die transzendentalen Sinngeber. Zum Besitz der Welt und der Wahrheit bedarf es mehr als des Augenblicks oder der Ewigkeit der Evidenz.

Daß Husserl selbst dieses nachkommende Denken unter der Form objektivierender und vollständig aktueller Reflexionsakte (aufgrund welchen Vorrangs?) gesehen hat, war vielleicht für den Einfluß seines Werks nicht entscheidend. Vielleicht teilt sich dieses Leben, das Sinn verleiht, anders mit und setzt für seine Offenbarung Beziehungen voraus, die nicht mehr Objektivation, sondern Gesellschaft sind! Man kann die Bedingung der Wahrheit in der Ethik suchen. Ist es allein Zufall, daß das gemeinsame Philosophieren, Philosophie in der Gruppe, eine Husserlsche Idee ist?

Wer die Koextension des Denkens und der Subjekt-Objekt-Beziehung aufhebt, öffnet den Blick für eine Beziehung mit dem Anderen, die weder den Denkenden unerträglich einschränkt noch dieses Andere als Inhalt einfach im Ich aufgehen läßt. Wo alle *Sinngebung*[h] das Werk eines allmächtigen Ich war, konnte das Andere in der Tat nur in einer Vorstellung aufgehen. In einer Phänomenologie indes, in der die Tätigkeit der totalisierenden und totalitären Vorstellung schon in ihrer eigenen Intention überschritten ist; in der die Vorstellung sich bereits inmitten von Horizonten findet, die sie zwar gewissermaßen nicht intendiert hat, auf die sie aber nicht verzichtet, dort wird eine ethische, d. h. wesentlich den

---

[h] ‚Sinngebung' auf deutsch im Original.

Anderen berücksichtigende *Sinngebung*ⁱ möglich. Im Rahmen der Konstitution der Intersubjektivität, die von objektivierenden Akten ausgeht, erwachen bei Husserl selbst plötzlich soziale Beziehungen, irreduzibel auf eine objektivierende Konstitution, deren Verlauf doch ihre Geburtsstätte sein sollte.

ⁱ ‚Sinngebung' auf deutsch im Original.

5. Intentionalität und Metaphysik

p. 137   1. In ihrem Kampf gegen den Psychologismus fordert die Husserlsche Phänomenologie uns auf, nicht das psychische Leben mit seinem „intentionalen Objekt" zu verwechseln. Die Gesetze, die das Sein – sei es individuelles oder ideales Sein – beherrschen, stammen nicht aus der Natur des Denkens; die Strukturen des Denkens dürfen nicht für Strukturen der Dinge gelten. Dies zugestanden, würde Phänomenologie betreiben heißen, auf das Zeugnis des Bewußtseins vertrauen; das Bewußtsein, das ganz und gar Intentionalität ist, berührt das Sein selbst. Auf gar keinen Fall – was auch der Psychologismus dazu gesagt habe – projiziert das Bewußtsein seine eigenen Zustände nach draußen oder konstituiert durch die Mechanik dieser Zustände das eigentliche Außensein des Draußen. So betrachtet würde die Phänomenologie eine metaphysische Methode; wobei das Wort Metaphysik an die Beziehungen zum Sein an sich, wie im platonischen Realismus, erinnert, im Gegensatz zur bloß subjektiven Erkenntnis der Phänomene. – Umgekehrt entscheidet die Phänomenologie in dieser Perspektive auch über die Transzendenz dieses Seins. Die Transzendenz würde sich konstituieren als die Objektivität eines Objekts. Wie sehr auch die Phänomenologie den wissenschaftlichen Positivismus überholen mag, ein derartiger Begriff der Transzendenz fixiert das Sein – oder das Wesen oder den Wert – auf den Status des wissenschaftlichen Objekts, auf den Status der *Tatsache*; die Tatsache widersteht dem Subjekt und stößt es an, und in diesem Anstoß paßt die Tatsache sich dem *Apriori* des Subjekts an und liefert sich ihm aus. Unter dieser Voraussetzung reduziert sich die Metaphysik – die Beziehung mit dem Sein – auf diese Bewegung hin zum Sein, sie ist fortan frei von allen kritizistischen Skrupeln.

Aber die Husserlsche Phänomenologie bedeutet sogleich ganz das Gegenteil: ein Mißtrauen gegenüber der Naivität dieser Bewegung, die uns zu den Dingen trägt. Das ganze Unternehmen der Phänomenologie – ein unendliches Forschungsprogramm – verrät dieses unermüdliche Mißtrauen. Denn für Husserl verbirgt die auf das Objekt gerichtete Bewegung des Bewußtseins eine andere Bewegung, die man subjektiv nennen möchte, da sie nicht bei den Objekten endet, die man aber dennoch nicht subjektiv nennen kann; diese Bewegung nämlich ist nicht ein bloßes Brodeln der psychischen „Masse", sondern bleibt intentional, betrifft jene *andere*, vom Selbst des Subjekts verschiedene Sphäre, innerhalb derer nach Husserl die Objekte schließlich ihren Platz finden. Sie zeichnet sich ab als *Horizont* der Objekte oder als ihr Hintergrund. Diese Termini indes sind unangemessen. Denn wer die Ebene, bei der die durch die Objektivierung verborgene intentionale Bewegung endet, als Horizont oder Hintergrund bezeichnet, ordnet diese Bewegung der Vergegenständlichung unter; ihre einzige Wahrheit besteht dann darin, transzendentale Bedingung des Gegenstandes zu sein. Das hieße aber wiederum am metaphysischen Primat der Objektivität festhalten, so als wäre das Sein ein äußerster Gegenstand, so als wäre die Beziehung zum Gegenstand und die Beziehung unter Gegenständen (etwas die Kausalität) allein *wahrheits*fähig, so als wären die logischen Formen, die diese Beziehungen nachzeichnen, das Gerüst des Seins. Aber die transzendentale Bewegung, die Hus-

p. 138

serl in der Intentionalität entdeckt und die durch die naive Sicht des Gegenstandes verborgen wird, vollzieht metaphysische Relationen; diese sind Letztheiten, ursprünglich, ontologisch nicht rückführbar. Auch wenn sie nicht der Logik gehorchen, die die Beziehung zwischen Objekten oder die Beziehung von Subjekt zu Objekt beherrscht, auch wenn sie als paradox erscheinen, sind sie darum doch nicht weniger wahr; freilich ist die Gewißheit ihrer Wahrheit unabhängig von der objektiven Gewißheit, ohne aber deswegen in die Gewißheit des Glaubens, des Gefühls, der Praxis oder der Meinung zurückzufallen. Diese bewegen sich noch im Umkreis der objektiven Wahrheit. Sie kritisieren sie wie der Fuchs die Trauben, an die er nicht heranreicht. Sie gehören noch der Metaphysik des Transzendenten an. In der Phänomenologie kündigt sich eine Metaphysik des Transzendentalen an.

Der Kantianismus, demgemäß die Wahrheit sich nicht für das Außerhalb öffnet, auch dann nicht, wenn die Wahrheit sich im Bereich des Notwendigen hält, wird unterbrochen, noch bevor Heidegger ihm eine metaphysische Interpretation unterlegt. Husserl ist der erste, der sich von ihm befreit, indem er hinter der objektivierenden Intentionalität ein konkretes Leben zeigt, das ebenso intentional ist. Sein Ausbruch aus dem Kantianismus geschieht nicht in der Theorie der sogenannten „kategorialen Anschauung". In dieser Theorie wird die besondere Würde des Transzendentalen verwischt: Die Synthese, bei Kant *Bedingung* der Objektivität, wird in der Husserlschen Theorie einfache Anschauung eines Gegenstandes, sei es auch nur eine Anschauung zweiten Grades, die auf einer sinnlichen Anschauung beruht. Aber der Kantianismus findet seine Bestätigung: Dank der Entdeckung geistiger Operationen, die unvermeidlich mit der naiv auf Objektivität gerichteten Bewegung gegeben sind, bleibt das Transzendentale erhalten. Sofern diese Bewegung sich als intentional erweist, bedeutet dies eine Erneuerung für den Kantianismus. *Von daher die Idee eines Außerhalb, das nicht objektiv ist.* Die transzendentalen Operationen konstituieren ein Draußen, aber sie konstituieren dieses Draußen (oder dieses *Andere als Ich*) nicht durch eine Bewegung, die der des Auges, das sein Objekt wahrnimmt, ähnlich wäre: Das Andere leitet die transzendentale Bewegung, ohne sich der Sicht darzubieten; das Sehen wäre gerade immer überflutet durch eben die transzendentale Bewegung, die es definieren sollte. Die transzendentale Bewegung erhält von nun an eine ganz andere Struktur als die Polarisierung Subjekt–Objekt, die die Intuition charakterisiert. Der große Beitrag der Husserlschen Phänomenologie liegt in dieser Idee: daß nämlich die Intentionalität oder die Beziehung zum Anderen nicht erstarrt in der Polarität von Subjekt und Objekt.

p. 139

Gewiß, die Weise, wie Husserl selbst dieses Überholtwerden der objektivierenden Intentionalität durch die transzendentale Intentionalität deutet und analysiert, besteht darin, diese auf andere Anschauungen und gewissermaßen auf „kleine Wahrnehmungen" zurückzuführen. Aber die Reduktion ist nie vollendet. Denn jede dieser „kleinen Wahrnehmungen" führt auf einen transzendentalen Horizont, und dies wiederholt sich unbegrenzt. Kant weigert sich, die transzendentale Tätigkeit als Anschauung zu deuten – selbst wenn diese Weigerung das Transzendentale in der Innerlichkeit des Subjekts, das auf nichts *Anderes* abzielt, verschließt. Kant hält daran fest, daß das Transzendentale unabhängig vom Gegenständlichen sei. Daß das *Andere* der transzendentalen Tätigkeit hervorgehe aus einer Verbindung oder einer Synthese, statt sich als Objekt der Anschauung zu polarisieren, dieser Gedanke hat beträchtliche Bedeutung für das Ende der universalen

Herrschaft von Vorstellung und Objekt. Kant ist hier kühner als Husserl.

2. Bei Husserl aber gibt es eine andere Weise, diese Bewegung zu deuten. Obwohl sie kein Objekt anvisiert, besteht sie nicht darin, daß das Subjekt einen Schritt in sein Inneres tue. Diese Bewegung geschieht in der transzendentalen Funktion der Sinnlichkeit. Die Beziehung zum Objekt kennzeichnet sich durch einen gewissen Ausgleich zwischen der Intention des Denkens und der Anschauung dessen, was dem Denken begegnen soll. In seiner Analyse der Beziehung mit dem selbstgegebenen Objekt hat Husserl sehr wohl gezeigt, wie die Begegnung mit dem Objekt eine Leerintention, die ihr vorausgeht, bestätigt oder enttäuscht. Die Analyse, die den Unterschied zwischen dem leeren und dem anschauenden Denken zeigen soll, zeigt auch, daß der Gedanke, der sein Objekt berührt, sich notwendig mit einem Gedanken deckt, der es anzielt; sie zeigt, daß die Erfahrung eines Gegenstandes immer einen Gedanken *erfüllt* und daß auf diese Weise die Wirklichkeit das Denken nie unvorbereitet trifft. So bewahrt der Denkende eine Art Unbeweglichkeit in dieser objektivierenden Intentionalität, so als reflektierte er in sich wie eine in sich verschlossene Monade das ganze Universum. Dagegen ist das Sinnliche, das hyletische *Datum*, ein absolutes Datum. Gewiß wird es von den Intentionen belebt, damit daraus eine Gegenstandserfahrung werde, aber das Sinnliche ist von Anfang an gegeben, noch bevor es gesucht wurde. Bevor es Objekte denkt oder wahrnimmt, badet das Subjekt im Sinnlichen. Gewiß unterscheidet Husserl innerhalb des Sinnlichen wiederum zwischen dem Empfinden und der Empfindung, aber auf dieser Ebene ist die Empfindung nicht Eigenschaft eines Gegenstandes, sie entspricht nicht wie das Objekt einer

Leerintention, die sie erfüllt oder enttäuscht. Das Empfinden des Empfundenen besteht hier nicht in der Angleichung an eine Antizipation. Es zeichnen sich „Horizonte" ab, ohne daß das Subjekt sie als „Entwürfe" vorgezeichnet hätte. Andererseits aber scheint das Empfinden in der Empfindung sowohl Bewußtsein des Empfundenen als auch Koinzidenz mit ihm zu sein – auch dadurch unterscheidet sich das Empfinden von der Subjekt-Objekt-Korrelation. Die Analyse der Zeit des Bewußtseins und des Bewußtseins der Zeit führt die Intentionalität der Protention und der Retention ein. Anders als die Erinnerung oder die Erwartung ist sie nicht schon eine objektivierende Intention. Der Augenblick der Protention oder der Retention ist auf gar keine Weise gedacht. Das „Retendierende" oder das „Protendierende" bleiben nicht unbeweglich wie in der objektivierenden Intention; sie *folgen* dem, woraufhin sie sich transzendieren, sie bestimmen sich durch das, was sie zurückhalten oder vor-haben.

p. 140

Und dennoch geschieht damit nicht schlicht und einfach eine Rückkehr zum Sensualismus der Statue, die zu Rosenduft wird[a]; denn alle diese Analysen der Sinnlichkeit werden durch die Idee der Intentionalität beherrscht. Wenn auch diese Beziehung nicht einen Gedanken mit einem Gedachten verbindet, so ist doch die Einheit des Empfindens mit dem Empfundenen eine *Beziehung* zwischen sich und sich. Aus dem Engagement, das es fortreißt, kann das Subjekt sich wieder zurücknehmen.

3. Aber die Intentionalität des Sinnlichen besteht für den Empfindenden nicht allein darin, sich im Gegebenen zu halten, sich in ihm zu engagieren, statt es zu betrachten.

---

[a] Mit dieser Rede bezieht sich Lévinas auf E. B. de Condillac.

Alles Sinnliche ist bei Husserl wesentlich kinästhetisch. Die zum Sinnlichen hin offenen Sinnesorgane bewegen sich. Und dieser Rückbezug des Sinnlichen auf das Organ und seine Bewegung ist nicht eine aus der empirischen Natur des Menschen sich ergebende Zutat zum Wesen des Sinnlichen. Der Rückbezug ist nichts als die Weise, wie das Empfindende das Empfundene empfindet; die Bewegung des Organs ist die Intentionalität des Empfindens, sie vollzieht gerade ihre Transitivität.

Einer der Schüler Husserls und einer seiner glühendsten Bewunderer, Alfred Schütz, hat 1940 in der amerikanischen Zeitschrift „Philosophy and Phenomenological Research"[1] Bemerkungen von Husserl zur Raumkonstitution veröffentlicht, einige Seiten von den Zigtausend unveröffentlichten, die so hervorragend vom Husserl-Archiv in Löwen betreut werden. Diese Notizen, die wie so viele andere nicht veröffentlichte Seiten Husserls ein Protokoll seines Denkens in seinen täglichen Tastversuchen darstellen, entstammen dem Jahr 1934 und spiegeln infolgedessen seine letzten Überlegungen wider. Husserl geht aus von der Wahrnehmung der Bewegung, um von da zur Konstitution des Raumes fortzuschreiten. Die Wahrnehmung der Bewegung beginnt auf der Ebene des Sinnlichen; das Sinnliche geht der Wahrnehmung der *Objekte* noch voraus; diese verlangen bereits den Ort. Nun sind der Ort und der Raum oder die Konfiguration von Orten die *Idealisierung* eines transzendentalen Lebens, das sie verbergen; dieses Leben spielt sich in Intentionen eines anderen Typs ab als diese Idealisierung: es spielt sich ab in den Kinästhesen. „Wie komme ich, idealisierend, zu identischen, absoluten Ortspunkten im unendlichen

---

[1] E. Husserl, Notizen zur Raumkonstitution.

Raum"? (Schütz 23) Gerade dies sucht die Analyse zu p. 141
zeigen.
Kinästhesen sind die Empfindungen der Körperbewegungen. Alle Bewegungen, die in der Welt außerhalb des Körpers wahrgenommen werden, gehen zurück auf diese kinästhetischen Empfindungen: „Intentionale Rückbeziehung aller erfahrenen Bewegungen auf mein kinaesthetisches *Tun* oder *Stillhalten*." (Schütz 24)[b] Es käme darauf an festzustellen, in welchem Sinne die Kinästhese Empfindung ist. Husserl spricht von Kinästhesen, die die „Aktivität des Stillhaltens"[c] konstituieren. Die Kinästhese der Ruhe ist nicht die Ruhe der Kinästhese. Sie ist Empfindung, aber auch Tätigkeit. Halten wir schließlich fest, daß der Nullpunkt der Subjektivität, der den Ausgang bildet für die Konstitution der Bewegung der Dinge, ihrer Raumpunkte und des Raumes, bereits eine Verbindung von Kinästhesen und Bewegungen ist! Diese Verbindung verweist auf die grundlegende Intentionalität der Inkarnation selbst des Bewußtseins: auf den Übergang vom Ich zum Hier. „Alles (dies ausgehend) von ‚mir', von meinem Leib und eigentlich von ‚hier' – wobei aber die Frage ist, wie dieses Hier dazu kommt, mit meinem Leib einig zu sein und doch kein ernstlich anzugebender ... ‚Punkt' ... (zu sein)." (Schütz 25) Von da aus wohnen wir der Konstitution des Raumes im Ausgang von den verschiedenen Modi der Leiblichkeit bei: der okulomotorische Sehraum, der in den Kinästhesen der Kopfbewegungen konstituierte Raum (*Haupt*raum), in Verbindung mit dem Tastraum, der durch die Bewegungen der Finger, der Hand, durch alle Kinästhesen des Tastsinns empfangen

---

[b] Hervorhebung von *Tun* und *Stillhalten* allein bei Lévinas.
[c] ‚Aktivität des Stillhaltens' auf deutsch im Original. Bei Husserl steht „Aktion des Stillhaltens" (Schütz 24).

wird; schließlich kommt der Raum hinzu, der sich in den Bewegungen des menschlichen Leibes konstituiert, des Leibes, der die Stellung wechselt, der sich auf der Erde, auf der er Stellung nimmt und die er betritt, bewegt – letzteres eine ursprüngliche Intentionalität (Schütz 217), die von der einfachen Berührung unterschieden werden muß.

Diese Phänomenologie der kinästhetischen Sinnlichkeit legt Intentionen frei, die keineswegs objektivierend sind, Orientierungspunkte, die nicht als Objekte fungieren – Gehen, Stoßen, in die Ferne Zielen, die feste Erde, der Widerstand, das Ferne, die Erde, der Himmel (Schütz 218/219). Das Subjekt verharrt nicht länger in der Unbeweglichkeit des idealistischen Subjekts, sondern findet sich in Situationen fortgerissen, die sich nicht in Vorstellungen, die es sich von diesen Situationen machen könnte, auflösen.

Die Idee der Intentionalität hindert uns angesichts solcher Analysen daran, uns im integralen Empirismus, der das Außen von unausgedehnten, rein qualitativen Elementen der Empfindung aus konstituiert, zu glauben. Die Kinästhese ist nicht das qualitative Äquivalent der Bewegung, ein Protokoll, ein Wissen, eine Widerspiegelung der Bewegung in einem unbewegten Wesen, ein Bewegungsbild.

p. 142 Hier ist die Empfindung das Bewegen selbst. *Hier ist das Bewegen die Intentionalität der Kinästhese und nicht ihr Intendiertes.* Die Beziehung zu einem *Anderen* als sich selbst ist einzig möglich als ein Durchdringen zu diesem Anderen als sich, als Transitivität. Das Ich bleibt nicht in sich, um alles *Andere* in der Vorstellung zu absorbieren. Es transzendiert sich wirklich. Hier ist die Intentionalität im starken und vielleicht ursprünglichen Sinne des Terminus ein Akt, eine Transitivität, Akt und Transitivität par excellence, die jeden Akt erst möglich machen. Hier ist die

Intentionalität die Einheit von Leib und Seele. Nicht eine Apperzeption dieser Einheit, in der Leib und Seele als zwei Objekte sich vereint *denken*, sondern Apperzeption als Inkarnation. Die Heterogenität der Termini, die sich vereinen, unterstreicht die Wahrheit dieser Transzendenz, dieser transitiven Intentionalität. Die cartesische Trennung von Seele und Leib, die sich nicht berühren können, gestattet gerade, die radikale Diskontinuität zu formulieren, die die Transzendenz zu überwinden hat. Der räumlich verstandene Sprung unterbricht die Kontinuität der Bahn, die auf dem Boden vorgezeichnet ist, aber in dem Raum, in dem alle Punkte einander berühren, gibt es keine Diskontinuität. Der Sprung der Transzendenz, der von der Seele zum Körper geht, ist absolut. In einem „bestimmten Augenblick" ist der Springer wahrhaftig nirgends. Die Transzendenz geschieht in der Kinästhese; in ihr überschreitet sich das Denken nicht dadurch, daß es einer objektiven Realität begegnet, sondern indem es eine leibliche Bewegung vollzieht.

4. Die Konzeption des Bewußtseins als kinästhetischer Transitivität bezeichnet vielleicht das Ende des Idealismus, ohne uns zum Realismus zurückzubringen. Dieser stellt der Konstitution des Objekts durch das Bewußtsein das Ansichsein dieses Objektes entgegen, aber wie der Idealismus identifiziert er Sein und Objekt. Ist diese Identifikation einmal zugelassen, so kehrt der Idealismus siegreich zurück. Denn die Erscheinung eines Gegenstandes, die Vorstellung, ist immer nach dem Maß des Bewußtseins. Sie ist die adaequatio zwischen dem Ich und dem Nicht-Ich, zwischen dem Selben und dem Anderen. Als vorgestelltes kommt das Andere dem Selben gleich, obgleich es sich von ihm abzuheben scheint. Descartes drückt diese wesentliche Gleichheit aus, indem er sagt,

daß das Ich durch sich selbst für alle Dinge aufkommen kann, und daß im Himmel und in der Sonne nicht mehr Perfektion sei als im Ich. Bei Berkeley ist das Sinnliche nichts als die Kongruenz von Bewußtsein und Gegenstand. Das Bewußtsein bleibt immer Quelle von Sinn; denn durch den Sinn, der den Gegenstand bestimmt, nimmt die Fremdheit oder die Heterogenität des Seins das Maß des Bewußtseins an. In dem Bezug zu sich selbst wiederholt das idealistische Bewußtsein diese Gleichheit. Die Subjektivität ist eine Reflexion von sich auf sich, die Husserl selbst in der Theorie der vollkommenen Adäquation der sogenannten inneren Wahrnehmung lehrt. Unter diesen Voraussetzungen ist der Idealismus zwingend tautologisch: Was als Sein erscheint, erscheint, und folglich findet es sich direkt oder indirekt in den Grenzen eines Bewußtseins; was die Grenzen eines Bewußtseins absolut überschreitet, ist für dieses Bewußtsein nichts.

p. 143

Die Intentionalität als Akt und Transitivität, als Einheit der Seele mit dem Leib, d. h. als *Ungleichheit zwischen mir und dem Anderen* bedeutet das radikale Überschreiten der objektivierenden Intentionalität, von der der Idealismus lebt. Die Entdeckung der Intentionalität im Handeln, in der Emotion, in der Bewertung, worin man das Neue der Phänomenologie gesehen hat, bezieht ihre metaphysische Geltung nur aus der transitiven Intentionalität der Inkarnation.

Allerdings, bevor er sich auf die Phänomenologie der Kinästhesen und des Leibes – die Intentionalität schlechthin – einläßt, macht Husserl in seinen Notizen über den Raum den für seine ganze Philosophie, sobald sie sich im Konkreten engagiert, charakteristischen mentalen Vorbehalt: Er geht für einen Augenblick auf das reine Ich der Reduktion zurück. Das leibliche Ich ist das reine Ich, das sich im Bezug zum Körper wahrgenommen hat: „Ich in der Ich-Einstellung ᵈ nehme ‚mich' in meiner Leiblichkeit – mich als ‚mich bewegend' (... mich in der ästhetischen Funktion) [als Beziehungsfundament] ..." (Schütz 25) Aber man stellt sich mit Recht die Frage, wie Husserl am Ende die Art und Weise versteht, wie das Ich *sich* für etwas hält. Ist dieses *Halten-für* ... der rein theoretische Akt eines unleiblichen Wesens? Wir nehmen an, daß es sich bei dieser Versessenheit auf Reduktion, bei dieser unüberwindlichen Versuchung, hinter der leiblichen Intentionalität die Intention eines reinen Ich zu suchen, um eine positive Möglichkeit handelt, die für die Kinästhese konstitutiv ist: *nämlich um die Erinnerung an ihren Ursprung in einer Innerlichkeit;* ohne diese Erinnerung würde die Kinästhese, als in der Welt konstatierte und nicht im Ausgang von einem Ich geschehende Relation, zusammenfallen mit einem psychischen *Bild* oder einer physischen Bewegung. Diese Möglichkeit, sich zu suchen, vielleicht vergeblich und *nachträglich*, gehört zum Wesen der Transzendenz, die die Sinnlichkeit vollzieht. Der Mensch meistert sein Schicksal nur vollständig in der Erinnerung, auf der Suche nach der verlorenen Zeit. In der Philosophie des Engagement und der Handlung, auf die die Husserlsche Phänomenologie hinsteuert, muß das Problem der Rückkehr zu sich notwendig wieder auftauchen. Die Bemühung um die „Epoché" zeugt davon, mögen sich auch den Nachfolgern Husserls andere Wege zeigen, um auf das Problem zu antworten.

5. Die Intentionalität als „Einheit von Seele und Leib" bejahen heißt, die Spiritualität des Bewußtseins in die Bewegung legen, durch die es seine Innerlichkeit überschreitet. Dies widerspricht der Tendenz des Bergsonis-

---

ᵈ ‚Ich in der Ich-Einstellung' in Klammern auf deutsch im Original.

mus, der in Übereinstimmung mit dem traditionellen Spiritualismus den Geist in seiner Freiheit vom Körper[e] aufsucht. Zu den Ergebnissen des Bergsonismus gehört die Behauptung der Unabhängigkeit der Seele im Verhältnis zum Körper und die – vielleicht voreilige – Bestätigung der Versprechen der Religionen. Gewiß, der Körper, von dem Bergson spricht, ist der von außen sichtbare Körper, der Objekt-Körper, den der Biologe sieht, Bild unter Bildern; für Husserl dagegen ist der Leib ein System von Kinästhesen, der Leib ist Erfahrung des Leibes, aber Erfahrung des Leibes, die von dem Leib selbst, der erfahren wird, erfahren wird. Aber diese neue Art, den Leib zu begreifen, setzt voraus, daß das letzte Geschehen im Bewußtsein sich nicht in der Form einer objektivierenden Intentionalität vollzieht, sie setzt voraus, daß andere Formen der *Transzendenz zum Sein* – oder der Wahrheit – auftreten, die sich nicht in den Termini der Logik des Objekts darstellen. Bergson selbst hat diese Transzendenz, die vom Selben zum absolut anderen Anderen überzugehen gestattet, entdeckt: nämlich in der Erneuerung der Dauer. Aber er hat die von ihm angekündigte Transzendenz von der Erde der Menschen getrennt. Die Generation, die auf diesen Spiritualismus der reinen Dauer gefolgt ist und die Husserl, Bergsons Zeitgenosse, anzusprechen vermocht hat, zeichnet sich vielleicht durch die Tendenz aus, das Wort ‚Spiritualismus' in einem pejorativen Sinn zu gebrauchen. Das bedeutet keine Vorliebe für die Niederungen der Welt, sondern den Versuch, sich von der vermeintlichen Überlegenheit

---

[e] Die Ausdrücke ‚Körper' und ‚Leib' sind im Französischen nicht getrennt. Beides heißt ‚corps'. Die jeweils unterschiedliche Übersetzung beruht daher auf Interpretation. Um den Leib vom Körper terminologisch abzuheben, benutzt Lévinas gelegentlich auch „corps propre".

des objektivierenden Denkens zu befreien; tatsächlich schließt das objektivierende Denken den Denkenden in sich selbst und seine Kategorien ein; indem es den Denkenden unter die Rechtsprechung der Objektivität und der Natur bringt, verspottet es als kindisch die metaphysischen Abenteuer der Heiligen, der Propheten, der Dichter,[2] ganz einfach der lebenden Menschen.

---

[2] Wäre die Idee der Intentionalität nicht ursprünglicher denn als Objektivierung verstanden worden, wäre die Intentionalität nicht der Logik der Vergegenständlichung entzogen worden, weil sich in ihr wahrhaft transitive Beziehungen abzeichnen, so wäre die ganze zeitgenössische Philosophie, insbesondere die Philosophie der Kunst, unmöglich oder unverständlich gewesen. Um nur von ihrer bedeutendsten Erscheinung zu sprechen, so ist das kritische literarische Werk von Maurice Blanchot weder Annäherung an das ideale Schöne noch eine der Formen, mit denen das Leben sich schmückt, weder Zeugnis der Zeit noch Ausdruck seiner wirtschaftlichen Widersprüche, sondern letzte Relation zum Sein in einer quasi-unmöglichen Antizipation dessen, was nicht mehr das Sein ist. Dieses Werk begreift sich nicht außerhalb der radikalen Idee der Intentionalität. Wie wäre ohnedem eine Sprache möglich wie diese: „Die Sage ist Bewegung in Richtung auf einen Punkt, der nicht nur unbekannt, übersehen und fremdartig ist, sondern von solcher Art, daß er dieser Bewegung voraus und außerhalb ihrer keinerlei Wirklichkeit zu haben scheint, sich aber gleichwohl so gebieterisch geltend macht, daß die Sage von ihm her ihre ganze Zugkraft gewinnt, und zwar in solchem Maße, daß sie nicht einmal ‚anfangen' kann, ehe sie ihn nicht erreicht hat, während zugleich allein die Erzählung und die unvorhersehbare Bewegungsbahn der Erzählung den Raum zubereiten, in dem der Punkt wirklich, stark und anziehungskräftig wird." (M. Blanchot, Der Gesang der Sirenen, p. 16) – Desgleichen das schon so bedeutende theologische Werk von Henry Duméry: Daß gewisse Realitäten nur zugänglich seien in Formulierungen, die für das objektivierende Denken absurd, aber unvermeidlich sind für den, der diese Realitäten wahrhaft berühren will; daß umgekehrt gewisse absurde Formulierungen nur Wege darstellten, denen folgen müsse, wer diese Realitäten erfassen wolle – dieses vermöchte man weder zu denken noch zu sagen ohne die vom Begriff der Objektivation unabhängige phänomenologische Idee der Intentionalität.

6. Intentionalität und Empfindung

p. 145 *1. Die neue Idee der Intentionalität*

Die Idee der Intentionalität erschien wie eine Befreiung. Sie begreift den *Akt des Meinens* als das Wesen des Seelischen, das auf keinerlei andere Seinsform zurückgeführt werden kann; für sie spielt sich das Sein des Bewußtseins außerhalb seines reellen Seins, seines Seins im engen Sinne des Wortes ab. Dieses ungewöhnliche, dieses kühne Vorgehen zerstreute den hartnäckigen Schein eines Denkens, das wie das Getriebe eines universalen Mechanismus funktioniert, es bestätigte die Berufung des Denkens sowie sein Recht, nur Gründen zu gehorchen. Insgesamt war der Psychologismus, gegen den sich diese neue Sehweise richtete, nur eine der wesentlichen Formen, den Bewußtseinsakt mit dem Gegenstand, den er anzielt, die seelische Realität mit dem, was sie meint,[a] zu verwechseln; Verwechselung, aufgrund derer die Seele sich in sich selbst verschloß, unabhängig von den Gedanken, die sie bewegen mochten. Wenn der Kantianismus die gegebene Empfindung von der Einheit des „ich denke", dadurch die Empfindung zum Objekt erhoben wurde, unterschied, so blieb die Qualität dennoch ein Subjektives, das zu einem Objektiven *verwandelt* wird, ohne daß das Denken aus sich *herauszugehen* hätte. Die Intentionalität brachte die

---

[a] ‚meint' in Klammern auf deutsch im Original.

neue Idee eines Heraustretens aus dem Ich, eines primordialen Ereignisses, das alle anderen bedingt, das nicht durch irgendeine tiefere, aber innerseelische Bewegung erklärt werden konnte. Dieser Transzendenz fiel sogar das Selbstbewußtsein zum Opfer, obwohl es in einer genauen Beschreibung unausweichlich ist. Aber bei der ersten Berührung mit Husserl zählte allein diese Öffnung, dieses Gegenwärtigsein in der Welt, „in der Gasse und auf den Straßen", diese Enthüllung, von der man bald reden sollte.

Der andere entscheidende Gesichtspunkt – den Husserl selbst als solchen erkannte[1] – bestand darin, daß die Phänomenologie eine strenge Korrelation entdeckte zwischen den Strukturen des Gegenstandes und den Phasen des Denkens, das auf ihn abzielt oder ihn in Evidenz hat: *Der Zugang zum Sein wird bestimmt durch das Sein, das aufgrund dieses Zugangs identifiziert wird.* Dank dieser Sehweise tritt die Intentionalität auf wie eine idealisierende Identifikation; wir werden darauf zurückkommen. Die Korrelation zwischen den cogitationes und dem idealen Objekt, das sie meinen[b] und durch ihre Mannigfaltigkeit hindurch identifizieren, ist nicht das Faktum einer „denkenden Substanz", die sich nach den „eidetischen Notwendigkeiten" eines „kontingenten *Apriori*"[2] richten würde, wie die Materie anderer Seinsregionen. Hier ist es das Wesen der Intentionalität, das die eidetischen Notwendigkeiten der Korrelation bestimmt: Diese Notwendigkeiten drücken vor allem die Gegenseitigkeit aus zwi-

p. 146

---

[1] Vgl. etwa Phänomenologische Psychologie, Hua IX, p. 24/25.
[2] Formale und transzendentale Logik, p. 25/26. Über das materiale Apriori vgl. die bemerkenswerten Analysen von Mikel Dufrenne in „La notion d'apriori".
[b] ‚meinen' in Klammern auf deutsch im Original.

schen dem Objekt und seinen Erscheinungsweisen. Selbst Gott wird den materiellen Gegenstand etwa nicht anders als in einer auf immer unvollendeten Reihe sich ineinanderschiebender „Abschattungen" wahrnehmen. Die Erkenntnis eines Gegenstandes kann daher überhaupt nicht verglichen werden mit seiner – wie auch immer gearteten – Herstellung durch eine „geistige Energie"; sie kann auch nicht verglichen werden mit einem Denken, das wie ein vielseitiges Werkzeug in der Lage wäre, sich der verschiedensten Objekte auf immer die gleiche Weise zu bemächtigen. Die „intentionale" Gegenwart des Objekts im Bewußtsein setzt zwischen den Weisen, „erscheinen zu lassen", und dem „erscheinenden Sinn" eine Entsprechung ganz eigener Art voraus, die nicht einem einfachen faktischen Zustand ähnelt. Wenn der Wahrnehmende die Reihe der „Abschattungen", in denen sich die Sache abzeichnet, nicht zu Ende durchlaufen kann, so hat das seinen Grund nicht darin, „daß die Menschen so gemacht sind". Selbst bei größerer Vollkommenheit im Sehen und im Denken des Subjekts könnte die Reihe nicht vollendet werden. *„Anders" wahrnehmen ist Anderes wahrnehmen.* Die Notwendigkeit sui generis, die das Objekt mit den Denkschritten, die es dem Bewußtsein präsentieren – oder repräsentieren –, verknüpft, erscheint unter den „materiellen eidetischen" Notwendigkeiten als die überzeugendste.
Der phänomenologische Idealismus hängt eng zusammen mit dieser Korrelation zwischen den Strukturen der gedachten *Sinne* einerseits und der *Gedanken* – Noesen –, die sie denken, andererseits, die sich beide auf diese Weise rational miteinander verknüpfen. Wollte man diese Übereinstimmung zwischen dem Sein und den Zugängen zum Sein in Frage stellen, so müßte man nach der Weise des Realismus hinter dem Seienden, das in den verschiedenen

cogitationes zur Identität gelangt, ein anderes Seiendes annehmen; man müßte dem Seienden eine andere Identität zusprechen als die, welche das Korrelat der verschiedenen Erfassungsakte ist. Diese Identität allerdings wäre Gott auf anderen Wegen als denen der menschlichen Erfahrung zugänglich. Aber dies liefe eben darauf hinaus, die Intentionalität auf eine beliebige Besonderheit des bewußten Lebens zu reduzieren, sie nicht mehr zu deuten als das anfängliche Ereignis der Transzendenz, was erst von sich aus die eigentliche Idee der Transzendenz möglich macht.

Aber wenn der Idealismus schon in der Intentionalität steckt, so deswegen, weil die Intentionalität von Anfang an begriffen ist als abzielend auf ein ideales Objekt. Für Husserl ist das Objekt, sei es sinnlich oder individuell, immer das, was in einer Mannigfaltigkeit von Abschattungen zur Identität gelangt: Wenn man sagt, alles Bewußtsein sei Bewußtsein von etwas, so bestätigt man damit, daß sich in den Termini, welche einer Mannigfaltigkeit subjektiver Denkakte korrelativ sind, eine Identität, die also die Denkakte transzendiert, durchhält und behauptet. Im Verhältnis zu dem zeitlichen Geschehen des Bewußtseins und zu seiner räumlichen Lage hat der intentionale Gegenstand eine ideale Existenz. In diesem Sinne drückt sich Husserl seit den „Logischen Untersuchungen" aus. Der Gegenstand des Bewußtseins ist kein reelles Moment des Bewußtseins. In der Mannigfaltigkeit der Momente, in der das Bewußtsein als „Zeitraum" sich entfaltet, kommt ein Aspekt des Gegenstandes zur Identität und hält sich in seiner Identität durch; und ebenso hält sich ein identischer und idealer Gegenstandspol in der Mannigfaltigkeit dieser Aspekte durch. So verhält es sich mit einem idealen oder abstrakten Gegenstand; ebenso verhält es sich mit einem Tisch oder einem Bleistift. Dieser Vorgang der Identfika-

p. 147

tion des Idealen setzt sich jenseits der egologischen Sphäre fort als Konstitution der Intersubjektivität. Der transzendentale Idealismus Husserls kündigt sich in diesem idealisierenden Charakter der Intentionalität an, da das Wirkliche sich als ideale Identität konstituiert, deren Bestätigung, Aufhebung oder Korrektur im Gange des subjektiven oder intersubjektiven Lebens geschieht. Die Entdeckung einer idealen Identität an der Stelle, wo das naive Bewußtsein eine „reale Identität" zu erreichen meint, ist nicht deswegen idealistisch, weil durch sie einer Identität ein „Bewußtsein der Identität" unterschoben würde, so wie Berkeley der Farbe des naiven Realismus eine Farbempfindung substituiert; sie ist idealistisch, sofern die Identität als solche ohne die identifizierende Tätigkeit, deren idealer Pol sie bleibt, überhaupt nicht gedacht werden kann. Die Idealität der idealen Einheit in der zeitlichen Mannigfaltigkeit hat einen ganz anderen Rechtstitel als denjenigen, auf den Berkeley sich beruft, um die Farbe auf die Empfindung zu reduzieren. Das Wirkliche der sinnlichen Erfahrung hat zu seinem Pendant nicht einen „Bewußtseinsinhalt", der so wenig *gedacht* ist wie sein Korrelat, sondern ein von vornherein idealisierendes Denken, das auf der Ebene der sinnlichen, noch ganz vor-prädikativen Erfahrung bereits Synthesis der Identifikation ist.

Von hier aus versteht man das eigentliche Vorhaben der Phänomenologie. Die intentionale Analyse folgt aus dem ursprünglichen Idealismus der identitätsbildenden Intentionalität. Man muß auf die operierende Synthesis zurückgehen, während das naive und wissenschaftliche Denken sich vom bloßen Resultat faszinieren läßt. Die Identität als Resultat ist die Abstraktion, auf die wie auf das Haupt der Meduse ein versteinertes Denken fixiert ist. In der Hast, zu diesem Resultat zu kommen, hat das versteinerte

Denken sein Leben und die Horizonte vergessen, aus denen es sich durch eine Reihe vielleicht glücklicher, aber unbedachter und unverantworteter Bewegungen losgerissen hat. So wäre die Phänomenologie die „Wiederbelebung" aller dieser vergessenen Horizonte und des Horizontes aller dieser Horizonte.³ Sie sind der Kontext der abstrakten Bedeutungen und gestatten, aus der Abstraktion, mit der der naive Blick sich zufriedengibt, herauszukommen. Man könnte dem Unternehmen der Phänomenologie sogar eine fundamentalontologische Rolle zusprechen: Die in ihre Horizonte zurückgestellten Bedeutungen wären nicht nur vollständiger. Auch die Veränderungen, die der Sinn durchmacht, Veränderungen, die unbewußt bleiben und die Quelle bilden für manche Konflikte und Paradoxe, unter denen die Wissenschaften leiden, würden durch einen neuen, ursprünglicheren Sinn begründet. Trotz all ihres kritischen Denkens wenden sich die Wissenschaften nicht zurück zu den verlorenen Horizonten der Identifikationen, von denen sie leben. Die neukantianische Methode rekonstruiert das Transzendentale vom Logischen und vom Wissenschaftlichen aus; eben dadurch vergißt sie die Horizonte, die verloren sind, gerade weil die wissenschaftlichen Resultate das Vergessen dieser unendlichen Horizonte zum Preis haben; im Gegensatz zu dieser Methode gestattet die Phänomenologie, die sich den unendlichen Horizonten zuwendet, das Logische selbst auszusprechen oder zurechtzurücken.⁴

p. 148

Die spezifische Struktur der Intentionalität des Bewußtseins schien nicht nur die empiristisch konzipierte, in sich selbst verschlossene Empfindung auf ein empfundenes Korrelativ hin zu öffnen; sie setzte bereits dieses Empfun-

---

³ Vgl. A. de Waelhens, La philosophie et les expériences naturelles.
⁴ Vgl. E. Husserl, Formale und transzendentale Logik, p. 3/4.

dene als Idealität, als Identifikation mannigfaltiger Denkakte. Da andererseits die Intentionalität über den Punkt, dem sie entspringt, hinaus tendiert, schien sie nur dann das *Wesen* des Bewußtseins ausmachen zu können, wenn sie ganz durchsichtig wäre. Würde sie die Stellung eines sich in der Zeit erstreckenden Ereignisses einnehmen, ein neues „mentales Objekt", das zwischen der Subjektivität und dem Sein als Abbild oder als Leinwand dient? Aber haben nicht die Wiederentdeckung der Intentionalität des Bewußtseins und die Vertiefung ihres Verständnisses gerade das Verschwinden dieses mythischen „mentalen Objekts" angekündigt?

2. *Intentionalität und Empfindung*

Die Themen, die im Zusammenhang mit der zentralen Idee eines zur Welt hin offenen Bewußtseins, für das die Welt genau so ist, wie sie aussieht, angesprochen werden, stehen alle in einem Zusammenhang. Dennoch hält Husserl an einem Begriff fest, den die Botschaft von der Intentionalität überflüssig zu machen schien: am Begriff der Empfindung. Die hyletischen Daten sind die Grundlage der Intentionalität. Weit davon entfernt, im System die Rolle eines Überbleibsels zu spielen, dessen allmähliches Verschwinden nicht ausbleiben konnte, nimmt die Empfindung in den Husserlschen Überlegungen einen immer größeren Raum ein.

Schon die das Transzendente intendierenden und identifizierenden Intentionen sind nicht bloße Öffnungen, reine Fenster, sondern *Gehalte*, die eine Dauer erfüllen. Die p. 149 Akte erstrecken sich in der Zeit, und von dieser zeitlichen Realität der Intentionen gibt es erneut ein Bewußtsein. Das Bewußtsein, das uns die Gegenstände gegenwärtig macht, ist sich selbst gegenwärtig, empfunden, gelebt.[5] Der Ausdruck „Erleben" bezeichnet die vorreflexive Relation eines Inhalts zu sich selbst. Der Ausdruck kann transitiv werden (einen Frühling erleben), aber ist von vornherein reflexiv (ohne daß es sich um eine ausdrückliche Reflexion handelte): Das Bewußtsein, das Bewußtsein des Gegenstandes ist, ist nicht-objektivierendes Bewußtsein von sich, es erlebt sich, ist Erlebnis[c]. Die Intention ist Erlebnis[d]. Aber dieser Ausdruck wird auch auf die Inhalte angewandt, die keine Akte sind, die nicht-intentionalen Inhalte, in denen wir die Empfindungen des Empirismus wiedererkennen. Es gibt also, wie in den schönsten Zeiten des sensualistischen Empirismus, Bewußtseinszustände, die nicht Bewußtsein von etwas sind. Gewiß, Husserl bestätigt sogleich, daß ihre Existenz, zu oft als autonom analysiert und vorgestellt, von der Intentionalität nicht unabhängig ist; seit den „Logischen Untersuchungen" kommt ihrer Existenz die Aufgabe zu, dem wirklichen Gegenstand die intuitive Fülle zu gewährleisten.

Ineins mit der Bestimmung, Gegenwart bei den Dingen zu sein, ist das Bewußtsein das zeitliche Strömen eines sensuellen „Stoffes"; es enthält reelle Teile, ist erlebte Gegenwart. Die „hyletischen" Inhalte unterscheiden sich von den durch die transzendente Intention intendierten oder erreichten Qualitäten der Gegenstände. Husserl hört nicht auf, es zu bestätigen. Andererseits bewahren sehr zahlreiche und sehr deutliche Texte, die bisher weniger die Aufmerksamkeit der Leser auf sich gezogen haben, die

---

[5] Die Modalität der Zeitlichkeit des Aktes wird etwa in „Erfahrung und Urteil" beschrieben. Vgl. vor allem p. 118, 122. Aber ähnliche Texte sind zahlreich in den Werken der verschiedenen Epochen.
[c] ‚Erlebnis' auf deutsch im Original.
[d] ‚Erlebnis' auf deutsch im Original.

Idee einer *Ähnlichkeit* zwischen den Empfindungen und den gegenständlichen Qualitäten, als ob Ähnlichkeit und Analogie nicht schon die Konstitution einer objektiven Ebene voraussetzten. „Irgendein Stück des empfundenen Gesichtsfeldes ... ist ein Erlebnis, das vielerlei Teilinhalte in sich fassen mag, aber *diese* Inhalte sind nicht etwa von dem Ganzen intendierte, in ihm intentionale Gegenstände."[6] Ist die Unterscheidung radikal, da doch die Empfindungen als die Anblicke oder Abschattungen der objektiven Qualitäten die Qualitäten „abbilden", „darstellen"?[e] Die Abschattung[f] ist nicht ein – schon objektivierter – Aspekt der Sache, sondern immanenter Inhalt, gelebt und dennoch Abschattung des Objektiven. Die Intentionalität, Öffnung des Bewußtseins auf das Sein hin, spielt von nun an die Rolle einer Auffassung im Hinblick auf diese Inhalte, denen sie einen objektiven Sinn verleiht, die sie beseelt oder durchgeistigt.[g] Die Empfindung wird das *Analogon* der Gegenstände; und zwar so sehr, daß sie die intuitiven Akte – Akte, denen das Original, das „Sein selbst", das „leibhafte Sein" zugänglich ist – dieser außergewöhnlichen Gegenwart des Seins versichert. Schien die Neuheit des Begriffs des intuitiven Aktes auf seiner Intention zu beruhen, darauf, daß er das Sein „selbst" darzustellen „meinte" (auf seiner Meinung)[h], so ist nun ein sinnlicher Inhalt notwendig, damit ein solcher Sinn gedacht werden kann. Die Anwesenheit des Gegenstandes ist nicht als solche gedacht; sie beruht auf der Materialität

---

[6] LU II/1, 369. Das Thema der Empfindungen, die durch die intentionale Auffassung beseelt und so Qualitäten werden, wird niemals ganz aufgegeben. Vgl. EU 116 sq.
[e] ‚Abschattungen', ‚darstellen' auf deutsch im Original.
[f] ‚Abschattung' auf deutsch im Original.
[g] ‚Auffassung', ‚beseelt', ‚durchgeistigt' auf deutsch im Original.
[h] ‚Meinung' auf deutsch im Original.

der Empfindung, auf dem nicht-gedachten Erlebten. „Unter darstellenden oder intuitiv repräsentierenden Inhalten verstehen wir diejenigen Inhalte intuitiver Akte, welche vermöge der rein imaginativen oder perzeptiven Auffassungen, deren Träger sie sind, auf ihnen bestimmt entsprechende Inhalte des Gegenstandes eindeutig hinweisen, sie in der Weise von imaginativen oder perzeptiven Abschattungen darstellen." (LU II/2, 78)[7] Ebenso etwas weiter: „In einer intuitiven Vorstellung ist ein verschiedenes Maß intuitiver Fülle möglich. Diese Rede von einem verschiedenen Maß weist, wie wir erörtert haben, auf mögliche Erfüllungsreihen hin; in ihnen fortschreitend, lernen wir den Gegenstand immer besser kennen, mittelst eines darstellenden Inhaltes, der dem *Gegenstand immer ähnlicher*[i] ist und ihn immer lebendiger oder voller erfaßt." (LU II/2, 97) Der intuitive Akt ist gleichzeitig Intention, die eine Anwesenheit denkt, und – unerläßliche – Anwesenheit eines Inhalts im Subjekt. Die Verwandtschaft zwischen dem Inhalt und der Eigenschaft, die sich in dem Inhalt abschattet, wird beständig festgehalten. Die Intention transzendiert das Leben, um den Gegenstand zu intendieren, aber der Gegenstand wird nur vorgestellt aufgrund eines erlebten, aber dem Gegenstand *ähnlichen* Inhaltes. Der Veränderung der Darstellung des in der Wahrnehmung identischen Gegenstandes entsprechen Veränderungen in der Empfindung. – Die

---

[7] [Zur französischen Übersetzung dieser Passage macht Lévinas folgende Bemerkung:] Wir haben ‚à la façon' [‚in der Weise'] gesetzt und nicht wie die Übersetzer ‚au moyen de...' [‚mittels']. Die Abschattungen sind keine *Mittel,* über die das Bewußtsein verfügt, um sich den Gegenstand vorzustellen. Die Beziehung zwischen Gegenstand und erlebtem Inhalt ist eine Beziehung zwischen dem Ding und seinem Schatten, das Ding ist *in der Weise* oder unter dem Modus der Abschattung.
[i] Hervorhebung nicht bei Husserl.

sinnliche Fülle der Intuition bringt „Farbenabschattungen" mit sich sowie eine „perspektivische Verkürzung" des Gegenstandes.ʲ Husserl unterstreicht, daß solchen Redeweisen „etwas im phänomenologischen Gehalt entspricht".⁸ Zwischen dem Inhalt und dem, was sich darin „abschattet", besteht also Analogie, obwohl Husserl sogleich hinzufügt, daß die „Weise dieser Vorstellung durch Analogie sich verändert in Abhängigkeit von der Auffassung". Zu den Ausdrücken „Auffassen", „Beseelen", „Durchgeistigen", die wir schon hervorgehoben haben, kommen noch „Interpretieren" und „Deuten",ᵏ alle sollen die Beziehung ausdrücken, die zwischen Intention und Empfindung besteht. Diese Ausdrücke entstammen der Tätigkeit des Urteils, die sich auf eine schon konstituierte Gegenstandswelt bezieht, welche Tätigkeit ein Lagneau oder ein Alain, indem sie das Transzendentale aus dem Logischen extrapolieren, an den Ursprung setzen. Position, die Husserl nur schwer zugeschrieben werden kann. Hat die Intentionalität Ähnlichkeit mit einer Verstandessynthese, die wie bei Kant das sinnlich Gegebene formt? Dann wären Ausdrücke wie Auffassung, Apperzeption, Interpretation angemessen. Die Annahme aber, daß bei Husserl der intentionale Gegenstand eine Urteilskonstruktion wäre, die sich des sinnlichen Materials bedient, widerspricht den am meisten gesicherten Ideen Husserls. Die Empfindung liegt für Husserl nicht auf der Seite des Gegenstandes, weder als keimhaftes Objekt noch als

---

⁸ E. Husserl, Recherches logiques, traduction par Hubert Elie avec la collaboration de Lothar Kelkel et René Scherer, Paris, Bd. II, p. 383. [Dieser Nachweis stimmt nicht.]

ʲ ‚Fülle', ‚Farbenabschattungen', ‚perspektivische Verkürzung' auf deutsch im Original.

ᵏ ‚Auffassen', ‚Beseelen', ‚Durchgeistigen', ‚Interpretieren', ‚Deuten' auf deutsch im Original.

factum brutum, das der Interpretation bedürfte. Man mag getrost das transzendente Objekt seiner Formen entkleiden oder es in unmittelbarer Weise angehen, auf der Ebene des Erlebnisses wird man es nicht antreffen. Die Apperzeption, die Deutung oder die Auffassung, mit denen Husserl das Werk der Intentionalität zu identifizieren scheint, sind keine Urteile. Das Urteil ist eine Art der Intentionalität, und nicht ist die Intentionalität eine Form des Urteils.

3. Empfindung und Zeit

Aber neben seiner Rolle, die er als der Tätigkeit der intentionalen Apperzeption dargebotener Stoff spielt und die der eigentlichen Botschaft der Intentionalität widerspricht, empfängt der sinnliche Inhalt bei Husserl bald eine Interpretation, in der sich ein anderer Sinn von Intentionalität zeigt. Die „Vorlesungen zur Phänomenologie des inneren Zeitbewußtseins", die nur sehr wenig später sind als die „Logischen Untersuchungen" und deren Thesen sich im Laufe des Husserlschen Denkens vertiefen, unterstreichen zunächst die empfindungsmäßigen Quellen allen Bewußtseins. „Die Urimpression ist das absolut Unmodifizierte, die Urquelle für alles weitere Bewußtsein und Sein." (Hua X, 67)[1] Bereits das transzendente Objekt, Identifikationseinheit durch Bestätigungen und Durchstreichungen hindurch, stets vorläufige Einheit, Einheit „bis auf weiteres", kann mit dem Verschwinden der Welt auf die Empfindung zurückgeführt werden. Dies ist das eigentümliche Merkmal des Husserlschen Idealismus. Husserl hat zwar mit unerreichtem Nach-

---

[1] ‚Urimpression' in Klammern auf deutsch im Original.

druck die Nichtrückführbarkeit der Transzendenz und d. h. des Idealen anerkannt; er verfällt aber deswegen nicht der Versuchung, das lebendige Individuum, für das diese ideale Ordnung ist, der Logik, die sich in dieser Ordnung zeigt, unterzuordnen: Das Bewußtsein wird nicht „Bewußtsein überhaupt"; es wird nicht mittels der Synthesen, die es im Bereich des Gegenstandes bewirkt, rekonstruiert. Es ist individuelles, einzigartiges Leben; seine „lebendige Gegenwart" ist die Quelle der Intentionalität.[9] Zwischen dem impressionalen Bewußtsein, in dem Spontaneität und Passivität verschmelzen (Hua X, 100), und der Intentionalität, die identifizierbare Idealität intendiert, besteht eine Verbindung. Der Sensualismus Husserls dient nicht allein dazu, die philosophischen Hoffnungen, die die Idee der Intentionalität wachrief, zu enttäuschen. Er gestattet uns, den Sinn der Idee der Intentionalität zu vertiefen; zugleich erkennt er den – vielleicht bleibenden – Wert des Empirismus der Empfindungen an. Dies wenigstens wird von Heidegger in seiner kurzen „Vorbemerkung des Herausgebers der Vorlesungen zum inneren Zeitbewußtsein" nahegelegt. „Das durchgehende Thema der vorliegenden Untersuchung ist ... die Herausstellung des intentionalen Charakters des Zeitbewußtseins und die wachsende grundsätzliche Klärung der Intentionalität überhaupt. Das allein macht schon, von dem besonderen Inhalt der einzelnen Analysen abgesehen, die folgenden Studien zu einer unentbehrlichen Ergänzung der in den ‚Logischen Untersuchungen' zum erstenmal aufgenommenen grundsätzlichen Erhellung der Intentionalität. Auch heute noch ist dieser Ausdruck kein Losungswort, sondern der Titel eines zentra-

---

[9] Der Begriff des Lebens wird seit 1905 mit dem Begriff des „Jetzt" der Proto-Impression verknüpft. Vgl. Hua X, 24/25.

len Problems." (Hua X, XXV) Angesichts des Themas des Buches kann die Anspielung Heideggers uns nur auffordern, die ursprüngliche Bedeutung der Intentionalität in der Weise, wie die Empfindung erlebt wird, und in der Zeitdimension, in der sie erlebt wird, zu suchen.
Der Faden der Zeit ist eine gleichgerichtete Mannigfaltigkeit, ein Kontinuum einander äußerer Augenblicke, ohne gegenseitige Durchdringung wie bei Bergson. Innere Zeit, Grund der objektiven Zeit und dieser koextensiv (Hua X, 72). Die Empfindung, die dauert, breitet sich in diesem Strom aus; wenn sie aber als identifizierbare Einheit in der Mannigfaltigkeit sich einander ausschließender Augenblicke empfunden wird, so, weil von jedem Augenblick an dank einer immanenten und spezifischen Intentionalität das Ganze der Empfindung *abschattungsweise* festgehalten wird. Die Empfindung ist Abschattung, aber sie gibt sich selbst in der Immanenz, in der sie erlebt wird, durch Abschattungen hindurch.[m] Auf den ersten Blick also würde die Intentionalität des Empfindens, in der „die Empfindung erlebt wird", nach der Art der idealisierenden Identifikation wie eine transzendente Intentionalität operieren. Von jedem Augenblick ausgehend, retendiert oder antizipiert (pro-tendiert) die Intention die Identität der Empfindung, die teils schon verflossen ist, teils noch bevorsteht; aber solche Intention ist für Husserl nichts als das eigentliche Bewußtsein der Zeit. Die Zeit ist nicht nur die Form, die die Empfindungen aufnimmt und die sie ins Werden hineinzieht, sie ist das Empfinden der Empfindung; das Empfinden der Empfindung ist nicht bloße Koinzidenz des Empfindens und des Empfundenen, sondern eine Intentionalität und daher ein geringster Abstand zwischen dem Empfinden und dem Empfundenen, eben zeitlicher

p. 153

---

[m] ‚Abschattung', ‚Abschattungen' auf deutsch im Original.

Abstand. Ein betonter Augenblick, lebendig, absolut neu – die Urimpression. Schon entfernt sie sich von dieser Nadelspitze, auf der sie zur absoluten *Präsenz* gedeiht; und durch diese Entfernung *präsentiert* sie *sich*, festgehalten *für* eine neue punkthafte Präsenz. Diese Präsenz war in der von der ersten Urimpression ausgehenden Protention vorwegempfunden, und dieses Vorwegempfinden umfaßte das unmittelbare Bevorstehen des eigenen Absinkens in die unmittelbare Vergangenheit der Retention. Eigentümlicherweise ist es die in der Spitze gesammelte und wie abgetrennt erscheinende Punkthaftigkeit der Gegenwart, die ihr Leben ausmacht; in ihr sind Protention und Retention, welche aus dem Fluß des Erlebten Zeitbewußtsein machen, verankert.

In der Tat sind die Retention und die Protention Intentionalitäten, aber in ihnen fallen *das Intendieren und das Ereignis* zusammen; die Intentionalität ist der Hervorgang dieses primordialen Zustandes in der Existenz, der sich Modifikation nennt: dieses „nicht mehr" ist auch ein „noch da", das heißt „Gegenwart für . . .", und das „noch nicht" ist ein „schon da", d. h. in einem anderen Sinne auch „Gegenwart für . . .". Erkenntnis und Geschehen sind *Modifikation* und nicht Negation. Das Bewußtsein ist nicht Negativität, das „Wissen" läßt das Ereignis nicht fallen, die Zeit zerstört es nicht. Wenn die „Übergangs-" und „Durchgangs"-Modifikation so weit geht, das Ereignis der Reichweite der Retention zu entziehen, so findet die Erinnerung es in der Vorstellung wieder. Dieser Übergang von der retentionalen zur transzendierenden Intentionalität bezeichnet den zeitlichen Sinn aller Transzendenz. Wir werden darauf zurückkommen.

Die Zeit und das Zeitbewußtsein entspringen weder einem zeitlosen Punkt noch vor dem Hintergrunde einer gegebenen Zeit. Der ganze Sinn der Kritik, die Husserl am

Anfang der „Vorlesungen zur Phänomenologie des inneren Zeitbewußtseins" an die Adresse Brentanos richtet, besteht in der Ablehnung der Deduktion oder der Konstruktion der Zeit von einem zeitlosen Blick aus, der die Urimpression und ihre blassen Modifikationen umfassen würde. Die Zeit entquillt nicht einer unbeweglichen Ewigkeit für ein unbeteiligtes Subjekt. – Wenn aber andererseits Husserl in seinen Beschreibungen der Zeitkonstitution Ausdrücke benutzt, die schon einen zeitlichen Sinn besitzen,[10] behauptet er nicht eine Zeit hinter der Zeit. Man muß hier eine Rückkehr der Zeit zu sich selbst anerkennen, eine grundlegende *Iteration*. Zum Beispiel ist das Bewußtsein der Permanenz des Flusses die Hervorbringung der Permanenz des Fließens, dessen Fließen „von einer und derselben Form" (Hua X, 114) ist. Das „schon vergangen" und das „sogleich vergangen" sind gerade der Abstand einer Urimpression, die sich im Verhältnis zu einer ganz neuen Urimpression modifiziert. Geschehen und Bewußtsein sind auf derselben Ebene. Der Abstand der Urimpression ist das an sich erste Geschehen des Abstandes der Phasenverschiebung; es handelt sich nicht darum, diesen Abstand im Verhältnis zu einer anderen Zeit festzustellen, sondern im Verhältnis zu einer anderen Urimpression, die selbst „mit im Spiel" ist: Der Blick, der den Abstand feststellt, ist dieser Abstand selbst. Das Bewußtsein der Zeit ist nicht eine Reflexion über die Zeit, sondern die Zeitigung selbst: Die *Nachträglichkeit* der Bewußtwerdung ist das eigentliche *Danach* der Zeit. Die Retention und die Protention sind nicht Inhalte, die ihrerseits als ideale Identitäten im Fluß des Mannigfaltigen

p. 154

---

[10] Z. B. Hua X, 69: „...quillt *zugleich* in dem lebendigen Quellpunkt des Seins, dem Jetzt, *immer* neues Ursein auf..." Hervorhebung von uns. Die Beispiele sind zahllos.

konstituiert wären, sie sind die *eigentliche Weise* des Fließens: Das Retendieren oder das Protendieren („Denken") einerseits und das „Auf-Distanz-Sein" (Ereignis) auf der anderen Seite fallen ineins. Das Bewußtsein von ... ist hier das Fließen. Das Bewußtsein ist das konstituierende Ereignis und nicht nur, wie im Idealismus, konstituierendes Denken. Das Fließen, das das Empfinden selbst der Empfindung ist, nennt Husserl absolute Subjektivität; sie ist tiefer als die objektivierende Intentionalität und geht der Sprache voraus.[11] Hinter diesem ursprünglichen Strömen gibt es kein anderes Bewußtsein, das dieses Denken oder dieses Ereignis konstatieren würde. Das Strömen, in dem die Zweiheit des Bewußtseins und des Ereignisses überwunden ist, hat keine Konstitution mehr; es bedingt alle Konstituion und alle Idealisierung. Der Abstand ist Retention und die Retention ist Abstand: Das Bewußtsein der Zeit ist die Zeit des Bewußtseins.

4. Zeit und Intentionalität

Unterscheidet sich nicht diese Intentionalität, die mit dem Wirken der Zeit selbst zusammenfällt, von der objektiven und idealisierenden Intentionalität, sofern diese im Übergang von der Immanenz in die Transzendenz von aller Zeitlichkeit befreit wäre? Oder geht auch hier das Objekt der Intention, die es fixiert, voraus? Gewiß, die retentio-

---

[11] Es käme darauf an, den Platz zu bestimmen, den im Verhältnis zu diesem Begriff der Subjektivität der Begriff des reinen Ich einnimmt, der Transzendenz in der Immanenz, der Quelle der Tätigkeit im starken Sinne des Wortes, des Trägers von Habitualitäten und der ganzen Sedimentierung der Vergangenheit.

nale Modifikation, die bis zum Absinken der Empfindung in die Vergangenheit geht, wird Erinnerung; die Erinnerung, die bereits objektivierende und idealisierende Intention ist, wäre die erste Transzendenz – wir haben diesen Punkt schon gestreift. Aber muß man annehmen, daß alle Intentionalität schon auf irgendeine Weise Erinnerung ist? Oder genauer: Ist der Gegenstand der Intention nicht schon älter als die Intention? Gibt es eine Diachronie in der Intentionalität? Diese eigentümliche Frage, die von der experimentellen Psychologie eingegeben sein könnte, stellt sich Husserl in der Beilage V zu den „Vorlesungen zur Phänomenologie des inneren Zeitbewußtseins" (Hua X, 109 sq.). Vier Standpunkte werden nacheinander eingenommen. Der Standpunkt der natürlichen Einstellung, für die die objektive Zeit der Wahrnehmung und dem Wahrgenommenen gemeinsam ist: Wegen der Lichtgeschwindigkeit und der Reaktionszeit des Subjekts ist der Stern früher als der Blick, der ihn erfaßt. – Für die phänomenologische Einstellung würde man Gleichzeitigkeit zwischen dem subjektiven Prozeß der Konstitution des Gegenstandes und dem Gegenstand selbst, der sich in der Immanenz konstituiert, erwarten. Nichts dergleichen; das Objekt ist nur möglich, wenn eine Intention eine Empfindung beseelt; diese muß um ein Geringes verflossen sein, damit die Intention sie durchgeistigen kann.[12] Der Akt ist daher im Verhältnis zum Material des konstituierten Gegenstandes nachträglich. Gewiß nicht im realistischen Sinne; wie bezeichnend ist doch diese These für die Struktur des bewußten Aktes: Das Bewußtsein ist Verzug gegen sich selbst, eine Weise, sich bei einem

p. 155

---

[12] Man erkennt einmal mehr, wie sehr Husserl dem empiristischen Schema treu bleibt und der zweideutigen Position der Empfindung, die zugleich der Sphäre des Erlebens angehört und das „Gedachte" darstellt.

Vergangenen aufzuhalten. – In der Reflexion geht das Objekt natürlich der Wahrnehmung voraus. – Bleibt die Urimpression; sie heißt selbst „inneres Bewußtsein", und man kann sie im weiteren Sinne Wahrnehmung nennen. Hier sind Wahrgenommenes und Wahrnehmen gleichzeitig. Die Beilage XII stellt die Urimpression dar als die Ununterschiedenheit des Gegenstandes und der Wahrnehmung – und sie wird in einer Weise beschrieben, die sie von der Seinsweise der Intention deutlich abhebt. Vielleicht muß man die These umkehren: Alle Unterscheidung zwischen Wahrnehmung und Wahrgenommenem, alle idealisierende Intention, beruht auf der Zeit, auf der Phasenverschiebung zwischen dem Meinen und dem Gemeinten. Allein die Urimpression ist rein von aller Idealität. Sie ist die aktuelle Form, das *Jetzt*; gewiß konstituiert sich für das Jetzt die Einheit der identischen Empfindung in dem Strömen durch die Einschachtelung der Retentionen und Protentionen hindurch. Aber das Strömen ist nur die Modifikation der Urimpression, die aufhört, mit sich zusammenzufallen, um sich in den Perspektiven der Abschattung[n] darzustellen; denn nur die Nichtkoinzidenz mit sich selbst – der Übergang – ist Wahrnehmungsbewußtsein im eigentlichen Sinne. Die Einheit der immer im Werden begriffenen Empfindung ist älter und jünger als der Augenblick der Urimpression, in dem die Retentionen und Protentionen, die diese Einheit konstituieren, verankert sind. Die Intentionalität der Retentionen geht aus von der Urimpression, der neuen Spitze der Gegenwart; sie ist absolut, ohne Unterschied von Materie und Form – weder Ruhe noch Bewegung, wie der Augenblick gemäß der dritten These im „Parmenides" –; die Urimpression ist die Nicht-Idealität in ausgezeichneter Weise. Die unvorher-

---

[n] ‚Abschattung' auf deutsch im Original.

sehbare Neuheit von Inhalten, die dieser Quelle allen
Bewußtseins und allen Seins entspringen, ist Urzeugung°,
Übergang vom Nichts ins Sein (in ein Sein, das sich in
Sein-für-das-Bewußtsein modifiziert, ohne sich aber jemals zu verlieren), Zeugung, die es verdient, absolute
Tätigkeit genannt zu werden, *genesis spontanea* (Hua X,
100); aber zugleich ist sie erfüllt über alle Vorhersicht, alle
Erwartung, alle Anlage und alle Kontinuität hinaus; sie ist
daher ganz Passivität, Rezeptivität eines „Anderen", das
das „Selbe" durchdringt, Leben und nicht „Denken".
„Inneres Bewußtsein", wird sie Bewußtsein durch die
zeitliche Modifikation der Retention und bezeichnet vielleicht das Wesen allen Denkens: nämlich das Festhalten
einer Fülle, die sich entzieht. Das Geheimnis der Intentionalität [13] liegt in dem Abstand von . . . oder in der Modifikation des zeitlichen Stromes. Das Bewußtsein ist Altern
und Suche nach einer verlorenen Zeit.

p. 156

---

[13] Vgl. zu dem ganzen Problem der Zeit und der Intentionalität die durchdringende in „Deucalion I" (1947) veröffentlichte Studie von Yvonne Picard, die in die ersten Jahre der Besetzung zurückgehen muß. Sie stellt das Mémoire für das Diplôme d'Etudes superieures dar. Dieser Text beschäftigt sich vor allem mit der Beilage V der „Vorlesungen zur Phänomenologie des inneren Zeitbewußtseins". In Vorwegnahme der Interpretationsweisen von Merleau-Ponty, Ricoeur und Derrida ist dies auf dem von Jean Wahl eröffneten Weg einer der ersten Versuche, die minutiösen Analysen Husserls konsequent denkend nachzuvollziehen. Man findet dort eine Gegenüberstellung von Husserl und Heidegger, und Heidegger hat nicht immer das letzte Wort. Yvonne Picard ist in der Deportation gestorben, weil sie sich an der Résistance beteiligt hat; ihre Herkunft kann nicht der Grund für ihr Martyrium gewesen sein. Wir möchten ihr hier unsere ehrfurchtsvolle – unwandelbare – Achtung erweisen, indem wir ihr Denken gegenwärtig sein lassen und so ihre toten Lippen bewegen.
° ‚Urzeugung' auf deutsch im Original.

5. Bewegung und Intentionalität

Aber die Rolle, die die Empfindung im Bewußtsein spielt, gestattet, die Subjektivität des Subjekts noch in einem anderen Sinne zu erweitern. Auch hier wird zunächst das Erbe des Empirismus übernommen. Während aber dieser das Bewußtsein zurückführt auf ein Konglomerat von Empfindungen und die Empfindungen auf das psychologische Echo körperlicher Modifikationen im streng naturalistischen Sinne, enthebt die Husserlsche Beschreibung der Empfindung die physico-physiologischen Kategorien des Vorrangs beim Verständnis des letzten Sinnes des Körpers, des Bewußtseins und der Beziehung, die zwischen ihnen besteht. Die Empfindung ist nicht die *Wirkung* des Leibes. In die Beziehung, die sich als Subjekt-Objekt-Polarität erhält, bringt sie die Zugehörigkeit des Subjekts zum Objekt. Zugehörig nicht als Wirkung in der objektiven Kausalordnung noch als integrierender Bestandteil in dieser Ordnung und auch nicht durch den Einschluß des Objekts in das Subjekt vermittelst „subjektiver Empfindungen", in die das Objekt nach der Art des Berkeleyschen Idealismus aufgelöst würde. Es handelt sich um eine neue Anordnung: Das Subjekt steht dem Objekt gegenüber, und es ist *mit von der Partie*; die Leiblichkeit des Bewußtseins ist das genaue Maß für diese Teilhabe des Bewußtseins an der Welt, die es konstituiert; aber diese Leiblichkeit *geschieht* in der Empfindung. Die

p. 157　Empfindung ist beschrieben als das, was „am" und „im" Leib empfunden wird, als das, wodurch in aller sinnlichen Erfahrung „der Leib mit dabei ist"ᵖ. Die Wärme des Objekts wird an der Hand empfunden, die Kälte der Umgebung an den Füßen, das Relief mit den „Fingerspit-

---

P ‚Mit dabei' auf deutsch im Original.

zen". Diese Zustände, die Husserl in den „Ideen zu einer reinen Phänomenologie und phänomenologischen Philosophie", Bd. II, *Empfindnisse* nennt,[14] verwischen eben durch ihre Unbestimmtheit die Struktur Empfinden–Empfundenes, Subjekt–Objekt, die noch durch das Wort *Empfindung* nahegelegt wird.[q] Die Ausdehnung dieser Empfindnisse,[r] die sich gleichzeitig auf den Leib und auf die Objekte beziehen, unterscheidet sich von der räumlichen Ausdehnung. Aber diese spezifische Ausdehnung bewirkt, daß die sinnliche Erfahrung nicht nur Erfahrung des Raumes ist, sondern kraft einer Art unmittelbarer *Iteration*, eine Erfahrung im Raum. Es ist dies das Spezifische des hyletischen Datums; die bloße Intentionalität wird erlebt als indifferent gegenüber dem Raum, sie läßt noch ein in seiner Absolutheit unbewegliches Subjekt zu. „Auf diese Weise ist also das gesamte Bewußtsein eines Menschen durch seine hyletische Unterlage mit seinem Leib in gewisser Weise verbunden, aber freilich, die intentionalen Erlebnisse selbst sind nicht mehr direkt und eigentlich lokalisiert, sie bilden keine Schicht mehr am Leibe. Die Wahrnehmung als tastendes Auffassen der Gestalt sitzt nicht im tastenden Finger, in dem die Tastempfindung lokalisiert ist, das Denken ist nicht wirklich im Kopf anschaulich lokalisiert wie die Spannungsempfindnisse, die es sind u. dgl." (Hua IV, 153) Vermittelst der Empfindung wird die Beziehung zum Objekt verleiblicht: Man kann sagen, daß die Hand berührt, daß die Zunge schmeckt und daß das Auge sieht – und zwar bevor diese Banalitäten Gegenstand einer äußeren Wahrneh-

---

[14] Ich wage nicht, einen Neologismus zu schaffen, um diesen Begriff zu übersetzen; der Terminus ‚sentance' würde vielleicht den diffusen Charakter dieses Begriffs ausdrücken.
[q] ‚Empfindnisse' und ‚Empfindung' auf deutsch im Original.
[r] ‚Empfindnisse' auf deutsch im Original.

mung sind und ohne mit dieser Rede die physiologische Wahrheit zu bezeichnen, daß das Denken sich (in den Augen einer spiritualistischen Metaphysik vielleicht zufälligerweise) der Sinnesorgane bedient. Aber diese Rede übersetzt ebensowenig eine Gegebenheit der inneren Anschauung; die Gegebenheit der inneren Anschauung setzt eine Einstellung voraus, die das Innere dem Äußeren entgegensetzt. Die Analyse der Empfindungen als Empfindnisse [s] bedeutet gerade die Sprengung dieses Schemas und dieses Gegensatzes. Ist nicht dies der eigentliche Sinn der Neutralität des reduzierten Bewußtseins, wenn man überhaupt die Bedeutung, die für Husserl der Reduktion zukommt, ernst nehmen will: nämlich die Entdeckung eines Schirms, auf dem sich alles Phänomen, alle der Erscheinung fähige Bedeutung abzeichnet, an dem folglich – ohne sich selbst dadurch zu widersprechen – der Bruch mit dem Schema Subjekt–Objekt, Inneres–Äußeres offenbar werden kann? Hier zeigt sich der Leib als der zentrale Punkt, als der Nullpunkt aller Erfahrung und als schon engagiert in dieser Erfahrung durch eine Art fundamentaler *Iteration*, die gerade als Empfindung auftritt.

p. 158 Wenn die Empfindung (wie auch das kulturelle Attribut, das ebenso wesentlich iterativ ist) mit ihrer Ambivalenz im Verhältnis zu den abgegrenzten Strukturen des cartesischen Dualismus den konkreten Charakter der Wahrnehmung, der für alles philosophische Verständnis unübersehbar und denkwürdig ist, ausmacht, so liegt darin nicht eine bloße Reminiszenz an den Empirismus. Die Philosophie beginnt in der „transzendentalen Ästhetik" der „*Krisis*"[t]. Die einzige abstrakte Weltansicht ist die räumliche und geometrische Natur, die res extensa der Wissenschaft.

---

[s] ‚Empfindnisse' auf deutsch im Original.
[t] E. Husserl, Die Krisis der europäischen Wissenschaften und die transzendentale Phänomenologie.

Aber der Leib ist nicht nur Lagerstätte und Träger der *Empfindnisse*[u]; er ist Organ der freien Bewegung, Subjekt und Sitz kinästhetischer Empfindungen. Sie werden durch Intentionen beseelt, die Intentionen verleihen ihnen eine Bedeutung im Verhältnis zum Transzendenten. Aber es geht nicht darum, „Gegenstandsqualitäten" darzustellen noch auch, wie die Empfindnisse[v] es gestatten, die – freilich ursprüngliche – Sphäre dessen, was ein Cartesianer die Einheit von Leib und Seele nennen würde, zu beschreiben; es geht vielmehr darum, dem Subjekt *als Subjekt* Mobilität zuzuschreiben – und dem wahrgenommenen Wirklichen eine *wesentliche* Bezogenheit auf diese Mobilität. Die *Empfindnisse*[w] sind konstitutiv für die objektiven Qualitäten; die durch Intentionen beseelten kinästhetischen Empfindungen sind „Motivation". Die Welt konstituiert sich nicht als ein Statisches, das von vornherein der Erfahrung überlassen wäre; sie ist bezogen auf „Gesichtspunkte", die das Subjekt frei einnehmen kann; dem Subjekt ist es wesentlich, zu gehen und bewegliche Organe zu besitzen: wenn diese Bewegung des Auges ... so diese Veränderung des Gesehenen, wenn diese Kopfneigung ... so diese Wandlung des Bildes, wenn diese Bewegung der tastenden Hand ... so diese neue Gestalt des Reliefs (Hua IV, 57/58) usw. Die kinästhetische Empfindung ist nicht ein empfundener Inhalt, der diese Modifikationen *anzeigt; sie ist als ganze modal.* Das Konditional ist im Empfinden selbst. Husserl schreibt, „daß zu jeder Wahrnehmung Funktionen der Spontaneität gehören. Die Verläufe der kinästhetischen Empfindungen sind hier freie Verläufe, und diese Freiheit im Ablaufsbe-

---

[u] ‚Empfindnisse' auf deutsch im Original.
[v] ‚Empfindnisse' auf deutsch im Original.
[w] ‚Empfindnisse' auf deutsch im Original.

wußtsein ist ein wesentliches Stück der Konstitution von Räumlichkeit." (Hua IV, 58) Die Vorstellung ist von vornherein bezogen auf die Bewegungen des Subjekts und auf die Möglichkeit der Bewegung, die in der Kinästhese positiv gegeben ist. Das Subjekt ist nicht das Auge einer unbeweglichen Kamera, für das alle Bewegung Gegenstand ist. Der Raum als Feld der organischen Bewegungen und des Ganges des ganzen Leibes trägt die Vorstellung des Raumes. Das Subjekt bewegt sich in eben dem Raum, den zu konstituieren es im Begriff ist. Das Subjekt hält sich nicht in der Unbeweglichkeit des Absoluten, wo das idealistische Subjekt seinen Platz hat; es findet sich hineingezogen in Situationen, die sich nicht in Vorstellungen auflösen, die es sich von diesen Situationen machen könnte.

p. 159

Wenn hier an die Kinästhesen erinnert wird, so soll nicht wie zur Zeit des integralen Empirismus mit ausdehnungslosen, rein qualitativen Empfindungselementen ein Außen konstruiert werden. Wie charakteristisch ist doch für das Schicksal von Husserls Denken diese Umwendung, die der Sinn derjenigen Begriffe erfährt, die sein Denken von seiner Zeit zu übernehmen oder selbst zu ihr beizutragen scheint! Die aufmerksame Beobachtung der psycho-physischen und psycho-physiologischen Forschungen führt zur Entdeckung der Sphäre des Leiblichen, das dem Subjekt-Objekt-Schema widersteht, das iterativ ist aufgrund einer ursprünglichen Iteration, zur Entdeckung eines Geistigen (von dem man nicht sagen kann, daß es sich verleiblicht, da es von vornherein und in seiner *Reinheit Mischung* ist), eines Geistigen, das untrennbar ist von der Lokalisierung, vom Rückbezug auf die Organe, durch die sich erst die Organe konstituieren, untrennbar vom Gang, welcher erst den Raum, in dem der Gang möglich ist, konstituiert. Die Kinästhese ist nicht das psychische Äquivalent einer körperlichen Bewegung, registriert oder reflektiert von einem an sich unbeweglichen Subjekt (unbeweglich im Sinne jener idealistischen Unbeweglichkeit, der keine empirische Materie gleichzukommen vermag), das nach der Art Hegels schließlich der Welt, die es denkt, angehören und mit den Dingen der Welt eine Struktureinheit bilden würde. Bei Husserl ist die Kinästhese die ursprüngliche Mobilität des Subjekts. *Die Bewegung und der Gang gehören zur Subjektivität des Subjekts als solcher.* Freilich, die Intention ist nicht im Raum, und das macht die idealistische Illusion verständlich. Aber was ist die Intention ohne die Empfindung? Hätte Husserl aus seinem „System" die Empfindung entfernt, so hätte die Transzendenz der Intentionalität nicht den starken Sinn der „Gegenwart bei der Welt" annehmen können. Kraft der *Empfindnis*[x] und kraft der *Kinästhese* bewegt sich das Subjekt *in* dieser Welt, ohne daß die Präposition ‚in' eine bloß vorgestellte Relation bezeichne, ohne daß die Gegenwart in der Welt zur *Struktur* erstarren würde. Die Philosophie, die die Idee eidetischer Strukturen aufbrachte, endet so bei einer radikalen Kritik der Idee der strukturalen Starre, ihrer phasenmäßig nicht verschiebbaren Gleichzeitigkeit; denn sie führt in die Subjektivität des Subjekts die Bewegung ein und in seine Gegenwart selbst die konditionale Motivation.

Die Kinästhesen erhalten keine Vorstellungsintentionen, sondern „eine Auffassung ganz anderen Typs", die alle vorstellende Auffassung in den Bedingungszusammenhang des „wenn ... so" versetzt. Es handelt sich um eine Motivation, die natürlich nicht die Vorstellung einer

---

[x] „Empfindnis" auf deutsch im Original.

Begründungsfolge ist, sei sie auch vor-prädikativ oder implizit. Sie gehört in die Ordnung der möglichen Bewegung, die ihren Ausgang beim Auge nimmt, das den Horizont durchstreift, beim Kopf, der sich rechts und links wendet, beim Fuß, der schon eh und je den Boden tritt, statt in den Bereich der Kontemplation, die auf Distanz Möglichkeiten errechnet. Muß man nicht die Transzendenz im etymologischen Sinne des Wortes verstehen als ein Hinübergehen, ein Überschreiten, eher als einen Gang denn als Vorstellung, ohne darum an diesem Ausdruck das Wesentliche des metaphorischen Sinnes zu zerstören? Die Transzendenz tritt hervor als Kinästhese: Das Denken geht nicht über sich hinaus, indem es auf eine objektive Realität trifft, sondern indem es in diese vermeintlich weit entfernte Welt eintritt. Der Leib, Nullpunkt der Vorstellung, ist jenseits dieses Null; er ist schon in der Welt, die er konstituiert, sie sind „nebeneinander" und gleichzeitig „gegenüber"; er bildet die Mischung, die Merleau-Ponty fundamentale Geschichtlichkeit nennen wird. Aber *in* dieser Welt auch *gegenüber* der Welt und *vor* der Welt, sich der strukturalen Gleichzeitigkeit entziehend. Räumlicher Gang des Subjekts, das den Raum konstituiert, so wie Werden der Konstitution der Zeit im Ausgang von der Urimpression: Das Zeitigende „ist ... als Gezeitigtes".[15] Ursprüngliche Iteration – das letzte Geheimnis der Geschichtlichkeit des Subjekts. Diachronie, die stärker ist als der strukturale Synchronismus.

Dank der motivierenden Bedeutung der Kinästhesen ist die Transzendenz „Bewußtsein des Möglichen"; das Mögliche ist nicht bloße Widerspruchsfreiheit für das objektivierende Denken; es ist auch nicht das Bewußtsein jenes

---

15 Vgl. Gerd Brand, Welt, Ich und Zeit, p. 75; ein bemerkenswerter Text, der einem unveröffentlichten Manuskript entstammt.

„ich kann", das, wie es heißt, jeden aus dem Ich heraustretenden Denkstrahl begleitet und sich in der Freiheit der Aufmerksamkeit manifestiert. Jetzt handelt es sich um ein „Ich denke", das in einer höheren Weise konkret und quasi bemuskelt ist. Es besteht nicht darin, in der Anstrengung den Widerstand zu registrieren, den die Welt dem Willen entgegensetzt, sondern in der Verfügung über alle Ressourcen eines Willens, der *als Wille* seinen Platz in einer Welt des „Wenn ... so" hat. In diesem Sinn ist der Leib für Husserl das Können des Willens. Die Kinästhesen sind der Wille, der konkret frei ist, fähig, sich zu bewegen und sich im Sein „zurechtzufinden". Der Leib ist nicht der Unfall einer aus dem Empyreum gestürzten Kontemplation, sondern das Organ einer realiter freien Betrachtung, die sich zum Können wandelt. Indem er von der Intention zum Akt übergeht und die im voraus gezeichneten Grenzen der Struktur überschreitet, ist der Leib das Organ der Transzendenz schlechthin.

6. *Empfindung und Phänomenologie*

Man kann sich einbilden zu wissen, während man nicht weiß, dies ist nach dem „Sophistes" (230 c) das größte Unverständnis. Aber die Menschen halten sich in diesem Unverständnis, machen in diesem Bereich annehmbare und technisch wirksame Aussagen. Das Meinen des Seins, das in dem Sein, das zu erfassen es sich einbildet, aufgeht, gewährleistet eine Kultur, die befriedigend funktioniert. p. 161
Aber unwissend über ihre Unwissenheit ist diese Kultur unbewußt und unverantwortlich. Allen Interpretationen offen und ohne Schutz, setzt sie sich dem Betrug aus. Der Psychologismus, dessen Kritik der zufällige Anlaß für die Entstehung der Phänomenologie war, ist der Prototyp

dieser Enttremdung: Das logische Denken geriet in den Verdacht, alles mögliche andere zu vollziehen als das, was es zu vollziehen vorgab. Über die Logik hinaus liegt der Verdacht auf allen kulturellen Gebilden. Vielleicht hat alles, dem Bedeutung zukommt – Kunst, Religion, Moral, Staat, sogar die Wissenschaft –, nicht die Bedeutung, die es zu haben meint, ist es angesichts der wuchernden Formen, die sich überdeterminieren und unendliche Gestalten annehmen, des falschen Sinnes verdächtig. Werden wir nicht hintergangen von sozialen und unterbewußten Einflüssen? Wer zieht die Fäden? Die Husserlsche Phänomenologie forscht nach der Quelle allen Sinnes, indem sie die Fäden der intentionalen Verflechtung entwirrt. Ihre Anstrengung besteht allein darin zu bestimmen, was man nicht weiß, wenn man zu wissen glaubt, und die – wesentliche – kulturelle Entfremdung abzuschätzen. Fast am Vorabend des Krieges von 1914 schrieb Husserl: „Ich meine, unsere Zeit ist ... eine große Zeit – nur leidet sie am Skeptizismus, der die alten, ungeklärten Ideale zersetzt hat."[16] Dem faulen Skeptizismus, der die Illusionen einer unkontrollierten Kultur entlarvt, setzt Husserl die Arbeit einer optimistischen Kritik entgegen, die Erforschung der ursprünglichen intentionalen Bewegungen, von denen wir allein die undeutlichen Ablagerungen und die dicken Anschwemmungen kennen. Der Kampf gegen die Entfremdung, in die uns ein Denken wirft, das seine Ursprünge verbirgt, der Durchbruch in das Geheimnis der verborgenen Sinnentstellungen, die Überwindung der unvermeidlichen Selbstvergessenheit der Spontaneität, dies ist die eigentliche Absicht der Husserlschen Phänomenologie.

So ist der Rückgang auf das transzendentale Bewußtsein

---

[16] Philosophie als strenge Wissenschaft, p. 340.

nicht ein neuer Idealismus, sondern der Rückgang zum Phänomen, zu dem, was einen Sinn erstrahlen läßt; er ist die Unterbrechung jener Erzeugung von Sinn, in dem wir baden, und dessen Ursprung unbekannt ist. Dazu genügt es nicht, eine irgendwie geartete psychische Innerlichkeit wiederzuentdecken – als psychische und als Innerlichkeit gehört sie selbst zu den zu erhellenden Bedeutungen. Es bedarf eines ursprünglichen und neutralen Feldes; dieses Feld findet sich für Husserl in den Tiefen der Intersubjektivität; dort erstrahlt alle Bedeutung – die der Innerlichkeit, der Äußerlichkeit, der Leiblichkeit, der Geistigkeit etc. – von ihrem ersten sinnhaften Licht, einem Licht, das sie nicht von irgend etwas anderem entliehen haben kann. Und nichts vermöchte dieses erste ursprüngliche Licht in Frage zu stellen, ohne durch dieses Licht schon erleuchtet zu sein. Vorrang, den bei Descartes vielleicht die einfachen Naturen beanspruchten. Husserl zweifelt nicht daran, daß es ein solches Feld gibt. *Es gibt einen Ursprung –* ist seine erste Gewißheit.[17]

p. 162

Dieser Ursprung, ohne den das Denken heimatlos bleibt (und das heißt: grundlos, ohne *Apriori*), ist für Husserl weder eine erste Ursache noch ein Grundsatz, woraus alles fließt. Der Grund ist Urimpression. Wie kann das *Apriori* Erfahrung sein? Man war immer der Auffassung, daß die Erfahrung hinsichtlich dessen, was sie anstrebt, wesentlich keine Gewißheit kennt. In diesem Sinne führt

---

[17] Über die Bedeutung der Idee des Ursprungs bei Husserl hat Eugen Fink in eben dieser Revue [Revue internationale de philosophie] im Jahre 1939 die grundsätzlichen und entscheidenden Ideen zum Ausdruck gebracht. Wir ergreifen die Gelegenheit, um anläßlich des Jubiläums von Fink den Mann zu grüßen, den wir 1928/1929 in der Umgebung des Meisters, dessen Assistent er wurde, bewundert haben. Auch in der Stunde der gänzlichen Verlassenheit hat er ihm beigestanden und er hat, als sehr bemerkenswerter Philosoph, niemals „griechische Namen barbarischen Dingen gegeben".

sie das Denken in die Irre. Die Neuheit der Phänomenologie besteht darin, die „Eine-Wahrheit-anstrebende-Erfahrung" auf eine Konjunktion zurückzuführen, die durch sich selbst sinnvoll, d. h. die Quelle für ein transzendentales Wirken ist, von der aus erst der eigentliche Begriff der Wahrheit einen Sinn empfängt. Diese Bedeutungen sind die ursprüngliche Helle. In der Husserlschen Terminologie heißt diese Rückwendung Transzendentale Reduktion. Auch die Zeitgenossen, die sie nicht nach den durch Husserl festgelegten Regeln der Kunst vollziehen, stellen sich dennoch auf ihren Boden. Für sie ist die Erfahrung Quelle von Bedeutungen. *Sie ist erhellend, bevor sie beweist.*

Entspricht das reduzierte Bewußtsein der Forderung nach einem ersten und neutralen Boden? Das reduzierte Bewußtsein ist wesentlich impressionales Bewußtsein. Ist es nicht als solches eingenommen vom Nicht-Ich, vom Anderen, von der „Faktizität"? Ist die Empfindung nicht die eigentliche Negation der transzendentalen Arbeit und der evidenten Gegenwart, die mit dem Ursprung zusammenfällt? In seiner Theorie des Sinnlichen gibt Husserl dem Empfindungsgeschehen seine transzendentale Funktion zurück. In ihrer die Zeit erfüllenden Masse entdeckt er einen ersten intentionalen Gedanken, nämlich die Zeit selbst, eine Gegenwart bei sich durch den ersten Abstand hindurch, eine Intention im ersten Zeitintervall und in der ersten Zerstreuung; er sieht auf dem Grunde der Empfindung eine Leiblichkeit, d. h. eine Befreiung des Subjekts von seiner Subjektversteinerung, einen Gang, eine Freiheit, die die Struktur niederreißt.

7. Die Philosophie und die Idee des Unendlichen

I. Autonomie und Heteronomie p. 165

Alle Philosophie sucht die Wahrheit. Auch die Wissenschaften können durch diese Suche definiert werden; denn vom philosophischen *Eros*, der in ihnen wacht oder schlummert, haben sie die edle Leidenschaft. Mag allerdings die Definition zu allgemein erscheinen und einigermaßen leer, sie gestattet doch, zwei Wege zu unterscheiden, die der philosophische Geist einschlägt und die seine Physiognomie kennzeichnen. Beide Wege kreuzen sich in der Idee der Wahrheit.
1) Wahrheit impliziert Erfahrung. In der Wahrheit unterhält der Denker eine Beziehung zu einer Wirklichkeit, die von ihm verschieden ist, *anders* als er, „Absolut anders", mit einem Ausdruck, den Jankélévitch wiederaufgenommen hat. Denn die Erfahrung verdient diesen Namen nur, wenn sie das, was unsere Natur ist, überschreitet. Die wahre Erfahrung muß uns sogar über die Natur im Sinne der uns umgebenden Natur hinausführen; denn diese Natur wacht nicht eifersüchtig über ihre wunderbaren Geheimnisse, sie steht im Einvernehmen mit dem Menschen, fügt sich seinen Gründen und Erfindungen. Die Menschen fühlen sich in ihr zu Hause. So wäre die Wahrheit Zielpunkt einer Bewegung, die ausginge von einer vertrauten und heimischen Welt – sei sie auch noch nicht vollständig von uns erforscht – hin zum Fremden, „dort oben hin", wie Platon sagt. In der Wahrheit wäre

mehr enthalten als nur ein außerhalb: nämlich die Transzendenz. Die Philosophie würde sich um das absolut Andere bemühen, sie wäre die Heteronomie selbst. Wir wollen noch einige Schritte weitergehen. Die Entfernung allein genügt nicht, um Transzendenz und Außerhalb zu unterscheiden. Als Tochter der Erfahrung setzt die Wahrheit ihre Ansprüche sehr hoch. Sie öffnet sich der eigentlichen Dimension des Idealen. Und so bedeutet Philosophie Metaphysik, und Metaphysik stellt die Frage nach dem Göttlichen.

2) Aber unter Wahrheit verstehen wir auch die freie Zustimmung zu einer Aussage, das Ziel einer freien Forschung. Die Freiheit des Forschers, des Denkers, der keinem Zwang unterliegt, drückt sich in der Wahrheit aus.

p. 166 Was ist diese Freiheit anderes als die Weigerung des denkenden Wesens, sich in der Teilnahme zu entfremden, was anderes als die Erhaltung seiner Natur, seiner Identität, was anderes als die Tatsache, der Selbe zu bleiben trotz der unbekannten Gebiete, in die das Denken zu führen scheint? Von dieser Seite her gesehen bestünde die Aufgabe der Philosophie darin, alles, was ihr als *Anderes* entgegentritt, auf das Selbe zurückzuführen. Sie bewegte sich auf einen Zustand hin, in dem nichts Unzurückführbares mehr den Gedanken begrenzen würde, in dem infolgedessen das Denken, da es keine Grenzen mehr kennte, frei wäre. So käme die Philosophie der Eroberung des Seins durch den Menschen im Laufe der Geschichte gleich.

Die Eroberung des Seins durch den Menschen im Laufe der Geschichte – das ist die Formel, in der sich die Freiheit, die Autonomie, die *Reduktion des Anderen auf das Selbe* zusammenfassen lassen. In dieser Reduktion des Anderen auf das Selbe stellt sich nicht irgendein abstraktes Schema dar, sondern das menschliche Ich. Die Existenz eines Ich verläuft als Verselbigung des Verschiedenen. So viele Ereignisse widerfahren ihm, um so viele Jahre altert es, aber das Ich bleibt das Selbe. Das Ich, das Selbst, die Selbstheit, wie man heute sagt, bleibt nicht unverändert inmitten des Wechsels wie ein Fels, den die Flut umbrandet. Der von der Flut umbrandete Fels ist alles andere als unveränderlich. Das Ich bleibt dasselbe, indem es aus getrennten und verschiedenen Ereignissen eine Geschichte macht, nämlich seine Geschichte. Und dies ist das ursprüngliche Geschehen der Identifikation des Selben; es geht der Identität des Felsen voraus und bedingt sie.

Autonomie oder Heteronomie? Die europäische Philosophie hat sich meistens für die Freiheit und das Selbe entscheiden. Entstand die Philosophie nicht auf griechischem Boden, um die Meinung zu entthronen, in der alle Tyrannei droht und lauert? Vermittelst der Meinung sickert in die Seele das subtilste und perfideste Gift, das die Seele in ihrem Grunde ändert, das aus ihr ein Anderes macht. Die Seele, die „vom Anderen aufgegessen wird", wie Monsieur Teste[a] sagen würde, spürt ihre eigene Veränderung nicht und setzt sich gerade dadurch aller Gewalt aus. Aber diese Durchdringung und dieser Zauber der Meinung setzen ein Stadium mythischen Seins voraus, in dem die Seelen aneinander teilhaben im Sinne Lévy-Bruhls. Gegen diese verwirrende und trübe Teilhabe, die die Voraussetzung für die Meinung ist, wollte die Philosophie die Trennung der Seelen und, in einem gewissen Sinne, ihre Undurchdringlichkeit. Die Idee des Selben, die Idee der Freiheit, boten dem Anschein nach die sicherste Gewähr für eine solche Trennung.

So schien das abendländische Denken sehr oft das Transzendente auszuschließen, alles Andere im Selben zu

---

[a] Vgl. von Paul Valéry, Monsieur Teste.

umfassen und die Autonomie als philosophisches Erstgeburtsrecht zu verkünden.

p. 167 *II. Der Primat des Selben oder der Narzißmus*

Die Autonomie – die Philosophie, soweit sie bestrebt ist, die Freiheit oder die Identität des Seienden zu sichern – setzt voraus, daß die Freiheit selbst ihres Anspruches gewiß ist, sich ohne Rückgriff auf etwas anderes rechtfertigt, sich wie Narziß an sich selbst genug ist. Wenn im philosophischen Leben, das diese Freiheit verwirklicht, ein diesem Leben Fremdes auftaucht, etwas anderes – die Erde, die uns trägt und unsere Anstrengungen enttäuscht, der Himmel, der uns erhebt und uns nicht kennt, die Kräfte der Natur, die uns vernichten und uns beistehen, die Dinge, die uns hinderlich sind und uns nützen, die Menschen, die uns lieben und uns knechten – so ist es ein Hindernis. Man muß es überwinden und in dieses Leben integrieren. Und die Wahrheit ist eben dieser Sieg und diese Integration. Die Gewalt der Begegnung mit dem Nicht-Ich erstirbt in der Evidenz. Dergestalt, daß der Umgang mit der äußeren Wahrheit, wie er sich in der wahren Erkenntnis abspielt, der Freiheit nicht entgegengesetzt ist, sondern mit ihr zusammenfällt. So wird die Erforschung der Wahrheit der eigentliche Atem eines freien Wesens, das von der äußeren Wirklichkeit sowohl beschützt als auch in seiner Freiheit bedroht wird. Dank der Wahrheit wird diese Wirklichkeit, deren Spielzeug zu sein ich in Gefahr bin, von mir begriffen.

Das „Ich denke", das Denken in der ersten Person, die Seele, wenn sie mit sich selbst spricht oder als Erinnerung wiederfindet, was sie lernt, fördern so die Freiheit. Die Freiheit hat den Sieg davongetragen, wenn der Monolog

der Seele zur Universalität gediehen ist, wenn er die Totalität des Seienden, einschließlich des individuellen Lebewesens, in dem das Denken wohnt, umfaßt. Alle Erfahrung der Welt – die Elemente und die Gegenstände – eignet sich für diese Dialektik des Selbstgesprächs der Seele, tritt in sie ein, gehört ihr. Die Dinge werden Ideen, und im Laufe einer politischen und ökonomischen Geschichte, in der sich dieses Denken entfaltet, werden sie erobert, beherrscht, besessen. Und wohl deshalb sagt Descartes, die Seele könne durchaus der Ursprung der Ideen der äußeren Gegenstände sein und für das Wirkliche aufkommen.
Das Wesen der Wahrheit läge also nicht in der heteronomen Beziehung mit einem unbekannten Gott, sondern im Schon-bekannt, das es in sich zu entdecken oder frei zu erfinden gilt, und in das alles Unbekannte einfließt. Dieses Wesen der Wahrheit widersetzt sich zutiefst einem offenbarenden Gott. Die Philosophie ist Atheismus oder, besser, Unreligion, Negation eines sich offenbarenden, Wahrheiten in uns niederlegenden Gottes. Das ist die Lektion des Sokrates, der dem Lehrer nur die Ausübung der Maieutik überläßt: Alle Unterweisung der Seele war schon zuvor in ihr. Die Identifikation des Ich – die wunderbare Autarkie des Ich – ist die natürliche Form für die Umschmelzung des Anderen in das Selbe. Alle Philosophie ist Egologie, um einen Neologismus Husserls zu benutzen. Und wenn Descartes in der vernunftgemäßesten Wahrheit das Moment der Zustimmung durch den Willen unterscheidet, so erklärt er damit nicht allein die Möglichkeit des Irrtums, sondern setzt die Vernunft als ein Ich und die Wahrheit als abhängig von einer freien und darum unabhängigen und legitimen Bewegung.

p. 168

Diese Identifikation bedarf der Vermittlung. Daher ein zweiter Zug der Philosophie des Selben: ihr Rekurs auf das

Neutrum. Um das Nicht-Ich zu begreifen, muß man einen Zugang vermittelst eines Seienden finden, eines abstrakten Wesens, das ist und nicht ist. Hier löst sich die *Andersheit* des Anderen auf. Statt sich in der uneinnehmbaren Festung seiner Singularität zu halten, statt die Stirn zu bieten, wird das fremde Seiende Thema und Objekt. Schon unterwirft es sich einem Begriff oder löst sich in Beziehungen auf. Es fällt unter das Netz von Ideen a priori, die ich mitbringe, um es einzufangen. Erkennen heißt, in dem entgegenstehenden Individuum, in diesem Stein, der verletzt, in dieser Kiefer, die in den Himmel ragt, in diesem Löwen, der brüllt, dasjenige überraschen, wodurch es nicht dieses Individuum hier, dieses Fremde hier ist, sondern wodurch es sich verrät, wodurch es dem freien Willen, der in jeder Gewißheit waltet, eine Angriffsfläche bietet, wodurch es erfaßt und begriffen wird, in einen Begriff eingeht. Erkenntnis besteht darin, das Individuum, das als einziges existiert, nicht in seiner Singularität, die nicht zählt, zu nehmen, sondern in seiner Allgemeinheit, von der allein es Wissenschaft gibt.
Und hier ist der Anfang jeglicher Macht. Wenn die äußeren Dinge vermittelst ihrer Allgemeinheit der menschlichen Freiheit ausgeliefert sind, so bedeutet dies nicht allein, daß der Mensch sie in aller Unschuld begreift, sondern auch, daß er sie in den Griff nimmt, sie zähmt, sie besitzt. Erst im Besitz vollendet das Ich die Identifikation des Verschiedenen. Gewiß bleibt im Besitz die Realität dieses Anderen, das man besitzt, erhalten, aber eben unter Aufhebung seiner Selbständigkeit. In einer Zivilisation, die ihr Bild hat an einer Philosophie des Selben, vollzieht sich die Freiheit als Reichtum. Die Vernunft, die das Andere reduziert, ist Aneignung und Macht.
Aber wenn die Dinge der List des Denkens nicht widerstehen und die Philosophie des Selben bestätigen, ohne

jemals die Freiheit des Ich in Frage zu stellen, was ist dann mit den Menschen? Ergeben sie sich mir ebenso wie die Dinge? Stellen sie meine Freiheit nicht in Frage?
Sie können meine Freiheit zunächst scheitern lassen, indem sie mehr als ihre Kraft dagegensetzen: indem sie ihr ihre Freiheiten entgegenstellen. Die Freiheiten führen Krieg gegeneinander. Der Krieg ist nicht ein bloßer Gegensatz von Kräften. Der Krieg ließe sich bestimmen als Verhältnis, in dem nicht allein die Kraft in Rechnung zu stellen ist, sondern auch das Unvorhersehbare der Freiheit: Geschick, Mut und Erfindung. Der freie Wille aber kann im Krieg unterliegen, ohne sich deswegen selbst in Frage zu stellen, ohne auf sein Recht und auf Vergeltung zu verzichten. Die Freiheit findet sich nur dann durch den Anderen in Frage gestellt und zeigt sich als unberechtigt, wenn sie sich selbst als ungerecht weiß. Das Bewußtsein, ungerecht zu sein, ist nicht eine Zugabe zu dem spontanen, freien Bewußtsein, das sich zunächst gegenwärtig wäre und sich darüber hinaus noch schuldig wüßte. Es entsteht eine neue Situation. Die Weise, in der das Bewußtsein sich selbst gegenwärtig ist, ändert sich. Die Positionen stürzen ein. Um es ganz formell zu sagen: Das Selbe findet nun keine Überlegenheit mehr über das Andere, das Selbe ruht nun nicht mehr friedlich in sich, es ist nicht mehr Prinzip. Wir werden uns bemühen, diese Formulierungen zu erläutern. Aber wenn das Selbe nicht mehr friedlich in sich ruht, dann scheint die Philosophie nicht unlöslich mit dem Abenteuer verbunden zu sein, alles Andere dem Selben einzuverleiben.

Wir werden gleich darauf zurückkommen. Im Augenblick wollen wir deutlich machen, daß der Primat des Selben über das Andere in der Philosophie Heideggers, derjenigen, die heute den glänzendsten Erfolg kennt, ganz und gar erhalten scheint. Wenn er zeigt, daß der Zugang zu

p. 169

jeder realen Singularität vermittelt ist durch das Sein, welches kein besonderes Seiendes ist noch ein Genus, in dem alle Besonderen enthalten wären, sondern gewissermaßen der *Akt des Seins* selbst, den nicht das Substantiv, sondern das Verb „sein" ausdrückt (und den wir wie A. de Waelhens ‚Etre' schreiben, mit einem großen E),[b] so führt er uns zum Besonderen durch ein *Neutrum*, das das Denken erhellt, leitet und die Dinge einsichtig macht. Und wenn er den Menschen eher unter der Macht der Freiheit sieht statt der Freiheit mächtig, so setzt er oberhalb des Menschen ein Neutrum, das die Freiheit erklärt, ohne sie in Frage zu stellen. Auf diese Weise destruiert er nicht eine ganze Tradition der westlichen Philosophie, sondern resümiert sie.

Das *Dasein*[c], das bei Heidegger die Stelle der Seele, des Bewußtseins, des Ich einnimmt, behält die Struktur des Selben. Die Unabhängigkeit, die Autarkie, eignete der platonischen Seele (und allen ihren Nachbildern) von ihrer Heimat her, der Welt der Ideen, der sie gemäß dem „Phaidon" verwandt ist; und infolgedessen konnte ihr in dieser Welt nichts wahrhaft Fremdes begegnen. Den Kern dieser Seele bildete die Vernunft, das Vermögen, sich jenseits der Veränderungen des Werdens identisch zu erhalten. Heidegger bestreitet dem Menschen diese beherrschende Stellung, aber das Dasein bleibt im Selben, als sterbliches. Eben die Möglichkeit, sich zu vernichten, ist konstitutiv für das Dasein und erhält es so in seiner Selbstheit. Dieses Nichts ist ein Tod, nämlich mein Tod, meine Möglichkeit (der Unmöglichkeit), mein Vermögen. Niemand kann mich ersetzen in meinem Tod. Der höchste Augenblick des Entschlusses ist einsam und persönlich.

---

[b] Im folgenden wird ‚Etre' übersetzt mit „Sein" in Anführungszeichen.
[c] ‚Dasein' auf deutsch im Original.

Gewiß hängt für Heidegger die Freiheit von der Lichtung des Seins ab und scheint infolgedessen kein Prinzip zu sein. Aber der klassische Idealismus sieht es nicht anders: Die Entscheidungsfreiheit galt für die niederste Form der Freiheit, die wahre Freiheit bestand im Gehorsam gegen die universelle Vernunft. Die Heideggersche Freiheit ist gehorsam, aber der Gehorsam läßt sie entspringen, ohne sie in Frage zu stellen, ohne ihre Ungerechtigkeit offenbar zu machen. Das „Sein", das der Unabhängigkeit und der Fremdheit des Wirklichen entspricht, entspricht dem Leuchten, dem Licht. Es setzt sich um in Einsichtigkeit. Das „Geheimnis", das dieser „dunklen Klarheit" wesentlich ist, ist ein Modus dieser Konversion. Die Unabhängigkeit löst sich auf im Strahlen. „Sein und Zeit", das erste und maßgebliche Werk Heideggers, hat vielleicht immer nur eine einzige These vertreten: das „Sein" ist vom Seinsverständnis untrennbar, das „Sein" beruft sich bereits auf die Subjektivität. Aber das „Sein" *ist nicht* ein Seiendes. Es ist ein Neutrum, das die Gedanken und die Seienden ordnet, das aber den Willen verhärtet, statt ihn zu beschämen. Das Bewußtsein seiner Endlichkeit kommt dem Menschen nicht von der Idee der Unendlichkeit, d. h. es offenbart sich nicht als Unvollkommenheit, bezieht sich nicht auf das Gute, weiß sich nicht als böse. Die Heideggersche Philosophie bezeichnet den Höhepunkt eines Denkens, das das Endliche nicht auf das Unendliche bezieht (in der Verlängerung gewisser Tendenzen der Philosophie Kants: Trennung von Verstand und Vernunft, verschiedene Themen der transzendentalen Dialektik), den Höhepunkt eines Denkens, für das jede Defizienz nur Schwäche ist und ganz Fehler, den man gegen sich selbst begeht; sie ist Zielpunkt einer langen Tradition von Heldenstolz, Herrschaft und Grausamkeit.

Die Heideggersche Ontologie ordnet die Beziehung zum

p. 170

Anderen der Relation mit dem Neutrum, nämlich dem „Sein", unter, und dadurch fährt sie fort, den Willen zur Macht, dessen Legitimität und gutes Gewissen allein der Andere erschüttern und stören kann, zu verherrlichen. Wenn Heidegger auf das Vergessen des „Seins" aufmerksam macht, das hinter den Realitäten, die es erleuchtet, verborgen ist, ein Vergessen, dessen sich nach seiner Auffassung die von Sokrates herkommende Philosophie schuldig macht; wenn Heidegger beklagt, daß das Verstehen sich an der Technik orientiert, so hält er an einer Machtordnung fest, die unmenschlicher ist als der Maschinismus und vielleicht nicht denselben Wurzeln entstammt. (Es ist nicht sicher, daß der National-Sozialismus der mechanistischen Verdinglichung des Menschen entspringt und daß er nicht seine Grundlage hat in bäuerlicher Bodenverhaftung sowie in feudaler Verehrung, die die geknechteten Menschen den Gebietern und Herren zollen, die ihnen befehlen.) Es geht um eine Existenz, die sich in ihrer Natürlichkeit akzeptiert, für die ihr Platz an der Sonne, ihr Boden, ihr *Ort* alle Bedeutung leitet. Es geht um ein heidnisches Existieren. Vom „Sein" erhält das Existieren die Weihe des Bauens und Wohnens inmitten einer vertrauten Landschaft auf einer mütterlichen Erde. Anonym, neutral, befiehlt das „Sein" das Existieren als ethisch indifferentes und als heroische Freiheit, der alle Schuld vor dem Anderen fremd ist.

In der Tat bestimmt diese Mütterlichkeit der Erde die ganze abendländische Eigentums- und Ausbeutungszivilisation, die Zivilisation der politischen Tyrannei und des Krieges. Heidegger diskutiert nicht die vortechnische Macht des Besitzes, die sich gerade in der Verwurzelung der Wahrnehmung realisiert und die im übrigen niemand in so genialer Weise beschrieben hat wie er. Bei genauer Betrachtung enthält die Wahrnehmung den abstrakten geometrischen Raum, aber die Wahrnehmung findet in der ganzen Unendlichkeit des mathematischen Raumes kein Unterkommen. Die Heideggerschen Analysen der Welt, die in „Sein und Zeit" vom Zeugcharakter der hergestellten Dinge ausgingen, sind in seiner letzten Philosophie getragen von der Sicht der erhabenen Landschaften der Natur, der Natur als unpersönlicher Fruchtbarkeit, Gebärerin des besonderen Seienden, unerschöpflichem Geburtsgrund der Dinge.

Heidegger faßt nicht nur eine ganze Entwicklung der westlichen Philosophie zusammen. Heidegger erhöht sie, indem er auf das leidenschaftlichste auf ihr antireligiöses Wesen pocht, das Religion mit umgekehrten Vorzeichen wird. Die verstandeshelle Nüchternheit derer, die sich Freunde der Wahrheit und Feinde der Meinung nennen, hätte also eine geheimnisvolle Fortsetzung. Mit Heidegger ist der Atheismus Paganismus, die Texte der Vorsokratiker sind Antischriften [d]. Heidegger führt den Rausch vor, in dem die glasklare Nüchternheit der Philosophen sich ergeht.

Die Heideggerschen Thesen vom Vorrang des „Seins" vor dem Seienden, der Ontologie vor der Metaphysik, vollenden und bejahen insgesamt eine Tradition, in der das Selbe das Andere dominiert, in der die Freiheit – und sei sie mit der Vernunft identisch – der Gerechtigkeit vorausgeht. Besteht diese nicht darin, den Verpflichtungen gegen sich selbst die Verpflichtung gegen den Anderen voranzustellen, dem Selben den Anderen vorgehen zu lassen?

---

[d] ‚Antischriften' übersetzt den Ausdruck ‚anti-écritures'. ‚Ecriture' im Sinne von ‚Schrift', ‚Buch' meint vorzüglich die Bibel.

III. Die Idee des Unendlichen

Indem wir die Termini umkehren, glauben wir einer zumindest ebenso alten Tradition zu folgen – derjenigen, die das Recht nicht aus der Macht liest und die nicht *alles Andere* auf das Selbe reduziert. Gegen die Heideggerianer und die Neo-Hegelianer – für die die Philosophie mit dem Atheismus beginnt – muß man sagen, daß die Tradition des Anderen nicht notwendig religiös, daß sie philosophisch ist. Platon hält sich an sie, wenn er das Gute über das Sein setzt und er im „Phaidros" das wahre Gespräch als Gespräch mit den Göttern bestimmt. Aber es ist die cartesische Analyse der Idee des Unendlichen, die auf die bezeichnendste Weise eine Struktur vorzeichnet, die wir – freilich allein in ihrem formalen Umriß – festhalten wollen.

Bei Descartes unterhält das Ich, das denkt, eine Beziehung zum Unendlichen. Diese Beziehung ist nicht die Beziehung zwischen dem Enthaltenden und dem Inhalt – denn das Ich kann das Unendliche nicht enthalten – noch die Beziehung, die den Inhalt an das Enthaltende bindet – denn das Ich ist vom Unendlichen getrennt. Diese also negativ beschriebene Relation ist die Idee des Unendlichen in uns.

Gewiß haben wir auch von den Dingen Ideen; aber die Idee des Unendlichen hat das Auszeichnende, daß ihr Ideatum über die Idee hinausgeht. Bei der Idee des Unendlichen entspricht die Distanz zwischen Idee und Ideatum nicht dem Abstand, der bei den anderen Vorstellungen den mentalen Akt von seinem Gegenstand trennt. Der Abstand, der den mentalen Akt von seinem Gegenstand trennt, ist nicht weit genug, als daß Descartes nicht sagen könnte, die Seele könne von sich aus für die Ideen der endlichen Dinge aufkommen. Die Intentionalität, die die Idee des Unendlichen belebt, kann mit keiner anderen verglichen werden. Sie intendiert, was sie nicht umfassen kann, und in diesem genauen Sinne intendiert sie das Unendliche. Um den Unterschied deutlich zu machen im Verhältnis zu den Formulierungen, die wir oben benutzt haben: Die Andersheit des Anderen wird nicht annulliert, sie schmilzt nicht dahin in dem Gedanken, der sie denkt. Indem es das Unendliche denkt, denkt das Ich von vornherein mehr, als es denkt. Das Unendliche geht nicht ein in die *Idee* des Unendlichen, wird nicht begriffen; diese Idee ist kein Begriff. Das Unendliche ist das radikal, das absolut Andere. Die Transzendenz des Unendlichen mir gegenüber, der ich davon getrennt bin und es denke, stellt das erste Zeichen seiner Unendlichkeit dar.

Die Idee des Unendlichen ist also die einzige, die uns etwas lehrt, was wir nicht schon wissen. Sie ist in uns hinein*gelegt*. Sie ist keine Erinnerung. Hier haben wir eine Erfahrung im einzig radikalen Sinne des Wortes: eine Beziehung mit dem Äußeren, mit dem Anderen, ohne daß dieses Außerhalb dem Selben integriert werden könnte. Der Denker, der die Idee des Unendlichen hat, ist mehr als er selbst, und diese Aufblähung, dieses Mehr, kommt nicht von Innen wie der famose *Entwurf* der modernen Philosophen, in dem das Subjekt sich als schöpferisches übertrifft.

Wie kann eine solche Struktur philosophisch bleiben? Welche ist die Beziehung, die zwar Beziehung des *Mehr im Weniger* bleibt und doch nicht zu einer Beziehung wird, in der der vom Feuer angezogene Schmetterling sich im Feuer verzehrt, wie die Mystiker sagen? Wie die Wesen getrennt halten? Wie nicht in der Teilnahme versinken, gegen die protestiert zu haben der Philosophie des Selben das unsterbliche Verdienst zukommt?

IV. Die Idee des Unendlichen und das Antlitz des Anderen

Die Erfahrung, die Idee des Unendlichen, bewährt sich im Rahmen der Beziehung zum Anderen. Die Idee des Unendlichen ist die soziale Beziehung.
Diese Beziehung besteht in der Annäherung an ein absolut äußeres Wesen. Das Unendliche dieses Wesens, das man eben darum nicht enthalten kann, gewährleistet und konstituiert dieses Außerhalb. Sie entspricht nicht der Distanz zwischen Subjekt und Objekt. Das Objekt integriert sich, wie wir wissen, der Identität des Selben. Das Ich macht es zu seinem Thema und danach zu seinem Eigentum, seiner Beute, seinem Raub oder seinem Opfer. Das Außensein des unendlichen Wesens wird manifest in dem absoluten Widerstand, den es durch seine Erscheinung selbst – durch seine Epiphanie – allen meinen Vermögen entgegensetzt. Seine Epiphanie ist nicht nur Erscheinung einer sinnlichen oder intelligiblen Form im Licht, sondern schon dieses *Nein*, das den Vermögen entgegengeschleudert wird. Sein *Logos* ist: „Du wirst nicht töten."
Gewiß, der Andere bietet sich allen meinen Vermögen dar, unterliegt allen meinen Listen, allen meinen Verbrechen; oder widersteht mir mit seiner ganzen Kraft und allen unvorhersehbaren Ressourcen seiner eigenen Freiheit. Ich messe mich mit ihm. Aber er kann sich mir auch jenseits allen Maßes entgegenstellen – und dann zeigt er mir sein Antlitz – mit dem vollkommen Ungedeckten und der vollkommenen Blöße seiner schutzlosen Augen, mit der Geradheit, der unbedingten Offenheit seines Blicks. Die solipsistische Unruhe des Bewußtseins, das sich bei all seinen Abenteuern als Gefangener des Selbst sieht, kommt hier zu ihrem Ende: Das wahre Außen ist in diesem Blick, der mir alle Eroberung untersagt. Nicht, daß die Erobe-

rung meine zu schwachen Kräfte überstiege; nein, ich *kann nicht mehr können:* Die Struktur meiner Freiheit – wir werden das noch sehen – kehrt sich vollkommen um. Hier entsteht nicht eine Beziehung zu einem sehr großen Widerstand, sondern eine Relation zum absolut Anderen, zum Widerstand dessen, was nicht widersteht, eine Relation zum ethischen Widerstand. Der ethische Widerstand ist es, der die Dimension des Unendlichen selbst öffnet, den Bereich dessen, was dem unwiderstehlichen Imperialismus des Selben und des Ich Einhalt tut. Wir nennen *Antlitz* die Epiphanie dessen, was sich so direkt und eben dadurch von Außen kommend einem Ich darstellen kann.

Das Antlitz ähnelt keineswegs der plastischen Form, die immer schon verlassen ist, verraten von dem Wesen, das es offenbart, wie der Marmor, dem die Götter, denen er Gestalt gibt, schon ferne sind. Es unterscheidet sich vom Tiergesicht, wo das Seiende in seiner animalischen Stumpfheit noch nicht zu sich gekommen ist. Im Antlitz *unterstützt* das Ausgedrückte den Ausdruck, drückt selbst seinen Ausdruck aus, bleibt immer Herr des Sinnes, der von ihm ausgeht. „Actus purus" auf seine Weise, verweigert es sich der Identifikation, geht nicht auf im déjà-connu, hilft sich selbst, wie Platon sagt, spricht. Die Epiphanie des Gesichts ist ganz Sprache.

Der ethische Widerstand ist die Anwesenheit des Unendlichen. Wäre der im Antlitz lesbare Widerstand gegen den Mord nicht ethisch, sondern wirklich, so hätten wir Zugang zu einer sehr schwachen oder sehr starken Wirklichkeit. Sie würde vielleicht unseren Willen in Schach halten. Der Wille würde sich selbst für unvernünftig und willkürlich erachten. Aber wir hätten keinen Zugang zum äußeren Sein, zu dem, was absolut uneinverleibbar und unbesitzbar ist, zu der Dimension, wo unsere Freiheit auf

p. 174 ihren ichlichen Imperialismus verzichtet, wo sie sich nicht nur willkürlich findet, sondern ungerecht. Von daher ist der Andere nicht bloß eine andere Freiheit; damit ich um die Ungerechtigkeit wisse, muß mir sein Blick aus einer Dimension des Ideals kommen. Der Andere muß Gott näher sein als Ich. Was gewiß nicht eine philosophische Erfindung ist, sondern die erste Gegebenheit des moralischen Bewußtseins, das man bestimmen könnte als das Bewußtsein des Vorranges des Anderen vor mir. Wohlverstandene Gerechtigkeit beginnt beim Anderen.

V. Die Idee des Unendlichen als Begehren

Die ethische Beziehung wird nicht auf eine vorherige Erkenntnisbeziehung aufgepfropft. Sie ist Basis und nicht Überbau. Sie von der Erkenntnis zu unterscheiden heißt nicht, sie auf ein subjektives Gefühl reduzieren. Nur die Idee des Unendlichen, in der das Sein die Idee übertrifft, das Andere das Selbe überschwemmt, bricht mit den internen Spielen der Seele und verdient den Namen der Erfahrung, der Beziehung zum Äußeren. Unter dieser Voraussetzung hat sie mehr Erkenntnischarakter als die Erkenntnis selbst, und alle Objektivität muß an ihr teilhaben.

Das Sehen in Gott bei Malebranche (2e Entretien métaphysique) drückt gleichzeitig sowohl diesen Rückbezug aller Erkenntnis auf die Idee des Unendlichen aus als auch die Tatsache, daß die Idee des Unendlichen nicht ist wie die Erkenntnisse, die sich auf sie beziehen. Denn man kann nicht behaupten, diese Idee sei selbst das Resultat einer Thematisierung oder Objektivierung, ohne sie auf die Anwesenheit des Anderen im Selben zu reduzieren, Anwesenheit, über die sie gerade hinausgeht. Bei Descartes bleibt in diesem Punkt eine gewisse Zweideutigkeit, da das cogito sein Fundament in Gott hat, andererseits aber die Existenz Gottes begründet: Die Priorität des Unendlichen ordnet sich der freien Zustimmung des Willens, der ursprünglich Herr seiner selbst ist, unter.

Daß diejenige Bewegung der Seele, die mehr Erkenntnischarakter hat als die Erkenntnis, eine Struktur besitzt, die sie von der Kontemplation unterscheidet, dies ist der Punkt, an dem wir uns vom wörtlich verstandenen Cartesianismus trennen. Das Unendliche ist nicht Gegenstand einer Kontemplation, d. h. es ist nicht nach dem Maße des Denkens, das es denkt. Die Idee des Unendlichen ist ein Denken, das in jedem Augenblick *mehr denkt, als es denkt*. Ein Denken, das mehr denkt, als es denkt, ist Begehren. Das Begehren „ermißt" die Unendlichkeit des Unendlichen.

Der Terminus, den wir gewählt haben, um den Drang, das Quellen dieses Überschreitens zu bezeichnen, unterscheidet ihn von der Zuneigung der Liebe und dem Mangel des Bedürfnisses. Über den Hunger hinaus, den man sättigt, den Durst, den man löscht, die Sinne, die man befriedigt, existiert das absolut andere Andere, das man jenseits dieser Befriedigungen begehrt, ohne daß der Leib irgendeine Geste kennte, das Begehren zu stillen, ohne daß neue Liebkosungen erfunden werden könnten. Unersättliches Begehren nicht deswegen, weil es einem unerstättlichen Hunger entspräche, sondern weil es nach keiner Nahrung ruft. Begehren ohne Befriedigung, das ebendadurch die Andersheit des Anderen bezeugt. Das Begehren versetzt die Andersheit in den Bereich der Erhabenheit und Idealität, den es gerade im Sein öffnet.

Die Begierden, die man befriedigen kann, gleichen dem Begehren nur zeitweilig: in den enttäuschten Befriedigungen oder im Wachsen des Mangels, das ihrer Wollust den

p. 175

Rhythmus gibt. Sie gelten zu Unrecht für das Wesen des Begehrens. Das wahre Begehren ist dasjenige, das durch das Begehrte nicht befriedigt, sondern vertieft wird. Es ist Güte. Es bezieht sich nicht auf ein verlorenes Vaterland, eine verlorene Fülle, es ist kein Heimweh, keine Nostalgie. Es ist der Mangel im Sein, das vollständig *ist* und dem nichts mangelt. Kann man den platonischen Mythos von der Liebe, dem Sohn von Überfluß und Armut, vielleicht auch in dem Sinne deuten, daß sich im Begehren die Armut des Reichtums, das Ungenügen des Selbstgenügsamen bezeugt? Hat Platon nicht, indem er im „Gastmahl" den Mythos vom Androgynen verwarf, die nicht-nostalgische Natur des Begehrens bestätigt, die Fülle und die Freude dessen, der sie empfindet?

VI. Die Idee des Unendlichen und das moralische Bewußtsein

Wie entkommt das Antlitz der Machtbefugnis des Willens, der über die Evidenz verfügt? Das Antlitz erkennen, heißt das nicht, es sich bewußt*machen*; und sich eine Sache bewußtmachen, heißt das nicht, *freiwillig* zustimmen? Führt die Idee des Unendlichen, als *Idee*, nicht unausbleiblich zurück zum Schema des Selben, das sich das Andere einverleibt? Dies ist richtig, es sei denn, die Idee des Unendlichen bedeute den Zusammenbruch des guten Gewissens des Selben. In der Tat ist es so, als ob die Gegenwart des Antlitzes – die Idee des Unendlichen in mir – meine Freiheit in Frage stellte.

Daß das liberum arbitrium willkürlich sei und daß es aus diesem elementaren Zustand heraustreten müsse, ist für die Philosophie eine alte Gewißheit. Aber nach allgemei-

ner Auffassung verweist die Willkür auf einen vernünftigen Grund, in dem sich die Freiheit durch sich selbst rechtfertigt. Im rationalen Grund der Freiheit erkennen wir noch den Vorrang des Selben.
Die Notwendigkeit, die Willkür zu rechtfertigen, entspringt im übrigen allein dem Mißerfolg, den die willkürliche Macht erleidet. *Die Spontaneität der Freiheit selbst wird nicht in Frage gestellt* – dies zumindest scheint die herrschende Tradition der abendländischen Philosophie zu sein. Nur die Begrenzung der Freiheit wird als tragisch empfunden und erregt Anstoß. Die Freiheit stellt nur deswegen ein Problem dar, weil sie sich nicht selbst gewählt hat. Die Begrenzung meiner Spontaneität weckt nach dieser Auffassung die Vernunft und die Theorie. Die Mutter der Weisheit, so heißt es, ist der Schmerz. Der Mißerfolg bringe mich dazu, meiner Macht Zügel anzulegen; der Mißerfolg führe die Ordnung in die menschlichen Beziehungen ein; denn alles ist erlaubt außer dem Unmöglichen. Vor allem die modernen politischen Theorien seit Hobbes leiten die soziale Ordnung aus der Berechtigung der Freiheit ab, aus dem unbestreitbaren Recht auf sie.

p. 176

Das Antlitz des Anderen ist nicht die Offenbarung der Willkür des Willens, sondern seiner Ungerechtigkeit. Das Bewußtsein der Ungerechtigkeit entsteht nicht, wenn der Tatsache, sondern wenn dem Anderen ich mich beuge. Der Andere erscheint mir in seinem Gesicht weder als Hindernis noch als Bedrohung, die ich abschätze, sondern als das, was mich mißt. Um mich ungerecht zu fühlen, muß ich mich am Unendlichen messen. Um meine eigene Unvollkommenheit zu kennen, muß ich die Idee des Unendlichen haben, die auch die Idee des Vollkommenen ist, wie Descartes weiß. Das Unendliche hemmt mich nicht wie eine Kraft, die die meine in Schach hielte, es stellt das naive Recht meiner Vermögen in Frage, meine stolze animalische Spontaneität, die Spontaneität der „Kraft, die geht"ᵉ.

Aber sich auf diese Weise an der Vollkommenheit des Unendlichen zu messen ist nicht wiederum eine theoretische Betrachtung, die die Freiheit spontan wieder in ihre Rechte einsetzen würde. Es ist eine *Scham*, die die Freiheit über sich empfindet, weil sie entdeckt, daß sie in ihrer Ausübung selbst mörderisch und usurpatorisch ist. Ein Exeget des 2. Jahrhunderts, besorgter um das, was er zu tun, statt was er zu hoffen hätte, verstand nicht, daß die Bibel mit dem Bericht der Schöpfung begann, statt sofort mit den ersten Geboten des Exodus. Nur mit großer Mühe machte er das Zugeständnis, daß der Schöpfungsbericht immerhin notwendig sei für das Leben der Gerechten: Wäre die Erde dem Menschen nicht gegeben, sondern einfach von ihm genommen worden, hätte er sie nur als Räuber besessen. Der spontane und naive Besitz kann sich nicht durch die Kraft der eigenen Spontaneität rechtfertigen.

Die Existenz ist nicht zur Freiheit verdammt, sondern anerkannt und eingesetzt als Freiheit. Die Freiheit kann sich nicht ganz nackt darstellen. Diese Einsetzung der Freiheit ist das moralische Leben selbst. Es ist durch und durch Heteronomie.

Der Wille, der in der Begegnung mit dem Anderen sein Urteil erfährt, übernimmt nicht in seine Entscheidung das Urteil, das er empfängt. Dieses wäre noch einmal die Rückkehr zum Selben, welches in letzter Instanz über das Andere entscheidet, die Absorption der Heteronomie in der Autonomie. Die Struktur des freien Willens, der *Güte* wird, ähnelt nicht mehr der eitlen und genügsamen Spon-

---

ᵉ Als eine „force qui va" bezeichnet sich Charles V. in dem Schauspiel „Hernani" von V. Hugo.

taneität des Ich und des Glücks, begriffen als äußerste Bewegung des Seins. Im Verhältnis dazu ist der zur Güte gewordene Wille gewissermaßen eine Umkehrung. Das Leben der sich selbst als ungerecht entdeckenden Freiheit, das Leben der Freiheit in der Heteronomie, besteht für die Freiheit in der unendlichen Bewegung, sich selbst mehr und mehr in Frage zu stellen. Und so tut sich die Tiefe der Innerlichkeit selbst auf. Das Anwachsen der Forderung, die ich an mich stelle, verschärft das Urteil, das über mich ergeht, d. h. meine Verantwortlichkeit. Und die Verschärfung der Verantwortlichkeit erhöht ihre Forderungen. In dieser Bewegung hat die Freiheit nicht das letzte Wort, ich finde mich niemals in meiner Einsamkeit wieder; oder, wenn man so will, das moralische Bewußtsein ist wesentlich unbefriedigt; oder noch anders, es ist immer Begehren.

p. 177

Die Unbefriedigtheit des moralischen Bewußtseins ist nicht nur der Schmerz der zarten und gewissenhaften Seelen, sondern die Kontraktion, die Höhlung, der Rückzug des Bewußtseins in sich, die Systole des Bewußtseins überhaupt; in dieser ganzen Darstellung tritt das ethische Bewußtsein selbst nicht als eine „besonders empfehlenswerte" Variante von Bewußtsein, sondern als die konkrete Form auf, welche die Idee des Unendlichen als eine Bewegung annimmt, die fundamentaler ist als die Freiheit. Das ethische Bewußtsein ist die konkrete Form dessen, was der Freiheit vorhergeht und was uns dennoch weder zur Gewalt noch zur Vermischung des Getrennten, weder zur Notwendigkeit noch zur Schicksalhaftigkeit zurückbringt.

Dies ist schließlich in hervorragender Weise die Situation, in der man nicht allein ist. Aber wenn diese Situation nicht den Beweis der Existenz des Anderen liefert, so deswegen, weil der Beweis bereits die Bewegung des freien Willens voraussetzt und seine Zustimmung, eine Gewißheit. Dergestalt, daß die Situation, in der der freie Wille eingesetzt wird, dem Beweis vorhergeht. Denn jede Gewißheit ist das Werk einer einsamen Freiheit. Als Aufnahme des Wirklichen in meine Ideen a priori und als Zustimmung meines freien Willens ist die entscheidende Geste der Erkenntnis Freiheit. Das Von-Angesicht-zu-Angesicht, in dem die Freiheit sich als ungerecht in Frage stellt, in dem sie für sich einen Herrn und Richter findet, geschieht vor der Gewißheit, aber auch vor der Ungewißheit.

Die Situation ist eine Erfahrung im stärksten Sinne des Wortes: Berührung mit einer Wirklichkeit, die in keine Idee a priori paßt, die über alle hinausgeht. Gerade deswegen konnten wir vom Unendlichen sprechen. Keine Bewegung der Freiheit vermöchte sich das Antlitz anzueignen noch den Anschein zu erwecken, es zu „konstituieren". Bevor es antizipiert oder konstituiert wurde, war das Antlitz schon da – es war mit am Werk, es sprach. Das Antlitz ist reine Erfahrung, Erfahrung ohne Begriff. Die Konzeption, die die Aufnahme der Sinnesdaten im Ich vermittelt, endet vor dem Andern als De-Zeption, als Gelassenheit[f], als Entwaffnung, die alle unsere Versuche, dieses Reale zu erfassen, kennzeichnen. Aber man muß unterscheiden zwischen dem bloß negativen Unverständnis gegenüber dem Anderen, das von unserer Böswilligkeit abhängt, und dem wesentlichen Nichtbegreifen des Unendlichen, worin eine positive Seite liegt; dieses Nichtbegreifen ist moralisches Bewußtsein und Begehren.

Der Zustand der Unbefriedigung des moralischen Be-

---

[f] Es handelt sich um ein Wortspiel, das im Deutschen eigentlich nicht wiedergegeben werden kann. ‚Déception' heißt ‚Enttäuschung'. Vgl. dazu Noms propres, p. 9: „...la Gelassenheit qu'il aurait, peut-être, fallu traduire par déception, aus sens étymologique du terme..."

wußtseins, die Enttäuschung vor dem Anderen, fallen zusammen mit dem Begehren. Es ist dies einer der wesentlichen Punkte dieses ganzen Aufsatzes. Das Begehren des Unendlichen hat nicht die gefühlsbetonte Selbstgefälligkeit der Liebe, sondern die Strenge der moralischen Forderung. Und die Strenge der moralischen Forderung wird nicht rücksichtslos aufgezwungen, sondern ist dank der Anziehungskraft und der unendlichen Erhabenheit des Seienden selbst, dem die Güte gilt, Begehren. Gott erteilt Befehle allein durch die Vermittlung der Menschen, die unseres Handelns bedürfen.

Das Bewußtsein, die Gegenwart bei sich selbst, gilt als das äußerste Thema der Reflexion. Mit dem moralischen Bewußtsein, einer Variation über dieses Thema, einer Bewußtseinsvariante, käme die Sorge um die Werte und Normen hinzu. Wir haben zu diesem Punkte einige Fragen gestellt: Kann sich das Selbst sich selbst mit soviel natürlicher Selbstgefälligkeit vorstellen? Kann es ohne Scham vor seinen eigenen Augen erscheinen? Ist der Narzißmus möglich?[1] Ist das moralische Bewußtsein nicht die Kritik und das Prinzip der Gegenwart bei sich selbst? Das heißt aber: Wenn das Wesen der Philosophie darin besteht, diesseits aller Gewißheiten zum Prinzip zurückzugehen, wenn sie von der Kritik lebt, dann ist das Antlitz des Anderen der eigentliche Anfang der Philosophie. Diese Heteronomiethese bricht mit einer sehr verehrungswürdigen Tradition. Umgekehrt aber reduziert sich die Situation, in der man nicht allein ist, nicht auf die

p. 178

---

[1] Die Themen, die damit zusammenhängen, haben wir in drei Artikeln behandelt, die in der Revue de métaphysique et de morale veröffentlicht sind: Ist die Ontologie fundamental? (Januar-März 1951), Liberté et commandement (Juli-September 1953), Le moi et la totalité (Oktober-Dezember 1954).

glückliche Begegnung brüderlicher Seelen, die sich grüßen und Konversation machen. Diese Situation ist moralisches Bewußtsein; meine Freiheit ist dem Urteil des Anderen ausgesetzt; diese Situation hebt das Gleichgewicht auf und ermächtigt uns, im Blick dessen, dem Gerechtigkeit geschuldet wird, den Bereich der Erhabenheit und des Ideals zu sehen.

8. Die Spur des Anderen

1. Das Sein und das Selbe   p. 187

Das Ich ist die Identifikation schlechthin, der Ursprung des Phänomens selbst der Identität. Die Identität des Ich ist in der Tat nicht die Beständigkeit einer unveränderlichen Qualität. Ich bin nicht ich selbst aufgrund dieses oder jenes Charakterzuges, den ich vorweg identifiziere, um mich als derselbe wiederzufinden. Weil ich von Anfang an der Selbe bin, me ipse, eine Selbstheit, kann ich ein jedes Objekt, einen jeden Charakterzug und jegliches Seiendes identifizieren.

Diese Identifikation ist nicht eine einfache „Wiederholung" von sich: Das „A ist A" des Ich ist das „A sich ängstigend um A", oder das „A im Genuß des A", es ist immer das „A abzielend auf A". Im Bedürfnis wird das Ich durch das *Außen des Ich* angeregt: Das *Außen des Ich* ist *für mich*. Die Tautologie der Selbstheit ist Egoismus.

Die wahre Erkenntnis, die das fremde Seiende „sein läßt" oder strahlen läßt, unterbricht nicht diese ursprüngliche Identifikation, sie zieht das Ich nicht ohne Rückkehr aus sich heraus. Das Seiende *tritt ein* in den Bereich der wahren Erkenntnis. Gewiß bleibt ihm auch als Thema eine Fremdheit gegenüber dem Denker, der es umfaßt. Aber das Denken stößt sich nicht mehr an ihm. In gewisser Weise naturalisiert sich dieses Fremde, sobald es sich auf die Erkenntnis einläßt. An sich – und infolgedessen *woanders* als im Denken, als etwas *anderes* denn das Denken – hat es nicht die rohe Wildheit der Andersheit. Es hat einen Sinn. Das Sein breitet sich in unendlichen Bildern aus, die aus ihm hervorquellen; so dehnt es sich in einer Art Allgegenwart, um in das Innere der Menschen einzudringen. Es zeigt sich und strahlt aus, als ob die Fülle selbst seiner Andersheit, um sich zu erzeugen, das Geheimnis überschwemmte, in dem es verborgen ist. Mag das Sein das Ich auch in Staunen versetzt haben, es ändert in der Wahrheit nicht die Identität des Ich. Die abgründige Verborgenheit, aus der es kommt, wird der Forschung zum Versprechen. Sie öffnet sich daher wie eine Zukunft, deren Nacht nichts ist als die Undurchsichtigkeit, die von der Dichte der übereinandergelagerten Transparenzen bewirkt wird. Die Erinnerung versetzt selbst die Vergangenheit in diese Zukunft, die der Spielraum der Forschung und der historischen Deutung wird. Die Spuren der unumkehrbaren Vergangenheit gelten als Zeichen, die die Entdeckung und die Einheit einer Welt gewährleisten. Der Vorrang der Zukunft unter den „Ekstasen" der Zeit konstituiert die Erkenntnis qua Seinsverständnis. Dieser Vorrang bezeugt die Angleichung des Seins an das Denken. Die Idee des Seins, mit der die Philosophen die irreduzible Fremdheit des Nicht-Ich deuten, ist so nach dem Masse des Selben. Die Idee des Seins ist die von selbst adäquate Idee.

Das Sein des Seienden, das an sich selbst Differenz und infolgedessen Andersheit ist, spendet Licht als verborgenes und immer schon vergessenes. Aber die Dichter und Denker bezwingen für einen Augenblick sein unsagbares Wesen; denn der Zugang zum Sein des Seienden geschieht noch in den Ausdrücken von Licht und Dunkel, Entbergung und Verbergung, Wahrheit und Unwahrheit, d. h. gemäß dem Vorrang der Zukunft.

Indem sie die Intentionalität auf dem Grunde der Praxis und der Affektivität entdeckt hat, bestätigt die phänomenologische Bewegung die Tatsache, daß das Selbstbewußtsein – oder die Identifikation des Selbst – nicht unvereinbar ist mit dem Bewußtsein von... oder dem Bewußtsein des Seins. Und umgekehrt kann der ganze Ernst des Seins sich auflösen in Spiele der Innerlichkeit und sich am Rande der Illusion bewegen, so streng ist die Adäquation. Die Erscheinung des Seins ist der Möglichkeit nach Schein. Der Schatten wird für eine Beute genommen, die Beute für den Schatten fahren gelassen. Descartes meinte, daß ich durch mich selbst für den Himmel und die Sonne bei all ihrer Herrlichkeit aufkommen könnte. Alle Erfahrung, sie sei noch so passiv, noch so sehr empfangend, wandelt sich sofort in „Konstitution des Seins", das sie empfängt, so als wäre das *Gegebene* aus mir selbst gezogen, so als wäre der Sinn, den das Gegebene bei sich trägt, von mir verliehen. Das Sein trägt in sich die Möglichkeit des Idealismus.

Die abendländische Philosophie fällt mit der Enthüllung des Anderen zusammen; dabei verliert das Andere, das sich als Sein manifestiert, seine Andersheit. Von ihrem Beginn an ist die Philosophie vom Entsetzen vor dem Anderen, das Anderes bleibt, ergriffen, von einer unüberwindbaren Allergie. Aus diesem Grunde ist sie wesentlich Philosophie des Seins, ist Seinsverständnis ihr letztes Wort und die fundamentale Struktur des Menschen. Aus diesem Grunde auch wird sie Philosophie der Immanenz und der Autonomie oder Atheismus. Von Aristoteles bis Leibniz über die Scholastiker ist der Gott der Philosophen ein der Vernunft entsprechender Gott, ein verstandener Gott, der die Autonomie des Bewußtseins nicht zu trüben vermöchte; durch alle Abenteuer hindurch findet sich das Bewußtsein als es selbst wieder, es kehrt zu sich zurück wie Odysseus, der bei allen seinen Fahrten nur auf seine Geburtsinsel zugeht.

p. 189 Die Philosophie, die uns übermittelt ist, reduziert nicht nur das theoretische Denken, sondern jede spontane Bewegung des Bewußtseins auf diese Rückkehr zu sich. Nicht nur die von der Vernunft begriffene Welt hört auf, anders zu sein, da das Bewußtsein sich in ihr wiederfindet; vielmehr ist alles, was Einstellung des Bewußtseins ist, also Bewertung, Gefühl, Tätigkeit, Arbeit sowie Engagement in einem weiteren Sinne am Ende Selbstbewußtsein, d. h. Identität und Autonomie. Die Philosophie Hegels stellt den logischen Zielpunkt dieser tiefsitzenden Allergie der Philosophie dar. Einer der tiefsinnigsten modernen Interpreten des Hegelianismus, Eric Weil, hat es vortrefflich ausgedrückt in seiner „Logique de la philosophie"; er zeigt dort, wie jede Haltung des Vernunftswesens zur Kategorie wird, d. h. sich in einer neuen Einstellung begreift. Aber in Übereinstimmung mit der philosophischen Tradition ist er der Auffassung, daß der Zielpunkt eine Kategorie ist, die alle Einstellungen aufhebt.
Mag auch das Leben der Philosophie vorausgehen, mag auch die zeitgenössische Philosophie, die sich antiintellektualistisch gibt, die Vorgängigkeit der Existenz im Verhältnis zum Wesen betonen, des Lebens im Verhältnis zur Einsicht, mag auch Heidegger das Seinsverstehen als Danken und Gehorsam begreifen, so nimmt doch die Vorliebe der modernen Philosophie für die Mannigfaltigkeit der kulturellen Bedeutungen und die Spiele der Kunst dem Sein seine Andersheit; diese Vorliebe stellt die Form dar, unter der die Philosophie der Erwartung vor dem Tun den Vorzug gibt, um gegenüber dem Anderen und den Anderen indifferent zu bleiben, um alle Bewegung ohne Rückkehr zu verweigern. Sie mißtraut jeder unbedachten Geste, als ob die Altersklarheit alle jugendlichen Torheiten wiedergutzumachen hätte. Es ist vielleicht die eigentliche Definition der Philosophie, ein Tun zu sein, das sich

schon im voraus eingeholt hat in dem Licht, das es leiten sollte.

2. Bewegung ohne Wiederkehr

Indessen ist die Transzendenz des Seins, die durch die Immanenz beschrieben wird, nicht die einzige Transzendenz, von der die Philosophen selbst sprechen. Die Philosophen bringen uns auch die rätselhafte Botschaft eines Jenseits des Seins.
Die Transzendenz des Guten im Verhältnis zum Sein, ἐπέκεινα τῆς οὐσίας[a], ist eine Transzendenz zweiten Grades, und nichts verpflichtet, sie sogleich in die heideggersche Interpretation des das Seiende transzendierenden Seins eingehen zu lassen.
Das plotinische Eine steht oberhalb des Seins und auch ἐπέκεινα νοῦ[b]. Das Eine, von dem Platon in der ersten Hypothese des „Parmenides" spricht, ist fremd der Definition und der Grenze, dem Ort und der Zeit, der Selbigkeit mit sich und dem Unterschied zu sich, der Ähnlichkeit und der Unähnlichkeit, fremd dem Sein und der Erkenntnis, wovon im übrigen alle diese Attribute Kategorien sind. Es ist etwas anderes als dies alles, *anders* in absoluter Weise und nicht relativ auf irgendeinen Bezugspunkt. Es ist das Unoffenbare; unoffenbar nicht deswegen, weil alle Erkenntnis zu begrenzt oder zu klein wäre, um sein Licht zu empfangen, sondern unoffenbar, weil *eines* und weil erkannt werden eine Zweiheit impliziert, die sich schon von der Einheit des Einen abhebt. Das Eine ist jenseits des Seins nicht deswegen, weil es verbor-

p. 190

---

[a] Jenseits des Seins.
[b] Jenseits des Denkens.

gen ist und abgründig. Es ist verborgen, weil es jenseits des Seins ist, ganz anders als das Sein.

In welchem Sinne betrifft mich unter dieser Voraussetzung das *absolut Andere*? Müssen wir bei der zunächst undenkbaren Berührung mit der Transzendenz und der Andersheit auf Philosophie verzichten? Wäre die Transzendenz nur möglich für ein absolut blindes Berühren? Einem Glauben, der mit Nicht-Bedeutung einherginge? Oder im Gegenteil: Gesetzt, die platonische Hypothese über das Eine, das eines ist über dem Sein und über der Erkenntnis, ist nicht nur die Entwicklung eines Sophismus, gibt es dann nicht zwar eine Erfahrung des Einen, aber verschieden von der, durch die das Andere zum Selben wird? Erfahrung, weil Bewegung hin zum Transzendenten; aber auch Erfahrung, weil sich in dieser Bewegung das Selbe weder ekstatisch im Anderen verliert, sondern dem Gesang der Sirenen widersteht, noch sich auflöst in dem Brausen eines anonymen Ereignisses. Erfahrung, die noch Bewegung des Selben bleibt, Bewegung eines Ich; Erfahrung, die sich folglich dem Transzendenten in einer Bedeutung nähert, die sie ihm nicht verliehen hat. Gibt es ein Bedeuten von Bedeutung, das nicht auf die Verwandlung des Anderen in das Selbe hinausläuft? Kann es etwas so Befremdliches geben wie die Erfahrung eines absolut Äußeren, etwas in den Termini so Widersprüchliches wie eine heteronome Erfahrung? Im Falle der Bejahung werden wir nicht der Versuchung und der Täuschung erliegen, auf dem Wege der Philosophie die empirischen Gegebenheiten der positiven Religion wiederzufinden; wir werden vielmehr eine Bewegung der Transzendenz freilegen, die sich der „anderen Seite" wie ein Brückenkopf versichert; ohne diesen Brückenkopf wäre die bloße Koexistenz von Philosophie und Religion in den Köpfen und auch in den Zivilisationen nichts als eine unzulässige geistige Verweichlichung; wir werden auch die These in Frage stellen können, derzufolge das Wesen des Menschen und der Wahrheit in letzter Instanz im *Verstehen des Seins des Seienden* liegt, zu welcher These, das muß man zugeben, Theorie, Erfahrung und Rede hinzuführen scheinen.

Die heteronome Erfahrung, die wir suchen, wäre eine Haltung, die sich nicht in kategoriale Bestimmungen konvertieren kann und deren Bewegung zum Anderen hin sich nicht in der Identifikation wiedergewinnt, eine Bewegung, die nicht zu ihrem Ausgangspunkt zurückkehrt. Ist uns diese Erfahrung nicht gegeben in dem, was man ganz platt die Güte nennt, sowie in dem Werk, ohne das die Güte nur ein transzendenzloser Traum wäre, ein bloßer Wunsch,[c] mit dem Ausdruck Kants?

p. 191

Aber man darf dann das Werk nicht als die scheinbare Bewegung eines Grundes denken, der hinterher mit sich identisch bleibt, wie eine Energie, die in allen ihren Wandlungen sich selbst gleich bleibt. Ebensowenig darf man das Werk denken nach dem Modell der Technik, die Kraft der berühmten Negativität eine fremde Welt zurückführt auf eine Welt, deren Andersheit sich umgesetzt hat in meine Idee. Die eine wie die andre Konzeption behaupten weiterhin das Sein als mit sich identisch; sie reduzieren sein fundamentales Geschehen auf das Denken, das – und darin besteht die unauslöschliche Lektion des Idealismus – Denken seiner selbst, Denken des Denkens ist. *Radikal gedacht ist das Werk nämlich eine Bewegung des Selben zum Anderen, die niemals zum Selben zurückkehrt.* Dem Mythos von Odysseus, der nach Ithaka zurückkehrt, möchten wir die Geschichte Abrahams entgegensetzen, der für immer sein Vaterland

---

[c] ‚Bloßer Wunsch' in Klammern auf deutsch im Original.

verläßt, um nach einem noch unbekannten Land aufzubrechen, und der seinem Knecht gebietet, selbst seinen Sohn nicht zu diesem Ausgangspunkt zurückzuführen. Wird das Werk bis zu Ende gedacht, dann verlangt es eine radikale Großmut des Selben, das im Werk auf das Andere zugeht. Es verlangt infolgedessen die *Undankbarkeit* des Anderen. Die Dankbarkeit wäre gerade die *Rückkehr* der Bewegung zu ihrem Ursprung. Aber andererseits unterscheidet sich das Werk vom Spiel oder der bloßen Verausgabung. Es ist nicht bloßer Verlust, und es ist nicht zufrieden mit der Bestätigung des Selben in seiner Identität, die vom Nichts umringt ist. Das Werk ist weder bloßer Erwerb von Meriten noch blanker Nihilismus. Denn wie der, welcher dem Verdienst nachjagt, so macht auch der Nihilist, unter dem Anschein der Absichtslosigkeit seines Tuns sich selbst zum Ziel. Das Werk ist daher eine Beziehung zum Anderen, der erreicht wird, ohne sich als berührt zu erweisen. Es liegt außerhalb der grämlichen Genüßlichkeit von Mißerfolg und Tröstungen, durch die Nietzsche die Religion definiert.

Aber der Aufbruch ohne Wiederkehr, der dennoch nicht ins Leere führt, würde seine absolute Güte ebenso verlieren, wenn das Werk seinen Lohn in der Unmittelbarkeit des Sieges verlangte, wenn es ungeduldig den Triumph seiner Sache erwartete. Die einseitige Bewegung würde sich in Gegenseitigkeit verkehren. Würde das Werk Ausgangs- und Endpunkt einander gegenüberstellen, so würde es sich in Gewinn- und Verlustrechnungen verzehren, es ginge in kalkulierbaren Operationen auf. Es würde sich dem Denken unterordnen. Die einseitige Tat ist nur möglich in der Geduld; die bis ans Ende durchgehaltene Geduld bedeutet für den Handelnden: darauf zu verzichten, die Ankunft am Ziel zu erleben, zu handeln, ohne das gelobte Land zu betreten.

Die Zukunft, für die das Werk unternommen wird, muß von Anfang an gesetzt werden als gleichgültig gegen meinen Tod. Das Werk, das vom Spiel und von der Berechnung gleich unterschieden ist, ist das Sein-zum-Jenseits-meines-Todes. Für den Handelnden besteht die Geduld nicht darin, seine Großmut zu hintergehen, indem er sich die Zeit einer *persönlichen Unsterblichkeit* einräumt. Wer darauf verzichtet, den Erfolg seines Werks zu erleben, hat diesen Sieg in einer Zeit ohne das Ich ; er zielt ab auf diese Welt ohne Ich, er intendiert eine Zeit jenseits des Horizontes seiner Zeit. Eschatologie ohne Hoffnung für sich oder Befreiung von meiner Zeit.

p. 192

Sein für eine Zeit, die ohne mich wäre, sein für eine Zeit nach meiner Zeit, für eine Zukunft jenseits des berühmten „Sein-zum-Tode", ein Sein-für-nach-dem-Tode – „Daß die Zukunft und die entferntesten Dinge die Regel seien für alle gegenwärtigen Tage!"[d] –, dies ist kein banaler Gedanke, der die eigene Dauer erschließt, sondern der Übergang zur Zeit des Anderen. Was einen solchen Übergang ermöglicht, soll man es Ewigkeit nennen? Aber vielleicht geht die Möglichkeit des Opfers bis ans Ende dieses Übergangs und entdeckt, daß diese Extrapolation keinen harmlosen Charakter hat: Sein-zum-Tode, um zu sein für-das-was-nach-mir-ist.

Das Werk des Selben, sofern es Bewegung zum Anderen ohne Rückkehr ist, möchte ich mit einem griechischen Terminus belegen, der in seiner primären Bedeutung die Ausübung eines Amtes bezeichnet, das nicht nur ganz und

---

[d] Vgl. HAH 43: „Im Gefängnis von Bourassol und in der Festung von Pourtalet beendet Léon Blum im Dezember 1941 ein Buch. Dort schreibt er: ‚Wir arbeiten *in* der Gegenwart, nicht *für* die Gegenwart. Wie oft habe ich nicht in den Volksversammlungen die Worte Nietzsches wiederholt und erläutert: ‚Daß die Zukunft und die entferntesten Dinge die Regel seien für alle gegenwärtigen Tage.'"

gar umsonst ist, sondern von dem, der es ausübt, einen verlorenen Einsatz fordert. Ich möchte es durch den Terminus Liturgie fixieren. Im Augenblick muß alle religiöse Bedeutung von dem Ausdruck ferngehalten werden, selbst wenn sich am Ende dieser Analyse eine gewisse Idee Gottes wie eine Spur zeigen sollte. Andererseits aber findet die Liturgie, die absolut geduldige Tat, ihren Platz nicht als Kult neben den Werken und der Ethik. Sie ist die Ethik selbst.

3. Bedürfnis und Begehren

Die liturgische Orientierung des Werkes entspringt nicht dem Bedürfnis [le besoin]. Das Bedürfnis öffnet sich auf eine Welt, die für mich ist, es kehrt zu sich zurück. Selbst in sublimierter Form, als Heilsbedürfnis, ist es noch Nostalgie, Heimweh. Das Bedürfnis ist die Rückkehr selbst, die Angst des Ich um sich, die ursprüngliche Form der Identifikation, die wir Egoismus genannt haben. Das Bedürfnis ist die Angleichung der Welt mit dem Ziel der Koinzidenz mit sich selbst oder des Glückes.
Im „Cantique des Colonnes" spricht Valéry vom „fehlerlosen Begehren". Er bezieht sich dabei wahrscheinlich auf Platon, der in seiner Analyse der reinen Lust ein Streben entdeckt hatte, das durch keinen vorherigen Mangel bedingt ist. Ich nehme diesen Terminus des Begehrens [le désir] wieder auf. Dem sich selbst zugewandten Subjekt, das gemäß der stoischen Formel durch die ὁρμή[e] oder durch die Tendenz der Beharrung in seinem Sein charakterisiert ist; dem Subjekt, dem es nach der Formel Heideggers „in seinem Sein um dieses Sein selbst geht"; dem

---

[e] Drang, Streben.

Subjekt, das sich derart als Sorge um sich selbst bestimmt – p. 193
und das im Glück sein „Für-sich" vollzieht –, stellen wir
das Begehren des Anderen entgegen, das von einem schon
erfüllten und unabhängigen Seienden ausgeht und das
nichts für sich selbst verlangt. Bedürfnis dessen, der keine
Bedürfnisse mehr hat, gibt es sich zu erkennen in dem
Bedürfnis nach dem Anderen, dem Anderen als Mitmensch; der Andere ist weder mein Feind (wie er es bei
Hobbes und Hegel ist) noch meine Ergänzung, wie noch
im Staat Platons, der nur zustande kommt, weil jedem
Individuum etwas an seinem Bestand fehlt. Das Begehren
des Anderen entsteht in einem Wesen, dem nichts fehlt,
oder genauer, es entsteht jenseits all dessen, was ihm
fehlen oder was es befriedigen kann. Dieses Begehren des
Anderen, das unser soziales Sein selbst ist, ist nicht eine
einfache Beziehung zum Sein, in der sich, gemäß unseren
Eingangsformulierungen, das Andere in das Selbe verwandelt.
Im Begehren richtet sich das Ich auf den Anderen; so
gefährdet es die selbstherrliche Identifikation des Ich mit
sich selbst, nach der allein das Bedürfnis sich sehnt und die
vom Bewußtsein des Bedürfnisses vorweggenommen
wird. Statt mich zu ergänzen und zu befriedigen, zieht
mich die Bewegung zum Anderen in eine Konstellation,
die mich von einer Seite her nicht betraf und mich
gleichgültig lassen mußte: „Was habe ich denn in dieser
Galeere zu suchen?"[f] Woher kommt dieser Schock, den
ich empfinde, wenn ich gleichgültig unter dem Blick des
Anderen vorbeigehe? Die Beziehung zum Anderen stellt
mich in Frage, sie leert mich von mir selbst; sie leert mich
unaufhörlich, indem sie mir so unaufhörlich neue Quellen
entdeckt. Ich wußte nichts von meinem Reichtum, aber

---

[f] Zitat aus Molière, Les fourberies de Scapin.

ich habe nicht mehr das Recht, etwas festzuhalten. Ist das Begehren des Anderen Hunger oder Großmut?[g] Das Begehrenswerte sättigt nicht das Begehren, sondern vertieft es, es nährt mich in gewisser Weise mit neuem Hunger. Das Begehren gibt sich als Güte zu erkennen. In einer Szene aus „Schuld und Sühne" spricht Dostojewski im Hinblick auf Sonja Marmeladowa, die den Raskolnikow in seiner Verzweiflung beobachtet, von „unersättlichem Mitleid". Er sagt nicht „unerschöpfliches Mitleid". Als ob das Mitleid von Sonja für Raskolnikow ein Hunger wäre, den Raskolnikows Gegenwart über alle Sättigung hinaus ernährte und ins Unendliche steigerte.

Die Analyse des Begehrens, das wir zunächst vom Bedürfnis zu unterscheiden hatten, wird an Bestimmtheit gewinnen durch die Analyse des Anderen, dem das Begehren gilt.

Gewiß geschieht die Erscheinung des Anderen zunächst in derselben Weise, in der alle Bedeutung hervortritt. Der Andere ist gegenwärtig in einem kulturellen Ganzen und erhält sein Licht von diesem Ganzen, wie ein Text durch seinen Kontext. Die Manifestation des Ganzen gewährleistet diese Gegenwart und dieses Gegenwärtige. Sie erscheinen kraft des Lichts der Welt. So ist das Verstehen des Anderen eine Hermeneutik und eine Exegese. Der Andere gibt sich im Rahmen der Totalität, der er immanent ist und die, entsprechend den treffenden Analysen von Merleau-Ponty, durch unsere eigene kulturelle Tätigkeit, die leibliche, sprachliche oder künstlerische Gebärde, ausgedrückt und enthüllt wird.

Aber die Epiphanie des Anderen trägt ein eigenes Bedeuten bei sich, das unabhängig ist von dieser aus der Welt

---

[g] Der französische Text spricht von ‚générosité'. Etymologisch hängt ‚générosité' mit ‚généralité' – ‚Allgemeinheit' zusammen und meint die Bereitschaft, anderen zu geben.

empfangenen Bedeutung. Der Andere kommt uns nicht nur aus dem Kontext entgegen, sondern unmittelbar, er bedeutet durch sich selbst. Seine kulturelle Bedeutung, die offenbart und sich offenbart, beides in gewisser Weise *horizonthaft,* – die sich offenbart von der historischen Welt her, der sie angehört, und die gemäß der phänomenologischen Redeweise die Horizonte dieser Welt offenbart – diese weltliche Bedeutung wird gestört und umgestoßen durch eine andere, abstrakte, der Welt nicht eingeordnete Gegenwart. Seine Gegenwart besteht darin, auf uns zuzukommen, *einzutreten.* Dies läßt sich so ausdrükken: Das Phänomen, das die Erscheinung des Anderen ist, ist auch *Antlitz,* oder auch folgendermaßen (um dieses Eintreten, das in jedem Augenblick in der Immanenz und Geschichtlichkeit des Phänomens stattfindet, zu zeigen): Die Epiphanie des Antlitzes ist *Heimsuchung.* Während das Phänomen bereits Bild ist, Manifestation, die gefangen ist in ihrer plastischen und stummen Form, ist die Epiphanie des Antlitzes lebendig. Sein Leben besteht darin, die Form aufzulösen, in der sich jedes Seiende, sobald es in die Immanenz eintritt, d. h. sobald es sich als Thema darstellt, bereits verbirgt.

Der Andere, der sich im Antlitz manifestiert, durchstößt gewissermaßen sein eigenes plastisches Wesen wie ein Seiendes, das das Fenster öffnet, auf dem indes seine Gestalt sich schon abzeichnet. Seine Anwesenheit besteht darin, sich der Form zu *entledigen,* die ihn gleichwohl manifestiert. Seine Erscheinung ist ein Mehr über die unvermeidliche Erstarrung der Erscheinung hinaus. Dies drückt die Formel aus: Das Antlitz spricht. Die Erscheinung des Antlitzes ist die erste Rede. Sprechen ist vor allem anderen diese Weise, hinter seiner Erscheinung, hinter seiner Form hervorzukommen, eine Eröffnung in der Eröffnung.

4. Die Diakonie

Die Heimsuchung des Antlitzes ist also nicht die Enthüllung einer Welt. Im Konkreten der Welt ist das Antlitz abstrakt oder nackt. Es ist seines eigenen Bildes entkleidet. Durch die Nacktheit des Antlitzes ist Nacktheit überhaupt in der Welt erst möglich.

Die Nacktheit des Antlitzes ist Entblößung ohne irgendeinen kulturellen Schmuck, Absolution, Ablösung inmitten seiner Produktion. Der *Eintritt* des Antlitzes in unsere Welt geschieht im Ausgang von einer absolut fremden Sphäre – d. h. aber gerade im Ausgang von einem Absoluten, was übrigens der eigentliche Name der tiefen Fremdheit ist. In ihrer Abstraktheit ist die Bedeutung des Antlitzes im buchstäblichen Sinne des Wortes außergewöhnlich. Wie ist eine solche Produktion möglich? Wie ist es möglich, daß sich in der Heimsuchung des Antlitzes die Ankunft des Anderen im Ausgang vom Absoluten unter gar keiner Bedingung in Offenbarung verwandelt, sei sie symbolisch oder suggestiv? Wieso ist das Antlitz des Anderen nicht einfach eine wahre *Vorstellung*, in der der Andere auf seine Andersheit verzichtet? Um auf diese Frage zu antworten, müssen wir das außergewöhnliche Bedeuten der Spur und die Ordnung des Personalen, in deren Rahmen ein solches Bedeuten möglich ist, untersuchen.

Bleiben wir im Augenblick noch bei dem Sinn, der mit der Abstraktheit oder Nacktheit des Antlitzes gegeben ist; das Antlitz öffnet uns diese Ordnung und stürzt das Bewußtsein um, das auf diese Abstraktion antwortet. Seiner Form entkleidet, ist das Antlitz durch und durch Nacktheit. Das Antlitz ist Not. Die Nacktheit des Antlitzes ist Not, und in der Direktheit, die auf mich zielt, ist es schon inständiges Flehen. Aber dieses Flehen fordert. In ihm vereinigt sich die Demut mit der Erhabenheit. Und dadurch kündigt sich die ethische Dimension der Heimsuchung an. Während die wahre Vorstellung der Möglichkeit nach Schein ist, während die Welt, die das Denken anstößt, nichts vermag gegen den freien Gedanken, der in der Lage ist, sich innerlich zu verweigern, in sich zurückzufliehen, freier Gedanke gerade angesichts des Wahren zu bleiben und an „erster Stelle" zu existieren als Ursprung dessen, was er empfängt, kraft des Gedächtnisses zu meistern, was ihm vorhergeht, während also das freie Denken „das Selbe" bleibt, nötigt sich das Antlitz mir auf, ohne daß ich gegen seinen Anruf taub sein oder ihn vergessen könnte, d. h. ohne daß ich aufhören könnte, für sein Elend verantwortlich zu sein. Das Bewußtsein hört auf, die erste Stelle einzunehmen.

So bedeutet die Anwesenheit des Antlitzes eine nicht abzulehnende Anordnung[h], ein Gebot, das die Verfügungsgewalt des Bewußtseins einschränkt. Das Bewußtsein wird durch das Antlitz in Frage gestellt. Diese Infragestellung läuft nicht auf das Bewußtsein dieser Infragestellung hinaus. Das absolut Andere spiegelt sich nicht im Bewußtsein. Es widersteht dem Bewußtsein so sehr, daß nicht einmal sein Widerstand sich in Bewußtseinsinhalt verwandelt. Die Heimsuchung besteht darin, sogar die Ichbezogenheit des Ich umzustürzen, das Antlitz entwaffnet die Intentionalität, die es anzielt.

Es handelt sich um die Infragestellung des Bewußtseins und nicht um ein Bewußtsein der Infragestellung. Das Ich verliert die unumschränkte Koinzidenz mit sich, seine Identifikation, durch die das Bewußtsein siegreich auf sich zurückkommt, um in sich selbst zu ruhen. Angesichts der

---

[h] ‚Anordnung' übersetzt das Wort ‚ordre'. ‚Ordre' kann sowohl ‚Ordnung' heißen als auch ‚Anordnung' im Sinne des Befehls.

Forderung des Anderen wird das Bewußtsein aus dieser Ruhe herausgetrieben und ist nicht das schon siegreiche Bewußtsein dieser Vertreibung. Alle Selbstgefälligkeit würde die Direktheit der ethischen Bewegung vernichten. Aber die Infragestellung dieser wilden und naturwüchsigen Freiheit, die ihrer Zuflucht in sich sicher ist, reduziert sich nicht auf diese negative Bewegung. Die Infragestellung des Selbst ist nichts anderes als das Empfangen des

p. 196 absolut Anderen. Die Epiphanie des absolut Anderen ist Antlitz, in dem der Andere mich anruft und mir durch seine Nacktheit, durch seine Not, eine Anordnung zu verstehen gibt. Seine Gegenwart ist eine Aufforderung zu Antwort. Das Ich wird sich nicht nur der Notwendigkeit zu antworten bewußt, so als handele es sich um eine Schuldigkeit oder eine Verpflichtung, über die es zu entscheiden hätte. In seiner Stellung selbst ist es durch und durch Verantwortlichkeit oder Diakonie, wie im 53. Kapitel des Buches Jesaja.

Von daher bedeutet Ichsein, sich der Verantwortung nicht entziehen können. Dieser Auswuchs an Sein, diese Übertreibung, die man Ichsein nennt, dieser Ausbruch der Selbstheit im Sein vollzieht sich als Anwachsen der Verantwortung. Die Infragestellung meiner Selbst durch den Anderen macht mich dem Anderen in unvergleichlicher und einziger Weise solidarisch. Nicht solidarisch in der Art, wie die Materie solidarisch ist mit dem Block, von dem sie einen Teil ausmacht, oder wie ein Organ mit dem Organismus, in dem es eine Funktion ausübt: Hier ist die Solidarität Verantwortung, als ob das ganze Gebäude der Schöpfung auf meinen Schultern ruhte. Die Einzigkeit des Ich liegt in der Tatsache, daß niemand an meiner Stelle antworten kann. Die Verantwortung, die dem Ich seinen Imperialismus und seinen Egoismus austreibt – sei es auch Heilsegoismus – verwandelt es nicht in ein Moment der universalen Ordnung. Sie bestätigt es in seiner Selbstheit, in seiner Funktion als Träger des Universums.

Für das Ich eine solche Ausrichtung entdecken, heißt zugleich, Ich und Sittlichkeit identifizieren. Vor dem Anderen ist das Ich unendlich verantwortlich. Der Andere, der im Bewußtsein diese ethische Bewegung hervorruft und der das gute Gewissen der Koinzidenz des Selben mit sich selbst durcheinanderbringt, bringt einen Zuwachs mit sich, der der Intentionalität nicht entspricht. Dies ist das Begehren: von einem anderen Feuer verzehrt werden als dem des Bedürfnisses, das die Sättigung löscht; über das hinaus denken, was man denkt. Wegen dieses nicht assimilierbaren Zuwachses, wegen dieses Jenseits, haben wir die Beziehung, die das Ich mit dem Anderen verbindet, Idee des Unendlichen genannt.

Die Idee des Unendlichen ist Begehren. Es besteht darin, mehr zu denken, als gedacht ist, und dabei dennoch das Mehr in seiner Maßlosigkeit im Verhältnis zum Denken zu erhalten; es besteht darin, mit dem Unfaßbaren in Beziehung zu treten und zugleich seinen Status als eines Unfaßbaren zu gewährleisten. Das Unendliche ist also nicht das Korrelat der Idee des Unendlichen, als ob die Idee eine Intentionalität wäre, die sich in ihrem Gegenstand erfüllt. Das Wunder des Unendlichen im Endlichen wälzt die Intentionalität um, verkehrt den Hunger nach Licht: Im Gegensatz zur Sättigung, die die Intentionalität befriedigt, bringt das Unendliche seine Idee aus der Fassung. In der Beziehung zum Unendlichen ist das Ich die Unmöglichkeit, seinen Gang nach vorne aufzuhalten, die Unmöglichkeit, seinen Posten, wie Platon im „Phaidon" sagt, zu verlassen; das heißt im wörtlichen Sinne, keine Zeit zu haben, um sich umzukehren. *Dies ist die Haltung, die nicht auf eine Kategorie zurückgeführt werden kann.* Sich der Verantwortung nicht entziehen kön-

p. 197

nen, kein Versteck der Innerlichkeit haben, in dem man in sich zurückgeht, vorwärts gehen ohne Rücksicht auf sich. Anwachsen der Forderungen an sich selbst: je mehr ich mich meiner Verantwortung stelle, um so mehr bin ich verantwortlich. Können, das aus Unvermögen besteht, dies ist die Infragestellung des Bewußtseins und sein Eintritt in eine Konstellation von Beziehungen, die sich scharf von der Entbergung abheben.

5. Die Spur

Aber ist das *Jenseits*, aus dem das Antlitz kommt, nicht seinerseits eine verstandene und enthüllte Idee? Wenn die außergewöhnliche Erfahrung des Eintritts und der Heimsuchung ihr Bedeuten bewahrt, so, weil das *Jenseits* nicht ein einfacher Hintergrund ist, von dem aus das Antlitz uns angeht, nicht eine „andere Welt" hinter der Welt. Das *Jenseits* ist genauso jenseits der „Welt", d. h. jenseits aller Enthüllung, wie das Eine in der ersten Hypothese des „Parmenides"; es transzendiert alle symbolische oder zeichenvermittelte Erkenntnis. „Weder ähnlich noch unähnlich, weder identisch noch nichtidentisch", sagt Platon vom Einen, indem er es gerade von jeder – auch einer indirekten – Enthüllung ausschließt. Das Symbol bezieht das Symbolisierte noch auf die Welt, in der es erscheint. Welcher Art kann unter diesen Voraussetzungen diese Beziehung zu einer Abwesenheit sein, die sich grundsätzlich der Entbergung und der Verbergung entzieht; was ist das für eine Abwesenheit, die die Heimsuchung möglich macht, ohne sie auf die Abgründigkeit zu reduzieren, da diese Abwesenheit ein Bedeuten impliziert, aber ein Bedeuten, in dem das Andere nicht zum Selben wird?
Das Antlitz ist abstrakt. Gewiß ist diese Abstraktion nicht

von der Art des sinnlichen factum brutum der Empiristen. Sie ist auch nicht der Augenblick als Schnittpunkt der Zeit, in dem die Zeit die Ewigkeit kreuzen würde. Der Augenblick gehört der Welt an. Er ist ein Schnitt durch die Zeit, der nicht blutet. Wohingegen die Abstraktion des Antlitzes Heimsuchung und Ankunft ist. Sie stört die Immanenz, ohne sich in den Horizonten der Welt festzusetzen. Die Abstraktheit des Antlitzes wird nicht erreicht durch ein logisches Verfahren, das im Ausgang von der Substanz der Seienden vom Besonderen zum Allgemeinen fortginge. Sie geht im Gegenteil auf diese Seienden zu; aber sie läßt sich nicht mit ihnen ein, zieht sich von ihnen zurück, ab-solviert sich.[i] Das Wunder des Antlitzes rührt her vom Anderswo, von wo es kommt und wohin es sich auch schon zurückzieht. Aber diese Ankunft von Woanders verweist nicht symbolisch auf dieses Woanders als Zielpunkt. Das Antlitz stellt sich dar in seiner Nacktheit; es ist nicht eine Gestalt, die einen Hintergrund verbirgt und eben dadurch auf ihn verweist, nicht eine Erscheinung, die ein Ding an sich verhüllt und eben dadurch verrät. Wäre dem so, dann hätten wir im Antlitz eine Maske, die es voraussetzt. Wenn *bedeuten* dasselbe wäre wie *bezeichnen*, dann wäre das Antlitz unbedeutend. Und Sartre, der allerdings die Analyse zu früh beendet, sagt treffend, der Andere sei ein bloßes Loch in der Welt. Der Andere kommt her vom unbedingt Abwesenden. Aber seine Verbindung mit dem absolut Abwesenden, von dem er herkommt, *bezeichnet* dieses Abwesende *nicht, enthüllt* es *nicht*; und dennoch hat das Abwesende im Antlitz eine Bedeutung. Aber dieses Bedeuten des Abwesenden ist

p. 198

---

[i] ‚Sich absolvieren' übersetzt das französische Wort ‚s'absoudre'. Dieser Ausdruck wurde einer glatteren Übersetzung vorgezogen, weil in ihm der Zusammenhang mit dem Terminus ‚absolut' sichtbar bleibt.

nicht eine Weise, in der Anwesenheit des Antlitzes qua Hohlform zur Gegebenheit zu kommen; dies würde uns noch auf einen Modus der Enthüllung zurückführen. Die Beziehung, die vom Antlitz zu dem Abwesenden geht, ist außerhalb jeder Entbergung und Verbergung, ein dritter Weg, der durch diese kontradiktorischen Termini ausgeschlossen ist. Wie ist dieser dritte Weg möglich? Waren wir aber gut beraten, dasjenige, von dem das Antlitz herkommt, als Sphäre, als Ort, als Welt zu suchen? Sind wir dem Verbot, das *Jenseits* als Welt hinter unserer Welt zu suchen, auch genügend treu geblieben? Auf diese Weise wäre die Ordnung des Seins noch vorausgesetzt. Diese Ordnung kennt keinen anderen Status als den des Offenbaren und des Verborgenen. Im Bereich des Seins verkehrt sich entdeckte Transzendenz in Immanenz, das Außerordentliche fügt sich der Ordnung, das Andere verzehrt sich im Selben. Antworten wir nicht in der Gegenwart eines Anderen auf eine Ordnung, in der das Bedeuten unaufhebbare Verwirrung bleibt, absolut verflossene Vergangenheit? Ein solches Bedeuten ist das Bedeuten der Spur. Das Jenseits, von dem das Antlitz kommt, bedeutet als Spur. Das Antlitz ist in der Spur des absolut Verflossenen, absolut vergangenen Abwesenden, zurückgezogen in etwas, das P. Valéry das „tiefe Einst, niemals genügend Einst" nennt und das keinerlei Introspektion im Sich zu entdecken vermöchte. Das Antlitz ist gerade die einzige Erschließung, in der das Bedeuten des Transzendenten nicht die Transzendenz vernichtet, um sie einer immanenten *Ordnung* einzufügen; hier im Gegenteil erhält sich die Transzendenz als immer verflossene Transzendenz des Transzendenten. In der Spur ist die Beziehung zwischen dem Bedeuteten und der Bedeutung nicht eine Korrelation, sondern die eigentliche *Unrichtigkeit*. Die vermeintlich mittelbare und indirekte Beziehung zwischen Zeichen

und Bezeichnetem bestimmt sich noch als Richtigkeit; denn sie ist Enthüllung, die die Transzendenz neutralisiert. Das Bedeuten der Spur versetzt uns in eine seitliche Beziehung; sie kann nicht in Richtigkeit umgewandelt werden (was in der Ordnung der Entbergung und des Seins unvorstellbar ist) und antwortet auf eine unumkehrbare Vergangenheit. Kein Gedächtnis vermöchte dieser Vergangenheit auf der Spur zu bleiben. Es ist eine unvordenkliche Vergangenheit, und vielleicht ist dies auch die Ewigkeit, deren Bedeuten dem Vergangenen nicht fremd ist. Die Ewigkeit ist gerade die Unumkehrbarkeit der Zeit, Quelle und Zuflucht der Vergangenheit.
Wenn aber das Bedeuten der Spur sich nicht sogleich in Geradheit verwandelt, die noch das Zeichen charakterisiert – das Zeichen erschließt das bezeichnete Abwesende und überführt es in die Immanenz – so deswegen, weil die Spur jenseits des Seins bedeutet. Die personale Ordnung, zu der uns das Antlitz nötigt, ist jenseits des Seins. *Jenseits des Seins ist eine dritte Person*, die sich nicht durch das Sich-selbst, durch die Selbstheit, definiert. Sie ist die Möglichkeit jener dritten Richtung: der radikalen Unrichtigkeit, die sich dem bipolaren Spiel von Immanenz und Transzendenz entzieht, das das Sein kennzeichnet und in dem die Immanenz immer gegen die Transzendenz gewinnt. Das Profil, das die unumkehrbare Vergangenheit durch die Spur gewinnt, ist das Profil des „ille": Jener.[k] Das Jenseits, aus dem das Antlitz kommt, ist die dritte Person. Das Pronomen Ille drückt seine nicht ausdrückbare Unumkehrbarkeit genau aus, d. h. eine Unumkehrbarkeit, die sich schon aller Entbergung wie aller Verber-

p. 199

---

[k] Mit ‚Ille' wird der französische Ausdruck ‚Il' übersetzt. Daraus leitet Lévinas in der Folge den Neologismus ‚illéité' ab. Die Übersetzung von ‚illéité' durch ‚Illeität' verbietet es, ‚Il' mit ‚Er' zu übersetzen.

gung entzogen hat, die in diesem Sinne absolut uneinnehmbar ist oder absolut, Transzendenz in einer absoluten Vergangenheit. Die *Illeität* der dritten Person ist die Bedingung der Unumkehrbarkeit.

Diese dritte Person, die sich im Antlitz bereits aus aller Entbergung und aller Verbergung zurückgezogen hat, die vorübergegangen ist – diese Illeität ist nicht ein „Weniger als das Sein" im Verhältnis zur Welt, in die das Antlitz vordringt; sie ist die ganze Ungeheuerlichkeit, die ganze Maßlosigkeit, die ganze Unendlichkeit des absolut Anderen, die der Ontologie entgeht. Die höchste Anwesenheit des Antlitzes ist untrennbar von jener höchsten und unumkehrbaren Abwesenheit, die die eigentliche Erhabenheit der Heimsuchung begründet.

6. Die Spur und die „Illeität"

Wenn das Bedeuten der Spur darin besteht, zu bedeuten, ohne in die Erscheinung zu rufen; wenn es eine Beziehung zur Illeität herstellt, die, als personale und ethische, als verpflichtende, nicht erschließt; wenn daher die Spur nicht in die Phänomenologie, in das Verstehen des „Erscheinens" und des „Sich Verbergens" gehört, so könnte man sich diesem Bedeuten wenigstens auf einem anderen Wege nähern: nämlich im Ausgang von der Phänomenologie, obwohl es die Phänomenologie unterbricht.

Die Spur ist nicht ein Zeichen wie jedes andere. Aber sie hat auch die Funktion des Zeichens. Sie kann als Zeichen gelten. Der Detektiv untersucht als Zeichen alles das, was am Ort des Verbrechens auf die willkürliche oder unwillkürliche Tätigkeit des Verbrechers hinweist; der Jäger ist dem Wild auf der Spur, die die Tätigkeit und die Gangart des Tieres, das er treffen möchte, verrät; im Ausgang von

Spuren, die ihre Existenz hinterlassen hat, entdeckt der Historiker die alten Zivilisationen als Horizont unserer Welt. Alles geht in einer Ordnung auf, in einer Welt, in der jede Sache die andere enthüllt oder sich in Abhängigkeit von ihr enthüllt.

In dieser Weise als Zeichen betrachtet, hat die Spur im Verhältnis zu den anderen Zeichen noch folgendes Außergewöhnliches: Ihr Bedeuten ist unabhängig von jeder Intention, ein Zeichen zu geben, und unabhängig von jedem Entwurf, dessen Intention dieses Bedeuten wäre. Wenn man bei Transaktionen „mit Scheck zahlt", damit die Zahlung eine Spur hinterläßt, so fügt sich diese Spur der Ordnung der Welt ein. Die authentische Spur dagegen stört die Ordnung der Welt. Sie ist eine Doppelbelichtung. Ihr ursprüngliches Bedeuten zeichnet sich ab in dem Abdruck dessen, der seine Spur hat auslöschen wollen, etwa in der Absicht, das perfekte Verbrechen zu begehen. Wer Spuren macht, indem er seine Spuren auslöscht, hat mit den Spuren, die er hinterlassen hat, nichts sagen oder tun wollen. Er hat die Ordnung auf irreparable Weise gestört. Er ist absolut vorbeigegangen. *Sein* auf die Weise des *Eine-Spur-Hinterlassens* ist Vorbeigehen, Aufbrechen, Sich-Absolvieren.

Aber in diesem Sinne ist jedes Zeichen Spur. Über das hinaus, was das Zeichen bezeichnet, ist es der Vorübergang dessen, von dem das Zeichen stammt. Das Bedeuten der Spur tritt zur Bedeutung des Zeichens, das zum Zwecke der Mitteilung gesetzt wird, hinzu. Das Zeichen hält sich in dieser Spur. Für einen Brief z. B. läge dieses Bedeuten in der Schrift und dem Stil des Briefes, in all dem, was macht, daß anläßlich der eigentlichen Sendung der Nachricht, die wir durch die Sprache des Briefes und unter Voraussetzung seiner Aufrichtigkeit aufnehmen, jemand schlicht und einfach vorübergeht. Diese Spur kann

p. 200

erneut für ein Zeichen genommen werden. Ein Graphologe, ein Kenner von Stilen oder ein Psychoanalytiker kann das eigentümliche Bedeuten der Spur zum Gegenstand der Deutung machen, um in ihr die verborgenen und unbewußten, aber wirklichen Intentionen dessen aufzusuchen, von dem die Nachricht stammt. Was aber dann im Schriftbild und im Stil des Briefes spezifisch Spur bleibt, bedeutet keine dieser Intentionen, keine dieser Qualitäten, es offenbart oder verbirgt gerade nichts. In der Spur ist eine absolut vollendete Vergangenheit vorübergegangen. In der Spur bestätigt sich ihr unumkehrbares Vergangenes. Die Enthüllung, die die Welt wiederherstellt und auf die Welt zurückführt und die das Eigentliche eines Zeichens oder einer Bedeutung ist, wird in dieser Spur getilgt.
Wäre aber dann die Spur nicht die Schwere des Seins selbst, des Seins unabhängig von seinen Akten und seiner Sprache – gewichtig nicht durch seine Gegenwart, die es der Welt zuordnet, sondern kraft seiner Unumkehrbarkeit selbst, kraft seiner Ab-solution?
Die Spur wäre die eigentliche Unauslöschlichkeit des Seins, seine Allmacht gegenüber aller Negativität, seine Unermeßlichkeit, die unfähig ist, sich in sich zu verschließen, und gewissermaßen zu groß für die Verschwiegenheit, für die Innerlichkeit, für ein Sich. Und in der Tat haben wir Wert darauf gelegt, festzuhalten, daß die Spur nicht mit etwas in Verbindung setzt, das geringer wäre als das Sein, sondern daß sie eine Bindung ist im Hinblick auf das Unendliche, das absolut Andere.
Aber diese Überlegenheit des Äußersten, diese Erhabenheit, diese ständige Erhebung zur Potenz, diese unendliche Übertreibung oder Überbietung und, sagen wir es, diese Göttlichkeit leiten sich weder aus dem Sein des Seienden ab noch aus seiner Offenbarkeit – mag sie zusammengehen mit Verborgenheit – und auch nicht aus

der „konkreten Dauer". Sie bedeuten von einer Vergangenheit her, auf die die Spur nicht *verweist* und die sie nicht anzeigt; diese Vergangenheit, die weder Entbergung noch Verbergung ist, stört die Ordnung. Die Spur ist das Einrücken des Raumes in die Zeit, der Punkt, an dem die Welt sich zu Vergangenheit und Zeit beugt. Diese Zeit ist Rückzug des Anderen; infolgedessen ist sie in gar keiner Weise Degradation der Dauer, die Dauer bleibt vollständig im Gedächtnis. Die Überlegenheit beruht nicht auf einer Gegenwart in der Welt, sondern auf der unumkehrbaren Transzendenz. Sie ist keine Variante des Seins des Daseins. Als Ille und als dritte Person ist die Transzendenz gewissermaßen außerhalb der Unterscheidung von Sein und Seiendem. Nur ein Wesen, das die Welt transzendiert, kann eine Spur hinterlassen. Die Spur ist die Gegenwart dessen, was eigentlich niemals da war, dessen, was immer vergangen ist. Plotin hatte von der Zeugung aus dem Einen einen Begriff, der weder die Unwandelbarkeit des Einen noch seine absolute Trennung anfocht. In dieser zunächst bloß dialektischen und quasi-verbalen Situation skizziert sich das außerordentliche Bedeuten der Spur in der Welt. (Diese Situation wiederholt sich hinsichtlich der Intelligenz und der Seele, die mit ihren oberen Teilen nahe ihrem Ursprung bleiben und nur mit ihren unteren Teilen sich hinabneigen; was noch eine bildliche Redeweise ist.) „Was das Prinzip angeht, was den Seienden vorausgeht, das Eine, so bleibt dieses in sich selbst; aber obwohl es bleibt, ist es nicht etwas von ihm Verschiedenes, das die Seienden, ihm gleich an Gestalt, erzeugt; hier bedarf es nur seiner, um sie zu erzeugen, die Spur des Einen läßt das Wesen entstehen, und das Sein ist nur die Spur des Einen."[1]

p. 201

---
[1] Plotin, Enneaden V, 5.

Dasjenige an der Spur eines empirischen Vorbeigehens, das über das Zeichensein, zu dem es werden kann, hinaus das spezifische Bedeuten der Spur bewahrt, ist nur möglich dank seiner Situation in der Spur jener Transzendenz. Diese Position in der Spur – wir haben sie *Illeität* genannt – hebt nicht in den Dingen an; durch sich selbst hinterlassen die Dinge keine Spuren, sondern bringen Wirkungen hervor, d. h. sie bleiben in der Welt. Ein Stein hat einen anderen geritzt. Gewiß können die Kratzer als Spur aufgefaßt werden; in Wirklichkeit aber ist der Kratzer ohne den Menschen, der den Stein gehalten hat, nur ein Effekt. Er ist ebensowenig Spur wie das Holzfeuer die Spur des Blitzes. Ursache und Wirkung, selbst wenn sie durch die Zeit getrennt sind, gehören zur selben Welt. In den Dingen ist alles dargestellt, selbst ihr Unbekanntes: Die Spuren, die sie markieren, gehören mit zu dieser Fülle der Gegenwart, ihre Geschichte ist ohne Vergangenheit. Die Spur als Spur führt nicht nur zur Vergangenheit, sondern ist das *Übergehen* selbst zu einer Vergangenheit, die entfernter ist als alle Vergangenheit und als alle Zukunft, welche noch zu meiner Zeit gehören, zur Vergangenheit des Anderen, in der sich die Ewigkeit abzeichnet – absolute Vergangenheit, die alle Zeiten eint.

p. 202 Das Absolute der Gegenwart des Anderen, das die Deutung seiner Epiphanie in der außerordentlichen Direktheit des Du erlaubt hat, ist nicht die simple Gegenwart, in der schließlich auch die Dinge zugegen sind. Ihre Anwesenheit gehört zur Gegenwart meines Lebens. Alles, was mein Leben mit seiner Vergangenheit und seiner Zukunft ausmacht, versammelt sich in der Gegenwart, aus der her mir die Dinge zukommen. Aber das Antlitz leuchtet in der Spur des Anderen: Was in ihr sich darbietet, ist auf dem Wege, sich von meinem Leben abzulösen, und sucht mich heim als ein solches, das schon ab-solviert ist. Jemand ist schon vorübergegangen. Seine Spur *bedeutet* nicht sein Gegangensein – wie sie nicht seine Arbeit oder seinen Genuß in der Welt *bedeutet*; sie ist die Verwirrung selbst, die sich mit nicht zurückweisbarem Ernst eindrückt (man möchte sagen, eingraviert).

Die Illeität jenes Ille ist nicht das *Es* der Sache, die zu unserer Verfügung steht und dem Martin Buber und Gabriel Marcel zu Recht bei der Beschreibung der menschlichen Begegnung das Du vorgezogen haben. Die Bewegung der Begegnung tritt nicht zu dem unbeweglichen Antlitz hinzu. Diese Bewegung ist in diesem Antlitz selbst. Das Antlitz ist durch sich selbst Heimsuchung und Transzendenz. Bei aller Offenheit aber kann das Antlitz zugleich in sich sein, weil es in der Spur der Illeität ist. Die Illeität ist der Ursprung der Andersheit des Seins, an der das Ansich der Objektivität teilhat und die es verrät.

Der Gott, der vorbeigegangen ist, ist nicht das Urbild, von dem das Antlitz das Abbild wäre. Nach dem Bilde Gottes sein heißt nicht, Ikone Gottes sein, sondern sich in seiner Spur befinden. Der geoffenbarte Gott unserer jüdischchristlichen Spiritualität bewahrt die ganze Unendlichkeit seiner Abwesenheit, die in der personalen Ordnung selbst ist. Er zeigt sich nur in seiner Spur, wie in Kapitel 33 des Exodus. Zu ihm hingehen heißt nicht, dieser Spur, die kein Zeichen ist, folgen, sondern auf die Andern zugehen, die sich in der Spur halten.

9. Rätsel und Phänomen

> Also wissen wir immer noch nicht,
> ob, wenn es an der Türe klingelt,
> jemand da ist oder nicht ...
> *Ionesco, Die kahle Sängerin*

p. 203 *Die vernünftige Rede und die Verwirrung*

Die Philosophie, so könnte man meinen, schreitet als vernünftige Rede von Evidenz zu Evidenz; sie wäre ausgerichtet auf das, was man sieht, auf das, was sich zeigt, ausgerichtet infolgedessen auf die Gegenwart. Der Terminus *Gegenwart* suggeriert sowohl die Idee einer bevorzugten Stelle in der Zeitreihe als auch die Idee des Erscheinens. In der Idee des Seins kommen beide zusammen. Als Gegenwart schließt das Sein das Nichtsein, das Vergangenheit und Zukunft auszeichnet, aus sich aus: aber es versammelt ihre Rückstände und ihre Keime; in der Struktur sind sie gegenwärtig. Das Sein ist Offenstehen für die Erscheinung, in ihm sind die ungewisse Erinnerung und die dem Zufall anheimgegebene Vorhersicht verankert; Sein heißt Gegenwärtigsein für den Blick und die Rede, heißt Erscheinen, Phänomen.

So ist die Philosophie, als auf die Gegenwart ausgerichtete Rede, Seinsverständnis oder Ontologie oder Phänomenologie. Die Philosophie umfaßt auch das, worin diese Rede zunächst enthalten oder was über die Rede hinauszugehen schien, was aber, sofern es gegenwärtig, d. h. entdeckt ist, sich dem Logos einfügt, sich seiner Ordnung unterwirft; auch ihm weist die Philosophie in der Ordnung ihrer Rede eine Stelle an. Ja, sie nimmt auch von der Vergangenheit und der Zukunft in ihre Ordnung auf, was sich davon in der Gegenwart anzeigt. Das Sein und die Rede haben dieselbe Zeit, sie sind gleichzeitig. Eine Rede, die nicht in der Gegenwart verankert wäre, würde über die Vernunft gehen. Jenseits dessen, was sich in der Gegenwart anzeigt, gibt es nur eine unsinnige Rede.

Das menschliche Denken hat indes Begriffe gekannt oder im Zustand des Wahnsinns mit Begriffen gearbeitet, die den Trennstrich zwischen Gegenwart und Abwesenheit nicht so streng zogen, wie es die Idee des Seins oder die Idee eines um die Gegenwart versammelten und geknüpften Werdens gefordert hätten. So die platonischen Begriffe des Einen und des Guten. So der Begriff Gottes; ihn vermag ein Denken auszusprechen und in die Philosophie einzuführen, das wir als Glauben bezeichnen. Ist es nicht Wahnsinn, Gott die Fülle des Seins zuzusprechen? In der Wahrnehmung ist er immer abwesend. Er zeigt sich auch nicht im moralischen Verhalten der Welt; das moralische Verhalten der Welt unterliegt der Gewalt; hier kommt der Friede nur momentan um den Preis eines Blutzolls, der irgendeinem Minotaurus zu entrichten ist, zustande, um den Preis von Demütigungen und politischer Schläue; im moralischen Verhalten ist die „Gegenwart" Gottes ungewisse Erinnerung oder unbestimmte Erwartung. Den Widerspruch zu ertragen, der zwischen der Existenz Gottes, sofern sie in seinem Wesen eingeschlossen ist, und der skandalösen Abwesenheit ebendieses Gottes besteht, ist der Prüfstein für die Einführung ins religiöse Leben, an dem sich Philosophen und Gläubige trennen. Es sei denn, daß die hartnäckige Abwesenheit Gottes eines jener Paradoxe darstelle, die uns auf die großen Wege vorrufen.

Vielleicht liegt die Unmöglichkeit für Gott, in einer Erfahrung zu erscheinen, nicht am endlichen oder sinnlichen Wesen dieser Erfahrung, sondern am Denken überhaupt seiner Struktur nach. Diese Struktur besteht in der

p. 204

Wechselseitigkeit. In der Wechselseitigkeit würde die Göttlichkeit Gottes zerstieben wie die Wolken, die dazu dienen, seine Gegenwart zu beschreiben. Alles, was seine Heiligkeit, d. h. seine Transzendenz, hätte bezeugen können, würde im Lichte der Erfahrung sogleich sein eigenes Zeugnis dementieren, und zwar schon aufgrund seiner Gegenwart und seiner Intelligibilität, d. h. aufgrund seiner Verknüpfung mit den Bedeutungen, die die Welt konstituieren. Erscheinen, Scheinen, heißt, den Termini einer bereits bekannten Ordnung schon gleich sein, sich mit ihnen einlassen, sich ihnen angleichen. Gehört die Unsichtbarkeit Gottes nicht einem anderen Spiel an, einem Zugang, der sich nicht gemäß der Gegenseitigkeit von Subjekt und Objekt polarisiert, sondern sich als Drama zwischen mehreren Personen entfaltet?

Damit haben wir bereits dem Schluß vorgegriffen. Wir wollen den Ausgangspunkt festhalten: das Nicht-Erscheinen, die Unsichtbarkeit, die die Sprache ausdrückt. Diese Weigerung, sich darzustellen, impliziert nicht notwendig eine Vorliebe für verborgene Aufenthalte. Das Überbieten oder die Hyperbel, die die Sprache durch den Superlativ des höchsten Wesens zu sagen vermag, bewahrt die Spur eines Jenseits des Seins, wo die Zeit sich nicht auf Tag und Nacht verteilt, die in der Dämmerung koexistieren können. Diese Spur des Jenseits wird getragen von einer Zeit, die nicht identisch ist mit jener Zeit, die die Ausuferungen der Gegenwart mittelst der Erinnerung und der Hoffnung zurückfluten läßt zur Gegenwart. Könnte also der Glaube beschrieben werden als die Ahnung einer Zeit, deren Augenblicke sich nicht mehr der Gegenwart verschwistern als ihrem Ziel- oder Ursprungspunkt? Von daher eine Diachronie, die das Subjekt verwirrt,[1] die aber die

---

[1] „Die Geschichte des Wahnsinns" von Michel Foucault gestattet die

Transzendenz kanalisiert. Ist die Transzendenz ein Denken, das über das Sein hinauszugehen wagt, oder ein Zugang² zum Jenseits des Denkens, das die Rede zu sagen wagt und dessen Spur und Modalität sie bewahrt? Aber vereint die Ahnung einer Zeit, deren Momente sich nicht auf die Gegenwart beziehen, nicht wieder alles in der Gegenwart der Ahnung? Schon kehrt die Wechselseitigkeit oder die Struktur wieder: Die Transzendenz macht sich der Rede gleichzeitig und kehrt zurück in die unzerstörbare Ordnung des Seins, in seine indifferente Gleichzeitigkeit, d. h. in die Totalität, die ihm einen Sinn verleiht. Gibt es auf der Welt irgend etwas, das dieser primordialen Ordnung der Gleichzeitigkeit zu widerstehen vermöchte, ohne sogleich aufzuhören zu bedeuten? Ist eine wirklich diachrone Transzendenz mehr als eine

p. 205

Verwendung solcher Ausdrücke; man bezieht sich damit nicht bloß auf die irre Vernunft im Sinne einer sich täuschenden Vernunft.

² Dieser Zugang geschieht im *Gefühl*, dessen grundlegende Spannung das Begehren ist; Begehren in dem Sinne, den wir diesem Terminus in „Totalité et infini" gegeben haben; im Unterschied zu Hang und Bedürfnis gehört das Begehren nicht zur Aktivität, sondern stellt die Intentionalität des Affektiven dar. Man kann sich fragen, ob die sehr bedeutenden und entmystifizierenden kritischen Einwendungen, die Michel Henry gegen die Intentionalität gemacht hat und denen zufolge die Intentionalität der Affektivität trotz der Analysen von Scheler und Heidegger einen intellektuellen Ursprung behalten (vgl. l'essence de la manifestation, p. 707–757), zureichen, jede Bewegung der Transzendenz aus dem Gefühl zu verbannen. Man muß freilich dazu sagen, daß diese Transzendenz darin besteht, über das Sein hinauszugehen, das heißt, daß hier die Intention etwas anzielt, was sich der mit aller Intention als solcher gegebenen Korrelation entzieht, was daher auf gar keine Weise – sei es auch begrifflich – vorgestellt werden kann. Gerade in seiner Zweideutigkeit ist das primordiale Gefühl dieses Begehren des Unendlichen, Beziehung zum Absoluten, das sich nicht zum Korrelat macht und infolgedessen das Subjekt in einem gewissen Sinn in der Immanenz läßt. Ist dies nicht die Immanenz, die Jean Wahl einmal „die größte Immanenz" genannt hat, „diejenige, die darin besteht, die Transzendenz zu transzendieren, d. h. in die Immanenz zurückzufallen" (vgl. Existence humaine et transcendance, p. 38)?

grundlose Einbildung, das trügerische Spiel der Meinung und der positiven Religionen?

Alles hängt ab von der Möglichkeit, in einem Bedeuten mitzuschwingen, das der Rede, die es auffaßt, nicht synchron ist und sich nicht ihrer Ordnung einfügt; alles hängt ab von der Möglichkeit einer Bedeutung, deren Bedeuten in einer nicht reduzierbaren Verwirrung geschähe. Könnte die formale Beschreibung einer solchen Verwirrung versucht werden, so würde sie uns gestatten, eine Zeit und eine Intrige und Normen zu nennen, die nicht auf das Seinsverständnis, das vermeintliche Alpha und Omega der Philosophie, zurückgehen.

Der Ruf zurück zur Ordnung

Wie wäre eine solche Verwirrung möglich?

Wenn das Andere sich dem Selben darstellt, so konstituiert die Mitgegenwart des Anderen und des Selben sogleich eine Ordnung. Sofern eine Unstimmigkeit inmitten dieser Ordnung vorkommt, liegt in ihr die Aufforderung, eine neue Ordnung zu suchen, in der die frühere Unstimmigkeit aufgehoben wäre: Die Nichtübereinstimmung wird Problem. So ist die Wissenschaft von gestern angesichts der neuen Tatsachen von heute auf dem Wege zur Wissenschaft von morgen.

p. 206 Bergson hat uns gelehrt, daß die Unordnung, wie das Nichts, eine relative Idee ist.[3] Ist für die absolute Verwir-

---

[3] Vladimir Jankélévitch indes sucht die Ordnung zu durchbrechen mit dem Begriff der Ahnung, unabhängig davon, ob die Regelhaftigkeit der Phänomene diesen Durchbruch wieder schließt, wie die Wellen des Roten Meeres den Durchgang, der sie eine Nacht unterbrochen hatte. Sein ganzes jüngeres Werk und insbesondere die „Philosophie du presque" spricht es mit unnachahmlicher Genauigkeit und unnachahmlichem Scharfsinn aus. Unser Versuch steht sehr in seiner Schuld.

rung gefordert, daß eine absolute Andersheit in das Selbe einbricht, die Andersheit des Anderen? Ein Unbekannter hat an meiner Türe geläutet und meine Arbeit unterbrochen. Ich habe ihn um ein paar Illusionen ärmer gemacht. Aber er hat mir seine Angelegenheiten und seine Schwierigkeiten eröffnet und dadurch mein gutes Gewissen getrübt. Die Störung, der Zusammenstoß zweier Ordnungen, mündet in einen Ausgleich, in die Einrichtung einer neuen Ordnung; diese weitere Ordnung, die der globalen – und in diesem Sinne letzten oder ursprünglichen – Ordnung näher ist, leuchtet durch diesen Konflikt hindurch.

Auch der Andere also kann nicht erscheinen, ohne auf seine radikale Andersheit zu verzichten, ohne in eine Ordnung einzutreten. Die Einbrüche in die Ordnung kehren in die Ordnung zurück; ihr Gewebe ist unvernutzbar; in den Brüchen tritt es hervor; es ist die Totalität. Das Ungewöhnliche wird verstanden. Die scheinbare Einmischung des Anderen in das Selbe ist im vorhinein arrangiert gewesen. Die Verwirrung, der Zusammenstoß einer Ordnung mit einer anderen Ordnung verdient daher keine Aufmerksamkeit. Es sei denn, daß man an Abstraktionen festhält. Wer aber möchte ein solches Vorurteil zugeben? Die Störung wurde zum Vorläufer für eine konkretere Totalität, für eine Welt, für eine Geschichte. Dieser schrille Klingelton hat sich in Bedeutungen aufgelöst. Der Bruch in meinem Universum war die Ankunft einer neuen Bedeutung. Alles läßt sich verstehen, alles rechtfertigen, alles verzeihen. Und das Überraschende an diesem Antlitz vor der Tür? Man wird diese Überraschung in Abrede stellen. Man wird auf die Ordnung achten, in der die Störung aufgehoben ist, auf die Geschichte, in deren Rechnung die Menschen, ihr Elend und ihre Verzweiflung, ihre Kriege und Opfer, das Furchtbare und das

Erhabene, aufgehen. Wie Spinoza wird man die Möglichkeit eines Irrtums bezweifeln, sofern er nicht auf einer Teilwahrheit beruht und auf dem Wege zur ganzen Wahrheit ist. Man wird sich für das ununterbrochene Gespräch begeistern, das allein der Tod zu unterbrechen vermöchte, wäre es nicht gegen den Tod gefeit durch die unsterbliche Intersubjektivität (Ist sie unsterblich? – diese einst absurde Frage kann man sich stellen)[4]. So wäre alles, was wirklich ist, sinnvoll, und jede Handlung erschiene als der Abschluß einer vernünftigen Überlegung. Ein geregelter Gang ohne Abkürzungen: Der Kurzschluß brächte offenbar nur die Nacht der Träume zustande.

p. 207 *Die Nähe, der Ausdruck und das Rätsel*

Aber die Verwirrung durch diese plötzliche Ankunft, geht sie auf im Lichte der neuen Ordnung, ohne daß etwas hervorträte? Absorbiert die neue Ordnung in ihrem siegreichen Licht die ungewöhnliche Heimsuchung, so wie die Geschichte die Spur des Blutes und der Tränen auslöscht? Gab es nicht Ausdruck, und zwar durch die unzerreißbare Verknüpfung der Bedeutungen, die über die historische Konstellation entscheiden, hindurch, direkte Aufforderung des Antlitzes, das aus der Tiefe kam und den Faden des Zusammenhangs trennte? Ist uns nicht ein Nächster nahegetreten?[5]

Wie hat sich der Nächste aus dem Kontext losgerissen?

---

[4] Jean Hyppolite, Leçon inaugurale au Collège de France. Vgl. auch Jacques Derrida, Introduction, in: E. Husserl, L'origine de la géométrie.
[5] Diesen Ausdruck, der uns die Gemeinsamkeit der Nachbarschaft nahezulegen schien, haben wir früher abgelehnt; wir gebrauchen ihn jetzt zur Betonung des Plötzlichen der Störung. Dieses Plötzliche ist gegeben mit dem Nächsten als Nächstbestem. Vgl. Bulletin de la Société française de philosophie, Juli-September 1962, p. 107/108 (Sitzung vom 27. Januar 1962).

Wie konnte er sich nähern und mir ins Gesicht sehen, ohne sich sogleich zu einer Bedeutung zu versteinern, die ihr Profil aus dem Kontext gewinnt? Woher sollen in einem Universum der Vermittlungen die Nähe und die Geradheit kommen? Woher kommt der Ausdruck, woher kommt das *Sagen* in einem Universum *gesagter* Bedeutungen, in einem Universum von Strukturen – nämlich Natur und Geschichte –, die in der Äußerlichkeit, die ihnen als Phänomenen zukommt, jedermann sichtbar sind? Beziehen sich etwa der Ausdruck und die Nähe zurück auf eine Dimension der Tiefe?

Man täte Recht daran, dieser Formel zu mißtrauen, wenn mit ihr gesagt sein sollte, daß die Phänomene *auf* eine Ordnung von „Dingen an sich" *verweisen*, deren Zeichen sie wären oder die sie wie ein Schirm verhüllten. Denn „Verweis" und „Beziehung" stellen zwischen dem bezeichnenden und dem bezeichneten Terminus erneut einen Zusammenhang her, eine Gleichzeitigkeit, und schaffen die Tiefe ab. Eine Beziehung, die keine Gleichzeitigkeit zwischen den Termini schafft, sondern in die Tiefe gräbt, aus der sich der Ausdruck nähert, müßte sich auf eine unumkehrbare, unvordenkliche, unvorstellbare Vergangenheit beziehen.

Wie aber sich auf eine irreversible Vergangenheit beziehen, d. h. auf eine Vergangenheit, die dieser Bezug selbst nicht zurückbringt, im Gegensatz zum Gedächtnis, das die Vergangenheit wiederholt, im Gegensatz zum Zeichen, das das Bezeichnete einholt? Es bedürfte einer Anzeige, die zugleich den Rückzug des Angezeigten bestätigt, statt eines Bezugs, der es einholt. Dieser Art ist die Spur dank ihrer Leere und ihrer Verlassenheit[a]. Ver-

---

[a] ‚Verlassenheit' übersetzt das Wort ‚désolation'. ‚Désolation' hat eine dreifache Sinnesimplikation: 1) Verheerung, Verwüstung; 2) Einsamkeit, Verlassenheit (lat. solus); 3) Trauer und Trostlosigkeit.

lassenheit, die nicht aus Erinnerungen besteht, sondern aus einem Vergessen, das dabei wäre zu geschehen, das dabei wäre, die Vergangenheit abzuscheiden, aber einem Vergessen, das überrascht wird, noch bevor dieses „Vergessensgeschehen" sich selbst zu einer Bindung wandelt, aufs Neue diese absolute Vergangenheit mit der Gegenwart verknüpft und Erinnerung wird. Aber welche ist diese ursprüngliche Spur, diese primordiale Verlassenheit? Die Nacktheit des Antlitzes, das mir entgegentritt,

p. 208   sich ausdrückt: Sie unterbricht die Ordnung. Wenn aber die Unterbrechung nicht durch den unterbrochenen Kontext zurückgenommen wird, um von ihm einen Sinn zu empfangen, so deswegen, weil die Unterbrechung immer schon ab-solut war: Die Partie wurde aufgegeben, bevor sie begonnen hatte, die Los-Lösung hat vor der Bindung stattgefunden: das Antlitz ist Untergang und nackt. Dank dieses Untergangseins, dank dieser Geworfenheit und dieser Schüchternheit, die das Wagen nicht wagt, dank dieser Bitte, die nicht die Stirn hat zu bitten und genau das Gegenteil der Verwegenheit ist, dank dieser bettelnden Forderung hat der Ausdruck nicht mehr teil an der Ordnung, aus der er sich losreißt; aber gerade so tritt der Ausdruck im Antlitz entgegen, nähert er sich und verwirrt in absoluter Weise.

So allerdings wäre die Spur bloßes Zeichen eines Fortgehens. Gewiß kann sie Zeichen werden. Aber bevor die Spur als Zeichen bedeutet, ist sie im Antlitz die eigentliche Leere einer unwiederholbaren Abwesenheit. Das Gähnen der Leere ist nicht nur Zeichen einer Abwesenheit. Der Strich, der sich im Sand abzeichnet, ist nicht Element eines Pfades, sondern gerade die Leere selbst des Vorübergehens. Und was sich zurückgezogen hat, wird nicht erinnert, kehrt nicht zur Gegenwart, und sei sie zeichenvermittelt, zurück.

Die Verwirrung ist eine Bewegung, die nicht irgendeine feste Ordnung im Konflikt oder in Übereinstimmung mit einer gegebenen Ordnung voraussetzt; sie ist vielmehr eine Bewegung, die die Bedeutung, die sie brachte, schon mit sich fortträgt. Die Verwirrung verwirrt die Ordnung, ohne sie ernsthaft zu stören. Sie tritt auf so subtile Weise ein, daß sie sich schon zurückgezogen hat, es sei denn, wir hielten sie fest. Sie schleicht sich ein – sie zieht sich zurück, bevor sie eintritt. Sie bleibt nur bei dem, der bereit ist, ihr zu entsprechen. Andernfalls hat sie bereits die Ordnung wiederhergestellt, die sie störte: Es hat geklingelt, und niemand ist an der Tür. Hat es geklingelt? Die Sprache ist sowohl im guten wie im bösen die Möglichkeit einer rätselhaften Zweideutigkeit, die die Menschen mißbrauchen. Ein Diplomat macht einem anderen Diplomat einen außergewöhnlichen Vorschlag; aber dieser Vorschlag wird derart in Worte gefaßt, daß, wenn man will, nichts gesagt worden ist. Die Kühnheit zieht sich zurück und erlischt in den Worten selbst, die sie tragen und erleuchten. Orakelhafte Duplizität: Die Aus-Schweifungen stekken in den Worten, die die Weisheit verbürgen. Ein Verliebter macht Versuche der Annäherung, aber der Anstand der Rede und der Haltung bleiben trotz der provozierenden oder verführerischen Geste gewahrt; der Verliebte zieht sich aus ihnen so leicht zurück, wie er sich eingeschlichen hat. Und Gott hat sich auf einem Berge oder in einem Dornbusch, den der Brand nicht aufzehrt, offenbart; oder er hat sich in Büchern bezeugen lassen. Und wenn es ein Gewitter wäre! Und wenn die Bücher von Träumern herrührten! Vertreiben wir aus dem Geist den trügerischen Anruf! Die Einflüsterung selbst fordert uns dazu auf. Es liegt an uns, oder, genauer, es liegt *an mir*, diesen Gott ohne Verwegenheit festzuhalten oder zurückzustoßen: diesen Gott, der im Exil ist, weil alliiert mit dem Verlierer, verfolgt und von daher ab-solut; der eben den Moment, in dem er sich anbietet und verkündet, in seiner Artikulation verwirrt; der unvorstellbar ist.

p. 209 Diese Weise des Anderen, um meine Anerkennung nachzusuchen und dennoch zugleich das *Inkognito* zu wahren, die Zuflucht zum einverständlichen oder komplizenhaften Augenzwinkern zu verschmähen, diese Weise, in Erscheinung zu treten, ohne zu erscheinen, nennen wir – unter Bezug auf die Etymologie dieses griechischen Wortes und im Gegensatz zum siegreichen und indiskreten Erscheinen des *Phänomens* – Enigma, Rätsel.

Eine neue Modalität

Das Wesentliche liegt hier in der Art, wie ein Sinn, der jenseits des Sinnes ist, sich dem Sinn, der in der Ordnung bleibt, einfügt, in der Art, wie der eine als schon erloschener im anderen leuchtet, in der Art, wie er hervortritt, indem und während er sich zurückzieht. Das Rätsel ist nicht eine bloße Zweideutigkeit, in der die beiden Bedeutungen die gleiche Chance und das gleiche Licht haben. Im Rätsel ist der unmäßige Sinn schon im Erscheinen ausgelöscht. Der Gott, der gesprochen hat, hat nichts gesagt, ist inkognito vorübergegangen; alles im Lichte des Phänomens widerlegt, dementiert, verdrängt, verfolgt ihn. Der kierkegaardsche Gott, der sich nur offenbart, um verfolgt und verleugnet zu werden, der sich nur offenbart in dem Maße, in dem er fortgejagt wird, dergestalt, daß die Subjektivität, verzweifelt in ihrer Einsamkeit, in der diese unbedingte Demut sie läßt, gerade der Ort selbst der Wahrheit wird – der kierkegaardsche Gott ist nicht nur Träger gewisser Attribute der Demut, sondern eine Weise der Wahrheit; diese Wahrheit wird nicht bestimmt durch das Phänomen, durch Gegenwart und Gleichzeitigkeit; sie mißt sich nicht an der Gewißheit. Es ist eine Wahrheit, die nicht auf das Phänomen zurückgeführt werden kann. Daher ist sie wesentlich für eine Welt, die nicht mehr zu glauben vermag, daß die Bücher über Gott die Transzendenz als Phänomen und das Ab-solute als Erscheinung bezeugen. Und ohne die guten Gründe, die der Atheismus vorbringt, hätte es kein Rätsel gegeben. Jenseits des Heilsdramas, das für Kierkegaard, den christlichen Denker, sich in der Existenz abspielte, die er fixiert und beschrieben hat, scheint uns sein eigentlich philosophisches Werk in der formellen Idee einer Wahrheit zu liegen, die im Namen der universal evidenten Wahrheit verfolgt wird, in der formellen Idee eines Sinnes, der in einem Sinn verblaßt, eines Sinnes, der also schon vorübergegangen ist und verjagt, der die *unverrückbare Gleichzeitigkeit* des Phänomens zerbricht. Der Gott, „der bei dem Reuigen und Demütigen bleibt" (Jesaja 57, 15), am Rande, „verfolgte Wahrheit", ist nicht nur eine religiöse „Tröstung", sondern der ursprüngliche Riß der „Transzendenz". Hier schürzt sich der Knoten einer Intrige, die sich aus dem Abenteuer des Seins, das im Bereich des Phänomens und der Immanenz bestanden wird, absondert, eine neue Modalität, die sich ausspricht in diesem „Wenn man will" und diesem „Vielleicht"; man darf sie nicht zurückführen auf die Möglichkeit, die Wirklichkeit und die Notwendigkeit der formalen Logik, auf die sogar der Skeptizismus sich bezieht.[6]

---

[6] „La pensée interrogative" von Jeanne Delhomme erneuert das Problem der Modalität; aber über dieses Problem hinaus erneuert sie das Problem von Dogmatismus und Skeptizismus, indem sie dem kategorischen Urteil und selbst der Gewißheit des Cogito das Recht abspricht, für die Modalität maßgeblich zu sein. Die Gewißheit ihrerseits muß gemessen werden an der Frage; diese ist der Anfang des Bewußtseins als Bewußt-

p. 210 Die Verwirrung ist also nicht das Aufbrechen einer für die Ordnung zu engen Kategorie, sie bringt nicht die Ordnung in der Fassung einer erweiterten Kategorie zur Geltung. Sie ist auch nicht der Schock eines einstweiligen Unverstehens, das bald in Verstehen *übergehen* wird. Nicht als irrationale oder absurde verwirrt die Verwirrung; denn das Irrationale bietet sich im Bewußtsein dar und klärt sich im Rahmen der Intelligibilität, wo es schließlich Platz findet und sich definiert. Niemand ist irrational mit dem Bewußtsein, es zu sein.
In der Verwirrung überraschen wir nicht das Absurde. Sie ist vielmehr dadurch möglich, daß in eine gegebene Ordnung eine andere Ordnung eintritt, die sich mit der ersten nicht verträgt. Daher schließt die Verwirrung die bloße Parallelität zweier Ordnungen aus, die im Bezug von Zeichen und Bezeichnetem, von Erscheinung zu Ding an sich stünden und zwischen denen – wir haben es schon gesagt – die Beziehung gerade die Gleichzeitigkeit einer einzigen Ordnung wiederherstellen würde. Aber es handelt sich auch nicht um das Zusammentreffen von zwei Reihen von Bedeutungen, die mit gleichem Recht dasselbe Phänomen für sich in Anspruch nähmen, wie wenn man eine Revolution zugleich auf politische und auf ökonomische Gründe oder ein Kunstwerk sowohl auf die Biographie des Künstlers als auch auf seine Philosophie bezieht; oder wenn, in der Zweideutigkeit der Metapher, der

---

sein. Was man das „erste Licht" des Bewußtseins nennt, ist von Anfang an und wie ein Schwindel ein „Ich frage mich" und nicht ein „Ich verstehe das Sein"; das „Ich... mich" der Frage wäre die erste Reflexion. Unser eigener Versuch, die Spur als Leeres zu begreifen, das sich weder auf das (dem Sein gleichzeitige!) Nichts reduziert noch darauf, Zeichen einer abwesenden und durch die Vorstellung wieder zu gewinnenden Fülle zu sein, trifft sich trotz der ganz verschiedenen Orientierung der Bemühung in vielen Punkten mit der Frage von J. Delhomme.

wörtliche Sinn vom übertragenen Sinn zwar untrennbar ist, aber dennoch, obwohl er ihn nährt, nicht in ihm aufgeht und in ihm erlischt, so daß beide Sinne sichtbar bleiben, beide dem Licht zugewandt. In den beiden betrachteten Fällen sind die verschiedenen Ordnungen gleichzeitig oder haben einen Punkt der Berührung oder des Synchronismus. Würde sich eine Ordnung aus der anderen losreißen, so wäre dies schon gegenseitige Teilhabe. *Die inhaltliche Differenz hat nicht die Kraft, die kontinuierliche Form, das unabnutzbare Gewebe, das auch noch diese Differenz ordnet, zu zerreißen.*
Für die Möglichkeit der Verwirrung muß man eine spaltbare Gegenwart fordern, die sich noch in ihrer Punktualität „destrukturiert". Die die Ordnung verwirrende Andersheit kann nicht zurückgeführt werden auf die Differenz, die der Blick sichtbar macht, der vergleicht und gerade dadurch das Selbe und das Andere vergleichzeitigt. *Die Andersheit, ereignet sich als ein Abstand und eine Vergangenheit,* die keine Erinnerung zur Gegenwart zu erwecken vermöchte. Und dennoch vermag sich die Verwirrung nur als Dazwischenkunft. Es bedarf also eines Fremden, der kommt, gewiß, aber der schon fort ist, *bevor* er ankommt, ab-solut in seiner Erscheinung. „Zumal" würde für den Bruch der Ordnung nicht ausreichen. Soll das Losreißen aus der Ordnung nicht ipso facto Teilhabe an der Ordnung sein, muß dieses Losreißen, muß diese Abstraktion dank eines äußersten Anachronismus seinem Eintritt in die Ordnung vorhergehen, darf das Vergangensein des Anderen niemals Gegenwart gewesen sein.

Dieser Anachronismus ist weniger paradox, als er erscheint. Dieser Anachronismus *stürzt* die zeitliche Kontinuität des Bewußtseins *um,* so oft es „Bewußtsein" des Anderen ist, so oft „gegen alle Erwartung", gegen alle

p. 211

Aufmerksamkeit und alle Vorhersicht, das „Sensationelle" die Empfindung, von der es gebracht wird, umstülpt.[b] Die *Spitze* – der Wollust –, noch erhoben, ist schon gefallen. Außer Atem vor Spannung oder Entspannung hält sich das Selbstbewußtsein im Vorher oder Nachher. In der *Zwischenzeit* wendet sich das erwartete Geschehen in Vergangenheit, ohne in irgendeiner Gegenwart erlebt zu sein, ohne daß ihm beizukommen wäre. Etwas geschieht zwischen der Abenddämmerung, in der sich die ekstatischste Intentionalität, die aber immer zu kurz trägt, verliert (oder sammelt), und dem Tagesanbruch, bei dem das Bewußtsein auf sich zurückkommt, aber schon zu spät für das Geschehen, das sich entfernt. Die großen „Erfahrungen" unseres Lebens sind nie im eigentlichen Sinne des Wortes erlebt worden. Kommen nicht vielleicht die Religionen auf uns zu aus einer Vergangenheit, die nie reines Jetzt war? Ihre Größe hängt zusammen mit jener Maßlosigkeit, die das Aufnahmevermögen des Phänomens, der Gegenwart und der Erinnerung, überschreitet. Der Stimme, die aus dem brennenden Dornbusch ruft, antwortet Moses: „Hier bin ich", aber er wagt nicht, den Blick zu heben. Die glorreiche Theophanie, die durch soviel Demut möglich wird, wird verpaßt gerade dank dieser Demut, die die Augen senken macht.[7] Später auf dem Fels Horeb erkühnt er sich zu erkennen, aber die Glorie widersetzt sich der Kühnheit, die sie sucht. Transzendenz – reines Vorübergehen –, zeigt sie sich vergangen. Sie ist Spur.

---

[7] Vgl. Traktat Berakhot 7 a, die Stelle, die sich auf Exodus III, 6 bezieht.
[b] ‚Empfindung' übersetzt den Ausdruck ‚sensation'. Daher ist ‚sensationnel' zweideutig: Einerseits ist es das Aufregende, Außergewöhnliche; andererseits ist es das Empfindungsmäßige, das Eigentliche der Empfindung.

Das Rätsel kommt nicht dann und wann das phänomenale Erscheinen stören, als ob diese Erscheinung, die der Erkenntnis angemessen, d. h. rational ist, unterbrochen würde durch geheimnisvolle Inseln des Irrationalen, auf denen die zweideutigen Blumen des Glaubens wachsen. Das Rätsel erstreckt sich soweit wie das Phänomen; das Rätsel trägt die Spur des Sagens, das sich aus dem Gesagten schon zurückgezogen hat. Alle Augenblicke der historischen Zeit sind spaltbar; die Verkettung des Gesagten kann unterbrochen werden. Es handelt sich hier auf gar keinen Fall um eine anthropologische Sonderheit – wie die Sprache selbst nicht die Phänomene verdoppelt, damit die Menschen sie sich untereinander anzeigen können. Die Bedeutungen der Natur sind nicht nur das Resultat eines ich weiß nicht wie zustande gekommenen Sinntransfers des Anthropologischen auf das Naturhafte. Das menschliche Antlitz ist das eigentliche Angesicht der Welt, und das menschliche Individuum taucht wie alle Dinge in einer schon menschlichen Welt auf. Nicht in einer namenlosen Menschlichkeit, sondern in einer Menschlichkeit, die anvisiert ist in dem Menschen, der, wenn sein Antlitz aufleuchtet, genau der ist, den man erwartete. Die menschliche Sexualität ist vielleicht nichts als die Erwartung eines bekannten aber unerkannten Antlitzes. Die Bedeutungen, die sich verknüpfen, bedecken die Spur des *Sagens*, das sie so hinterlassen hat, wie der Künstler des perfekten Verbrechens die Spuren seiner Gewalt hinterläßt. Phänomene, die der Verwirrung ausgesetzt sind, Verwirrung, die sich zur Ordnung rufen läßt – dies ist die eigentliche Zweideutigkeit des Rätsels. Die Erscheinung gedeiht zum Ausdruck, Haut, die verödet ist in einem unumkehrbaren Abschied und die zurückkehrt zum Zustand einer sandigen Falte auf der Erde, den Abschied sogleich verleugnend, indem sie auch die Erinnerung an

p. 212

ihn vertreibt. Aber die Kruste der Erde bleibt durchlässig für den Ausdruck, und der Raum, „reine Form der Sinnlichkeit" und „Gegenstand der Geometrie", gähnt wie eine Leere, in der das Unumkehrbare ohne Vorstellung bleibt. Der Ausdruck, das Sagen, tritt nicht zu den Bedeutungen, die in der Klarheit des Phänomens „sichtbar" sind, hinzu, um sie zu modifizieren und zu vernebeln und um „poetische", „literarische", „verbale" Rätsel in sie hineinzulegen; die *gesagten* Bedeutungen bieten sich dem *Sagen*, das sie „verwirrt", wie Schriften eine Deutung erwarten. Dort aber ist es die unumkehrbare – grundsätzliche – Vorgängigkeit des Wortes im Verhältnis zum Sein, die unaufholbare Verspätung des Gesagten gegenüber dem Sagen. Von dieser Vorgängigkeit tragen die im übrigen selbstgenügsamen Bedeutungen die Spur, die von ihnen sogleich verleugnet und ausgewischt wird.

Die Subjektivität und die „Illeität"

Alles Sprechen ist Rätsel. Gewiß richtet es sich in der Ordnung der Bedeutungen ein und bewegt sich in ihr, in einer Ordnung, die den Gesprächsteilnehmern gemeinsam ist, in einer Sprache, die Träger ist für ein System bekannter Wahrheiten. Und gewiß wird dieses System durch das Sprechen, so banal es auch sei, erschüttert und zu neuen Bedeutungen gebracht. Aber hinter dieser Erneuerung, die das kulturelle Leben ausmacht, steht das Sagen, d. h. das Antlitz, die Verschwiegenheit einer unerhörten Aussage, einer Einflüsterung, die in nichts zerstiebt – wie die „Erdblasen", von denen Banco am Anfang von „Macbeth" spricht –; ein Ohr auf der Lauer indes, ein Ohr an der Tür der Sprache kann sie hören; aber über ihren eigenen Eröffnungen schließt sich die Türe wieder, dank der Bedeutungen, die die Tür öffnen. Vielleicht ist es vernünftig, die Unauffälligkeit dieser verschlossenen Türe zu respektieren. Diese derart zugleich offene und verschlossene Türe ist die außer-gewöhnliche Duplizität des Rätsels. Aber das Rätsel betrifft die Subjektivität, die allein seine Einflüsterung festzuhalten vermag, so namentlich, diese Einflüsterung, versucht man sie zum Gegenstand einer Mitteilung zu machen, wird so schnell dementiert, daß diese Ausschließlichkeit den Sinn einer Vorladung erhält, die allein ein Wesen von der Art einer Subjektivität vorrufen kann. Geladen, um vor Gericht zu erscheinen, zu einer unaufhörlichen Verantwortung aufgerufen – wogegen sich die Entbergung des Seins mit Wissen und vor den Augen der Allgemeinheit vollzieht –, ist die Subjektivität der Partner des Rätsels und der Transzendenz, die das Sein verwirrt.

p. 213

Wie käme die Subjektivität dazu? Wozu sollte sich in dem Bäumchen-Bäumchen-Wechsel-Dich der Totalität das Schweigen eines zurückgehaltenen Atems produzieren? Muß die Subjektivität nicht, um sich aus der ontologischen Schwere loszureißen, irgendeine höchst private Vorladung erhalten haben von jenseits des Seins und jenseits der vernünftigen Verkettung seiner Bedeutungen? Botschaft, die in keine objektive Sprache übersetzt werden kann, die nicht in kohärenter Rede zu verteidigen ist, nichtig im Hinblick auf die öffentliche Ordnung der enthüllten und siegreichen Bedeutungen der Natur und der Geschichte? Wenn indes die Botschaft genau und dringlich vorlädt, so vertieft sie nur die Dimension der Innerlichkeit. Wozu die Innerlichkeit, das Privatissime des einzigen Ich, wenn sie nur das Seiende oder das Sein des Seienden widerspiegeln sollen, die ihren Aufenthalt im Licht haben? Das Licht ist von sich aus Vernunft; und seine Wiederholung in der Psyche oder der Subjektivität wäre in der Ökonomie des Seins ein Luxus. Soll der Luxus das Licht verdoppeln? Im Ich knüpft sich eine ganz andere Intrige.

Das Phänomen, das Erscheinen im vollen Licht, die Beziehung zum Sein, gewährleisten die Immanenz als Totalität und die Philosophie als Atheismus. Das Rätsel, die Dazwischenkunft eines Sinnes, der das Phänomen verwirrt, aber sehr bereit ist, sich wie ein unerwünschter Fremder zurückzuziehen, wenn man nicht die Ohren spitzt nach diesen Schritten, die sich entfernen – das Rätsel ist die Transzendenz selbst, die Nähe des Anderen als eines Anderen.

Anderes als das Sein. Das Sein schließt alle Andersheit aus. Es kann nichts draußen lassen noch selbst draußen bleiben; es kann nicht zulassen, daß es unerkannt bleibt. Das Sein des Seienden ist der Tag, an dem alle Dinge in Beziehung sind. Und selbst seine Nacht ist ein dumpfes und wechselseitiges Hämmern aller Dinge, die finstere Arbeit der Totalität, ein ununterbrochenes Hervorgehen der Zeugung, des Wachstums, des Vergehens. Aber der Andere unterscheidet sich absolut, indem er sich absolviert, indem er sich entfernt, indem er vorübergeht, indem er über das Sein hinausgeht, um seinen Platz dem Sein zu überlassen. Über das Sein hinausgehen – dies wäre die höchste Güte, sich verleugnend, während sie sich verkündet. Gewiß ist es möglich, sich erneut zu fragen, ob dieser Abschied, diese Bescheidenheit als Ab-solutes, ob diese Göttlichkeit existiert oder nicht. Und nichts vermöchte diese siegreiche Frage aufzuhalten. Wie transparent ist doch der Schatten, der die Helle der kohärenten Rede stört! Wie leicht die Stimme des „flüchtigen Schweigens", die den siegreichen Lärm der Rede überdeckt; wie unwiderstehlich die Autorität des Rufes zur Ordnung! Aber: Wie leer ist der Raum, den das Wort dem Sein überläßt, das Wort, das zu sprechen weiß, als ob nichts gesagt worden wäre.

Das Rätsel geht nicht über die endliche Erkenntnis hinaus, p. 214
sondern über die Erkenntnis überhaupt. Die Erkenntnis beruht auf der Erscheinung, auf dem Phänomen, das das Sein des Seienden entfaltet, indem es durch das Licht alle Dinge versammelt, die Ordnung einrichtet. Im Licht erfaßt und unvermeidlich gleichzeitig, sind die Dinge gegenwärtig bis in ihre geheimsten Verstecke hinein, als ob das Sein eine Partie Blinde Kuh wäre, in der die Binde auf den Augen die Gegenwart nicht hindert, dich von allen Seiten anzurufen. Was aber am Rätsel Bedeuten ist, flüchtet sich nicht in eine auf ihre Weise wiederum gegenwärtige Sphäre, um dort auf den Begriff zu warten, der fähig ist, es aufzuspüren und zu ergreifen. Das Bedeuten des Rätsels kommt aus einer unumkehrbaren, nicht wiederzubringenden Vergangenheit, die es *vielleicht* nicht verlassen hat („vielleicht", Modalität des Rätsels, nicht zurückführbar auf die Modalitäten des Seins und der Gewißheit), da es von den Termini selbst, in denen es sich ankündigte, schon abwesend war. Diese Weise zu bedeuten, die weder darin besteht, sich zu entbergen noch zu verbergen, die dem Versteckspiel der Erkenntnistheorie absolut fremd ist, diese Weise, die Alternativen des Seins absolut hinter sich zu lassen, dies verstehen wir unter dem Personalpronomen der dritten Person Singular, unter dem Wort *ille*[c]. Das Rätsel kommt zu uns aus der Illeität. Das Rätsel ist die Weise des Absoluten; das Absolute ist der Erkenntnis fremd, nicht weil es in einem Licht leuchtete, dessen Stärke in keinem Verhältnis zum schwachen Blick des Subjekts stünde, sondern weil es zu alt ist für das Spiel der Erkenntnis, weil es sich nicht hergibt zur Gleichzeitig-

---

[c] Siehe Anmerkung k, p. 229

keit, die die Stärke der in der Gegenwart geknüpften Zeit ausmacht, weil es eine ganz andere Auffassung von der Zeit vorschreibt. Das Sein bezeichnet eine Gemeinschaft der schicksalhaften Totalität, ohne mögliche Abweichung; es bezeichnet die unverrückbare Gleichzeitigkeit der Erkenntnis oder des Verstehens, auch des historischen,[8] für die sich die in der Gegenwart geknüpfte Zeit eignet. In der Spur der *Illeität* dagegen, im Rätsel, wird der Synchronismus gestört, transzendiert sich die Totalität auf eine andere Zeit hin. Diese aus-schweifende Bewegung der Überschreitung des Seins oder der Transzendenz in Richtung auf ein unvordenkliches Alter, wir nennen sie Idee des Unendlichen. Das Unendliche ist unassimilierbare Andersheit, Unterschied und absolute Vergangenheit im Verhältnis zu allem, was sich zeigt, sich ankündigt, sich versinnbildlicht, sich meldet, sich ins Gedächtnis bringt und dadurch sich „vergleichzeitigt" mit dem, der versteht. Absolution, Rückzug aus der Welt – zu welchem Aufenthalt? Natürlich in die Weigerung zu wagen, in die Güte, die gerade alles Gefallen an sich selbst und an der eigenen Definition ausschließt, die sich nicht zu einem Bild versteinert, die niemals in Versuchung führt. Rückzug wie ein Abschied, der sich selbst bedeutet; er bedeutet nicht dadurch, daß er sich dem Blick öffnet, um ihn mit Licht zu überschwemmen, sondern indem er erlischt bis hin zum Inkognito im Antlitz, das mir gegenübersteht. Hier bedarf es, wie wir gesagt haben, jemandes, der nicht mehr mit dem Sein verwachsen ist und der auf eigenes Risiko und

---

[8] „Die Philosophie der Geschichte und die Geschichte der Philosophie zielen über das Individuelle und das Ereignis hinaus; in dem Maße, in dem sie der Dauer Identität beimischen, dissoziieren sie Zeitlichkeit und Geschichtlichkeit... Die wiedergefundene Zeit, das ist nicht die vergangene Zeit, das ist die überwundene Zeit." (H. Gouhier, L'histoire de la philosophie, p. 144)

auf eigene Gefahr hin dem Rätsel antwortet und die Anspielung aufnimmt: Es bedarf der Subjektivität, die allein ist, einzig, verschwiegen wie Kierkegaard sie geahnt hat.

Die Ethik

Die Vorladung, die in ihrer Gradheit kategorisch ist, aber schon verschwiegen, als ob niemand vorlüde und niemand kontrollierte, lädt zur moralischen Verantwortung ein. Die Moralität ist die Weise des Rätsels.
Wie geschieht die Antwort?
Auf die Idee des Unendlichen ist nur eine ex-orbitante Antwort möglich. Es bedarf eines „Denkens", das mehr versteht, als es versteht, über sein Vermögen hinaus, und das dem Verstandenen nicht gleichzeitig ist; es bedarf eines Denkens, das in diesem Sinne über seinen Tod hinausgeht. Mehr verstehen, als man versteht, mehr denken, als man denkt, das denken, was sich vor dem Denken zurückzieht, heißt begehren; aber begehren mit einem Begehren, das sich im Gegensatz zum Bedürfnis erneuert und um so brennender wird, je mehr es sich vom Begehrenswerten nährt. – Über seinen Tod hinausgehen heißt, sich opfern. – Die Antwort auf die Vorladung des Rätsels ist die Großmut des Opfers, außerhalb des Bekannten und Unbekannten, ohne Berechnung, da die Großmut auf das Unendliche geht.
Aber wenn das Begehrenswerte des Begehrens unendlich ist, kann es sich gerade nicht als Endzweck anbieten. Die Unmöglichkeit, Endzweck zu sein, in der sich das Unendliche gerade aufgrund seiner Unendlichkeit befindet, schützt es vor der Gleichzeitigkeit. Die Weise, in der das Begehren zum Unendlichen geht, ist also nicht die Korre-

lation der Erkenntnis. Auch wenn das Begehren, in einer anderen Weise intentional, Axiologie oder Praxis würde, führte es noch von einem Subjekt zu einem Objekt und würde die Korrelation nachahmen. Das Begehren oder die Antwort auf das Rätsel oder die Moralität ist eine Intrige zu dritt: Das Ich nähert sich dem Unendlichen, indem es großmütig auf ein Du zugeht; das Du ist noch mein Zeitgenosse, aber in der Spur der Illeität tritt es mir aus der Tiefe der Vergangenheit entgegen, nähert es sich mir. Ich nähere mich dem Unendlichen in dem Maße, in dem ich mich für meinen Nächsten, der mich ansieht, vergesse; ich vergesse mich nur, indem ich die unverrückbare Gleichzeitigkeit der Vorstellung durchbreche, indem ich über meinen Tod hinaus existiere. Ich nähere mich dem Unendlichen, indem ich mich opfere. Das Opfer ist die Norm und das Maß der Näherung. Und die Wahrheit der Transzendenz besteht darin, Reden und Handeln in Einklang zu bringen.

p. 216 *Jenseits des Seins*

Die ungewöhnliche Intrige, die das Ich aufruft und die sich jenseits der Erkenntnis und der Entbergung im Rätsel knüpft, ist ethisch. Die Beziehung zum Unendlichen ist keine Erkenntnis, sondern Annäherung, Nachbarschaft mit dem, was sich bedeutet, ohne sich zu enthüllen, was fortgeht, aber nicht um sich zu verbergen. Unendlich, kann es sich nicht in die Gegenwart schicken, in der sich das Spiel von Lichtung und Verbergung abspielt. Die Beziehung zum Unendlichen hat also nicht mehr die Struktur einer intentionalen Korrelation. Der Anachronismus par excellence einer *Vergangenheit*, die niemals ein *Jetzt* war, und die Annäherung des Unendlichen im Opfer

– das ist das Wort des Rätsels. Das Antlitz kann nur absolut hervortreten – als Nähe, die die Reihe unterbricht –, wenn es rätselhaft herkommt vom Unendlichen und von seiner unvordenklichen Vergangenheit. Und um das Begehren – ein Denken, das mehr denkt, als es denkt – anzuregen, kann sich das Unendliche nicht in einem Begehrenswerten verkörpern, kann es, un-endlich, sich nicht in einen End-zweck einschließen. Das Unendliche fordert durch ein Antlitz hindurch, das Zielpunkt meines Großmuts und meines Opfers ist. Ein Du tritt zwischen das Ich und den absoluten Ille. Die Korrelation ist gebrochen.
Daher ist es vergeblich, ein absolutes Du zu setzen. Das Absolute zieht sich zurück aus der erhellten Gegend – aus der „Lichtung" der Gegenwart; in der Lichtung entbirgt sich das Sein, und in ihr macht noch die Rede über die Rede – und dies vielleicht legitimerweise – Anspruch darauf, Rede über das Sein zu sein. Diese Rede wird sich darin gefallen, nachzuweisen, daß die Ordnung immer unangetastet bleibt. Aber das Absolute, das sich zurückzieht, hat sie verwirrt: Die gelichtete Gegend des Seins ist nur die Fährte Gottes. Nicht ein Grab, in dem sich seine Form abzeichnen würde – denn niemals hat die Gegend des Selben, die von dem absolut Anderen verlassen ist, das Unendliche der Andersheit enthalten können. Der darüber hinausgegangen ist, war niemals Gegenwart. Er ging aller Gegenwart voraus und über alle Gleichzeitigkeit hinaus, in einer Zeit, die nicht menschliche Dauer ist, keine abgefälschte Projektion, nicht Extrapolation der Dauer; in einer Zeit, die nicht Auflösen und Verschwinden der endlichen Wesen ist, sondern die ursprüngliche Vorgängigkeit Gottes im Verhältnis zur Welt, die ihn nicht beherbergen kann – die unvordenkliche Vergangenheit, die sich niemals gewärtigt hat, die nicht in den

Kategorien des Seins und der Struktur gesagt werden kann, die vielmehr das Eine ist – das alle Philosophie sagen wollte – aus dem Jenseits des Seins.

10. Sprache und Nähe

1. Idealität und Bedeutung   p. 217

Ereignisse, die sich nach der Zeit gliedern und in einer Reihe von Akten und Zuständen, die ebenso nach der Zeit geordnet sind, bewußt werden, gewinnen im Bericht[a] durch diese Mannigfaltigkeit hindurch Einheit des Sinnes. Zeichen, die kraft ihrer Stelle in einem System und kraft des Abstandes zu anderen Zeichen eine Bedeutung haben – die Worte der historisch entstandenen Sprachen bieten wohl diesen formalen Aspekt – vermögen der zeitlichen Zerstreuung der Ereignisse und der Gedanken eine einheitliche Bedeutung zu verleihen, vermögen sie in der unauflöslichen Gleichzeitigkeit der Fabel zu synchronisieren.
Die linguistischen Zeichen, die sich zur Einheit eines Systems zusammenstellen, sind durch die verschiedensten Verfahren der Fabulation in der Lage, ein Thema zu identifizieren. Die Synopse liegt an der Einheit des Themas, das seine Identität durch die Erzählung gewinnt; oder genauer: die Zusammenschau geschieht als Auftauchen des Themas und als Rückbezug aller unthematischen, untheoretischen und sogar „noch unsagbaren" Erscheinung auf das Thema. Das Sein erscheint im Ausgang von einem Thema. Vielleicht ist dies die Ursache für

---
[a] ‚Bericht' übersetzt das französische Wort ‚récit', das vom lateinischen ‚re-citare' kommt. Der Ausdruck ‚Bericht' wurde gewählt, weil er durch seinen Zusammenhang mit ‚richtig' und ‚einrichten' die thematisierende Intentionalität ausdrückt.

die immer neu entstehende Herrschaft des Intellektualismus und für den Absolutheitsanspruch der Rede, die alles zu umfassen, alles zu referieren vermag, und zwar bis hin zu ihren eigenen Niederlagen, bis hin zu ihrer eigenen Relativität. Die Wörter entstehen also nicht aus der beschränkten und vergeblichen Absicht, an die Stelle von Dingen Zeichen sowie an die Stelle von Zeichen Zeichen zu setzen. Vielmehr sind die Einrichtung und der Gebrauch verbaler Zeichen getragen von einer erzählerischen und thematisierenden Intentionalität, die zu den Seienden gelangt.

Daher wird die Sprache als das Erscheinen der Wahrheit gedeutet, als der Weg, den das Sein nimmt, um zu erscheinen. Der Logos als Rede fällt ganz und gar zusammen mit dem Logos als Vernunft. Die Kommunikation, die von der Sprache sichergestellt wird, erscheint so sehr als eine beiläufige Funktion, daß sie als schlichter und einfacher Austausch von Informationen mit dem gesellschaftlichen Austausch von Frauen und Waren verglichen werden konnte. Die Kommunikation ist nur eine Folge des *Logos*, der das Denken belebt oder trägt. Die Kommunikation ist möglich aufgrund des Umstandes, daß der Logos mit den Besonderheiten des Denkers und der Erfahrung bricht und so die Universalität erreicht. Gewiß kann sich das, was für die Kommunikation erforderlich ist, auf den im strengen Sinne logischen Charakter der Sprache auswirken, indem er das Sprechen einer wachsenden Universalität unterwirft; auf diese Weise aber fände sich die Kommunikation selbst den Zielen der Wahrheit unterworfen.

Aber die erzählerische – und infolgedessen verbale, linguistische – Intentionalität ist für das Denken, sofern es Thematisierung und Identifikation ist, wesentlich. Denn die Identifikation des Gegebenen in der Erfahrung ist in der Tat reines Meinen. Sie ist nicht Schau oder geläuterte Erfahrung. Sie besteht nicht darin, ein *Dieses* oder ein *Jenes* wahrzunehmen, sondern dieses *als* dieses und jenes *als* jenes zu „verstehen", zu „meinen", (eine Bewegung zu vollziehen, die der deutsche Ausdruck „meinen" genau übersetzt), dieses als jenes ohne Rücksicht auf die Inhalte zu verstehen. Nicht daß dieses „als" den Denkenden vom „originalen Sein" entfernt wie die „signitive" Intention bei Husserl, die – im Verhältnis zur erfüllten Schau des Gegenstandes – eine Leer-„Intention" ist. Das Verstehen des Etwas als Etwas versteht nicht den Gegenstand, sondern seinen Sinn. Das Sein hat den Sinn weder zu erfüllen noch zu enttäuschen. Der Sinn, der weder gegeben noch nicht-gegeben ist, wird verstanden. Allerdings zeigt sich ein Seiendes als Seiendes von seinem Sinn her.

Gewiß bezeichnet die Intentionalität des Bewußtseins – ein bei Husserl sehr vieldeutiger Begriff – die unmittelbare Anwesenheit der Welt im Bewußtsein; Gegenwart, die sich kraft ihres Seins abzeichnet, und zwar, ohne daß die Zeichnung des Originals in der sogenannten subjektiven Sinnlichkeit einen Abdruck ihrer Gegenwart hinterlassen müßte, um zu erscheinen, ohne daß diese Zeichnung durch irgendeine schöpferische Aktivität nach ihrer Kopie im Bewußtsein nachgeschaffen oder rekonstruiert werden müßte. Aber diese Gegenwart ist nicht das bloße Gewicht der Welt auf dem Subjekt oder der Schock, den die Sinnlichkeit erfährt, ein einfaches Trauma, das sich wiederum in Bilder übersetzt, in gelebte Qualitäten oder Empfindungen, in Inhalte, die das Bewußtsein ausfüllen und die, indem sie das Bewußtsein erfüllen, wiederum als Schwere oder Schock zu deuten wäre und so ohne Ende. Dem Bewußtsein gegenwärtig sein reduziert sich nicht auf die Gegenwart in einem Behälter noch darauf, daß *dieses* oder *jenes* vor dem Blick abläuft. Dem Bewußtsein gegenwärtig sein heißt, daß *Dieses*, das sich in der Erfahrung abzeichnet, schon gemeint oder verstanden oder identifiziert ist, daß es also gedacht ist *als* dieses oder *als* jenes und *als* gegenwärtig: eben das aber heißt gedacht. In der Husserlschen Phänomenologie meint der Begriff der Intuition die Tatsache, daß die Gegenstände *gemeint*[b] werden *als* im Original gegenwärtige, „leibhaft" gegenwärtig. Und die Autorität der Anschauung beruht auf diesem *als*, auf diesem Sinne, hinter dem man vernünftigerweise nichts mehr suchen kann. Selbst wenn man die Untersuchung und Forschung weiter zurücktreiben wollte, müßte man wiederum von einem Gegebenen ausgehen, das wiederum Autorität nur hätte, weil es verstanden wäre *als* Gegebenes. Die Autorität der Intuition – „Prinzip der Prinzipien" – beruht auf dem Sinn, der sie belebt, und nicht auf dem „primären Inhalt" (der in den „Logischen Untersuchungen" „Repräsentant" heißt), den die Intuition als ihr Erlebtes enthält; obwohl – man muß es gestehen – Husserl in der 5. und 6. Untersuchung den Vorrang der Intuition auf den primären Inhalt stützt, und zwar so sehr, daß er bemüht ist, in der kategorialen Anschauung einen „Repräsentanten" zu finden.

In der Tat erschöpft sich die Definition der Intentionalität nicht darin, einfache Erschlossenheit des Seins oder eine Subjekt-Objekt-Korrelation zu sein; das Geheimnis des Bewußtseins resümiert sich nicht darin, daß „jedes Bewußtsein Bewußtsein von etwas ist". Die Intentionalität ist Denken und Verstehen, Meinen; sie *nennt* das Identische, sie spricht etwas als etwas aus. „Etwas als Etwas" – diese Formel stammt von Heidegger. Sie bezeichnet sicher nicht die Subsumtion, die Klassifikation oder die Definition als das Wesen des Denkens.

---

[b] ‚Gemeint' auf deutsch im Original.

Es sei denn, man unterschiede zwischen der Klassifikation, die die Individuen nach Arten ordnet, und jener, die die Identität der Individuen und der Arten *versteht*, sie über der Erfahrung *festhält* und gerade dadurch Erfahrung möglich macht.

Primäres *Meinen*[c], das den Sinn verkündet und zugleich selbstherrlich vertagt. Dieses Verstehen als... ist der Ursprung des Bewußtseins als eines Bewußtseins. Jedwedes Problem des Wahren und des Falschen setzt dieses *Verstehen* des Sinnes voraus. Ohne es hätte es kein Bewußtsein von etwas gegeben. Es ist a priori.

Auf dieser Ebene entspricht das Apriori des Wissens nicht einem gewissermaßen „erratenen" Wissen, das zu einem durch die Erfahrung gelernten Wissen hinzuträte. Die Apriorität dieses Apriori wird weder durch eine zeitliche Antizipation noch durch ein logisches Früher konstituiert; sondern durch eine Indifferenz gegenüber der Erfahrung dergestalt, daß die Apriorität auch nicht auf eine subtilere Erfahrung hinausläuft. Es handelt sich vielmehr um eine Beziehung, die weder Erfahrung noch grundloses Meinen genannt werden kann. Die Aussage des Sinnes – hinter der jede Erfahrung zurückbleibt, mag sie auch zu ihrer Wiederholung einladen – muß zuerst die Seienden nennen, sie als dieses oder jenes verkünden. In den Rahmen dieser Aussage stellt sich alle Erfahrung und jede spätere Bejahung. Die Apriorität des Apriori ist ein Kerygma, weder eine Form der Einbildung noch eine Form der Wahrnehmung.

Durch das Kerygma erhält das Ideale Sinn. Weder geläutertes Sinnliches noch Seiendes, ist das Ideale kraft des kerygmatischen Wortes gewissermaßen eingerichtet. Die Identität des Terminus besteht in nichts als seiner Ideali-

---

[c] ‚Meinen' auf deutsch im Original.

p. 220 tät. Gemäß ihrer Erscheinungsweise, die ihrer Seinsweise inhärent ist, sind die empirischen Individuen nicht in ihrer Abschattung enthalten, sondern kündigen sich als immer *andere* und andere, aber immer identifizierbare an; ihre Erscheinungsweise besteht darin, sich durch ein Kontinuum von Abschattungen und Perspektiven, durch die Mannigfaltigkeit der Phänomene hindurch zu zeigen – und folglich in der Zerstreuung der ununterscheidbaren Augenblicke des *Erscheinens* eine Identität zu bilden. In der Erfahrung ist alles, wenn man will, bildhaft, außer der Identität der Individuen, die über den Augenblicken der Bilder steht. Sie kann nur als *gemeinte* sein. Ich meine das Identische in diesen Eindrücken, und ich verstehe es, den Erhalt dieser Meinung zu sichern. Aber die Identität ist eben nicht das schlichte und einfache *Korrelativ* jenes Verstehens; in dem Korrelativ könnte der Akt sich gewissermaßen ausruhen, so wie die Rezeptivität in der Empfindung erlischt. Niemals ist die Identität in dem Akt, der sie verkündet, auch erfüllt; und diese vom Zentrum ausgehende „Tätigkeit" – das Subjekt als Zentrum genommen – ist nicht die bloße Umkehr der vom vernommenen Sinnlichen zum Subjekt gehenden Tätigkeit – in beiden Fällen wäre die Korrelation ähnlich und würde den Begriff der „kategorialen Anschauung" rechtfertigen. Sondern der *proklamatorische* Charakter der Identifikation zerstört die Analogie. Er zeigt andererseits, wie das Kerygma, souverän kraft des Verbs, das jenseits des Gegebenen einrichtet und bestätigt, auf dem Instrument der historischen Sprachen und ihrer Zeichensysteme spielt.

Die Erfahrung setzt also Gedanken voraus, die in überlegener Weise verstehen, d. h. die Identität des Mannigfaltigen verkünden. Dieses „Verstehen-als-dasselbe", dieses „Nehmen-als-dasselbe" hat sich vor keiner Instanz zu rechtfertigen. Kraft einer anfänglichen Meinung oder eines anfänglichen „Verstehens als" treten ununterscheidbare Abschattungen in die Erfahrung, so passiv, so vorprädikativ sie auch sei. Husserl hat gezeigt, daß die Ähnlichkeit auf die Identität verweist und nicht die Identität auf die Ähnlichkeit. Alles das soll nicht heißen, daß das Denken – das „nehmen als" – subjektiv wäre, daß es willkürlich Produkte herstellt, die sich dem Sein überstülpen. Das soll vielmehr heißen, daß die Darstellung, die im Sein impliziert ist, nicht nur gemäß der Sinnlichkeit geschieht, sondern daß sie vom *Verstand* ausgeht, dem Vermögen, a priori dieses als dieses oder als jenes zu verstehen. So versteht man, daß die Husserlsche Philosophie, die das Sein gegen jede mögliche Verwechselung von Denken und Gegenstand wieder in seine Rechte einsetzt, auch das Denken als ein solches setzt, das dem Sein einen idealen Sinn verleiht. Ohne diesen idealen Sinn vermöchte sich das Sein nicht zu zeigen. Dem Sein einen Sinn zu verleihen ist weder leichter noch schwerer als Sein zu schaffen. Aber dies ist von vornherein Aufgabe des Sagens; weit davon entfernt, das Sein zu verfälschen, läßt das Sagen es in seiner Wahrheit erstrahlen. Das Bewußtsein verleiht einen Sinn nicht dadurch, daß es das *immanente Gegebene* hypostasiert, sondern dadurch, daß es das Gegebene, sei es immanent oder transzendent, „als dieses" oder „als jenes" nimmt. Bewußtsein haben heißt, „nehmen als…"

Nehmen als…, setzen als… Identität bilden im Mannigfaltigen, ist das Eigentümliche des Denkens, sofern es sich von der bloßen Sinnlichkeit unterscheidet.[1] Das Denken bekundet sich also in der Erfahrung insofern, als das

p. 221

---

[1] Zumindest von der Sinnlichkeit, wie die empiristische Tradition sie verstanden hat: Anwesenheit von Inhalten im Bewußtsein, das sich ihrer bewußt ist, weil es sie enthält. Es ist ohne Zweifel, daß das Bewußtsein, verstanden als bloße Fülle von Inhalten, blind oder lethargisch wäre.

Erfahrene thematisch ist, d. h. identisch, und sofern das Identische nur sein kann als „festgehalten als identisch" und gesetzt als solches, im voraus als solches verstanden. Genommen werden als..., verstanden oder gemeint oder festgehalten werden als dieses oder als jenes bedeutet für das, was erscheint, eine Bedeutung haben. Aber was erscheint, kann außerhalb der Bedeutung nicht erscheinen. Das *Erscheinen* des Phänomens ist nicht getrennt von seinem Bedeuten; dieses weist auf die proklamatorische, kerygmatische Intention des Denkens zurück. Jedes Phänomen ist Rede oder Redefragment.

Weil das Urteil die explizite Entfaltung der „Verkündigung als dieses oder jenes" ist – da die Aussage Urteil ist – genießt das Urteil unter allen formalen Verbindungen, denen es die Mathematisierung der Logik zuordnet, einen Vorrang. Selbst wenn das Denken zu einer formalen Schrift wird, bleibt die Aussage oder das Urteil die Metasprache, die die Bedeutung auch der Formalisierung und ihrer Konventionen entschlüsselt. Das Urteil bildet die Mitte des Denkens, sofern es die eigentliche Struktur des Aussagens, des Vor-Tragens ist. Weil das Sagen Prädikation ist, ist das Denken Urteilen: Nicht weil die Sprache sich wunderbarerweise dem Urteil als dem ursprünglichen Denken anpassen würde, sondern weil das Urteil den Sinn der Sprache entfaltet. Die Sprache bedeutet nicht, weil sie von ich weiß nicht welchem Spiel sinnloser Zeichen herrührte; sie bedeutet, weil sie die kerygmatische Verkündigung ist, die dieses als jenes identifiziert.

Also ist auch das individuelle Objekt als identifiziertes ideal, „verstanden" im Denken durch den Strom der zahllosen, d. h. unnennbaren Erscheinungen hindurch. Die Intention, die das Identische meint, ist das Meinen, das nennt. Die Namen nennen die Termini, indem sie sie identisch, d. h. numerisch identisch auf welcher Ebene auch immer meinen. Numerisch identisch sein, eins in der Mannigfaltigkeit, ist kein zufälliger Aspekt dessen, was im Überfluß Ununterscheidbarer erscheint, sondern eine verliehene oder verstandene Bedeutung; numerische Identität ist Sache des Denkens und entfaltet sich wie eine Verkündigung in der Dimension der Sprache, der das Denken angehört. Es geht nicht darum, wieder einmal die Spontaneität des Verstandes der Rezeptivität der Sinnlichkeit gegenüberzustellen. Wenn die numerische Identität, die Identifikation des Dieses als Jenes, Sinn gewinnen soll (wobei die Identität niemals von vornherein dem gegebenen Überfluß des Ununterscheidbaren, das insofern chaotisch ist, angehört) so ist im Rahmen einer verstandenen Erkenntnis, Erfahrung, Sinnlichkeit entscheidend die Spontaneität; und zwar eine Spontaneität, die, als Aussage, als Prädikation, als Sprache strukturiert, die idealen – und gerade deswegen kommunizierbaren oder universalen – Momente meint, die durch dieses Wort, das nennt, in diesem denkenden Wort gedacht sind.

p. 222

Unter dieser Voraussetzung kann das Denken das Individuelle nur auf dem Umweg über das Universale erreichen. Für die Philosophie als Rede geht das Universale dem Individuellen voraus, ist es in jedem Sinne des Wortes a priori.

2. *Die „passive Synthesis"*

Freilich kann man sich fragen, ob sich nicht hinter der Rede und von ihr verschieden ein philosophisches Denken, das dem Glanz und den Ansprüchen der Rede widersteht, verbirgt, und ob das dortige Denken nicht das Singuläre anzielt, das die Rede nicht auszudrücken vermag, ohne es zu idealisieren. – Wenn allerdings das Denken vom spontanen Fühlen, das im Zustand der Ermattung zur Einheit von Fühlen und Gefühltem verschmilzt, unterschieden ist; wenn das Denken minimaler Abstand des Fühlens und Gefühlten ist – worin wir vielleicht die Definition des Wachens oder das eigentliche Strömen der Zeit zu sehen haben –; wenn das ursprüngliche Erscheinen mit diesem Abstand oder diesem Wachen gerade auf die Weise zusammenfällt, daß das, was sich zeigt, schon verlorengegangen sein muß, um vom Bewußtsein wiedergefunden zu werden – das Bewußtsein selbst wäre dieser ständige Verlust und dieses Wiederfinden, diese „Anamnesis" –; wenn das, was sich zeigt – sei es auch das Singuläre – grundsätzlich der Identifikation bedarf wegen dieses Verlustes, ja, dann wird auch hier noch das Singuläre in diesem Wiederfinden den Charakter der Idealität haben.

So bestätigt sich die Priorität des Idealen hinter der Sprache, wie sie sich in der Sprache erwiesen hat. Um die reine Singularität zu erreichen, genügt es daher nicht, die gesprochene Rede auszublenden und sich der Dauer zu überlassen. Solange jedenfalls das Denken aus dem Jenseits der Rede Bewußtsein bleiben soll, bewahrt es die Struktur der Rede. Auf diese Weise entdecken wir die Stellung, die die Sprache im Denken von der ersten Gebärde der Identifikation, vom *Dämmern* der Idealität an, die das Denken als Denken umgibt, einnimmt. Indem sie verfolgt, was durch das ursprüngliche Strömen der Zeit schon entkommen ist, wird die Identifikation durch eine dem Bewußtsein kon-substanziale Rede getragen. Demnach hätten die Rede und die Universalität ihren Geburtsort in der Trennung des Fühlens und des Gefühlten, in der das Bewußtsein erwacht. Bewußtsein natürlich ohne Subjekt; „passive Aktivität" der Zeit, für die kein Subjekt die

Initiative für sich in Anspruch nehmen könnte, „passive p. 223
Synthesis" dessen, was „passiert", aber entstanden in dem
Strömen und dem Abstand der Zeit, Wiedererinnerung
und Wiederfinden und infolgedessen Identifikation, welche der Idealität und der Universalität Sinn gibt.
Daher ist es ungenau, von der Gegenwart wie von einem
„Gegenstand" zu sprechen, der sich dem Blick entzieht,
oder der sich verwandelt, sobald man daran rührt, oder
der unter dem Blick des Bewußtseins, zu dem ich ihn
bringen will, sich in Vergangenheit wandelt, sich bereits
dem Namen verweigernd, mit dem ich ihn versehe. Das
heißt zwei verschiedene Bewußtseinsmodi verwechseln
und das unthematische Bewußtsein, das sich als Zeit
vollzieht, am Maßstab des objektivierenden Bewußtseins
messen; darin wird die besondere Ordnung des Bewußtseins und der Bedeutung verkannt, des Bewußtseins ohne
aktives Subjekt, dem die Polarisation Subjekt-Objekt, die
Initiative und die Intention eines Subjekts, das sich ein
Thema vornimmt, fremd sind. Trotz des Unterschiedes
zwischen dem weiteren Begriff der Intentionalität und
dem engeren einer willentlichen Intention impliziert die
Intentionalität die Thematisierung – von der der Begriff
des intentionalen Horizontes untrennbar ist – und definiert den eigentlichen Begriff der Aktivität und Initiative.
Das Bewußtsein hingegen als passives Werk der Zeit, von
einer Passivität, die passiver ist als alle Passivität, sofern sie
bloß das Gegenteil der Aktivität ist, einer Passivität ohne
Vorbehalt, einer Passivität des Geschöpfs bei der Schöpfung, einer Passivität ohne Subjekt, das den Schöpfungsakt übernehmen, das das schöpferische Wort sozusagen
verstehen könnte – das Bewußtsein als passives Werk der
Zeit, das niemand in Gang bringt, dieses Bewußtsein kann
nicht in den Kategorien desjenigen Bewußtseins beschrieben werden, das einen Gegenstand intendiert. Wenn die

Gegenwart zur Koinzidenz mit sich selbst keinen Abstand hätte, wäre sie weder gegenwärtig noch schon vergangen, noch auch zukünftig – sie wäre weder zeitlich noch kraft einfacher Zeitlichkeit bewußt. Aber wenn die Gegenwart gegenwärtig ist gemäß dem Bewußtseinsmodus, der die Zeit ist, dann ist die Zeit nicht nur die Unruhe des Seins, die Nicht-Ruhe, die Non-Koinzidenz mit sich selbst; vielmehr ist der sich selbst entfliehende Augenblick nicht bloße Negativität. Durch die ununterscheidbaren Phasen seiner Bewegung in die Vergangenheit, seines „passiven Werks" des Versinkens in die Vergangenheit hindurch wird der Augenblick – noch passiv – in der Retention zurückgehalten und als identisch verstanden; und zwar trotz des Schweigens der Sprache, die auf dieser Ebene die Identität in der Retention vorträgt; trotz des Verzichtes der idealisierenden Sprache auf die Hilfe des Systems verbaler Zeichen, das uns das kulturelle Erbe zur Verfügung stellt.

3. Einzelheit ohne Universalität

Die Sprache gehört daher dem eigentlichen Werk der Wahrheit an, sofern sie Thematisierung und Identifikation ist, worin das Sein gewissermaßen gefaßt wird und erscheint. Unter dieser Voraussetzung vermag kein Reales, sei es auch streng individuiert, außerhalb der Idealität und Universalität zu erscheinen.[2] Von daher ergibt sich offen-

---

[2] Gewiß kann man sich fragen, ob das Erscheinen und das Scheinen, die dem Sein koextensiv sind, die Möglichkeiten des Geistes erschöpfen, d. h. ob der Geist nicht über das Sein hinausgeht. Die westliche Philosophie hat von diesem Jenseits zu reden vermocht; aber sie gab es gleich als Idee aus, d. h. sie deutete es mit Seinskategorien und ordnete so Gott der Ontologie unter. Unser Versuch geht in eine ganz entgegengesetzte Richtung.

bar, wohl als schlichte Konsequenz, die Möglichkeit der Kommunikation, ohne daß das eigentümliche Wesen der Kommunikation an der Eröffnung des Seins hätte beteiligt sein müssen. Gewiß ist die Kommunikation Bedingung der Wahrheit, sofern jede Wahrheit *Wahrheit für alle* ist; aber diese Erinnerung an alle bleibt bloß formal, ungedachte Evidenz: Die Möglichkeit der Kommunikation erscheint als einfaches Korollarium des *logischen* Werks der Rede. Nun muß man sich fragen, ob in der Relation mit dem Gesprächsteilnehmer, die kraft des universalen Wesens der Wahrheit vorausgesetzt ist, der Gesprächsteilnehmer in seiner Partikularität erkannt wird und ob also auch diese Erkenntnis noch unter der Voraussetzung der Idealität und Universalität steht, die von der Erkenntnis gefordert werden. Der Vorgang wäre dann unendlich; um die Gewißheit der ersten Wahrheit für alle zu gewährleisten, welche von der Wahrheit für alle vorausgesetzt wird, bedürfte es einer neuen „Beziehung mit allen". Aber darin liegt nicht der eigentliche Einwand: Es ist in der Tat nicht sicher, ob das Gespenst des regressus ad infinitum etwas widerlegt. Der Umstand, daß er nicht den Anfang eines Prozesses beherrscht, hindert den Denker nicht, darin impliziert zu sein, mag er auch in seinem Denken darunter leiden. Dies nennt man Endlichkeit! Der regressus ad infinitum – zum schlechten Unendlichen – gefährdet darüber hinaus die Gewißheit der Wahrheit, die genau aus diesem Grunde selbst endlich ist. Für uns liegt die Schwierigkeit an anderer Stelle: Die Hypothese, der gemäß die Beziehung mit dem Gesprächspartner ihrerseits ein Wissen wäre, würde die Rede auf die einsame und unpersönliche Ausübung des Denkens reduzieren, obwohl schon das Kerygma, das die Idealität der Rede trägt, darüber hinaus *Nähe* zwischen mir und dem Gesprächspartner ist und nicht unsere Teilnahme an einer transparenten Universalität. Welche auch immer die in der Rede übermittelte Botschaft sei, das Reden ist Berührung.

Man muß also zugestehen, daß in der Rede eine Beziehung zu einer Singularität stattfindet, die außerhalb des Themas der Rede steht und nicht in der Rede thematisiert wird, der man sich aber nähert. Die Rede und ihr logisches Werk wurzelten also nicht in der Erkenntnis des Anderen, sondern hielten sich in seiner Nähe. In kein Thema eingehen können, sich nicht in Bilder aufsplittern können, nicht erscheinen können – die Unsichtbarkeit, liegt sie an der Bedeutungslosigkeit des Seins oder an der Übermäßigkeit einer Bedeutung, die über die Bedeutung, welche vom Sein des Seienden ihr Licht erhält, hinaus liegt? Die Beziehung, in der sich der Redende, der seinen Gegenstand thematisiert, schon je befindet, wäre keine Intentionalität, keine Thesis, die ihr Objekt *setzt*, keine Erschlossenheit ihm gegenüber, kein Entdecken, keine Richtung auf...; kurz, keine Intention, die – möchte sie auch anschaulich „erfüllt" sein, möchte die Anschauung auch die klarste und deutlichste sein – auf diese Weise schon das Unmittelbare des Kontakts verloren hätte. Das Unmittelbare der Berührung ist in der Tat kein räumliches Aneinandergrenzen, das für einen Dritten sichtbar wäre und bedeutend durch die „Synthesis des Verstandes". Die Nähe ist *durch sich selbst* Bedeutung. Das Subjekt ist in die Erschlossenheit der Intentionalität und der Sicht hineingegangen. Die Orientierung des Subjekts auf das Objekt hat sich in Nähe verwandelt, das Intentionale ist Ethik geworden[3] (ohne an dieser Stelle etwas Moralisches anzuzei-

---

[3] Wir nennen „ethisch" eine Beziehung zwischen Termini, in der der eine und der andere weder durch eine Verstandessynthese noch durch die Beziehung von Subjekt zu Objekt vereint sind, und in der dennoch der eine für den anderen Gewicht hat, ihm wichtig ist, ihm bedeutet, in der sie durch eine Intrige verknüpft sind, die das Wissen weder auszuschöpfen noch zu entwirren vermöchte.

gen). Das *Ethische* bedeutet keine harmlose Abschwächung der durch die Leidenschaften geprägten Partikularismen; es führt das menschliche Subjekt weder in eine universale Ordnung ein, noch versammelt es alle vernünftigen Wesen wie Ideen in einem Reich der Zwecke. Das Ethische bedeutet eine Umwendung der Subjektivität. Die Subjektivität, die *offen* ist *für* die Seienden, die sich die Seienden immer irgendwie vorstellt, sie setzt, sie als diese oder jene meint (die Qualität der setzenden These mag axiologisch, praktisch oder doxisch sein), kehrt sich um in eine Subjektivität, die mit einer Singularität in Berührung ist, mit einer absoluten und als solche unvorstellbaren Singularität, welche die Thematisierung und die Vorstellung ausschließt.[4] Hier haben wir die ursprüngliche Sprache, das Fundament der anderen. Wo diese Wandlung des Intentionalen in das Ethische geschieht und nicht aufhört zu geschehen, wo die Annäherung das Bewußtsein *durchstößt* – wo das geschieht, genau da ist Haut und menschliches Antlitz. Die Berührung ist Zärtlichkeit und Verantwortung.

4. Die Sprache und das Sinnliche

Die Unmittelbarkeit des Sinnlichen ist Ereignis der Nähe und nicht des Wissens. Die Vermittlung durch das Ideale – oder durch die kerygmatische Sprache – gehört wesentlich zum Wissen dazu und ist nicht nur der Notbehelf eines endlichen Geistes, Symptom eines Mangels und Ersatz für die fehlende intellektuelle Anschauung. In der sinnlichen Anschauung ordnet sich die Sinnlichkeit der Entdeckung

---

[4] Wie offensichtlich bei Malebranche der Verstand Gott „kennt", da er ihn ohne Idee „kennt": das „Unendliche ist für sich selbst seine Idee".

des Seins bereits unter. Aber die Sinnlichkeit erschöpft sich nicht in diesen erschließenden Funktionen. Nicht daß sie in die Erkenntnis ein undurchsichtiges Element einführen würde, das wider die Strukturen der Intelligibilität wäre oder das zu anderen Kenntnissen führen würde als denen, die sich zu einer verfaßten Welt zusammenfügen. Das Sinnliche so zu denken liefe noch immer darauf hinaus, es am Maßstab der Erkenntnis zu messen. Aber das Sinnliche stellt zum Wirklichen eine Beziehung anderer Ordnung her. Die Geschmacksempfindung z. B. kann Entdeckung und Erfahrung einer Geschmacksrichtung bedeuten. Diese Möglichkeit leitet Husserl bei seiner These vom Vorrang des Theoretischen und von der untilgbaren Möglichkeit, alle andere „Intentionalität" auch ohne Rekurs auf die objektivierende Reflexion ins Theoretische zu wenden.[5]

p. 226

Aber in der Geschmacksempfindung setzt die Intentionalität, d. h. die Öffnung *hin auf* den Geschmack schon eine Ablösung des Schmeckenden voraus. Der Charakter des Bedeutens, der der Empfindung an ihr selbst ursprünglich zukommt, ist nicht gleichbedeutend mit der Rolle eines „Denkens, das etwas denkt". Wenigstens kennen die Psychologen die gefühlsmäßige Aufladung des Geschmacks; aber der Psychismus – oder das Bedeuten – dieser Ladung wurde sogleich entweder als „Zustand" oder als eine zwar von der theoretischen verschiedene Intention, aber immer noch als Erschlossenheit, Verstehen gedeutet: Aufschluß über sich selbst oder, wie bei Heidegger, Verstehen der Befindlichkeit des Menschen

---

[5] Möglichkeit, die den Anspruch der Ontologie auf Absolutheit begründet sowie den Anspruch des Gewebes der Sprache, das letzte Fundament zu sein. Diese Möglichkeit ist auch am Ursprung derjenigen Definition, die den Menschen durch Seinsverständnis definiert und von der wir hoffen, eines Tages zu zeigen, daß sie ihren Grund in der Nähe hat.

inmitten des Seienden, immer also ontologisch. *Alle Transzendenz wird als Wissen gedacht.* Sicher, die Erforschung des Sinnlichen unter dem Gesichtspunkt der Intentionalität vermied die schlichte und einfache Mechanisierung der Sinnlichkeit, wie sie von den Positivisten verlangt wurde. Aber die Struktur der Erschlossenheit, die in allem Sinnlichen herausgestellt wurde, ähnelt der Struktur des Sehens; im Sehen hat sich die Sinnlichkeit als Wissen etabliert; nun kann man sich fragen, ob das Sehen, selbst in seiner intellektuellen Funktion, seine andere Weise zu bedeuten vollständig verloren hat und insbesondere, ob der Ausdruck ‚mit den Augen verschlingen' als bloße Metapher gelten darf. Man muß sich fragen, ob alle Transzendenz dem Intellekt zukommt.[6] In der Tat, wenn etwa die Geschmacksempfindung sich nicht in Kenntnissen betreffend die Geschmacksrichtungen erschöpft, so bezieht sich dieses Mehr an Sinn nicht auf das Bewußtsein des physisch-physiologischen Ernährungsvorgangs noch auf das Bewußtsein von begleitenden Akten – Beißen, Verdauen etc. Die eigene Bedeutung der Geschmacksempfindung besteht in gewisser Weise darin, die aufgesammelten Kenntnisse zu „durchstoßen", um gewissermaßen in das Innerste der Dinge durchzudringen. Nichts ähnelt hier der Deckung des Intendierten mit dem Gege-

p. 227

---

[6] Unter Intellekt verstehen wir nicht nur die Funktion der im eigentlichen Sinne theoretischen Vorstellung, sondern auch alle anderen Formen der Intentionalität, in denen sich die kerygmatische Struktur Noesis-Noema wiederfindet und die Erschlossenheit Intentionalität bleibt. – Michel Henri bezweifelt den transzendenten Charakter der Sinnlichkeit; er verdanke sich allein der theoretischen Intentionalität, die durch die Sinnlichkeit begründet werde (wobei die Sinnlichkeit ihrerseits verwurzelt wäre in der Manifestation der Immanenz). Wir wissen uns mit ihm einig, wenn es darum geht, der Sinnlichkeit die intentionale Transzendenz zu bestreiten; aber wir grenzen die Transzendenz nicht auf die Intentionalität ein, indem wir gerade vom Begriff der Nähe ausgehen.

benen, wie es der Husserlsche Begriff der Erfüllung verlangen würde. Der Psychismus deckt sich hier weder mit dem Bewußtsein noch mit dem Unbewußten. In der Empfindung *passiert* etwas zwischen dem Empfindenden und dem Empfundenen, durchaus unterhalb der Erschlossenheit des Empfindenden für das Empfundene, des Bewußtseins für das Phänomen. Wir haben das Beispiel der Geschmacksempfindung gewählt, weil sich dieses Schema des Verzehrs in allen Formen der Sinnlichkeit wiederfindet und weil die Welt zu empfinden immer eine Art ist, sich von ihr zu ernähren.

Aber das Sinnliche muß in einer primordialen Hinsicht als Berühren gedeutet werden. Auch hier beruht das Ereignis nicht auf der Erschlossenheit für eine Tastqualität des berührten Seienden; obwohl auch hier das Berühren in Betasten umschlagen kann. Die „doxische These" behält die Oberhand, um das Ereignis der Berührung in Information zu verwandeln, in ein Wissen, das an der weichen oder rauhen Oberfläche der Dinge aufgelesen wurde, und um so das Sinnliche in eine thematisierende, identifizierende, universale Rede einfließen zu lassen. Aber bevor es sich in Erkenntnis über das Außen der Dinge verwandelt – und sogar während dieser Erkenntnis –, ist das Berühren reine Annäherung und Nähe, nicht reduzierbar auf die Erfahrung der Nähe.[7] Eine Liebkosung zeichnet sich in der Berührung ab, ohne daß diese Bedeutung in Erfahrung der Liebkosung umschlägt. In der Liebkosung bleibt die Nähe Nähe, ohne sich zur Intention von etwas zu ma-

---

[7] Ohne natürlich für die Erfahrung überhaupt unzugänglich zu sein. Sonst hätten wir hier nicht davon sprechen können. Aber diese Zugänglichkeit für die Erfahrung sowie den Vorrang der doxischen These kann man im Ausgang von der Nähe selbst erklären. Das für eine spätere Untersuchung.

chen, obwohl die Liebkosung zur Ausdrucksgeste und zum Träger von Botschaften werden kann. Sich nähern, Nachbar sein, läuft nicht auf das Wissen oder das Bewußtsein, das man davon haben kann, hinaus. In der Berührung sind die Dinge nahe, aber dies in einem ganz anderen Sinne, als sie rauh sind, schwer, schwarz, angenehm oder selbst existent oder nicht existent. Die Weise, wie sie „leibhaft gegeben" sind, kennzeichnet nicht ihr Erscheinen, sondern ihre Nähe. Eine Idee oder ein Wert kann sich in der Anschauung original geben; aber man kann eine Idee nicht berühren. Es bedarf des Sinnlichen. Diese Relation der Nähe definiert das Sinnliche. Es ist Zärtlichkeit: Vom Antlitz zur Nacktheit der Haut, eines im Kontext des Anderen, in diesem Kontext seinen vollen Sinn entfaltend, vom Reinen bis hin zum Wirren. Und wenn die Wahrnehmung, die von der Wissenschaft auf ihre Weise erklärt wird, ihrerseits für die Philosophen die Wissenschaft, von der sie erklärt wird, zu erklären scheint – so verdankt sie diesen Vorrang nicht dem etwas unüberlegten Prestige des Konkreten. Vielmehr ist das Konkrete als Sinnliches Unmittelbarkeit, Berührung und Sprache. Die Wahrnehmung ist Nähe des Seins, und die Intentionalanalyse trägt diesem Umstand nicht Rechnung. Nur in seiner Rolle als Erkenntnis ist das Sinnliche oberflächlich. In der ethischen Beziehung zum Wirklichen, d. h. in der Beziehung der Nähe, welche das Sinnliche herstellt, gibt sich das Wesentliche zum Unterpfand. Hier ist das Leben. Gewiß ist das Sehen Öffnung und Bewußtsein, und alle Sinnlichkeit, die sich zum Bewußtsein entfaltet, heißt Sehen. Aber das Sehen, auch wenn es der Erkenntnis untergeordnet ist, bewahrt die Berührung und die Nähe. Das Sichtbare liebkost das Auge. Man sieht und man hört, wie man berührt.
Die Liebkosung des Sinnlichen im Kontakt und im Be-

p. 228

rührten – die Zärtlichkeit, d. h. die Nähe – erwacht erst wirklich im Ausgang von einer menschlichen Haut, von einem Antlitz, bei der Näherung des Nächsten. Die Nähe der Dinge ist Poesie; an sich selbst offenbaren sich die Dinge, bevor sie nahegebracht werden. Schon bei der leichten Berührung eines Tieres verhärtet sich das Leder in der Haut. Aber die Hände, die die Dinge berührt haben, die Orte, auf die die Seienden ihren Fuß gesetzt haben, die Dinge, die sie gehalten haben, die Bilder dieser Dinge, die Fragmente dieser Dinge, die Zusammenhänge, in die sich diese Fragmente einordnen, Beugungen der Stimme und die Worte, die in diesen Beugungen artikuliert werden, die immer sinnlichen Zeichen der Sprache, die niedergeschriebenen Buchstaben, die Spuren, die Relikte – über alle Dinge ergießt sich vom menschlichen Antlitz und von der menschlichen Haut her die Zärtlichkeit; die Erkenntnis kehrt zur Nähe zurück, zum reinen Sinnlichen. Die Materie, die in der Welt als Objekt und Werkzeug auftritt, ist durch das Menschliche zugleich die Materie, von deren Nähe ich besessen bin. Die Poesie der Welt ist untrennbar verbunden mit der Nähe par excellence oder mit der Nähe des Nächsten par excellence. Und daß gewisse kalte und „steinerne" Berührungen zu reinen Informationen gerinnen, hat nur privativen Charakter; darin liegt so etwas wie ein Verweis auf den Ursprung im Andern – Verweis, der sich als apriorische Struktur des Sinnlichen aufzudrängen scheint.
Diese Beziehung der Nähe, dieser Kontakt, der nicht in noetisch-noematische Strukturen umgemünzt werden kann und der schon das Worin für alle Übertragung von Botschaften ist – um welche Botschaften es sich auch handele – ist die ursprüngliche Sprache, Sprache ohne Worte und Sätze, reine Kommunikation. – Im Ausgang von einer phänomenologischen Beschreibung des Wissens

und seinen kerygmatischen Bedingungen hat unsere Analyse Beziehungen angetroffen, deren Verknüpfung uns zum Gebrauch einer Terminologie und zum Gebrauch von Bedeutungen geführt hat, die das Ethische bezeichnen. Jenseits der Intentionalität ist die Nähe die Beziehung zum Nächsten im moralischen Sinne des Wortes.

5. Bewußtsein und Besessenheit

Das Bewußtsein besteht darin, das Sein durch eine Mannigfaltigkeit hindurch zu thematisieren und so zu manifestieren. Zugleich verkündet es seine Einheit und Identität. Aber die Sprache als Kontakt berührt den Nächsten in seiner nicht-ideellen Einheit. Unter dieser Voraussetzung kann man sagen, daß der Nächste sich nicht zeigt, nicht erscheint. Es fehlt ihm der Horizont der Mannigfaltigkeit, in dem seine Identität verkündet, festgehalten, thematisiert und so offenbart werden könnte. Aber es fehlt ihm, woran er keinerlei Bedarf hat. Was *unmittelbar* einen Sinn hat, bevor er ihm verliehen wird, genau das ist der Nächste. Aber was auf diese Weise einen Sinn hat, kann nur als Anderer sein, als *derjenige*, der einen Sinn hat, bevor man ihn ihm gibt. Selbst die Darstellung eines Sinnes in der Anschauung verwirklicht nicht die Unmittelbarkeit. Die Intuition ist Schauen, noch (oder schon) Intentionalität, Erschlossenheit und dadurch Abstand und dadurch von dem, was es intendiert (und sei es im Original), durch eine „Reflexionszeit" getrennt und dadurch Verkündigung oder Ankündigung. Die Unmittelbarkeit ist die den Besessenen be-sitzende Nähe des Nächsten, die das Bewußtsein überspringt: nicht aus Mangel, sondern aus Überschuß, aus dem „Überschießen" der Nähe. Sie erreicht ihren Höhepunkt nicht in der

p. 229

Verwirrung [confusion]: Wir werden eine vom Abstand verschiedene Abwesenheit „zeigen", in der sich der Nächste hält. Aber dieser Überschuß oder dieses „Überschießen" macht, daß die Nähe für das Bewußtsein immer eine anachronistische Gegenwart besitzt: Das Bewußtsein ist immer verspätet beim Rendez-vous mit dem Nächsten, in dem Bewußtsein, das das Ich von dem Nächsten hat, ist es immer angeklagt und schuldhaft, schlechtes Gewissen.[d] Der Nächste ist nicht nach dem Maß und dem Rhythmus des Bewußtseins.

Wir haben das Selbst-Bedeuten par excellence Antlitz genannt. Der Begriff des Antlitzes machte schon in unserem Werk „Totalité et Infini" aufmerksam auf das Bedeuten des Einzelnen; dieses bezieht sich zwar nicht auf die Universalität, drückt darum aber nicht eine ich weiß nicht welche irrationale Essenz aus. Mit der Behauptung aber, in der Näherung knüpfe sich eine Intrige mit einem Einzelnen ohne Vermittlung des Idealen, wird nicht eine Ausnahme bestätigt und im übrigen weiterhin der Erkenntnis – heiße sie auch axiologische oder praktische Intentionalität – der Vorrang eingeräumt, den Geist für sich zu beanspruchen. Unter der Voraussetzung der Näherung drängt sich der Begriff des Antlitzes auf. Und im Antlitz gehen die Erkenntnis und das Erscheinen des Seins oder die Wahrheit in einer ethischen Beziehung unter. Das Bewußtsein kehrt zur Besessenheit zurück.

Die Besessenheit ist weder eine Modifikation noch eine pathologische Überreizung des Bewußtseins, sondern die eigentliche Nähe der Seienden. In allen seinen Formen – als vorstellendes, wertendes, praktisches – hat das Bewußtsein schon diese nahe Gegenwart verloren. Die Tat-

---

[d] Gewissen und Bewußtsein heißen beide im Französischen ‚conscience'.

sache, daß der Nächste nicht in ein Thema eintritt, daß er in einem gewissen Sinne der Erkenntnis und der willentlichen Bindung vorausgeht, ist weder Verblendung noch Gleichgültigkeit; es ist hier eine Geradheit der Beziehung, die gespannter ist als die Intentionalität: Der Nächste klagt mich an, die Besessenheit ist eine Verantwortung ohne Wahl, eine Kommunikation ohne Phrasen und Worte.
Aber muß man sich diese Anklage nicht bewußt machen? p. 230
Geht die Bewußtmachung nicht unvermeidlich jeder Aufnahme einer Beziehung voraus?
Die äußerste Dringlichkeit der Anklage, eine Modalität der Besessenheit, sprengt gerade die Gleichheit – oder die Gelassenheit – des Bewußtseins, seine Gleichheit mit dem Gegenstand, den es intentional versteht. Die Präsenz des Anderen klagt mich mit einer solchen Dringlichkeit an, daß die Weise, in der diese Gegenwart sich mir gewärtigt, d. h. erscheint und zur Repräsentation wird, kein Maß für sie sein darf. Die Repräsentation, die Vorstellung, gehört noch – oder schon – der Ordnung der Bilder und der Erkenntnis an, die von der Anklage umgestürzt wird. Hier beruht die Dringlichkeit nicht einfach auf einem Zeitmangel, sondern ist Anachronismus: In der Vorstellung, in der Repräsentation, ist die Gegenwart bereits vergangen.
Sich einem Anderen nähern, das bedeutet, noch das zu verfolgen, was schon gegenwärtig ist, noch das zu suchen, was man schon gefunden hat, vom Nächsten nicht loskommen können. Wie das Liebkosen. Die Liebkosung ist die Einheit der Annäherung [approche] und der Nähe [proximité]. In ihr ist die Nähe auch immer Abwesenheit. Worin anders besteht die Zärtlichkeit der geliebkosten Haut als in dem Bruch zwischen der Gewärtigung [présentation] und der Gegenwart [présence]?
In der Gegenwart des Nächsten streift man also eine

Abwesenheit, kraft derer die Nähe nicht bloße Koexistenz und Ruhe ist, sondern die eigentliche Nicht-Ruhe, die Unruhe. Keine intentionale Bewegung, die auf Erfüllung aus und die in diesem Sinne immer *weniger* ist als die Fülle dieser Erfüllung. Hier ist ein durch sein unersättliches Begehren verklärter Hunger, eine Berührung der Liebe und Verantwortung. Ist die Liebe eine angenehme Taktempfindung oder eine Weise, noch den zu suchen, der indes nahe ist, wie es mehr nicht sein kann?

Aber handelt es sich um eine Abwesenheit? Ist es nicht die Gegenwart des Unendlichen? Das Unendliche kann nicht in einem Terminus konkret werden, es bestreitet seine eigene Gegenwart. In seinem mit nichts gleichzusetzenden Superlativ ist es Abwesenheit, an der Grenze des Nichts. Immer flieht es. Aber es läßt die Leere zurück, eine Nacht,[8] eine Spur, in der seine sichtbare Unsichtbarkeit Antlitz des Nächsten ist. So ist der Nächste kein Phänomen, und seine Gegenwart geht nicht auf im Gewärtigen und Erscheinen. Diese Gegenwart empfängt ihre Ordnung von der *Abwesenheit, in der das Unendliche sich nähert;* von ihrem *Un-Ort.* Sie hat ihre Ordnung *in der Spur ihres eigenen Fortgangs*; sie ist hingeordnet auf meine Verantwortung und meine Liebe, die – jenseits des Bewußtseins – von ihr besessen sind. Spur, die noch ganz warm ist, wie die Haut des anderen. In der Nähe ist die Haut weder Behälter noch Schutz für den Organismus noch auch schlichte und einfache Oberfläche eines Seienden, sondern Nacktheit, Gegenwart, die durch einen Abschied zurückgelassen ist; sie ist allen ausgesetzt und daher auch – untreu gegen sich – verfallend; aber auch den

---

[8] Vgl. die „Orphyische Hymne der Nacht", vortrefflich übersetzt und erläutert von Clémence Ramnoux, in: La nuit et les enfants de la nuit, besonders p. 247–252.

Dingen ausgeliefert, besudelt, profaniert, verfolgt – schuldig und erbärmlich. Der Nächste ist auf meine Verantwortung hingeordnet: schon entwurzelt und heimatlos, wenn er nur auf der Erde auftaucht. Nicht autochthon zu sein; herausgerissen zu sein aus der Kultur, aus dem Gesetz, aus dem Horizont, aus dem Zusammenhang; durch eine Abwesenheit, die die eigentliche Anwesenheit des Unendlichen ist, sich in dem Nicht-Ort der Spur zu finden – alles dies ist nicht der Besitz einer Anzahl von Attributen, die in einem Paß stehen könnten, es ist dies das direkte *Auf-dich-Zukommen*, das *Erscheinen kraft der Auflösung der Erscheinung*. Dies ist das Antlitz, wir haben es gesagt, der Punkt, an dem die Epiphanie Nähe wird.

6. Das Zeichen

Die Nähe ist nicht bloße Koexistenz, sondern Unruhe. Etwas passiert vom einen zum anderen und vom anderen zum einen, ohne daß die beiden Bewegungen allein durch das Vorzeichen unterschieden wären. Sollte also in dieser Berührung etwas gesagt oder gelernt werden? Sollte sich also etwas thematisieren? Nichts außer der Berührung durch die Berührung selbst. Nichts wird gesagt außer diesem Kontakt selbst, diesem Bund und dieser Komplizenschaft – aber eben Komplizenschaft oder Bund „um nichts", ohne Inhalt, es sei denn um diese Komplizenschaft oder diesen Bund, um diese Nähe, die jeder Konvention, jedem Einverständnis oder Mißverständnis oder Unverständnis, jeder Offenheit und jeder List vorausgeht. Das Sagen dieser Berührung sagt und lehrt nichts als die Tatsache dieses Sagens und Lehrens selbst. Auch hier noch wie eine Liebkosung.

Handelt es sich noch um ein Sagen, wenn es nicht statthat

in dem Universum einer gemeinsamen Sprache, in der Kultur? Ist dies mehr als der Appell an die Gemeinschaft, deren Mitglieder sich nicht aufeinander beziehen wie die Individuen derselben Gattung oder wie die reinen Intelligenzen auf dieselbe Wahrheit? Ohne Zweifel geht dieses Sagen der Sprache, die Urteile und Botschaften mitteilt, voraus: Es ist ein Zeichen, das vom einen dem anderen durch die Nähe über die Nähe gegeben wird. Dieses Zeichen ist nicht schon Rede, auch nicht erst stammelnde: Es hat keinen anderen Inhalt als die Nähe selbst, die es sagt; es nennt und ruft in Erinnerung die Komplizenschaft um nichts und den nicht erwählten Bund; so nennt das Zeichen die Brüderlichkeit und ruft sie in die Erinnerung zurück; die Brüderlichkeit ist das Verstehen ohne Gegenstand und Wahl und ist als das Wesen der Nähe die Bedingung für allen Austausch von Botschaften.

Zeichen, das vom einen dem anderen gegeben wird – vor der Konstitution eines jeden Zeichensystems, einer jeden gemeinsamen Ebene, wie sie die Kultur und die Orte bilden – Zeichen, das von Un-Ort zu Un-Ort gegeben wird. Aber der Umstand, daß ein dem System der Evidenzen äußeres Zeichen in die Nähe gelangt und gleichwohl transzendent bleibt, ist das eigentliche Wesen der Sprache [langage] vor der Sprache [langue].

p. 232

Dieses Einverständnis von Singularität zu Singularität regt die Erfindung verbaler oder anderer Sprachzeichen an. In einem allerdings sehr bekannten Text des V. Teils des „Discours de la méthode" widerlegt Descartes die Meinung „einiger Alter, daß die Tiere sprechen, obwohl wir ihre Sprache nicht verstehen". Descartes bringt vor, „daß sie sich ebenso gut uns verständlich machen könnten, wie ihresgleichen, da sie mehrere Organe haben, die sich auf unsere beziehen". Descartes weigert sich also, eine Sprache zuzulassen, die in die Sonderheit einer Art eingeschlossen wäre. Das Tier ist Maschine nicht nur, weil es nicht auf polyvalente Weise seine Organe zu benutzen vermag, sondern weil es in seiner Verfassung gefangen ist. Daß die Tiere nie mit dem Menschen gesprochen haben, wäre der Beweis, daß sie unter sich nicht sprechen. Die Sprache ist die Möglichkeit, unabhängig von jedem den Gesprächspartnern gemeinsamen Zeichensystem in Beziehung zu treten. Dem Steinbrech gleich, ist sie das Vermögen, die Grenzen der Kultur, des Leibes, der Art zu überschreiten. Bei Descartes ist es die Vernunft, die das „universale Instrument" steuert. Aber wie individuiert sich die Vernunft in der Seele und wie vereinigt sie sich mit einem Willen? Die Brüderlichkeit mit dem Nächsten als Wesen der ursprünglichen Sprache [langage], zu der unsere Analysen vorgestoßen sind, findet die Universalität oder genauer die Universalisierung im Ausgang von den absoluten Singularitäten wieder.

Man wird einwenden: Setzt nicht das ursprüngliche Sagen ein Wesen der Singularität voraus, das vor dieser vorgängigen Sprache erkannt ist? Und ist infolgedessen die originale Struktur der Rede – ihr Werk der Universalisierung – nicht schon sekundär im Verhältnis zur kerygmatischen Intentionalität? – Reduziert sich aber die Berührung auf die Versammlung von Individuen unter einem gemeinsamen genus (das sie an sich schon lange vereint hätte), von dem sie nur die Splitter oder die Bruchstücke wären? Aber gesetzt auch, die Individuen des genus kennten im gegebenen Fall die Definition des genus, dem sie angehören – sofern sie vernünftig sind –, so ist es doch nicht das Individuum als individueller Fall der Art, sondern die in ihrer Art einzige Singularität, die sich dem Anderen nähert. Das Sprechen vor dem Sprechen ist nicht einmal das Verstehen der Singularität als Wesen. Die Beziehung von mir zum Nächsten fixiert sich auf keine Wesenheit, sondern auf das, was ohne Rekurs auf die Idealität im Rätsel des Antlitzes einen Sinn hat; hier wird die Erscheinung zur Nähe und die Wahrheit zur – Seinsmodalität. Es geht also nicht um das Wissen des Universalen, in dessen Rahmen das Individuum sich als idealiter identifizierte Individualität versteht. Das Wissen vom Wesen der Singularität, die Erkenntnis der Singularität als Wesen geht also nicht dem Augen-Blick der Komplizenschaft, der Komplizenschaft um nichts, voraus. Die Sprache des genus und der species, der Begriff des Menschengeschlechts, werden danach ihre Rechte erhalten. Die Brüderlichkeit ist es – oder die Sprache –, die dieses genus begründet.

p. 233

7. Von der Besessenheit zur Geisel[e]

Die Sprache, die Berührung, ist die Besessenheit eines Ich, das von den Anderen „belagert" wird. Die Besessenheit ist Verantwortung. Aber die Verantwortung der Be-sessenheit ist nicht die Frucht der Freiheit; sonst wäre die Besessenheit nur eine Bewußtwerdung: Es würde sich um ein Ich handeln, besessen ob eines Fehlers, der in aller Freiheit begangen wurde; und wir würden in ihm das denkende Subjekt in seiner strahlenden Vereinsamung wiedererkennen, das sich intentional auf die Seienden einstellt. Die Verantwortung als Besessenheit ist Nähe: wie eine Verwandtschaft ist sie eine Beziehung, die jeder gewählten Beziehung vorausgeht. Die Sprache ist Brüderlichkeit und insofern Verantwortung für den Anderen und daher Verantwortung für das, was ich nicht begangen

---

[e] Der französische Titel lautet: „De l'obsession à l'otage". Beide Wörter, ‚obsession' und ‚otage', haben eine gemeinsame lateinische Wurzel (obsedere).

habe, – für den Schmerz und den Fehler der Anderen. Ganz im Gegensatz zum Spiel – zu der Freiheit, die keine Verantwortung nach sich zieht – ist die Nähe eine Verantwortung, die nicht auf meine Freiheit verweist. Kreatürlicher Stand in einer Welt ohne Spiel, im *Ernst*, der vielleicht *jenseits* des stupiden „so ist das Leben" die erste Ankunft der Bedeutung im Sein ist. Stand der Geisel. Das Ich [moi], ich [je] – absolut „von Innen" individuiert, ohne Bezug auf das System. Aber diese Individuation kann nicht als der Pol eines sich selbst identifizierenden Bewußtseins beschrieben werden: denn das „sich" ist gerade das große zu beschreibende Geheimnis. Die Selbstheit, die sich im Reflexivpronomen *sich* ausdrückt, reduziert sich nicht auf die Objektivation des Ich durch sich selbst. Diese reflexive Rückkehr zu mir impliziert bereits die anfängliche Reflexion des *sich*. Die grenzenlose Passivität in diesem *sich* wird durch keine Aktivität übernommen, die sie überholen oder aufnehmen würde oder die ihr präexistent wäre. In dem „Akkusativ" dieses *Sich*, dem kein Nominativ vorausgeht, erhebt sich ein Anfang. Besessen von Verantwortungen, die gerade nicht auf die Entscheidungen eines frei betrachtenden Subjekts zurückgehen, quasi angeklagt dessen, was sie niemals gemacht hat, verfolgt und auf sich zurückgeworfen und in sich zurückgetrieben, nimmt die Selbstheit die Verantwortung auf sich; denn sie ist absolut unfähig, sich der Nähe, dem Antlitz, der Verlassenheit des Antlitzes, in dem die Unendlichkeit auch Abwesenheit ist, zu entziehen. Genauer: das Auftauchen der Selbstheit ist nichts als dieser Ernst im Sein.

Die Unmöglichkeit, sich zu entziehen, wird zum Vermögen. Das Ich ist der Punkt, der die Schwere und den Ernst der Welt trägt, das Ich, unerschütterlich und ausnahmslos, ist das, was im Sein das Werk des Seins auflöst. In sich

p. 234 zurückgetriebenes Seiendes, ist es das Nicht-sein des Seins. Nicht das Nichts, denn dieses *Auflösen* ist zweideutig oder „gemischt" oder jenseits des Seins.

Das Sein nimmt nicht eine Bedeutung an und wird Welt, weil unter den Seienden ein als Ich strukturiertes und auf Ziele gerichtetes denkendes Seiendes existiert, sondern weil in die Nähe des Seins die Spur einer Abwesenheit – oder des Unendlichen – eingeschrieben ist, weil es Verlassenheit, Ernst, Verantwortung, Besessenheit gibt und Mich. In einer Welt ohne Spiel tritt das Nicht-Austauschbare par excellence, ich [je], in einem fortwährenden Opfer an die Stelle der Anderen und transzendiert die Welt. Aber das ist die Quelle des Sprechens; denn das ist das Wesen der Kommunikation.

Das bedeutet nicht, das Ich sei nur ein mit besonderen, sogenannten moralischen Qualitäten begabtes Seiendes, die es wie Attribute trägt. Dieses unaufhörliche Ereignis der Substitution ist die „Egoität" des Ich, seine ausgenommene und befremdliche Einheit,[9] der Umstand, daß ein Seiendes sich seines Seins entleert, sein Nicht-sein. Das ethische Ereignis der „Sühne für einen anderen" ist die konkrete Situation, die durch das Verb *Nicht-sein* bezeichnet wird. Aufgrund des Geiselstandes kann es auf der Welt Mitleid geben und Teilnahme, Verzeihen und Nähe (sei es auch nur das Wenige, das es gibt). Von allen „Gefühlsübertragungen", durch die die Theoretiker des ursprünglichen Krieges das Entstehen der Großmut erklären, würde sich keine mit Erfolg im Ich festmachen, wenn es nicht von seinem ganzen Sein (oder seinem ganzen

---

[9] Bei Kant unterscheidet sich die analytische Identität der transzendentalen Apperzeption von der Mannigfaltigkeit des Gegebenen, die auf diese Identität nicht zurückgeführt werden kann. Aber das Geisel-Ich ist eine Identität, die alle anderen ist, *indem es sühnt*.

Nicht-sein) her Geisel wäre. Es ist nicht sicher, daß der Krieg am Anfang stand. Vor dem Krieg waren die Altäre. Die ethische Sprache, der wir uns bedienen, entspringt nicht einer besonderen, von der bisher durchgeführten Beschreibung unabhängigen Erfahrung. Sie folgt dem eigentlichen Sinn der Annäherung, die sich vom Wissen, und des Antlitzes, das sich vom Phänomen unterscheidet. Indem sie das Antlitz beschreibt, kann die Phänomenologie den Umschlag der Thematisierung in Ethik verfolgen. Nur die ethische Sprache ist dem Paradox, in das sich die Phänomenologie plötzlich geworfen sieht, gewachsen. Ausgehend vom Nächsten, liest die Phänomenologie das Paradox in der Abwesenheit, die den Nächsten zum Antlitz weiht; aber dies geschieht in einer Weise, die man zu Unrecht mit einem Hinweis oder einem Aufweis des Bedeuteten im Bedeutenden verwechseln würde, gemäß dem leichten Verfahren, durch das das fromme Denken zu geschwind die theologischen Realitäten ableitet. Die Spur, der das Antlitz sich einordnet, reduziert sich schon deswegen nicht auf das Zeichen, weil das Zeichen und seine Beziehung zum Bezeichneten schon thematisiert sind. Aber die Näherung ist nicht die Thematisierung irgendeiner Beziehung, sondern diese Beziehung selbst. p. 235

8. *Es ist nur ein Wort*

Ist die Sprache Übertragung und Empfang von Botschaften, die unabhängig von Übertragung und Empfang gedacht werden, unabhängig von der Mitteilung (selbst wenn die Gedanken sich der historisch konstituierten Sprachen bedienen und sich den negativen Bedingungen der Mitteilung anpassen, nämlich der Logik und den Prinzipien der Ordnung und der Universalität)? Oder enthält die Sprache im Gegenteil ein positives und der Mitteilung vorhergehendes Ereignis, das Annäherung wäre und Berührung des Nächsten und worin das Geburtsgeheimnis sogar des Denkens und der verbalen Aussage, die es trägt, läge?

Ohne den Versuch zu machen, diese verborgene Entstehung darzustellen, bestand die vorliegende Studie darin, Sprache und Berührung zusammenzudenken. Sie tat dies, indem sie die Berührung unabhängig von den „Informationen", die sie an der Oberfläche der Seienden sammeln kann, analysierte, indem sie die Sprache unabhängig von dem Zusammenhalt und der Wahrheit der übermittelten Informationen untersuchte, indem sie in Sprache und Berührung das Ereignis der *Nähe* faßte. Ein erlöschendes Ereignis, das sogleich überschwemmt wird vom Andrang der Kenntnisse und der Wahrheiten, die sich als das Wesen ausgeben, das heißt als die Bedingung der Möglichkeit der Nähe. Und ist dies nicht angemessen? Die Verblendung, der Irrtum, das Absurde, können sie nähern?

Können indes das Denken und die Wahrheit den Anderen zwingen, in meine Rede einzutreten, Gesprächspartner zu werden? Das Erlöschen der Nähe in der Wahrheit ist ihre Zweideutigkeit selbst, ihr Rätsel, das heißt ihre Transzendenz über die Intentionalität hinaus.

Die Nähe ist keine Intentionalität. Einer Sache nahe sein heißt nicht, sie sich erschließen und die so „entdeckte" intendieren; es heißt nicht einmal, das „signitive Denken", das sie intendiert, durch die Anschauung „erfüllen" und ihm immer einen Sinn verleihen, den das Subjekt in sich trägt. Sich nähern, das heißt, den *Nächsten* berühren, sich dem Anderen nähern, und zwar jenseits der Gegebenheiten, die in der Erkenntnis auf Distanz apprehendiert werden. Dieser Umschwung vom Gegebenen zum Nächsten, von der Vorstellung zum Kontakt, vom Wissen zur

Ethik, ist Antlitz und menschliche Haut. In dem sinnlichen oder verbalen Kontakt schlummert die Liebkosung, in ihr bedeutet die Nähe: nach dem Nächsten sich verzehren, als ob seine Nähe und seine Nachbarschaft auch eine Abwesenheit wären. Durchaus keine Entfernung, die noch in den Kategorien der Intentionalität verstanden werden könnte, sondern eine maßlose Abwesenheit, die sich nicht zu einem Korrelat des Denkens zu materialisieren – oder zu verkörpern – vermag, das Unendliche, und also in einem absoluten Sinne unsichtbar, d. h. außerhalb aller Intentionalität. Ich bin besessen vom Nächsten, von diesem Antlitz und dieser Haut in der Spur dieser Abwesenheit, d. h. besessen von ihnen in ihrer elenden Verlassenheit und in ihrem unabweisbaren Recht auf mich; ich bin besessen vom Nächsten in einer Besessenheit, die nicht auf das Bewußtsein zurückgeführt werden kann und die nicht ihren Ursprung in meiner Freiheit hat. Bin ich in meiner Egoität des Ich etwas anderes als eine Geisel? Die Berührung, in der ich mich dem Nächsten nähere, ist weder Erscheinung noch Wissen, sondern das ethische Ereignis der Kommunikation; für alle Übertragung von Nachrichten wird dieses Ereignis vorausgesetzt; es stellt die Universalität her, in der Wörter und Aussagen ausgesprochen werden. Kontakt, der von mir zum Nächsten transzendiert, nicht die Thematisierung des Nächsten, sondern Zeichengabe, die jeder Proposition, jeder Aussage von was auch immer vorausgeht. Sprache – Mauerbrecher: Zeichen, das die Tatsache des Sagens als solche sagt; darin haben wir eine Komplizität erkannt, die Komplizität „um nichts", nämlich eine Brüderlichkeit. Trägt dieses Zeichen nicht das erste Wort?

Das erste Wort sagt das Sagen selbst. Es bezeichnet noch keine Seienden, hält keine Themen fest und will nichts identifizieren. Sonst kämen die Kommunikation und die

p. 236

Nähe wieder auf die logische Funktion der Sprache hinaus und würden aufs neue die Kommunikation voraussetzen. Vor jedem Seienden und jedem Denken, in dem sich das Sein spiegelt und bricht, sagt das erste Wort nichts als das Sagen selbst.

Aber wenn das erste Sagen dieses Sagen selbst sagt, so können hier das Sagen und das Gesagte nicht übereinkommen. Denn indem das Sagen sich sagt, bricht es jeden Augenblick die Definition dessen, was es sagt, entzwei und sprengt die Totalität, die es umfaßt. Es mag dies Bersten selbst zum Thema machen und auf diese Weise, wenn es kann, die Totalität, von der es berichtet, vollständiger rekonstituieren, es mag auf diese Weise sein unabnutzbares Gewebe zeigen – aber siehe, wie es eben durch sein Sprechen seine Totalität unterbricht. Jemand ist dem Thema entkommen. Das erste Sagen geht über seine eigenen Kräfte und seine eigene Vernunft hinaus. Das ursprüngliche Sagen ist Delirium. Das kohärente Denken hat gewiß recht, den ausschweifenden Charakter oder den Verbalismus dieses Sagens zu denunzieren, dieser ersten Transzendenz, die den Logos zerbricht, die Bedingungen ihrer eigenen Aussage entgegenzuhalten, ihre verborgene Geschichte auszubreiten und sie an die Welt zurückzubinden, die zu überschreiten sie vorgibt. Das kohärente Denken zwingt zur kohärenten Rede. Aber gerade damit versteht es die Ausschweifung, die es bekämpft, und erkennt schon ihr Rätsel an. Gewiß ist das erste Sagen nur ein Wort. Aber es ist Gott.

11. Die Substitution[1]

1. Grundsatz und Anarchie p. 487

In der Beziehung zu den Seienden, die man Bewußtsein nennt, identifizieren wir diese Seienden durch die Zerstreuung in „Abschattungen" hindurch, in der sie erscheinen; im Selbstbewußtsein identifizieren wir uns durch die Mannigfaltigkeit der zeitlichen Phasen hindurch: als ob für das Sein selbst das subjektive Leben in Gestalt des Bewußtseins darin bestünde, sich zu verlieren und wiederzufinden, um sich kraft der Darstellung, kraft der Vorstellung als Thema, kraft der Exposition in der Wahrheit zu *besitzen*. Diese Identifikation ist nicht das Gegenstück irgendeines Bildes. Sie ist Anspruch des Geistes,[a] sie ist Aufruf, Rede, Kerygma. Aber durchaus nicht willkürlich,

---

[1] Dieser Text ist anläßlich einer öffentlichen Vorlesung an der Faculté Universitaire Saint-Louis in Brüssel am 30. November 1967 vorgetragen worden. Er folgte auf eine Vorlesung, die am Vortag in demselben Rahmen unter dem Titel „Die Nähe" gehalten worden war; diese Vorlesung hielt sich an die Studie „Sprache und Nähe", die seither in der zweiten Auflage unseres Buches „En découvrant l'existence avec Husserl et Heidegger" (Paris: Vrin 1967) erschienen ist. Die beiden Vorlesungen, „Die Nähe" und „Die Substitution", waren unter dem Obertitel „Jenseits des Seins" angekündigt worden. Der vorliegende Text stellt eine revidierte Fassung der vorgetragenen Vorlesung dar. Für den Leser, der mehr „verkraften" kann als der Zuhörer, sind gewisse Gedankengänge strenger formuliert worden. Anmerkungen sind hinzugekommen. Sie sollen die Perspektiven aufzeigen, in denen das in dieser Vorlesung behandelte spezielle Thema steht.
[a] Mit ‚Anspruch' übersetzen wir das französische ‚prétention'. Ihm entspricht das Verb ‚prétendre' – ‚ansprechen als…', ‚meinen'.

und infolgedessen beruhend auf einem geheimnisvollen Verfahren des Schematismus;[2] dank dieses Schematismus kann der Zerstreuung der Aspekte und Bilder, der Silhouetten oder Phasen etwas Ideales entsprechen. Sich bewußt werden heißt also für das Sein immer, sich vermittelst einer Idealität zu ergreifen. Sogar ein empirisches und individuelles Seiendes erscheint vermittelst der Idealität des Logos. So versteht sich die Subjektivität, sofern sie Bewußtsein ist, als ontologisches Ereignis: Das Sein, das sich verloren hat, findet sich im Ausgang von einem idealen Prinzip – einer arché – in seiner thematischen Darstellung wieder. Der Umweg über die Idealität führt zur Koinzidenz mit sich selbst, das heißt zur Gewißheit; die Gewißheit leitet und gewährleistet beständig das ganze Abenteuer des Seins. Eben darum ist dieses „Abenteuer" kein Abenteuer. Es ist in keinem Augenblick gefährlich. Es ist Selbstbesitz, Herrschaft, *arché*. Was ihm an Unbekanntem begegnet, ist schon im voraus enthüllt, erschlossen, offenbar; es gießt sich in die Form des Bekannten und kann nicht in einem unbedingten Sinne eine Überraschung sein. – Für die philosophische Tradition des Abendlandes ist alle Spiritualität Bewußtsein, thematische Darstellung des Seins, Wissen.

Wir haben versucht, im Ausgang von der *Berührung*, die wir nicht als Betasten, sondern als Liebkosung gedeutet haben, sowie im Ausgang von der *Sprache*, die wir nicht als Informationskreislauf, sondern als Berührung verstanden haben, die *Nähe* als etwas zu beschreiben, das nicht auf das Bewußtsein oder die Thematisierung zurückgeführt werden kann.[3] Beziehung zu etwas, das sich nicht in

---

[2] Es kann hier keine Rede davon sein, dieses „Geheimnis", das sich in der „Erzählung" vollzieht, zu analysieren.

[3] Vgl. Langage et proximité, in: DEHH 218 sq. [Sprache und Nähe, in diesem Band, p. 261 sq.]

„Bilder" aufzulösen und darzustellen vermag; mit etwas, das nicht übermäßig ist im Verhältnis zum Thema, sondern ohne gemeinsames Maß; mit etwas, das nicht seine Identität zu finden vermag in einem kerygmatischen Logos; etwas, an dem jeder Schematismus scheitert.
Dieses Unvermögen, sich einem Thema unterzuordnen, dieses Unvermögen, zu erscheinen, diese Unsichtbarkeit, die Berührung wird – sie liegt nicht an der Bedeutungslosigkeit dessen, was nahe ist, sondern an einer Weise zu bedeuten, die ganz anders ist als die Weise der Darstellung, an einem *Jenseits* des Sichtbaren. Das heißt nicht, daß das „Jenseits" „weiter entfernt" wäre als alles, was erscheint, oder daß es „anwesend in der Abwesenheit" wäre oder daß es symbolisch erschiene. Dies alles wäre noch die Unterwerfung unter ein Prinzip, die Hingabe an das Bewußtsein. Vielmehr liegt hier das Entscheidende in der Weigerung, sich durch ein Thema zähmen oder domestizieren zu lassen. Wenn der Logos es anruft, es einsetzt, es vorstellt und darstellt, verliert das „Jenseits" sein eigenes Bedeuten und wird statt dessen Immanenz, während doch seine Nachbarschaft in der Nähe absolutes Außerhalb ist; ohne gemeinsames Maß mit dem Gegenwärtigen ist es immer „schon in der Vergangenheit" über das „jetzt" hinaus, das von ihm beunruhigt und besessen ist. Diese Weise, vorbeizugehen und dabei die Gegenwart zu beunruhigen, ohne sich durch die *arché* des Bewußtseins einsetzen zu lassen, diese Weise, auf der Helle des Sichtbaren Streifen zu hinterlassen, haben wir Spur[4] genannt. So ist die Nähe auf *anarchische Weise* die Bezie-

---

[4] Wenn das Anarchische sich nicht *im* Bewußtsein meldete, so würde es auf seine Weise *herrschen*. Die Anarchie ist nur möglich, wenn sie von der Rede angefochten wird; die Rede verrät die Anarchie, aber übersetzt sie auch, ohne sie zu vernichten. Der Begriff des *Sprachmißbrauchs* muß hier genau bedacht werden.

hung zu einer Singularität ohne Vermittlung irgendeines Prinzips oder irgendeiner Idealität. Konkret entsprechen dieser Beschreibung meine Beziehung zum Nächsten sowie sein Bedeuten, das der berühmten „Sinngebung" vorausgeht. Diese Maßlosigkeit im Verhältnis zum Bewußtsein, die Spur von *ich weiß nicht woher* wird, ist nicht die harmlose Beziehung des Wissens, in der alles sich ausgleicht, noch die Gleichgültigkeit der räumlichen Nähe; sie ist eine Vorladung, die der Andere an mich ergehen läßt; sie ist Verantwortung für Menschen, die wir nicht einmal kennen. Die Beziehung der Nähe kann auf keinen Modus geometrischer Distanz oder Nähe zurückgeführt werden noch auf die bloße „Vorstellung" des Nächsten; sie ist *schon* Vorladung von äußerster Dringlichkeit, Verpflichtung, die auf *anachronistische Weise* jeder Bindung vorhergeht. Vorgängigkeit, die älter ist als das *Apriori*. Diese Formel drückt eine Form des Affiziertseins aus, die ganz und gar nichts mit Spontaneität zu tun hat: Das Subjekt ist affiziert, ohne daß die Quelle der Affektion Vor-stellungsthema würde. Der Terminus *Besessenheit* bezeichnet diese auf das Bewußtsein irreduzible Beziehung.

Die Besessenheit ist nicht zurückführbar auf das Bewußtsein, auch wenn sie es umstürzt und sich auf diese Weise in ihm zeigt; sie durchquert das Bewußtsein gegen den Strom, trägt sich in ihm als Fremde ein, ist Ungleichgewicht, Delirium; sie löst die Thematisierung auf; dem *Prinzip*, dem Ursprung, dem Willen, die sich in jedem Bewußtseinsschimmer bestätigen, entzieht sie sich. Im ursprünglichen Sinne des Terminus anarchische Bewegung. Die Besessenheit kann daher auf gar keine Weise als eine Erweiterung des Bewußtseins gelten.

Aber die An-Archie meint nicht den Umstand einer der Ordnung entgegengesetzten Unordnung, so wie die Auflösung des Themas nicht die vermeintliche Rückkehr zu einem diffusen „Bewußtseinsfeld", das der Aufmerksamkeit vorausginge, ist. Die Unordnung ist nur eine andere Ordnung und das Diffuse ist das der Möglichkeit nach thematisierte.[5] Die Anarchie verwirrt das Sein jenseits dieser Alternativen. Sie unterbricht das ontologische Spiel, das gerade als Spiel Bewußtsein ist, in dem sich das Sein verliert und wiederfindet und auf diese Weise erhellt. Das Ich ist anachronistisch in Verzug gesetzt gegenüber seiner Gegenwart, unfähig, diese Verspätung aufzuholen, das zu denken, wovon es berührt wird.[6] Das Ich ist die Form, in der die Herrschaft des Anderen über das Selbe geschieht, Herrschaft, die so weit geht, es zu unterbrechen, es sprachlos zu lassen: Als an-archische ist die Besessenheit Verfolgung. Die Verfolgung besagt hier

p. 490

---

[5] Vgl. von Bergson in „L'Evolution créatrice" die Seiten über den Begriff der Unordnung, die genau bedacht werden müssen. Umsturz und Revolution sind in der Ordnung. Mit Hegel zu vergleichen. Was dem Bewußtsein in der Erfahrung von einem „neuen Gegenstand" als „die Nichtigkeit des ersten" erscheint, zeigt sich dem Philosophen, der den Vorgang „hinter seinem Rücken" [dem Rücken des Bewußtseins] sehen kann, als Resultat einer Genese, als entstehend inmitten derselben dialektischen Ordnung (vgl. Hegel, Phänomenologie des Geistes, ed. Hoffmeister, p. 73/74). Genetische Bewegung, die über die Etappe des Staates zum absoluten Wissen gelangt, in dem sich das Bewußtsein erfüllt. Der Begriff der Anarchie, wie wir ihn hier einführen, geht dem politischen (oder antipolitischen) Sinn, der ihm populärerweise anhaftet, voraus. Er kann nicht, ohne sich selbst aufzuheben, als Prinzip gesetzt werden (in dem Sinne, wie die Anarchisten ihn verstehen, wenn sie z. B. behaupten, daß die Anarchie die Mutter der Ordnung sei). Die Anarchie kann nicht gebieterisch sein wie die *arché*. Sie kann den Staat nur verwirren – dies aber in radikaler Form und in einer Weise, die Augenblicke der Negation *ohne jede* Bejahung möglich macht. Daher kann der Staat sich nicht als das Ganze einrichten. Umgekehrt aber kann die Anarchie gesagt werden.
[6] Unvermögen indes, das *sich sagt*. Die Anarchie *herrscht* nicht. So hält sie sich in der Zweideutigkeit, im Rätsel, hinterläßt eine Spur, die die Rede in der Qual des Ausdrucks zu sagen versucht, davon sie aber nur die Spur festhält.

nicht den Inhalt eines verrückt gewordenen Bewußtseins; sie bezeichnet die Form, der gemäß das Ich sich affiziert, und ist die Auflösung des Bewußtseins. Diese Inversion des Bewußtseins ist gewiß Passivität. Aber Passivität diesseits aller Passivität; sie definiert sich in ganz anderen Termini als denen der Intentionalität, in deren Rahmen das *Ertragen* immer auch ein Übernehmen ist, d. h. eine Erfahrung, die immer schon vorweggenommen und gebilligt, mit einem Ursprung verknüpft ist. Gewiß bezeichnet die Intentionalität des Bewußtseins nicht einzig die willentliche Intention. Sie bewahrt aber von der willentlichen Intention das Moment des Anfänglichen oder Inchoativen. Das Gegebene paßt sich einem Denken ein, das im Gegebenen seinen Entwurf erkennt oder es mit seinem Entwurf bekleidet; das Gegebene zeigt sich a priori – von Anfang an wird es re-präsentiert; es überfällt nicht, ohne sich anzukündigen, es läßt durch den Intervall des Raumes und der Zeit die für den Empfang erforderliche Muße. So ist das *Für-sich* nichts als die Macht, die das Sein über sich selber hat, sein Wille, seine Herrschaft! Hier wird es sich selbst gleich und besitzt sich. Die Herrschaft liegt im Bewußtsein als solchem; und für Hegel ist das Ich nur das Bewußtsein, das sich in der Gleichheit mit sich selbst, in dem, was er die „Freiheit dieser unendlichen Gleichheit" nannte, beherrscht.

Von dieser Gestalt des Seins, das sich in der Gleichheit mit sich selbst besitzt, hebt sich die Besessenheit ab, die wir in der Nähe erkannt haben. Wie kann im Bewußtsein, das ganz Freiheit ist oder das in seinem Grunde Freiheit ist – denn in ihm wird alles intentional übernommen –, wie kann im Bewußtsein, das ganz Gleichheit ist – Gleichheit seiner mit sich selbst, aber auch Gleichheit in dem Maße, in dem gemäß dem Bewußtsein die Verantwortung auch immer streng an der Freiheit gemessen wird (und wo also die Verantwortung immer begrenzt ist) –, wie kann im Bewußtsein die Passivität der Besessenheit statthaben? Wie ist im Bewußtsein ein Erleiden oder eine Leidenschaft möglich, deren „tätige" Quelle nicht – und auf überhaupt keine Weise – ins Bewußtsein fällt? Man muß auf diesem Außerhalb bestehen. Es ist nicht objektiv oder räumlich, wiedereinholbar in die Immanenz, um der Ordnung des Bewußtseins unterstellt oder in die Ordnung eingegliedert zu werden, sondern vom Charakter der Besessenheit, unthematisierbar und in dem von uns definierten Sinne anarchisch. Wir wären versucht zu sagen: außer-gewöhnlich.

In der *Verantwortung, die in keinem vorgängigen Engagement gründet* – in der Verantwortung für den anderen, in der ethischen Situation –, zeichnet sich die me-ontologische und metalogische Struktur dieser Anarchie ab; den Logos, in dem die Ontologie ihren Platz hat und in dem das Bewußtsein sich immer wieder ergreift und steuert, löst sie auf. Absolute Passion insofern, als sie das Bewußtsein ohne irgendein Apriori ergreift. Infolgedessen Bewußtsein, das ergriffen ist, bevor es sich ein Bild dessen macht, was auf es zukommt, ergriffen wider Willen. Unter diesen Zügen erkennen wir die Verfolgung wieder: Infragestellung, die der Befragung vorausgeht, und Verantwortung jenseits des Logos der Antwort. Als ob auf dem Grunde der Solidarität mit dem anderen die Verfolgung durch den Anderen läge. Wie kann eine solche Passion[7] statt- und Zeit haben im Bewußtsein?

p. 491

---

[7] Beziehung ohne Apriori. Das Apriori hat seinen Grund in einer Spontaneität, und sei es auch nur die Spontaneität, die die Ontologie für das endliche Denken verlangt. Diese Spontaneität, die reine Rezeptivität ist, muß sich, um das Seiende begegnen zu lassen, als transzendentale Einbildungskraft betätigen, als Bildung von Imaginärem, von Zellen des Nichts.

2. Die Rückläufigkeit[b] und das Diesseits

Aber erschöpft das Bewußtsein den Begriff der Subjektivität? Hat die Subjektivität nicht im Ich eine Bedingung, die man noch stillschweigend auf das Bewußtsein reduziert? Fällt das *Ich* zusammen mit dem *Für-sich* des Bewußtseins? In unseren Traktaten sind Subjektivität und Bewußtsein seit langem äquivalente Begriffe; man stellt nicht die Frage nach der Dimension, die sich hinter dem angefochtenen Begriff der Seele versteckte. Es gilt zu untersuchen, ob der Begriff des Ich zusammenfällt mit dem *Für-sich* des Bewußtseins.

Ins Diesseits des Bewußtseins oder vor das Bewußtsein zurückgehen heißt aber nicht, sich dem Unbewußten zuwenden. Das Unbewußte wiederholt in seiner Heimlichkeit das Spiel, das im Bewußtsein gespielt wird:[8] Suche nach Sinn und Wahrheit als Suche nach sich selbst; gewiß, verhinderte, verdrängte Erschlossenheit des Selbst, die aber die Psychoanalyse aufbrechen und wieder zu Selbstbewußtsein machen kann. Unsere Studie orientiert sich also nicht in Richtung Unbewußtes.

Die Reduktion der Subjektivität auf das Bewußtsein beherrscht das philosophische Denken, das sich seit Hegel darum bemüht, den Dualismus des Seins und des Denkens dadurch zu überwinden, daß es in verschiedenen Formen Substanz und Subjekt identifiziert. Die Philosophie selbst wird als sukzessiver, fortschreitender Vorgang begriffen, in dem das Sein sich für sich selbst entdeckt. Unter dieser Voraussetzung fügt die Entdeckung dem Sein des Seien-

---

[8] Das Bewußtsein ist Spiel par excellence, „transzendentale Einbildungskraft".

[b] ‚Rückläufigkeit' steht für den französischen Ausdurck ‚récurrence'. Der Ausdruck ist je nach Zusammenhang durch ‚Rücklauf' oder ‚Rückläufigkeit' übersetzt.

den, dem Seinsakt oder der *Essenz*ᶜ (wenn es erlaubt ist, den Ausdruck *Essenz* in Kursivdruck als ein abstraktes Tätigkeitswort⁹ anstelle von „Sein des Seienden" zu benutzen) nichts hinzu, sondern macht als unaufhörliches Wachen, als Selbstbesitz, diesen Seinsakt aus. Die Philosophie, deren Aussage Ontologie ist, vollendet diesen Seinsakt durch diese Aussage, durch diesen Logos. Von daher die Idee, daß das Sein selbst des Seienden sich mit dem Bewußtsein vollendet.   p. 492

Aber die Entdeckung des Seienden für es selbst impliziert eine *Rückläufigkeit*, die uns vor ein Problem stellt. Der *Seinsakt* erstreckt sich wie ein farbloser Faden, der aus dem Spinnrocken der Parzen hervorgeht. Muß sich nicht irgendwo der Knoten der Selbstheit knüpfen, damit eine Rückkehr geschieht? Ohne Selbstheit würde der Seinsakt sich ständig selbst entlaufen, d. h. er würde sich wie ein Schicksal erstrecken. Damit in der Erstreckung des *Seinsaktes* ein plötzlicher Sprung, eine Vertreibung aus dem Selben, dieses Erwachen und diese Jagd nach dem Selben, die das Spiel des Bewußtseins sind, geschehen kann; damit sich dieser Abstand im Verhältnis zu sich und das Heimweh nach sich oder die Retention des Sich, die jede Präsenz zur Re-präsentation macht, ereignen kann, ist dazu und für alle Artikulationen dieser Bewegung nicht der „Herz-" oder „Pulsschlag" einer Selbstheit vonnöten? Ist dieser Herzschlag seinerseits nichts als die Entdeckung des Seins für sich selbst, die Repräsentation des Seins durch sich selbst – wobei die Identität dieses „selbst" ohne Geheimnis bliebe? In dieser Entdeckung des *Sich* für sich

---

⁹ Wir wagen nicht, ‚essance' zu schreiben, so wie Jacques Derrida – dessen Werk aus den verschiedensten Gründen von hier aus gegrüßt sei – ‚différance' schreibt.

ᶜ ‚Essence' in dieser Bedeutung wird mit ‚Seinsakt' übersetzt.

geschieht alles so, als ob diese Entdeckung zu einer gegenständlichen Identität hinzuträte, d. h. zu einer Identität, die sich aus der idealisierenden Identifikation ergibt, die das thematisierende Denken kerygmatisch den Abschattungen verleiht.[10] Worin besteht die Beziehung zwischem dem „sich" und dem *Für-sich* der Vorstellung? Ist das „sich" ein Rücklauf von derselben Art wie das Bewußtsein, das Wissen und die Vorstellung; und hebt es sich ganz im Bewußtsein als Geist auf? Ist das „Sich" seinerseits Bewußtsein oder ein ganz anderes Ereignis, das die Verwendung anderer Termini – Sich, Ich, das Ich, Seele, – rechtfertigen würde?

Die Philosophen haben die Identität des Sich-selbst meistens durch die Rückkehr des Bewußtseins zu sich beschrieben. Sowohl für Sartre als auch für Hegel wird das Selbst als ein Für sich gesetzt. Damit würde die Identität des *Ich* auf die Umwendung des *Seinsaktes* auf sich selbst hinauslaufen, auf die Rückkehr zu sich selbst und die Identifikation des Selben, dessen Subjekt oder Bedingung die Identität des Ich einen Augenblick zu sein schien. Das empirische „Sich", das sich als ein Seiendes inmitten von Seiendem oder als zentrales Seiendes setzt, wäre nichts als eine Abstraktion, die auf den konkreten Prozeß der Wahrheit verwiese, in dem diese Rückkehr geschieht; die Abstraktion des empirischen Sich verwiese also auf die Darstellung des im Durchlaufen oder in der Erstreckung der Zeit verlorenen und wiedergefunden Seins, verwiese auf den Logos. Eben dieser Konzeption gilt es zu widersprechen.

Die Identität der Selbstheit liegt nicht an irgendeiner qualitas distinctiva, die unvergleichlich wäre, einem *Uni-*

---

[10] Vgl. DEHH 217–223; [p. 261–272 des vorliegenden Bandes].

cum, einem *Hapax*ᵈ, wie die Fingerabdrücke, und das als Prinzip der Individuation dieser Identität einen Eigennamen einbrächte und damit einen Platz in der Rede. Die Identität des „Selbst" beruht nicht auf der Trägheit einer Washeit, die individuiert wäre dank irgendeiner unvergleichlichen, dem Leib oder dem Charakter inhärenten Eigenschaft oder dank der Einzigkeit einer natürlichen oder historischen Konjunktion.

p. 493

Aber selbst wenn man für die Identität des Individuums eine Quelle im Logos suchte, der durch eine indefinite Mannigfaltigkeit von Abschattungen hindurch und dank des Schematismus der Rede eine ideale Identität ausspricht oder verkündet; selbst wenn die Identität des Subjekts auf einen Identifikationsprozeß verweisen sollte und so nicht Trägheit, sondern Spaltung einer „ewigen Ruhe" wäre, Heimweh und Wiederfinden, so käme doch diese auf Identifikation beruhende Identität, sei auch ihre intentionale Struktur die des inneren Zeitbewußtseins im husserlschen Sinne des Wortes, der Identität des *Sich-selbst* nicht gleich. Das Sich, das an den für das Sich vermeintlich konstitutiven Bewegungen des Bewußtseins oder der Intentionalität entlang lebt – fast wären wir versucht, in einem unmetaphorischen Sinne zu sagen: das Sich, das wie ein Herzschlag pocht –, das Sich ist nicht Träger seiner Identität in derselben Weise wie die identischen Seienden, Themen oder Redeteile, die sich in der Rede zeigen und die in der Rede identisch bleiben, d. h. sich sagen müssen, ohne sich zu widerrufen. Die Identität der Selbstheit ist nicht diejenige Identität, die einem Seienden gestattet, in eine Rede einzugehen, sich zu thematisieren, dem Bewußtsein zu erscheinen.

Die Reflexion *über* sich ist gewiß möglich, aber diese

ᵈ Umschreibung des griechischen ἅπαξ – mit einem Mal; einmalig.

Reflexion *konstituiert* nicht die lebendige *Rückläufigkeit* der Subjektivität; die Rückläufigkeit kennt keine Zweiheit, sie ist vielmehr eine ruhelose Einheit; ihre Unruhe liegt weder an der Zerstreuung der äußeren Gegebenheiten noch am Strom der in die Zukunft vorgreifenden und Vergangenes festhaltenden Zeit. Die lebendige Identität des Sich unterscheidet sich nicht von sich, sie bietet sich weder einer synthetischen Aktivität noch einer Erinnerung noch einer Erwartung. Wer den Knoten der Selbstheit, der sich in dem geraden Faden des Seinsaktes knüpft, nach dem Modell der Intentionalität des *Für-sich* oder der Erschlossenheit des Sich darstellt, nimmt hinter der Selbstheit eine neue Selbstheit an. Die Selbstheit ist eine unauflösbare Einheit, die sich niemals von sich getrennt hat. Vielleicht ist es das, was die geheimnisvolle Formel von Leibniz ausdrückt: „Das Ich ist sich selbst eingeboren."

Das Sich bewahrt das Geheimnis seiner Identifikation wie eine Kontraktion, wie ein „Eintritt nach Innen". Es löst nicht den Knoten, der es an sich bindet, um ihn neu zu knüpfen, wie es das Bewußtsein tut, das sich verliert, um sich in den Retentionen und Protentionen seiner Zeit wiederzufinden. Es macht nicht mit bei dem indiskreten Spiel dieser Entfaltungen und Verbergungen, das man Phänomen nennt (oder Phänomenologie, denn das Erscheinen des Phänomens ist schon Rede). Nicht, daß es

p. 494 hier eine Absicht gäbe, ein Geheimnis zu wahren oder zu lüften, eine Sorge um Nicht-Verbreitung; das Sich ist die unauflösliche Identität, ohne jedes Bedürfnis, seine Identität zu rechtfertigen oder zu thematisieren. Das Sich ist „an sich und in sich" wie in seiner Haut.

Der Angelpunkt für die Umwendung des Seins auf sich selbst, welche Umwendung Wissen oder Geist ist, ist daher die Singularität par excellence; gewiß kann diese in einer indirekten Sprache erscheinen, als Seiendes unter einem Eigennamen, kann sich so an der Grenze der alle Bedeutung bestimmenden Allgemeinheit aufhalten und sich dort auf den Seinsakt beziehen; aber ursprünglich ist sie Nicht-Wesen, Niemand, bloß mit einem geliehenen Sein bekleidet, das ihr eine Rolle zuteilt und damit ihre namenlose Singularität maskiert. Der Angelpunkt des Geistes ist Personalpronomen. Wenn die Rückkehr zu sich, die in der Erkenntnis geschieht – die ursprüngliche Wahrheit des Daseins – das Bewußtsein – sich vollenden kann, so deswegen, weil der Rücklauf der Selbstheit schon geschehen ist. Es ist eine Umkehr im Prozeß des *Seinsaktes:* ein Rückzug *aus dem Spiel,* das das Sein im Bewußtsein spielt – das heißt eben, ein Rückzug *an und in sich,* ein Exil *an und in sich* – ohne Grund in irgend etwas anderem –, eine Unbedingung. Rückzug, der alle Spontaneität ausschließt und daher immer schon geschehen und immer schon vergangen ist. Die Selbstheit ist kein abstrakter Punkt, Zentrum einer Rotationsbewegung, identifizierbar an der Flugbahn, die diese Bewegung des Bewußtseins beschreibt; sie ist vielmehr immer schon identifiziert; sie braucht sich nicht in der Gegenwart zu identifizieren noch ihre Identität zu „deklinieren"; sie ist schon älter als die Zeit des Bewußtsein.

Die Identität der Singularität entstammt nicht der Identifikation eines Seienden im Seinsakt;[11] sie resultiert nicht aus einer Synthese von Phasen und modifiziert sich nicht als Identität mit dem Verfall des Alterns. Unsagbare, nicht einzugestehende und daher nicht zu rechtfertigende Identität! Diese negativen Bestimmungen der Subjektivität des *Sich* rechtfertigen nicht ein ich weiß nicht was für ein

---

[11] In der Amphibologie des Seins und des Seienden – des Verbum und des Nomen – die sich in der Zeit ‚temporalisiert'.

unaussprechliches Geheimnis, sondern bestätigen die vor-synthetische, vorlogische und gewissermaßen atomare Einheit des Sich, die es hindert, sich zu spalten, sich von sich zu trennen, sich zu zeigen, es sei denn unter einer Maske, und sich anders als durch ein Pronomen zu nennen.

Diese Verhinderung ist die Positivität des Einen. Aber daß es sich bei dieser Einheit um eine Spannung handelt, die nicht zurückgeführt werden kann auf die Rolle des Ich in der Ontologie, welche das Bewußtsein, das durch sich selbst die Rückkehr zu sich vollzieht, vollendet – das ist das Problem.

Das Sich ruht nicht in Frieden auf dem Grunde seiner Identität, und doch ist seine Un-ruhe weder Spaltung noch der Prozeß des Ausgleichs der Differenz. Seine Einheit wird nicht einem beliebigen Inhalt der Selbstheit hinzugefügt, wie der unbestimmte Artikel, der sogar das Verb, indem er es „nominalisiert" und thematisiert, zur Substanz macht. Hier geht die Einheit jedem Vorgang und jedem Prozeß voraus. Sie ist in gewisser Weise selbst der Inhalt. Einheit in seiner Form und seinem Inhalt, ist das Sich Singularität, diesseits der Unterscheidung des Besonderen und des Universalen. Beziehung ohne Disjunktion der Termini, die in Beziehung sind, Beziehung, die nicht zusammenfällt mit der intentionalen Erschlossenheit des Sich, nicht schlicht und einfach Wiederholung des Bewußtseins, in dem das Sein sich sammelt, wie das Meer die Wogen aufsammelt, die gegen die Küste rollen. Das Ich ist nicht an sich und in sich wie die Materie, die in vollkommener Vermählung mit der Form ist, was sie ist; das Ich ist an sich und in sich wie in seiner Haut, d. h. schon beengt, unwohl in seiner Haut, als ob die Identität der in sich ruhenden Materie eine Dimension verbergen würde, in der ein Rückzug ins Diesseits der unmittelbaren Koinzidenz möglich wäre, eine Materialität, die materieller wäre als alle Materie, d. h. so beschaffen, als ob die Reizbarkeit oder die Empfänglichkeit oder das Ausgesetztsein für Verwundung und Beleidigung eine Passivität der Materie bezeichnen würde, die passiver wäre als alles Bewirktwerden durch eine Ursache. Dieses *Diesseits* der Identität läuft nicht auf das *Für-sich* hinaus, worin das Sein sich jenseits seiner unmittelbaren Identität in seiner Differenz wiedererkennt. Man muß die Unverzeihlichkeit und die im etymologischen Sinne zu verstehende Angst dieses Ansich-und-in-sich des Selbst sagen. Diese Angst ist nicht das existenzielle „Sein-zum-Tode", sondern die Zuschnürung des „Eintritts nach Innen", die keine Flucht ist ins Leere, sondern der Gang ins Volle der Angst der Kontraktion.[12] Die so beschriebene Beziehung, wo das Sein geopfert wird, ohne sich zu entfliehen, ohne ekstatisch aus sich herauszugehen, ohne von sich selbst Abstand zu

---

[12] Die heideggersche Analyse beschreibt die Angst vor der Begrenzung des Seins. Sofern diese Analyse mehr als eine bloß psychologische oder anthropologische Lektüre verlangt, lehrt sie uns, daß die Form (die gemäß unserer philosophischen Tradition das Sein *definiert*) immer zu klein ist für das Sein. Die Definition, die Form ist, „Formheit", Schönheit, Glanz und Erscheinen, stranguliert auch und ist genau insofern Angst. In der anthropologischen Gestalt des endlichen Seins – verstanden als Sein-zum-Tode – würde also das Mißverhältnis zwischen dem Sein und seiner Phänomenalität, die Tatsache, daß das Sein in seiner Erscheinung beengt ist, hervortreten. Das der Bestimmung zugrunde liegende Maß wäre zugleich das schlechte Maß eines Nessushemdes. – Aber die Angst des Seins-zum-Tode ist auch die Hoffnung, das Weite des Nichtseins zu gewinnen. Die Möglichkeit der Befreiung (und die Versuchung des Selbstmords) erhebt sich in der Angst des Todes: als Nichts ist der Tod eine Öffnung, in der mit dem Sein die Angst vor seiner Definition versinkt. Als die Enge des „Ganges ins Volle" dagegen ist die Angst der Rücklauf des Selbst, aber ohne Ausweichen, ohne Entkommen; d. h. sie ist eine Verantwortung, die stärker ist als der Tod und die Platon auf seine Weise im „Phaidon" bestätigt, wenn er den Selbstmord verdammt (62 b).

p. 496

nehmen, sondern wo es an sich und in sich verfolgt wird, diesseits der Ruhe in sich, diesseits seiner Koinzidenz mit sich – diese Rückläufigkeit, die man freilich Negativität nennen kann (aber eine Negativität, die der Rede als der unabdingbaren Heimat der dialektischen Negativität vorausgeht) – diese Rückläufigkeit der Kontraktion ist das Sich.

Die Negativität des *An-sich-und-in-sich,* ohne Öffnung auf das Nichts und das Volle durchdringend, hinter der Unterscheidung von Ruhe und Bewegung, von Heimat und Irre, von Gleichheit und Unterschied, erinnert uns an die Formeln des „Parmenides" über den Augenblick, in dem das Eine „in der Bewegung stillsteht und aus der Ruhe zur Bewegung übergeht", und wo „es selbst auch nicht in einer Zeit sein" kann (Platon, Parmenides, 156 c). „Dieses unfaßbare Wesen", das „zwischen der Bewegung und der Ruhe" (156 d)[13] liegt, ist nicht ein Schnitt durch die Zeit in einem Punkt, der dynamisch – der Möglichkeit nach – den Widerspruch zwischen der Gegenwart und der Zukunft oder Vergangenheit in sich enthält; es ist auch nicht die außerzeitliche Idealität, die über die zeitliche Zerstreuung herrscht – Punkt und Idealität implizieren auf ihre Weise das ontologische Abenteuer; dieses befremdliche Wesen

---

[13] Sogar der Begriff des *Diesseits* findet durch diesen Text aus dem „Parmenides" seine Rechtfertigung. Es handelt sich um einen Rückzug, eine Einsiedelei – aber eine Einsiedelei, die nicht aus der Welt herausführt, damit der Mensch sich dort eine chimärenhafte Existenz einrichte; sie ist nicht von der Welt befreite Kraft, versehen mit geistigen, des Triumphes und der Niederlage fähigen Vermögen; denn dies ist noch Gegenwart in der Welt und der Geschichte. Sieg und Niederlage setzen noch die persönliche Freiheit voraus, setzen also das politisch und religiös überlegene oder herrschende Ich voraus. *Diesseits* ist das Ich es selbst, es ist weder Sein noch Geschichte – weder Wirkung im Ruhestand noch Ursache in Bewegung.

ist vielmehr ein Diesseits, dem alle Bezüglichkeit abgeht; in ihm erheben sich nicht wie eine verzehrende Unruhe Verweise auf Verweise, es ist frei von aller dialektischen Entfaltung, unbedingt steril und rein, von jeder Erinnerung und jedem Abenteuer ganz und gar abgeschnitten. Nicht-Ort, Un-zeit oder Zwischen-Zeit (oder Mal-heur), aber diesseits von Sein und Nichts, sofern sie als Sein thematisierbar sind.

Der Ausdruck „in seiner Haut" ist keine Metapher für das *An-sich-und-in-sich*: Es handelt sich um einen Rücklauf in der toten Zeit oder der *Zwischen-Zeit*, die das Einatmen und das Ausatmen trennt, die Diastole und die Systole des Herzens, das dumpf an die Wand seiner eigenen Haut pocht. Der Leib ist nicht nur das Bild oder die Gestalt; er ist vor allem das *Ansich-und-insich-selbst* und die Kontraktion der Selbstheit.[14]

Der Grundbegriff der Selbstheit, der von der Inkarnation untrennbar ist – und muß nicht der ursprüngliche Sinn des Leibes *im An-und-in-sich* im Sinne von „in seiner Haut" gesucht werden? – dieser Begriff ist dennoch kein biologischer Begriff. Die ontologische – oder mé-ontologische – Bewegung wird uns darüber hinausführen. Das Schema, das sie in der Leiblichkeit vorzeichnet, wird uns erlauben, das Biologische seinerseits mit einer höheren Struktur in Verbindung zu bringen. Sie sei schon jetzt skizziert: Die Negativität ohne die Leere des Nichtseins, Negativität, die in ihre eigene Unmöglichkeit verstrickt ist, ohne ein Tätigkeitsfeld – unwahrscheinliches Zurückweichen ins Volle, ohne irgendeinen Abstand zu sich –, ist die Unmöglichkeit, sich zu entziehen, oder die Verantwortung, die

p. 497

---

[14] Der Leib ist weder ein Hindernis, das der Seele entgegensteht, noch das Grab, das sie gefangenhält; durch ihn ist sie vielmehr die Empfänglichkeit selbst, etwas, das sich verletzt und opfert – das Sich.

jeder freien Bindung vorausgeht: Das Sich-selbst ist die Verantwortung für die Freiheit der Anderen.

3. Das Sich und die Verfolgung

Wir knüpfen nun wieder an die eingangs entwickelten Gedanken an. Wir fragen uns, ob diese Rückwendung der Selbstheit auf sich, die nicht einmal für sich verbuchen kann, der *Akt* der Rückwendung zu sein, sondern dank derer der Akt des zu sich zurückkehrenden Bewußtseins möglich wird – wir fragen also, ob die passive Rückwendung nicht mit der an-archischen Passivität der Besessenheit zusammenfällt? Ist die Besessenheit nicht eine Beziehung mit dem Draußen, die dem Akt, der das Draußen öffnen würde, vorausgeht? Vollständige Passivität der Besessenheit, passiver als die Passivität der Dinge. In der Tat unterstützen die Dinge in ihrer „materia prima" den kerygmatischen Logos, der in dieser Materie ihre Züge betont. Indem sie unter dieses ordnende Sagen fällt, nimmt die Materie eine Bedeutung an und zeigt sich als dieses oder jenes – als Ding. Dieser Sturz – oder dieser Fall –, reine Hingabe an den Logos, ohne Rücksicht auf den Satz, der von der Sache den Bericht erstellt, dem der Logos angehört, ist das Wesen des Akkusativ. Der Logos, der die materia prima informiert, indem er sie zur Ordnung ruft, ist Anklage oder Kategorie. Aber die Besessenheit ist anarchisch. Sie klagt mich diesseits der materia prima an. Denn die Kategorie bemächtigt sich der Materie, indem sie sich noch nach dem bildet, was in dieser Materia an Widerstand – oder an Möglichkeit – erhalten ist. Die materia prima als Sein der Möglichkeit nach vorgestellt ist noch Macht, auf die die Form Rücksicht nimmt. Es ist kein Zufall, wenn Platon uns die Unzerstörbarkeit der

Materie lehrt und wenn sie für Aristoteles *Ursache* ist. Dies ist die Wahrheit der Ordnung der *Dinge*. Die Ordnung der Dinge, der die abendländische Philosophie, die vielleicht nichts ist als die Verdinglichung, treu bleibt, kennt nicht die absolute Passivität, die Passivität jenseits von Aktivität und Passivität, die mit der Idee der Schöpfung gegeben ist.[15] Die Philosophen haben die Schöpfung immer in ontologischen Kategorien denken wollen, das heißt, in Abhängigkeit von einer präexistierenden und unzerstörbaren Materie.

p. 498

In der Besessenheit wandelt sich die kategoriale Anklage in einen absoluten Akkusativ, unter den das Ich des freien Bewußtseins gestellt wird: Anklage ohne Grund. Allem Willen vorausgehend, hat die Anklage des Besessenen den Charakter der Verfolgung. Sie entkleidet das Ich seiner Pracht und seines herrscherlichen ichlichen Imperialismus. Das Subjekt ist im Akkusativ, ohne Zuflucht zum Sein, ausgestoßen aus dem Sein, d. h. *an-und-in-sich*. An-und-in-sich eines. Die Zuflucht, die das Sein dem auf sich reduzierten Ich anzubieten hätte, wäre die Spaltung der absoluten Einheit, wie in der ersten Hypothese des „Parmenides", wo die Existenz des Einen die Negation des Einen wäre. Die Rückkehr des Ich zu Sich in der Besessenheit ist nicht eine Reflexion des Ich über sich, eine betrachtende Rückkehr zu sich, sondern die Reduktion des Ich auf sich, Rückkehr des Ich zur Passivität des Sich, zur anarchischen Passivität, deren tätige Quelle nicht thematisierbar ist. In diesem Sinne ist die Subjektivität kein Für-sich, sondern ein An-sich-und-in-sich. In der Näherung löst sich das Subjekt nicht von sich, um sich

---

[15] Diese Freiheit, die in einer Verantwortung, welche sie nicht zu übernehmen vermag, impliziert ist, ist die Weise der Kreatur, der unbegrenzten Passivität des Sich, der Un-Bedingung des Sich.

wiederzugewinnen, wie in der Zeitlichkeit des Bewußtseins, wo der Augenblick unter dem Einfluß der Retention und der Protention sich schon von sich getrennt findet. In der besessenen Näherung löst sich das Subjekt nicht von sich ab, um sich um sich zu kümmern und um sich so zum eigenen Objekt zu machen oder um in Sorge um sich zu sein. Hier ist eine andere Intrige als der Egoismus. An-sich-und-in-sich entledigt sich das Ich des Ich, das es bedeckt. Denn im Ich ist das Eine schon vom Sein angesteckt. Das Ich ist erregt und eroberungslustig. Aber als Verfolgtes kehrt das Ich zum Sich zurück, nicht um über sich nachzudenken, sondern um sich in der absoluten Einfachheit der Identität zu entblößen. Ganz und gar vom Innern her individuierte Identität, an sich und in sich, ohne Zuflucht zu irgendeinem Verweisungssystem. Gewiß kann sie sich nicht wie ein „Pol" des Bewußtseins, das sich identifiziert, individuieren, und nicht einmal wie eine Existenz, der es in der Existenz um sich selbst geht. Denn das Reflexivpronomen, das Sich, ist gerade das große Problem, das es zu beschreiben gilt. Die Rückkehr der Reflexion zu sich impliziert bereits die anfängliche Rückläufigkeit des „Sich".

Besessen von Verantwortlichkeiten, die nicht auf Entscheidungen des frei um sich blickenden Subjekts zurückgehen; daher angeklagt dessen, was sie nie gewollt, wofür sie sich nie entschieden hat; durch die Anklageverfolgung auf sich – in sich – zurückgeworfen; angeklagt dessen, was sie nicht getan hat, und das heißt konkret, angeklagt dessen, was die anderen machen oder verantwortlich für das, was die anderen machen, und das heißt im Extrem, verantwortlich sogar für die Verfolgung, die sie erduldet, erleidet die Subjektivität die grenzenlose Passivität eines Akkusativ, der nicht als Deklinationsform von einem

p. 499 Nominativ ausgeht. Hier beginnt alles mit dem Akkusa-

tiv. Dies ist die Ausnahmebedingung – oder Unbedingung
– des Sich (sogar in unseren lateinischen Grammatiken).
Aber nimmt das auf sich zurückgedrängte Sich, das an sich
und in sich ist, weil ohne jede Hilfe, in sich wie in seiner
Haut – und diese Inkarnation ist nicht metaphorisch
gemeint; denn in seiner Haut sein ist eine extreme Form,
ausgeliefert zu sein, die nicht den Dingen widerfährt –
nimmt dieses Sich nicht alle Verantwortung auf sich, eben
wegen der Unmöglichkeit, sich seiner Identität, auf die die
Verfolgung es zurückbeugt, zu entziehen? Erhebt sich
nicht in dieser Passivität ein Anfang?
Gewiß. Aber wie wird die Passivität des Sich ein „Auf-
sich-nehmen"? Wird damit nicht hinter der absolut anarchischen Passivität der Besessenheit eine Tätigkeit, eine
heimliche und verborgene Freiheit vorausgesetzt – es sei
denn, es handle sich um eine Spielerei mit Worten? Wozu
dann aber die bisherige Darstellung?

4. Die Substitution

Aber sind wir der An-archie der Passivität auch genügend
treu in unserem Sagen der verfolgten Subjektivität? Haben
wir uns, indem wir die Rückläufigkeit des Ich zu sich
sagen, genügend von den Postulaten des ontologischen
Denkens freigemacht, eines Denkens, in dem das ewige
Sein immer auf sich nimmt, was es erleidet, und immer
wieder als das Prinzip dessen auftaucht, was ihm zustößt,
welcher Art auch seine Unterwerfung sei? Vielleicht nämlich liegt hier der entscheidende Unterschied zwischen
einem ontologischen Denken und einem Denken, das von
Kreatur spricht statt von Sein; dieses sieht in der absoluten
Diachronie, im Nicht-Augenblick der Schöpfung, in dem
das zum Sein gerufene Sich nicht da ist, um den Anruf,

dem es gehorcht, zu vernehmen, eine unbegrenzte, eine anarchische Passivität der Kreatur. In der absoluten Passivität der Kreatur ist das Sich zu Ende gedacht: Die totale Passivität des Sich, welche durch die Idee der Schöpfung nahegelegt wird, ist eine Rückläufigkeit des Sich, diesseits des Sich. A kehrt nicht wie in der Identität zu A zurück, sondern geht hinter seinen Ausgangspunkt zurück. Haben wir nicht eine nicht übernommene Verantwortung zu beschreiben? Davon, sich in der Freiheit des Bewußtseins wiederzuerkennen, in der Freiheit eines Bewußtseins, das sich verliert und wiederfindet und das als Freiheit die Ordnung des Seins außer Kraft setzt, um sie der Verantwortung wiedereinzugliedern, ist die Verantwortung der Besessenheit weit entfernt. Sie suggeriert uns die absolute Passivität eines Sich, das sich nie von sich hat trennen können, um anschließend in seine Grenzen zurückzukehren und sich, indem es sich in seiner Vergangenheit wiedererkennt, zu identifizieren; vielmehr ist seine Kontraktion ein Gang in das Diesseits der Identität. Die Verantwortung für den Anderen hat nicht auf das freie Engagement für den Anderen gewartet. Ich habe nichts getan und bin doch immer in die Geschichte verwickelt gewesen: Ich werde verfolgt. Die Verantwortung war keine Rückkehr zu sich, sondern eine unlösliche, unheilbare Zerrung, die sich nicht an die Grenzen der Identität hält. In der Besessenheit ist die Verantwortung für sich, wenn man so sagen darf, defizitär. Die Rückläufigkeit des Sich sprengt die Grenzen der Identität, sprengt das *Prinzip* des Seins in mir, das unerträgliche Ruhen in sich, das der Definition zukommt. Die Rückläufigkeit ist Verantwortung des Ich für das, was das Ich nicht gewollt hatte, d. h. für die Anderen. Diese Anarchie des Rücklaufs zu sich; Passivität, die in der Nähe erlitten wird; Anarchie, da jenseits des normalen Spiels von Aktivität und Passivität,

p. 500

in dem sich die Identität des Seins hält, jenseits der Grenzen der Identität; Passivität des Rücklaufs zu sich, die indes nicht die Entfremdung ist – was kann sie anders sein als die Substitution, das Einstehen für die Anderen? In ihrer Passivität ohne die *arché* der Identität ist die Selbstheit Geisel. Das Wort „Ich" würde einstehen für alles und alle.

In dieser Substitution, in der die Identität sich verkehrt, passivere Passivität als alle Passivität, jenseits der Passivität des Identischen, befreit sich das Sich von sich. Freiheit, die anders ist als die Freiheit der Initiative: Lossprechung, die kraft des Einstehens für die Anderen sich der Beziehung zu ihnen entzieht, die kraft der Vollendung der Passivität der Passivität oder der unvermeidlichen Begrenzung, die den Termini in der Beziehung widerfährt, entgeht. In der unvergleichlichen Beziehung der *Verantwortung* ist der Andere nicht mehr Widerspruch, sondern er wird ertragen durch das, was er bestreitet. Hier beobachten wir die Überdetermination der ontologischen Kategorien, die sie in ethische Begriffe verwandelt. In dieser passivsten Passivität befreit sich das *Sich* von jedem Anderen und von sich.

Gegen die Tradition, auf die sich Hegel bezieht, für den das Ich Gleichheit mit sich selbst und folglich Rückkehr des Seins zu sich selbst im Begriff ist, kann das, was sich von der Besessenheit, von der an-archischen Passivität des Sich aus bestätigt, nur als Ungleichheit bezeichnet werden. Ungleichheit aber, die nicht Inadäquation zwischen dem Sein qua Erscheinung einerseits und dem Sein qua Grund oder Jenseits andererseits bedeutet; die auch keine Rückkehr meint zu einer ursprünglichen Unschuld (wie die Ungleichheit des Ich mit sich selbst bei Nabert). Diese Ungleichheit meint den Übergang des Identischen zum

Anderen in der Substitution, die das Opfer möglich macht.

Das Erscheinen des Sich-selbst in der Verfolgung, die anarchische Passivität der Substitution, ist nicht ein beliebiges Ereignis, dessen Geschichte wir erzählt hätten, sondern eine Konstellation, kraft derer das Ich als der eigentliche Ernst des Seins erscheint; ein Ernst, in dem dem Sein vielleicht erstmalig über das stupide „So ist es eben" hinaus Sinn zukommt. Auf dem Sich – dem Untertan des Seins, dem Untertan des ganzen Seins – aufruhend, wird das Sein zur Einheit des Universums. Das Sich trägt das Gewicht der Welt, es ist für alle verantwortlich. Das Subjekt ist derjenige, der, wie in Vers 30 des Kapitels 3 der „Klagelieder", die Wange dem, der ihn schlägt, hinstreckt und von Scham erfüllt ist; nicht um sich zu demütigen, weil das Leiden an sich, in seinem empirischen Wesen, eine magische Kraft der Erlösung besäße, sondern weil im Leiden das Maß des Ich überschritten wird, weil in ihm das ursprüngliche Trauma und die Rückkehr zu sich geschieht; hier bin ich verantwortlich für das, was ich nicht gewollt habe, das heißt, absolut gesprochen, verantwortlich für die Verfolgung, die ich erleide. Das Sich kehrt im Sein das gerade, unerschütterliche, Ausnahmen nicht zulassende Werk, die Entfaltung des *Seinsaktes* des Seins, um. An-und-in-sich zu sein, in sich zurückgedrängt zu sein bis zum Einstehen für alles, was einen in diesen Nicht-Ort stößt, heißt für das Ich, an-und-in-sich zu sein, „jenseits des Seinsaktes".

Anders als Eugen Fink und Jeanne Delhomme, die die Unbedingtheit einer Freiheit ohne Verantwortung, einer spielerischen Freiheit, fordern, erkennen wir in der Besessenheit eine Verantwortung, die auf keinerlei freier Bindung beruht, also eine Verantwortung ohne Freiheit; dies ist die Verantwortung des Geschöpfs, Verantwortung dessen, der zu spät ins Sein eintritt, um es nicht zur Gänze zu tragen. Diese Weise zu sein, nämlich ohne vorheriges Engagement und verantwortlich für den Anderen, das ist mit einem Wort das Faktum der menschlichen Brüderlichkeit, die der Freiheit vorausgeht.

Das Sein erhält nicht deswegen eine Bedeutung und wird Universum, weil es unter den denkenden Wesen ein Wesen gibt, das Ziele verfolgt und daher wie ein Ich strukturiert ist. Es gibt Verlassenheit, Besessenheit, Verantwortung und Sich[16], weil sich die Spur des Unendlichen in die Nähe einschreibt, Spur, die mit der Gegenwart kein gemeinsames Maß hat und die *arché* der Gegenwart in Anarchie verkehrt. Dasjenige, was par excellence nicht ausgetauscht werden kann, das Ich, substituiert sich den Anderen. Nichts ist Spiel. So transzendiert sich das Sein. Das Ich ist nicht ein Wesen, das mit bestimmten, sogen.

---

[16] Alle Beschreibungen des Antlitzes in den drei letzten Untersuchungen der 2. Auflage unseres Buches „En découvrant l'existence avec Husserl et Heidegger", die die Zweideutigkeit oder sogar das Rätsel der Anarchie darstellen – die Illeität des Unendlichen im Antlitz als Spur des Rückzugs, den das Unendliche als Unendliches vor seiner Ankunft vollzieht und die den Anderen meiner Verantwortung zuordnet – bleiben Beschreibungen des Nicht-thematisierbaren, des Anarchischen, und führen daher zu keinerlei theo-logischer These. – Die Sprache freilich kann davon sprechen; so bestätigt sie das Unvermögen des Anarchischen, sich zum Herrscher aufzuwerfen, was gerade die Un-Bedingtheit des Anarchischen beweist. Aber der Zugriff der Sprache auf das Anarchische ist keine Herrschaft – sonst wäre die Anarchie noch der *Arché* des Bewußtseins untergeordnet. Dieser Zugriff ist der Kampf und der Schmerz um den Ausdruck. – Woher aber kommen die Rede und die Notwendigkeit einer *Arché* der Herrschaft und des Staats? Das möchten wir eines Tages erläutern und deuten es im letzten Absatz dieses Textes an. – Ebenso ist klar, daß gemäß unserer Weise, das Bedeuten zu interpretieren, das Praktische (und das vom praktischen untrennbare Religiöse) sich durch das An-archische definiert. Unter dieser Voraussetzung ist die Theologie nur möglich als Bestreiten des Religiösen; am Scheitern der Theologie und an ihrem Kampf hätte das Religiöse seine Bestätigung.

moralischen Qualitäten begabt, diese wie Attribute an sich trüge; es ist außergewöhnliche Einzigkeit in der Passivität oder der Passion des Sich, die dieses unaufhörliche Ereignis der Substitution ausmacht, dieses, daß das Sein sich seines Seins entleert, daß es auf der Kehrseite des Seins ist, daß es *nicht ist.* Indem wir von *Ereignis* sprechen, wollen wir nicht das *seiende* Ich auf den *Akt der Substitution,* der das *Sein* dieses *Seienden* wäre, zurückführen. Die Substitution ist kein Akt, sondern ganz das Gegenteil des Aktes; sie ist die in Akt nicht konvertierbare Passivität, das Diesseits der Alternative Akt-Passivität; die Aus-Nahme, die nicht wie das Nomen oder das Verb als grammatische *Kategorie* dienen kann; die Rückläufigkeit, die nur als *an-sich-und-in-sich* gesagt werden kann oder als *Kehrseite des Seins* oder als *Nicht-Sein.* Nicht-sein, das heißt die Last des Elends und der Fehlerhaftigkeit des Anderen tragen, ja sogar die Last der Verantwortung, die der Andere vielleicht für mich hat: „Sich" sein heißt immer, einen Grad der Verantwortung mehr haben.[17] Wenn wir das Nichtsein sowohl vom Nichts als auch vom Produkt der transzendentalen Einbildungskraft unterscheiden wollen, dann ist vielleicht die Verantwortung für den Anderen das konkrete Ereignis, das durch das Verb Nicht-Sein ausgedrückt ist.

Der Stand der Geisel ist der Grund dafür, daß es in der Welt Mitleid, Teilnahme, Verzeihen und Nähe zu geben vermag. Selbst das Bißchen, das es gibt, selbst das einfache „Nach Ihnen, mein Herr". Alle Übertragung von Gefüh-

---

[17] Der Wirbel: Leid des Anderen, mein Mitleid mit seinem Leid, sein Schmerz über mein Mitleid, mein Schmerz an diesem Schmerz endet bei mir. Ich – das ist dasjenige, dem in dieser ganzen Iteration eine Bewegung mehr zukommt. Mein Leiden ist der Zielpunkt aller Leiden – und aller Fehler. Sogar der Fehler meiner Verfolger. Dies macht das Erleiden der äußersten Verfolgung aus, das absolute Erleiden.

len, durch die die Theoretiker des ursprünglichen Kriegs und der ursprünglichen Selbstsucht die Entstehung der Großmut erklären – wobei im übrigen nicht sicher ist, ob der Krieg am Anfang gestanden hat; vor dem Krieg waren die Altäre – alle Übertragung des Gefühls fände im Ich keinen Halt, wenn das Ich nicht als Sich, als Geisel, die schon für die Anderen einsteht, mit seinem ganzen Sein oder eher mit seinem ganzen Nicht-sein nicht der Kategorie, wie die Materie, sondern dem unbegrenzten Akkusativ unterworfen wäre, d. h. der Verfolgung.

Das Ich ist nicht ein Seiendes, das fähig wäre, für die anderen zu sühnen: Es ist diese ursprüngliche – unwillkürliche –, weil der Initiative des Willens vorausgehende Sühne, so als sei die Einheit und Einzigkeit des Ich schon das Aufsichnehmen des Ernstes des Seins, das verlassen ist aufgrund des unvorstellbaren Rückzugs des Unendlichen. Das Sich ist Aufsichnehmen außerhalb aller Ortschaft, die es von seiner Last zu entlasten vermöchte: Nicht-Ort, wo das „Ich" – freilich ohne die rimbaudhafte Entfremdung – ein anderer ist. Wenn die Subjektivität nicht Substanz ist, so deswegen, weil sie *an-und-in-sich* ist, diesseits der Autonomie der Selbstaffektion, diesseits der Identität; sie ist *an-und-in-sich* in der absoluten Passivität, die ihr anarchisch vom Anderen kommt; hier hätte man wohl Grund, die Alternative von Aktivität und Passivität zu verlassen, und statt dessen von Sühne zu sprechen.

p. 503

Im Ausgang von der Subjektivität verstanden als Sich, im Ausgang vom *Herausfallen* und der Depossession, der Kontraktion, in der das Ich sich nicht erscheint, sondern sich opfert, kann die Beziehung zum Anderen Mitteilung und Transzendenz sein und nicht nur immer eine andere Form der Suche nach der Gewißheit, d. h. der Koinzidenz mit sich, aus der man paradoxerweise die Kommunikation abzuleiten vorgibt. Von dieser Kommunikation und dieser Transzendenz wird man dann nur ihre Ungewißheit sagen können. Ja, im Gegenteil, die Kommunikation ist ein ganz anderes Abenteuer der Subjektivität als das, welches von der Sorge, sich wiederzufinden, beherrscht wird, ein anderes als die Koinzidenz des Bewußtseins; hier beruht die Kommunikation auf der Ungewißheit als einer positiven Bedingung: Nur als entschiedenes Opfer ist sie möglich. Die Kommunikation mit dem Anderen kann nur als gefährliches Leben Transzendenz sein, als ein schönes Wagnis, das eingegangen werden muß. Diese Wörter gewinnen ihren starken Sinn, wenn sie die Unentgeltlichkeit des Opfers ausdrücken, statt nur den Mangel an Gewißheit zu bezeichnen. In dem Ausdruck „ein schönes Wagnis eingehen" hat man nie genügend des Wortes „schön" gedacht. In ihrer antithetischen Stellung zur Gewißheit und zum Bewußtsein überhaupt gewinnen diese Termini ihre positive Bedeutung und sind nicht nur der Ausdruck eines Notbehelfs.

Die ethische Sprache, der wir uns bedient haben, entstammt nicht einer besonderen moralischen Erfahrung, die von der bisher durchgeführten Beschreibung unabhängig wäre. Sie kommt aus dem, was A. de Waelhens nichtphilosophische Erfahrungen nannte, sie entsteht allein aus dem Sinn der Annäherung, die sich vom Wissen, aus dem Sinn des Antlitzes, das sich vom Phänomen unterscheidet. In der Beschreibung der Näherung kann die Phänomenologie der Umwendung der Thematisierung in An-archie folgen: Der ethischen Sprache gelingt es, das Paradox auszudrücken, in das die Phänomenologie plötzlich fällt; denn jenseits der Politik ist die Ethik dieser Umkehr gewachsen. Ausgehend von der Näherung findet die Beschreibung den Nächsten als Träger der Spur eines Rückzugs, die ihn zum Antlitz weiht. Die Spur hat

Bedeutung für das Verhalten. Es wäre falsch, die anarchische Gegenwart des Bedeutens mit einem Hinweis zu verwechseln, mit dem Aufweis des Bedeuteten im Bedeutenden, mit dem Weg, auf dem das theologische und erbauliche Denken zu geschwind die Glaubenswahrheiten ableitet und auf dem die Besessenheit von einem thematischen Prinzip umgriffen wird, was gerade die Anarchie ihrer Bewegung vernichtet.[18] Die Spur, in die sich das Antlitz einordnet, reduziert sich nicht auf das Zeichen: das Zeichen und seine Beziehung zum Bezeichneten sind im Thema gleichzeitig. Die Näherung ist nicht die Thematisierung irgendeiner Beziehung, sondern diese Beziehung selbst, die als an-archische der Thematisierung widersteht. Diese Beziehung zu thematisieren heißt schon, sie zu verlieren, heißt schon, aus der absoluten Passivität des Sich herauszutreten. Die Passivität, die diesseits der Alternative Passivität-Aktivität und passiver als alle Trägheit ist, findet ihre Beschreibung in den ethischen Termini der Anklage, Verfolgung, Verantwortung für die Anderen. Der Verfolgte ist aus seinem Ort ausgestoßen und hat für sich nur sich – nichts auf der Welt, um das Haupt zu betten. Der Verfolgte ist über seinen Fehler hinaus angeklagt. Er kann sich nicht mit den Mitteln der Sprache verteidigen; denn das Eigentümliche der Verfolgung ist es, daß sie die Verteidigung ausschließt. Dergestalt ist die Verfolgung der genaue Augenblick, in dem das Subjekt ohne die Vermittlung des Logos getroffen oder berührt wird.[19]

p. 504

---

[18] Daher zerstört die theologische Sprache die religiöse Situation der Transzendenz. Das Unendliche stellt sich an-archisch dar; die Thematisierung vernichtet die „Erfahrung", die einzig es beglaubigen könnte. Das Reden *über* Gott klingt falsch oder wird zum Mythos.
[19] Die Nähe, die Besessenheit, die Subjektivität, die wir gesagt haben,

5. Früher als die Freiheit

Am Ende dieser Darlegung mag man sich fragen, ob es nicht unvorsichtig von uns war zu versichern, das erste Wort des Geistes – dasjenige, das alle bis hin zu den Worten „Negativität" und „Bewußtsein" möglich macht – sei ein unbedingtes „Ja" zur Unterwerfung. Ein Ja zur Unterwerfung, durch das die Wahrheit, von allen Werten der höchste, verneint wird.

Gewiß ein unbedingtes Ja, aber kein naives: Es handelt sich um ein Ja, das älter ist als die naive Spontaneität. Man räsoniert immer so, als ob das Ich bei der Schaffung der Welt dabei gewesen und als ob die Welt, für die es Verantwortung hat, aus seinem freien Willen hervorgegangen wäre. Philosophische Anmaßungen, idealistische

---

laufen nicht auf Phänomene des Bewußtseins hinaus. Aber statt einen vorbewußten Zustand oder eine Verdrängung, in der sie unterdrückt würden, zu bezeugen, ist ihr Nicht-Bewußtsein nichts anderes als der Umstand, daß sie von der Totalität ausgenommen sind, d. h. daß sie sich weigern, sich zu manifestieren. In dem Maße, in dem der Seinsakt von der Darstellung und dadurch von der Idealität des Logos und der kerygmatischen Herrschaft ungetrennt ist, ist diese Ausnahme, diesseits der noch ontologischen Alternative von Sein und Nichtsein, diesseits des *Seinsaktes*, das Nicht-sein oder die Anarchie. – Gewiß ist das Nicht-Bewußtsein den mechanischen Phänomenen und der Verdrängung der psychischen Strukturen eigen. Von daher der Anspruch des Mechanismus und des Psychologismus auf Universalität. Aber im Ausgang von seinen Spuren kann das Nicht-Bewußte auch anders gelesen werden und die Kategorien des Mechanismus auflösen. Das Nicht-Bewußte wird verstanden als das Un-Willkürliche der Verfolgung, welche als Verfolgung jede Rechtfertigung, jede Verteidigung, jeden Logos unterbricht. So zum Schweigen gebracht zu werden, ist eine Passivität diesseits aller materiellen Passivität. Diesseits der Neutralität der Dinge wird diese absolute Passivität Inkarnation, Leiblichkeit, wird sie empfänglich für Schmerz, Schmach und Elend. In dieser Empfänglichkeit trägt die Passivität die Spur jenes Diesseits der Dinge als Verantwortung für das, was der Verfolgte, nämlich die Selbstheit, nicht gewollt hat, d. h. aber als Verantwortung für die Verfolgung selbst, die er erleidet.

Anmaßungen. Eben das wirft die Schrift Jjob vor. Wenn sein Unglück sich aus seinen Fehlern ergäbe, hätte er es erklären können. Aber er hatte niemals das Böse gewollt. Seine falschen Freunde denken wie er: In einer vernünftigen Welt verantwortet man nur *seine* Akte. Jjob, so meinen sie, hätte einiges vergessen. Aber der Sinn der Welt ist dem Sein nicht eingeschrieben wie ein Thema, das sich in der Welt darstellt. Jjob verfügt nicht über alle Daten, die zu berücksichtigen sind, um gerecht mit sich zu Rate zu gehen. Er kommt zu spät in eine ohne ihn geschaffene Welt und ist verantwortlich über seine Erfahrungen hinaus. Aber gerade dadurch ist er besser als eine Wirkung dieser Welt. Die Unterscheidung zwischen frei und nichtfrei ist also nicht das Letzte. Vor dem Ich, das eine Entscheidung trifft, bedarf es des *Außerhalb des Seins*, wo das Ich sich in der Anklage abzeichnet. Es klagt sich nicht an kraft einer Freiheit, sondern aufgrund einer unbegrenzten, voraussetzungslosen, anarchischen Empfänglichkeit. Es ist dies nicht die Empfänglichkeit der Materie für die Energie der Ursache; denn sie ist überdeterminiert durch ein Wertsein.[20] Geburt des Ich in einer Gewissensregung,

---

[20] Vielleicht macht der Begriff der Anarchie den Begriff des Wertseins verständlich, dessen Dimension so schwer vom Sein des Seienden zu unterscheiden ist. – Wertsein heißt gewiß, auf dem Subjekt lasten, aber anders als die Ursache auf der Wirkung, ein Seiendes auf dem Denken, dem es sich darstellt, ein Zweck auf dem Trieb oder dem Willen, den er anregt. – Was heißt dieses *anders*? Wir denken, daß im Hinblick auf das Wertsein eine Empfindlichkeit entsteht, die nicht zu thematisieren vermag, d. h, die nicht auf sich nehmen kann, was sie empfängt und dennoch, *sich selbst zum Trotz*, die Verantwortung übernimmt. In seinem ursprünglichen Strahlen macht der Wert vor jeder intentionalen Bewegung „rein" oder „unrein", ohne daß eine freie Einstellung im Verhältnis zum Wert einzunehmen gewesen wäre. Der Tod des Anderen macht mich unrein kraft seiner Nähe und erklärt das „Noli me tangere". – Es handelt sich hier nicht um eine Erscheinung des mystischen Denkens, sondern um ein unauslöschliches Moment, auf das uns der Begriff des Wertseins führt.

die an ihm zehrt und die nichts anderes ist als der Rückzug in sich. Es ist dies die absolute Rückläufigkeit der Substitution. Die Bedingung – oder Unbedingung – des Sich ist nicht ursprünglich die das Ich bereits voraussetzende Selbstaffektion, sondern gerade die Affektion durch den Anderen – anarchisches Trauma diesseits der Selbstaffektion und der Selbstidentifikation.[21] Aber Trauma der

p. 506   Verantwortlichkeit und nicht der Kausalität. Ablösung aus dem Sein oder diesseits des Seins. Die Ablösung verdankt sich nicht einem Spiel ohne Folgen, das sich in irgendeiner Ecke des Seins, wo das ontologische Gewebe seine Spannung verlöre, eröffnen würde. Das Heraustreten aus dem Sein geschieht kraft des Drucks, den auf einen Punkt des Seins der Rest seiner Substanz ausübt: Verantwortung. Es ist diese Verantwortung für das Geschöpf, die sich zum „Sich" macht. Verantwortung für die Kreatur, d. h. für das, dessen Schöpfer ich nicht war. „Sich" sein heißt eben verantwortlich sein, bevor man etwas begangen hat. In diesem Sinne heißt „selbst" sein, sich den Anderen substituieren; damit ist keine Unterwerfung

---

[21] Wenn die Besessenheit Leiden ist und „Widrigkeit", so ist der Altruismus der Geisel-Subjektivität nicht ein Streben, nicht das *natürliche* Wohlwollen der Moralphilosophien des Gefühls. Dieser Altruismus ist natur-widrig, unwillkürlich, untrennbar von der erwählenden Verfolgung, zu der keinerlei Zustimmung denkbar ist – anarchisch. Die Verfolgung führt das Ich auf sich zurück, auf den absoluten Akkusativ, wo dem Ich ein Fehler zur Last gelegt wird, den es nicht begangen und nicht gewollt hat und der es aus seiner Freiheit herauswirft. – Die Verfolgung ist ein Trauma – die Gewalt par excellence, ohne Warnung, ohne a priori und ohne mögliche Verteidigung, ohne Logos. Die Verfolgung führt auf eine Resignation zurück, der das Subjekt nicht zugestimmt hat, und durchschreitet folglich eine Nacht des Unbewußten. Das ist der Sinn des Unbewußten; es ist die Nacht, in der unter dem Trauma der Verfolgung die Umkehr des Ich zu sich geschieht, passivere Passivität als alle Passivität, diesseits der Identität, Übernahme der Verantwortung im Sinne der Substitution.

angezeigt; denn die Unterscheidung von Herr und Knecht setzt schon ein fertiges Ich voraus.

Wer sagt, daß die Subjektivität in der Person beginnt, daß die Person in der Freiheit beginnt, daß die Freiheit die erste Ursache ist, verschließt den Blick für das Geheimnis des Sich, für seine Beziehung mit dem Vergangenen. Diese Beziehung läuft nicht darauf hinaus, daß die Subjektivität sich an den Anfang dieser Vergangenheit zu stellen habe, um auf diese Weise in den strikten Grenzen der Intention verantwortlich zu sein, noch darauf, bloßes Resultat des Vergangenen zu sein. Das ganze Leid und der Fall der Welt lasten auf dem Punkt, an dem sich ein Abseits, eine Inversion des *Seinsaktes* des Seins vollzieht. Ein Punkt ist allem untertan. Diese Unmöglichkeit, sich zu entziehen, ist nichts anderes als das Abseits des Subjekts. Der Begriff der Geisel bedeutet einen Umsturz der Auffassung, die in der Gegenwart – im Ich bei sich – den Anfang der Philosophie sieht. Ich bin nicht nur mein Ursprung, sondern durch den anderen aus der Fassung gebracht. Von ihm ohne Urteil abgeurteilt, ohne reden zu können, verfolgt. Aber wir haben gezeigt, daß es noch mehr braucht: Man muß für den Verfolger einstehen können. Daher der Begriff einer Verantwortung, die der Freiheit vorausgeht.

Natürlich fällt der Begriff des Subjekts, auf den uns die Analyse der Nähe geführt hat, nicht zusammen mit dem Begriff des Geistes; aber auch der Begriff der Seele entspricht ihm nicht. Die Substitution und das Opfer bin ich und kein anderer, bin ich und nicht der Andere, dem man immer eine mit der meinigen identische Seele zuschreiben möchte. Wenn wir behaupten würden, die Seele müsse sich den anderen opfern, so würden wir das menschliche Opfer predigen. Die These, das Ich sei Substitution, sagt nicht die Universalität eines Prinzips aus, das „Wesen" eines Ich, sondern stellt ganz im Gegenteil die Ichheit der Seele, die keinerlei Verallgemeinerung leidet, wieder her. Der Weg, auf dem von hier aus der Logos sich zum Wesen des Ich erhebt, geht über den Dritten.[22]

p. 507

Wenn der moderne Antihumanismus den Primat leugnet, der der Person für die Bedeutung des Seins zukäme, der Person als freiem Ziel ihrer selbst, so hat er recht jenseits der Gründe, die er anführt. Er schafft Platz für die Subjektivität, die sich in der Selbstverleugnung, im Opfer, in der Substitution setzt. Seine geniale Einsicht besteht darin, die Idee der Person, die Zweck ihrer selbst ist, aufzugeben. Zweck ist der Andere, und ich bin Geisel. Wird man sagen, daß die Welt mit ihrem ganzen Leid und ihrer ganzen Fehlerhaftigkeit auf dem Ich lastet, weil das Ich freies Bewußtsein ist, der Sympathie und des Mitleids fähig? Soll man sagen, daß allein ein freies Wesen das Gewicht der Welt, das es auf sich nimmt, zu empfinden vermag? Nehmen wir für einen Augenblick ein freies Ich an, ein Ich, das in der Lage ist, sich für die Solidarität mit den Anderen zu entscheiden. Zumindest wird man anerkennen, daß diese Freiheit keinen zeitlichen Spielraum hat, um dieses drängende Gewicht zu übernehmen, und daß sie infolgedessen unter dem Leid wie zusammengedrückt oder aufgelöst ist. Unfähig, sich dem Anruf des Nächsten zu entziehen, unfähig, sich zu entfernen –

---

22 Das Ich ist nicht universalisierbar: Bei aller Ekstase (außer der Ekstase des Todes) und bei allen „Begriffen vom Ich" bleibe ich *hier*. Ich kann mich nicht absolvieren, d. h. vom Sich losmachen, (und das heißt noch mit anderen Worten, die ursprüngliche Verantwortung des Diesseits von Frage und Antwort im freien Dialog, den die Verfolgung paralysiert, indem sie ihn in Frage stellt, in Klammern setzen). Ich kann dagegen sehr wohl den Anderen in ihrer Andersheit oder in ihrer Unterwerfung unter den Begriff des Ich verzeihen. Dies ist ein Vorrang des Sich vor aller Freiheit (oder Un-freiheit).

vielleicht nähert man sich dem anderen kontingenterweise, aber fortan ist man nicht frei, sich von ihm zu entfernen –, geht die Übernahme des Leids und der Fehler der Anderen nirgends über die Passivität hinaus: Sie ist Passion. Dieser Geiselstand oder -unstand wird daher zumindest eine wesentliche Modalität der Freiheit sein, die erste, und nicht ein empirischer Zufall der in sich selbst stolzen Freiheit des Ich.

Gewiß – aber dies wäre ein anderer Vortrag – meine Verantwortung für alle kann sich auch darin zeigen, daß sie sich begrenzt. Im Namen dieser unbegrenzten Verantwortung kann das Ich auch dazu aufgerufen sein, sich um sich zu kümmern. Die Tatsache, daß der Andere, mein Nächster, Dritter ist im Verhältnis zu einem Anderen, der seinerseits auch Nächster ist, dieser Umstand läßt das Denken, das Bewußtsein, die Gerechtigkeit, die Philosophie entstehen. Die anfängliche grenzenlose Verantwortung, die diese Sorge um Gerechtigkeit, um sich, um Philosophie begründet, kann in Vergessenheit geraten. In diesem Vergessen ist das Bewußtsein reiner Egoismus. Aber dieser Egoismus ist weder ein Erstes noch ein Letztes. Die Unmöglichkeit, Gott zu entkommen – das ist das Abenteuer des Jonas (ich spreche das Wort Gott aus, ohne die Zwischenstufen, die mich zu diesem Wort führen und ohne die, wenn ich so sagen darf, Anarchie seines Eingangs in die Rede zu unterdrücken – so wie die Phänomenologie Begriffe ausspricht, ohne jemals die Gerüste, auf denen sie zu ihnen gelangen konnte, zu entfernen) – die Unmöglichkeit, Gott zu entkommen (der wenigstens darin nicht ein Wert unter Werten ist), liegt auf meinem Grunde als Sich, als absolute Passivität. Passivität, die nicht nur die Möglichkeit des Todes im Sein ist, die Möglichkeit der Unmöglichkeit, sondern die dieser Möglichkeit vorhergehende Unmöglichkeit, Unmöglichkeit, sich zu entziehen, absolute Empfänglichkeit, Ernst ohne jede Eitelkeit, Entstehung eines Sinnes in der Stumpfheit des Seins, eines „Sterbenkönnens", das dem Opfer unterworfen ist.

Anhang:
Biographie

Emmanuel Lévinas lebt heute als Professor emeritus in Paris. Obwohl auch seine Publikationen fast ausschließlich auf französisch geschrieben sind, ist er kein gebürtiger Franzose, sondern kommt aus der litauischen Stadt Kaunas, die etwa 200 km östlich von Königsberg liegt und heute zu Sowjetrußland gehört.
Dort ist er 1905 in einer jüdischen Familie geboren. Schon 1923 ging er zum Studium an die Universität Straßburg, nachdem er die russische Revolution in der Ukraine erlebt hatte.[a] Durch seine Herkunft mit der hebräischen Bibel und der jüdischen Tradition vertraut, gewann er in Straßburg dank der Vermittlung des Religionsphilosophen und Phänomenologen Jean Hering Zugang zu der damals in Deutschland herrschenden Philosophie, der Phänomenologie. Dies war nicht verwunderlich; denn die Häupter der Phänomenologie, Husserl und Heidegger, saßen im nahen Freiburg i. Br. Lévinas hat zwei Semester lang bei Husserl studiert, nämlich 1927/1928, die beiden letzten Semester von Husserls Lehrtätigkeit.[b]
Eigentümlicherweise sind die verschiedenen Richtungen und Quellen seines Denkens kein Amalgam eingegangen, sondern haben sich stets getrennt gehalten. Für Lévinas' Philosophie ist nach seinem eigenen Zeugnis nicht die jüdische Tradition, sondern die Phänomenologie die wesentliche Quelle gewesen. Das Prinzip der Trennung läßt sich bis in die Publikationen

---

[a] Vgl. Signature, in: E. Lévinas, DL 373–379. Vgl. dazu die englische Übersetzung dieses Aufsatzes, die Adrian Peperzak herausgegeben und sehr detailliert und erhellend kommentiert hat (Signature, ed. A Peperzak, in: Research in Phenomenology 8 [1978] p. 175–189). – Ebenso findet sich ein biographischer Abriß in S. Strasser, Jenseits von Sein und Zeit, p. 387–389.

[b] Vgl. dazu oben p. 121 Anm. 1.

verfolgen. Vor allem die Aufsatzsammlungen folgen diesem Grundsatz. Diese Diskretion läßt Lévinas übrigens auch walten hinsichtlich seiner Kommentare zur Phänomenologie und seinen eigenen Ansätzen.
Schon von den dreißiger Jahren an hat Lévinas, wie die Bibliographie von Burggraeven ausweist, eine rege literarische Tätigkeit entfaltet. Erfolg hatte Lévinas insbesondere mit der Schrift über die „Theorie der Intuition in der Phänomenologie E. Husserls", die erstmals den Franzosen die Phänomenologie näher brachte.
Zu Beginn des Krieges wurde er zum Militärdienst eingezogen, die Zeit von 1941 bis Kriegsende verbrachte er in einem Kriegsgefangenenlager in Deutschland. c
Nach Paris zurückgekehrt, wurde er Leiter der „Ecole normale Israelite orientale", die Lehrer ausbildet und an der er selbst Philosophie lehrte. Es war die im Jahre 1961 veröffentlichte Habilitationsschrift „Totalité et infini", die ihm nicht nur einen Universitätslehrstuhl, zuletzt an der Sorbonne in Paris, einbrachte, sondern ihn vor allem einem größeren Publikum bekanntmachte. Im Jahre 1974 folgte ein weiteres Werk, in dem „Totalité et infini" in gewisser Weise überholt ist, nämlich „Autrement qu'être ou au-delà de l'essence". Inzwischen ist Lévinas ein bekannter Name nicht nur in Frankreich, sondern auch in anderen europäischen Staaten. Einige Universitäten haben ihm das Ehrendoktorat verliehen (Loyola-Universität in Chicago, Staatsuniversität in Leiden, Katholische Universität in Löwen). Seine Werke wurden in verschiedene Sprachen übersetzt. Deutschland steht in dieser Hinsicht zurück, nachdem in den beiden letzten Jahrzehnten die französische Philosophie überhaupt in den Hintergrund getreten ist. Die zögernde Aufnahme hängt auch zusammen mit den sprachlichen und sachlichen Schwierigkeiten, die die Texte von Lévinas gemeinhin bieten. Inzwischen freilich scheint sich auch die deutsche Aufmerksamkeit dieser Philosophie zuzuwenden; davon zeugt die diesjährige Verleihung des Karl-Jaspers-Preises an Emmanuel Lévinas.

---

c Vgl. dazu Nom d'un chien ou le droit naturel, in: DL 199–202.

Verzeichnis der verwendeten Sigel

AQ E. Lévinas: Autrement qu'être ou au-delà de l'essence.
CM E. Husserl: Cartesianische Meditationen und Pariser Vorträge.
DEHH E. Lévinas: En découvrant l'existence avec Husserl et Heidegger, 2. bis 4. Auflage.
DL E. Lévinas: Difficile liberté, 2. Auflage.
EU E. Husserl: Erfahrung und Urteil
EE E. Lévinas: De l'existence à l'existant.
HAH E. Lévinas: Humanisme de l'autre homme.
Hua Husserliana, E. Husserl gesammelte Werke. Die römische Zahl gibt den Band an.
KpV Immanuel Kant: Kritik der praktischen Vernunft.
LU E. Husserl: Logische Untersuchungen.
Schütz E. Husserl: Notizen zur Raumkonstitution.
TA E. Lévinas: Le temps et l'autre, 1979.
TI E. Lévinas: Totalité et infini.

Nachweis für die Veröffentlichung der französischen Originaltexte*

1. Von der Beschreibung zur Existenz,
   in: En découvrant l'existence avec Husserl et Heidegger 1949
   wiederabgedruckt in: DEHH 91–107.
2. Überlegungen zur phänomenologischen „Technik",
   in: Husserl. Cahiers de Royaumont, Philosophie N° III, Paris: Ed. de Minuit 1959;
   aufgenommen in: DEHH 111–123.
3. Ist die Ontologie fundamental?
   in: Revue de métaphysique et de morale LVI (1951) p. 88–98.
4. Der Untergang der Vorstellung,
   in Husserl 1859–1959. Recueil commémoratif publié à l'occasion du centenaire du philosophe, (Phaenomenologica IV), Den Haag: Nijhoff 1959;
   aufgenommen in: DEHH 125–135.
5. Intentionalität und Metaphysik,
   in: Revue philosophique de la France et de l'Etranger (Paris 1959);
   aufgenommen in: DEHH 137–144.
6. Intentionalität und Empfindung,
   in: Revue internationale de philosophie (Brüssel 1965);
   aufgenommen in: DEHH 145–162.
7. Die Philosophie und die Idee des Unendlichen,
   in: Revue de métaphysique et de morale (Paris 1957);
   aufgenommen in: DEHH 166–178.

---

* Die Übersetzung der Beiträge 1, 2, 4, 5, 6, 7, 8, 9 und 10 aus dem Band „En découvrant l'existence avec Husserl et Heidegger" von Emmanuel Lévinas (Paris: Vrin, 4ème édition 1982) erfolgte mit freundlicher Genehmigung der Librairie philosophique J. Vrin; die Übersetzung der Beiträge 3 und 11 erfolgte mit freundlicher Genehmigung des Verfassers.

8. Die Spur des Anderen,
   in: Tijdschrift voor Filosofie (Löwen 1963);
   aufgenommen in: DEHH 187-202.
9. Rätsel und Phänomen,
   in: Esprit (Paris 1965);
   aufgenommen in: DEHH 203-216.
10. Sprache und Nähe,
    in: DEHH 218-236.
11. Die Substitution,
    in: Revue philosophique de Louvain (1968) p. 487-508.

Auswahl aus den Schriften von E. Lévinas

Dem einführenden Charakter dieser Textauswahl entsprechend werden an Primärliteratur vor allem die Buchveröffentlichungen von E. Lévinas aufgeführt. Darin sind auch die meisten Aufsätze gesammelt. Einzelne Aufsätze sind nur dann aufgeführt, wenn sie auch auf deutsch erschienen sind oder wenn aus ihnen in der Einleitung zitiert wurde. Die gegenwärtig vollständigste Bibliographie an Primär- und Sekundärliteratur findet sich in Roger Burggraeve: Emmanuel Lévinas. The Ethical Basis for a Human Society, Löwen: Center for Metaphysics and Philosophy of God, Institute of Philosophy 1981, p. 59–154.

Théorie de l'intuition dans la phénoménologie de Husserl, Paris: Vrin 1930, 4. Aufl. 1978.
De l'existence à l'existant, Paris: Vrin 1947, 2. Aufl. 1978.
En découvrant l'existence avec Husserl et Heidegger, Paris: Vrin 1949, 2. erweiterte Aufl. 1967, 4. Aufl. 1982. Zitiert wird nach der 2. Auflage, mit der die 3. und 4. Auflage textgleich sind.
Totalité et infini. Essai sur l'extériorité, Den Haag: Nijhoff 1961, 7. Aufl. 1980.
Difficile liberté. Essais sur le judaisme, Paris: Albin Michel 1963, 2. Aufl. 1976.
Quatre lectures talmudiques, Paris: Ed. de Minuit 1968, 2. Aufl. 1976.
Humanisme de l'autre homme, Montpellier: fata morgana 1972, 2. Aufl. 1978.
Autrement qu'être ou au-delà de l'essence, Den Haag: Nijhoff 1974, 2. Aufl. 1978.
Sur Maurice Blanchot, Montpellier: fata morgana 1975.
Du sacré au saint. Cinq nouvelles lectures talmudiques, Paris: Ed. de Minuit 1977.

Le temps et l'autre, Montpellier: fata morgana 1979.
(Diese Schrift war ursprünglich erschienen in: Jean Wahl et al.:
Le choix, le monde, l'existence, Grenoble-Paris: Arthaud
1948. Zitiert wird nach der Ausgabe von 1979.)
L'au-delà du verset. Lectures et discours talmudiques, Paris: Ed.
de Minuit 1982.
De Dieu qui vient à l'idée, Paris: Vrin 1982.
Ethique et infini. Entretiens avec P. Nemo, Paris: Fayard 1982.
De l'évasion, introd. et annoté par J. Rolland, Montpellier 1982.
(Dieser Artikel war zuerst erschienen in: A. Koyré, H. C.
Puech, A. Spaier [ed.]: Recherches philosophiques, t. V, Paris
1935/1936, p. 373–392. Zitiert wird nach der Ausgabe von
1935/1936.)
Übersetzung aus dem Deutschen in Zusammenarbeit mit G.
Peiffer: E. Husserl: Méditations cartésiennes, Paris 1931.

Aufsätze

La réalité et son ombre, in: Les Temps modernes (1948) p.
769–789.
Le moi et la totalité, in: Revue de métaphysique et de morale
(1954) p. 353–373.
Lévy-Bruhl et la philosophie contemporaine, in: Revue de la
France et de l'Etranger (1957) p. 556–569.
Le permanent et l'humain chez Husserl, in: L'Age nouveau
(1960) p. 51–56.
Über die „Ideen" Edmund Husserls, in: H. Noack (Hrsg.):
Husserl, Darmstadt: Wissenschaftl. Buchgesellschaft 1973, p.
87–128.
Diskussionsbeitrag in: Jean André Wahl: Vom Nichts, vom Sein
und unserer Existenz. Versuch einer kleinen Geschichte des
Existentialismus, gefolgt von einer Diskussion der Herren N.
Berdiaeff, M. de Gandillac, G. Gurvitch, A. Koyré, E.
Lévinas und G. Marcel, Augsburg-Basel 1954.
Martin Buber und die Erkenntnistheorie, in: P.-A. Schilpp und
M. S. Friedmann (Hrsg.): Martin Buber. Philosophen des
20. Jahrhunderts, Stuttgart: Kohlhammer 1963, p. 119–134.
Existenz und Ethik, in: Schweizer Monatshefte 43 (1963) p.
170–177.

Hermeneutik und Jenseits, in: F. Theunis (Hrsg.): Religion und Gottesfrage in der Philosophie. Neue Deutungen und Probleme der Religionsphilosophie, Hamburg-Bergstedt: Herbert Reich – Evang. Verlag 1978, p. 18–24.

Säkularisierung und Hunger, in: F. Theunis (Hrsg.): Zum Problem der Säkularisierung. Mythos oder Wirklichkeit – Verhängnis oder Verheißung, Hamburg-Bergstedt: Herbert Reich – Evang. Verlag 1977, p. 66–72.

Dialog, in: F. Böckle, F.-X. Kaufmann, K. Rahner, B. Welte, R. Scherer (Hrsg.): Christlicher Glaube in moderner Gesellschaft (Enzyklopädische Bibliothek in 30 Teilbänden), Bd. 1, Freiburg-Basel-Wien: Herder 1981, p. 61–85.

Gott und die Philosophie, in: Bernhard Casper (Hrsg.): Gott nennen. Phänomenologische Zugänge, Freiburg/München: Alber 1981, p. 81–123.

Exegese und Transzendenz. Zu einem Text aus dem Traktat Makkoth 23 b, in: Bernhard Casper (Hrsg.): Gott nennen. Phänomenologische Zugänge, Freiburg/München: Alber 1981, p. 35–44.

Auswahl aus den Schriften über E. Lévinas

Alvarez, O. Gaviria: L'idée de création chez E. Lévinas. Une archéologie zu sens, in: Revue philosophique de Louvain 72 (1974) p. 509–538.

Bernasconi, Robert: Lévinas face to face – with Hegel, in: Journal of the British Society for Phenomenology 13 (1982) p. 267–276

Blanchot, Maurice: Connaissance de l'inconnu, in: Nouvelle Revue Française 18 (1961) p. 1081–1094.

Boer, Theodor de: Tussen Filosofie en Profetie. De Wijsbegeerte van Emmanuel Lévinas, Baarn: Ambo 1976 (mit umfangreicher Bibliographie von Kees Meerhoff).

Bouckaert, L.: Ontology and Ethics. Reflexions on Lévinas' Critique of Heidegger, in: International Philosophical Quarterly 10 (1970) p. 402–419.

Burggraeve, Roger: E. Lévinas' metafysisch-ethische herdefiniering van het subject vanuit joodse en filosofische achtergronden (thèse de doctorat en théologie morale), 5 vol., Löwen 1980.

–: Emmanuel Lévinas. The Ethical Basis for a Human Society, Löwen, Center for Metaphysics and for Philosophy of God, Institute of Philosophy 1981.

Derrida, Jacques: Gewalt und Metaphysik. Essay über das Denken Emmanuel Lévinas', in: ders.: Die Schrift und die Differenz, Frankfurt a. M.: Suhrkamp 1972, p. 121–235.

Duval, R.: Exode et altérité, in: Revue des sciences philosophiques et théologiques 59 (1975) p. 214–241.

Féron, E.: Ethique, langage et ontologie chez E. Lévinas, in: Revue de métaphysique et de morale 81 (1977) p. 64–87.

Forthomme, B.: Une philosophie de la transcendance. La métaphysique d'Emmanuel Lévinas, Paris 1979.

Greef, J. de: Empirisme éthique chez Lévinas, in: Archives de philosophie 31 (1970) p. 223–241.

–: Ethique, réflexion et histoire chez Lévinas, in: Revue philosophique de Louvain 67 (1969) p. 431–460.
Guibal, Fr.: ...et combien de dieux nouveaux. Approches contemporaines II. Emmanuel Lévinas. Le visage d'autrui et la trace de Dieu, Paris: Aubier-Montaigne 1980.
Halling, S.: The Implications of Lévinas' Totality and Infinity for Therapy, in: A. Giorgi, Constance T. Fischer, E. L. Murray (ed.): Duquesne Studies in Phenomenological Psychology II, Pittsburgh: Duquesne University Press 1975, p. 206–223.
Krewani, Wolfgang: Zum Zeitbegriff in der Philosophie von E. Lévinas, in: Ernst W. Orth (Hrsg.): Studien zum Zeitproblem in der Philosophie des 20. Jahrhunderts (Phänomenologische Forschungen 13), Freiburg/München: Alber 1982, p. 107–127.
Kuhn, Helmut: Sein als Gabe, in: Philosophische Rundschau 12 (1964) p. 59–89.
Laruelle, François: Textes pour Emmanuel Lévinas, Paris: Ed. Jean-Michel Place 1980.
Libertson, J.: Lévinas and Husserl: Sensation and Intentionality, in: Tijdschrift voor Filosofie 41 (1979) p. 485–502.
–: Proximity. Lévinas, Blanchot, Bataille and Communication (Phaenomenologica 87), Den Haag: Nijhoff 1982.
Marton, Franco: Il desiderio dell'Altro nel pensiero di E. Lévinas, in: Studia Patavina 17 (1970) p. 494–542.
Peperzak, Adriaan: Rezension von AQ in: Philosophische Rundschau 24 (1977) p. 91–116.
Petrosino, S.: La verità nomade. Introduzione a Emmanuel Lévinas, Mailand: Jaca Book 1980.
Raalten, F. van: Versuch zu einer neuen Grundlage der Ethik, in: Neue Zeitschrift für systematische Theologie und Religionsphilosophie I (1969) p. 245–268.
Strasser, Stephan: Jenseits von Sein und Zeit. Eine Einführung in Emmanuel Lévinas' Philosophie (Phaenomenologica 78), Den Haag 1978.
–: Buber und Lévinas. Philosophische Besinnung auf einen Gegensatz, in: Revue internationale de philosophie 32 (1978) p. 512–525.
Wyschogrod, Edith: Emmanuel Lévinas. The Problem of Ethical Metaphysics, Den Haag: Nijhoff 1974.

Exercices de la patience. Cahiers de philosophie I (1980) Paris. (Die erste Nummer dieser in unregelmäßiger Folge erscheinenden Zeitschrift ist Lévinas gewidmet.)

Verzeichnis der von Lévinas angeführten Literatur*

Altes Testament, Klagelieder.
Aristoteles: Metaphysik, übers. von H. Bonitz, Hamburg 1966.
–: Nikomachische Ethik, übers. und komment. von Fr. Dirlmeyer, hrsg. von H. Flashar, Darmstadt/Berlin 1979.
Bergson, Henri: Quid Aristoteles de loco senserit, Paris 1889.
–: L'Evolution créatrice, Paris 1907.
Blanchot, Maurice: Le livre à venir, Paris 1959. (Deutsch: Der Gesang der Sirenen, München 1962.)
Brand, Gerd: Welt, Ich und Zeit. Nach unveröffentlichten Manuskripten E. Husserls, Den Haag 1955.
Comte, Auguste: Système de politique positive ou Traité de la sociologie instituant la religion de l'Humanité. t. 1–4, Paris 1851 sq.
Delhomme, Jeanne: La pensée interrogative, Paris 1954.
Derrida, Jacques: Introduction, in: E. Husserl: L'origine de la géométrie, Traduction et introduction par J. Derrida, Paris 1962.
Descartes, René: Œuvres de Descartes, éd. Adam & Tannery, Paris 1973:
Discours de la méthode, Bd. VI.
Meditationes de prima philosophia, Bd. VII.
Dostojewski, Fedor: Schuld und Sühne, München–Leipzig 1926.
Dufrenne, Mikel: La notion d'a priori, Paris 1959.
Foucault, Michel: Folie et déraison. Histoire de la folie à l'âge classique, Paris 1961.
Gouhier, Henri: L'histoire et sa philosophie, Paris 1952.
Hegel, Georg Wilhelm Friedrich: Die Phänomenologie des Geistes, hrsg. von J. Hoffmeister, 6. Aufl. Hamburg 1952.
Heidegger, Martin: Sein und Zeit, 1. Hälfte, Halle 1927 (Jahr-

---

* Die Angaben über Erscheinungsort, -jahr etc. sind vom Herausgeber hinzugefügt worden.

buch für Philosophie und phänomenologische Forschung Bd. VIII).
Henry, Michel: L'essence de la manifestation, 2 vol., Paris 1963.
Husserl, Edmund: Gesammelte Werke (Husserliana), Den Haag 1950 sq.:
Bd. 1: Cartesianische Meditationen und Pariser Vorträge, hrsg. von St. Strasser, 1950.
Bd. 3: Ideen zu einer reinen Phänomenologie und phänomenologischen Philosophie, Bd. 1, hrsg. von W. Biemel, 1950.
Bd. 4: Ideen zu einer reinen Phänomenologie und phänomenologischen Philosophie, Bd. 2, hrsg. von W. Biemel, 1952.
Bd. 5: Ideen zu einer reinen Phänomenologie und phänomenologischen Philosophie, Bd. 3, hrsg. von Marly Biemel, 1952.
Bd. 6: Die Krisis der europäischen Wissenschaften und die transzendentale Phänomenologie, hrsg. von W. Biemel, 1954.
Bd. 9: Phänomenologische Psychologie, Vorlesungen Sommersemester 1925, hrsg. von W. Biemel, 1962.
Bd. 10: Zur Phänomenologie des inneren Zeitbewußtseins (1893–1917), hrsg. von Rudolf Boehm, 1966.
Außerhalb der Husserliana:
–: Logische Untersuchungen, 2 Bde., I. Prolegomena zur reinen Logik, 2. Aufl. Halle 1913; II/1. Untersuchungen zur Phänomenologie und Theorie der Erkenntnis, 2. Aufl. Halle 1913; II/2. Elemente einer phänomenologischen Aufklärung der Erkenntnis, 2. Aufl. Halle 1920.
–: Philosophie als strenge Wissenschaft, in: Logos (1911).
–: Formale und transzendentale Logik, Halle 1929. Neu erschienen als Husserliana, Bd. XVII. Lévinas zitiert nach der Originalausgabe.
–: Erfahrung und Urteil. Untersuchungen zur Genealogie der Logik, redigiert und hrsg. von Ludwig Landgrebe, Hamburg 1954.
–: Notizen zur Raumkonstitution, hrsg. von Alfred Schütz, in: Philosophy and Phenomenological Research (Buffalo 1940) p. 21–37 und 217–226.
Hyppolite, Jean: Leçon inaugurale au Collège de France, in: Figures de la pensée philosophique, 2 vol., Paris 1971, p. 1003–1028.
Ionesco, Eugène: La cantatrice chauve, in: ders.: Théâtre, Paris 1954.

Jankélévitch, Vladimir: Philosophie première: Introduction à une philosophie du ‚presque', Paris 1954.
Kant, Immanuel: Werke, hrsg. von Ernst Cassirer, Berlin 1922 sq.:
Kritik der praktischen Vernunft, in: Bd. 5 (1922).
Was heißt, sich im Denken orientieren? in: Bd. 4 (1922).
Koyré, Alexandre: L'évolution philosophique de Heidegger, in: Critique (1946) p. 73-82 und 161-181.
Malebranche, Nicolas: Œuvres, Paris 1972 sq.:
Entretiens sur la métaphysique et sur la religion, éd. A. Robinet, Bd. XII, 1976.
Picard, Yvonne: Le temps chez Husserl et chez Heidegger, in: Deucalion 1 (1947) p. 93-124.
Platon: Studienausgabe, griech.-deutsch, Hrsg. von G. Eigler u. a., Darmstadt 1970 sq.:
Gastmahl, in: Bd. 3.
Phaidon, in: Bd. 3.
Parmenides, in: Bd. 5.
Sophistes, in: Bd. 6.
Plotin: Ennéades, éd. E. Bréhier, 7 Bde., Les Belles Lettres, Paris 1924 sq.
Ramnoux, Clémence: La nuit et les enfants de la nuit dans la tradition grecque, Paris 1959.
Talmud, Traktat Berakhot.
Valéry, Paul: Œuvres (Ed. de la Pléiade), 2 vol., Paris 1957/1960:
Cantique des colonnes, in: Bd. 1.
Monsieur Teste, in: Bd. 2.
Waehlhens, Alphonse de: La philosophie et les expériences naturelles (Phaenomenologica IX), Den Haag 1961.
Wahl, Jean André: Existence humaine et transcendance, Neuchâtel 1944.
–: Esquisse pour une histoire de l'existentialisme, Paris 1949.
Weil, Eric: Logique de la philosophie, Paris 1950.

Personenregister

Abraham 215
Alain (Pseudonym für E. Chartier) 164
Aristoteles 74, 103, 107, 127, 211, 313

Bergson, H. 55, 68f., 74, 84, 152, 167, 240, 299 Anm. 5
Berkeley, G. 108, 150, 158, 174
Blanchot, M. 153 Anm. 3
Brentano, Fr. 169
Buber, M. 235

Comte, A. 113

Delhomme, J. 247 Anm. 6, 318
Derrida, J. 173 Anm. 13, 303 Anm. 9
Descartes, R. 55, 62, 64f., 70f., 73f., 78, 81, 84, 149, 183, 189, 196, 200, 203, 286
Dostojewski, F. 220
Duméry, H. 153 Anm. 3

Fink, E. 122, 183 Anm. 17, 318
Foucault, M. 238
Freud, S. 81

Galilei, G. 81
Gouhier, H. 256

Hegel, G. W. F. 81, 90ff., 95, 97f., 179, 212, 219, 299 Anm. 5, 300, 302, 304, 317
Heidegger, M. 57ff., 67, 69f., 74, 76ff., 92, 101, 105, 108ff., 112f., 122, 132f., 142, 166f., 173 Anm. 13, 191–195, 212f., 218, 239 Anm. 2, 264, 276, 309 Anm. 12
Henri, M. 239 Anm. 2
Hering, Frau 121 Anm. 1
Hobbes, Th. 176, 219
Husserl, E. 55, 59ff., 63ff., 77f., 81ff., 105, 120–123, 140ff., 154ff., 173 Anm. 13, 189, 263f., 267, 276, 278, 305
Husserl, Frau 121 Anm. 1

Jankélévitch, V. 185, 240 Anm. 3
Jjob 325
Jonas 329

Kant, I. 55, 72, 74, 85, 89f., 96, 100, 118, 124, 127, 142f., 193, 290 Anm. 9
Kierkegaard, S. 86, 246, 257
Koyré, A. 60, 78

Lagneau 164
Laios 106
Landgrebe, L. 122
Leibniz, G. W. 93, 211, 306
Lévy-Bruhl, L. 187

Malebranche, N. 70, 200, 277 Anm. 4
Marcel, G. 235
Marx, K. 81

Merleau-Ponty, M. 173 Anm. 13, 180, 220

Nabert 317
Nietzsche, F. 216

Odysseus 211, 215
Ödipus 107

Picard, Y. 173 Anm. 13
Platon 58, 61 ff., 75, 77, 95, 98, 103, 109, 140, 185, 192, 196, 199, 202, 213 f., 219, 225, 237, 309 Anm. 12
Plotin 213, 233

Ramnoux, Cl. 284 Anm. 8
Ricœur, P. 173 Anm. 13

Sartre, J.-P. 67, 227, 304
Scheler, M. 239 Anm. 2
Schütz, A. 146
Sokrates 113, 189, 194
Spinoza, B. 70, 97, 206

Valéry, P. 218, 228

Waelhens, A. de 192, 322
Wahl, J. A. 173 Anm. 13
Weil, E. 212

Zola, E. 67

Sachregister

Kursiv gesetzte Zahlen verweisen auf Abschnitte, in denen der Begriff ausdrücklich behandelt wird.
Der Index registriert nicht jedes Vorkommen eines Terminus, sondern trifft eine Auswahl nach dem Informationsgehalt.
Gelegentlich sind weitere Stichwörter angegeben, die zum Bedeutungsumfeld des jeweiligen Terminus gehören und zur näheren Bestimmung herangezogen werden können.

abstrakt, Abstraktion (abstrait, abstraction) 85 ff., 101, 123 f., 128, 136, 158 f., 222, 226 f., vgl. Idealisierung, Vorstellung
Akkusativ (accusatif) 289, 312 ff., vgl. Anklage, Vorladung
Akt (acte) 88, 90
Allergie (allergie) 211 f.
als (en tant que) 263 ff., vgl. Meinen
Amphibologie (amphibologie) 307 Anm. 11
an sich und in sich (en soi) 306 ff., 313 ff., 318, 321
Anachronismus, anachronistisch (anachronisme, anachronistique), 249 f., 258, 282 f., 298 f., vgl. Diachronie
Analyse des Bewußtseins (analyse de la conscience) 125
Anarchie (anarchie) *295–301*, 316, 319
Andere, der oder das (l'autre, autrui) *108–115, 115–119*, 136, 138, 143, 148, 150, 152, 184, 186, 190, 194, 197, *198–200*, 201, 205, *209–235*, 240, 254, 317, 329

Angst (angoisse) 309
Anklage (accusation) 283, 289, 313, vgl. Akkusativ, Vorladung
Annäherung s. Näherung
Anschauung s. Intuition
 – kategoriale Anschauung (intuition catégoriale) 142
Antlitz (visage) 114 ff., *198–200*, 202 f., 206 f., 221 ff., 226 ff., 230, 234 f., 244, 251 f., 259, 275, 279 f., 282, 284 f., 288 f., 291, 293, 319 Anm. 16, 322 f.
Apriori (a priori) 265, *280*, 298, 300 f.
Arché (arché) 296 f., 317, vgl. Grundsatz
Atheismus (athéisme) 189, 195, 211, 247, 254
Augenblick (instant) 251, 310, vgl. Gegenwart, Jetzt, Zeit
Ausdruck (expression) 112 f., 199, *242–246*, 251 f., 319 Anm. 16
Äußeres, Außen, Außerhalb (extérieur, extériorité) 61 f., 143, 197 f., 200, 214, 297, 301, 325
Autonomie (autonomie) *185–188*, 204, 211 f.

347

Baden (baigner) 144, 183
Bauen (bâtir, bâtisseur, cultivateur) 101, 194
Bedeuten (signifiance) 118, 220f., 226ff., 230f., 234, 255, 276, 282
Bedeutung (signification) 117ff., 221, 231, *261–269*, vgl. Idealität, Kerygma
Bedürfnis (besoin) 201, *218–221*
Befindlichkeit (disposition) 276
Begehren (désir) 200–202, 205ff., *218–221*, 225, 239 Anm. 2, 257ff., 284
Bericht (récit) 261
Berührung (contact, toucher) 274f., 278f., 285, 292f., 296, vgl. Besessenheit, Nähe
Beschreibung (description) *53 bis 80*, 84ff., 126
Besessenheit (obsession) *281 bis 285*, *288–291*, 293, 298ff., 312ff., 316ff., 324f. Anm. 19, vgl. Geisel, Heimsuchung, Verfolgung
Besitz (possession) 115, 190, 204
Bewegung (mouvement) 146ff., *174–181*, vgl. Kinästhese
Beweisführung (argumentation) 54, 84, vgl. Weil
Bewußtsein (conscience) *149*, 170, 173, 205, 211, 223, 265, 270, *281–285*, 302f., 307, 316, 328f., vgl. Analyse des Bewußtseins, Innerlichkeit
– moralisches Bewußtsein (conscience morale) 118, 200, *202–208*
– objektivierendes, thematisierendes Bewußtsein (conscience objectivante, thématisante) 271
– unthematisches Bewußtsein (conscience athématique) 271
Bezeichnen (indiquer) 227, vgl. Verweisung, Zeichen

Brücke (pont) 101
Brüderlichkeit (fraternité) 286ff., 293, 319

Cogito vgl. Bewußtsein, Denken

Dasein (Dasein) 58, 192
Denken (pensée, penser) 65, 70ff., 77, 79, 137f., 173, 237, 267ff., 270, 292, 302, 329
– objektivierendes Denken (pensée objectivante) 153
– ontologisches Denken (pensée ontologique) 315
Diachronie (diachronie) 171f., 180, 238f., 315, vgl. Anachronismus, Unmittelbarkeit, Vergangenheit, Zeit
Diakonie (diaconie) 222–226
Diesseits (en deçà) *302–312*, vgl. Jenseits
Ding (chose) 234, 280, 313
Doppeldeutigkeit (ambiguité)
– der Ontologie (de l'ontologie) *105–108*
– des Rätsels (de l'énigme) vgl. Zweideutigkeit, Duplizität
Dringlichkeit (urgence) 283, 298, vgl. Unmittelbarkeit
Dritte, der (tiers) 328f., vgl. Person, dritte
Du (tutoiement, toi) 234, 258f.
Duplizität des Rätsels (duplicité de l'énigme) 245, 253, vgl. Zweideutigkeit des Rätsels

Egoismus (égoisme) 329, vgl. Freiheit, Wille
Egoität (égoité) 290, 293
Egologie (égologie) 189
Eine, das (Un) 213f., 226, 237, 260, 308, 310, 313
Einsetzung der Freiheit vgl. Freiheit

Einzelheit (singularité) vgl. Individuell, Singularität
Einzigkeit des Ich (unicité du moi) 224, 320
Empfangen (accueil) 224
Empfindnis (Empfindnis) 175, 177, 179
Empfindung (sensation) 144 ff., *154–184*, 276 ff., vgl. Geschmacksempfindung, Sinnlichkeit
Empirismus (empirisme) 161, 174, 178
Endliche, das, Endlichkeit (fini, finitude) 72, 76, 85, 273, vgl. Unendlichkeit
Entfremdung (aliénation) 182, 317
Entsetzen (horreur) 211
Epiphanie (épiphanie) 198 f., 220, 224, 285, vgl. Antlitz
Erde (terre) 101 ff., 132, 136, 148, 152, 188, 194, 285
Erfahrung (expérience) 183 f., 197 f., 200, 206, 214, 266
Erhabenheit (hauteur) 223
Erinnerung (mémoire, souvenir) 151, 210, vgl. Gedächtnis
Erkennen, Erkenntnis (connaître, connaissance) 190, 209, 255
Erkenntnistheorie (théorie de la connaissance) 127
Erleben („vivre") 161, vgl. Empfindung, Empfindnis, Transitivität
Ernst (sérieux) 289 f., 318
Erscheinen (apparaître) 268, 309 Anm. 12, vgl. Phänomen
Eschatologie (eschatologie) 67, 217
Essenz (essence) 303, vgl. Existenz, Sein, Seinsakt, Verb
Ethik, ethisch (éthique) *115–119*, 138, 200, 218, 223, *257–258*, 274 f., 279, 281, vgl. Widerstand, ethischer

Ewigkeit (éternité) 229
Existenz, existieren (existence, exister) *53–80*, 105–108, 194, vgl. *Essenz*, Philosophie der Existenz, Sein, Seinsakt
Existenzialismus (existentialisme) 57, 67 ff., 77, vgl. Philosophie der Existenz

Fabel (fable) 261, vgl. Bericht
Faktizität (facticité) 184
Form (forme) 221 f., 309
Freiheit (liberté) 186 ff., 199 f., 204 f., 208, *324–330*, vgl. Wille, Können
– Freiheit des Sich (liberté du soi) 317
– Einsetzung der Freiheit (investissement de la liberté) 204, 206
– Infragestellung der Freiheit (mise en question de la liberté) 191, 202 ff., 223 f., 301
Für-sich (pour soi) 300, 302, 304, 309, vgl. Bewußtsein, Intentionalität
Fundamentalontologie (ontologie fondamentale) 103

Gedächtnis (mémoire) 229, vgl. Erinnerung
Geduld (patience) 216 f., vgl. Passivität
Gefühl (sentiment) 239 Anm. 2
Gegenstand (objet) 92, 101, vgl. Objekt
Gegenwart (présence, présent) 236, 249, 271, 327, vgl. Jetzt
Geisel (otage) *281–285*, 317, 320 f., 327, vgl. Besessenheit
Geist (esprit) 272 Anm. 2, 328
Gerechtigkeit (justice) 329
Gesagt (dit) 243, 252
Geschichtlichkeit (historicité) 180

349

Geschmacksempfindung (sensation gustative) 276 ff.
Geschöpf (créature) 318, vgl. Kreatur, Schöpfung
Gesprächspartner (interlocuteur) *108–115*
Gewalt (violence) 115 f.
Geworfenheit (déréliction) 63
Glaube (foi) 237 f.
Gleichzeitigkeit (simultanéité) 247, 255, 261, vgl. Synchronie
Gott (Dieu) 85, 211, 218, 235, 237 f., 245 ff., 259, 272 Anm. 2, 294, 329
Großmut (générosité) 216, 220, 257
Grundsatz (principe) *295–301*, vgl. Arché
Güte (bonté) 202, 204 f., 215 f., 220, 254
Gute, das (bien) 213, 237

Haut (peau) 275, 279 f., 283 f., 293, 306, 308, 311, 315, vgl. Empfindung, Leib, Sinnlichkeit
Heidentum, heidnisch (payen, paganisme) 194 f.
Heimsuchung (visitation) 221 ff., 230, 235, vgl. Besessenheit, Verfolgung
Hermeneutik (herméneutique) 220, vgl. Zirkel des Verstehens
Heteronomie (hétéronomie) *185 bis 188*, 204 f., 207
Hier (ici) 95, 147, 328 Anm. 22
Himmel (ciel) 101, 136, 141, 148, 188
Horizont (horizon) 109, 112, 114 f., 117 f., 129 f., 132 f., 138, 141, 143, 145, 159, 221, 281, 285

Ich (moi, je) 97 f., 131, 150 f., 170 Anm. 11, 186 f., 199, 209 f., 223 ff., 259, 289 f., 299, 302, 304, 308, 310 Anm. 11, 314, 317 ff., 325, 327 ff.
Ideal, Idealität des Anderen (idéal, idéalité de l'autre) 200 f., 208
Idealisieren, Idealisierung, Idealität der Bedeutung (idéalisant, idélisation, idéalité de la signification) 146, 158, *261–269*, 270, 296, vgl. Intentionalität, idealisierende
Idealismus (idéalisme) 61–64, 86, 125, 131, 137, 149 f., 156 ff., 211, 215
Idee vgl. Unendlich, Vollkommen
Identifikation (identification) 155, 189 f., 199, 209, 218, 270, 295, vgl. Bedeutung
Identität (identité) 158, 209, 212, 265 f., 268 f., 304 ff., 308, 314, 317, vgl. Bedeutung
Ille, Illeität (il, ille, illéité) 229, *230–235*, *252–257*, 259, vgl. Person, dritte
In (dans) 179
Individuell (individuel) 268 f., vgl. Singularität
Infragestellung vgl. Freiheit
Inkarnation (incarnation) 149 f., 315, vgl. Empfindnis, Empfindung, Leib, Leib-Seele-Einheit
Innerlichkeit (intériorité) 205, 253, vgl. Bewußtsein
Intellekt (intellect) 277
Intention (intention) 160 ff., 179, 274
Intentionalanalyse (analyse intentionnelle) 126 ff.
Intentionalität (intentionnalité) 64–67, 90–93, 95, 98–100, 123, 128 ff., 135 ff., *140–153*, *154 bis 184* (insbesondere *165 ff.*), 225
– idealisierende, objektivierende, thematisierende Intentionalität (intentionnalité idéalisante,

objectivante, thématisante) 143 f., 150, 170 ff., 262
- kerygmatische Intentionalität (intentionnalité kérygmatique) 262 ff., 268
- retentionale Intentionalität (intentionnalité rétentionnelle) 145, 168
- transitive Intentionalität (intentionnalité transitive) 149 f.
- transzendierende Intentionalität (intentionnalité transcendante) 168
Intersubjektivität (intersubjectivité) 183
Intrige (intrigue) 247, 254, 258, 274 Anm. 3, 282
Intuition (intuition) 143, 162 ff., 264, vgl. Anschauung
Iteration (itération) 169, 175 f., 178, 180

Jenseits (au-delà) 213, 225 f., 228 f., *258–260*, 272 Anm. 2, 297, 318, vgl. Diesseits
Jetzt (maintenant) 95, 97, 172, vgl. Gegenwart, Augenblick

Kantianismus (kantianisme) 142, 154
Kategorie (catégorie) 312, vgl. Akkusativ
Kerygma, kerygmatisch (kérygma, kérygmatique) 265 ff., 273, 281, 295, 297, vgl. Bedeutung, Intentionalität
Kinästhese, kinästhetisch (kinesthèse, kinesthétique) 146 ff., 177 ff., vgl. Bewegung
Können (pouvoir) 73 f., 76 f., 116, 181, 199, 226, vgl. Möglichkeit, Freiheit, Wille
Kommunikation (communication) 262, 273, 280 f., 290, 321 f.

Konstitution (constitution) 89, 133 ff.
- Konstitution des Raumes (constitution de l'espace) 146 ff.
Kreatur (créature) 316, vgl. Schöpfung, Geschöpf
Krieg (guerre) 114, 191
Kultur, kulturell (culture, culturel) 136, 181 f., 212, 220 f., 285
Kunst (art) 117 f., 153 Anm. 2, 212, vgl. Poesie, Schönheit

Leib, Leiblichkeit (corps, corps propre, corporéité) 95 ff., 101 f., 132 f., 136, 147 ff., 174 ff., 178, 180 f., 184, 311, vgl. Inkarnation, Sinnlichkeit
Leib-Seele-Einheit (union de l'âme et du corps) 149 ff., 177
Liebe (amour) 201, 207, 284
Liebkosung (caresse) 279 f., 283, 285, 293, vgl. Zärtlichkeit
Liturgie (liturgie) 218, vgl. Werk

Macht (pouvoir) 190, vgl. Können
Materie, Materialität (matière, matérialité) 280, 309
- erste Materie (matière première) 312 f.
Mehr denken als man denkt (penser plus qu'on ne pense) 131, 137, 197, 201, 257, vgl. Unendlichkeit
Meinen, Meinung (prétendre, prétention) 154, 263 ff.
Metaphysik (métaphysique) 98, *140–153*, 186
Miteinandersein („Miteinandersein") 110
Modalität (modalité) *246–252*
Möglich (possible) 180, vgl. Können
Moral vgl. Bewußtsein, Ethik
Mord (meurtre) 116

Mythos, mythisch (mythe, mythique) 187

Nackt, Nacktheit (nu, nudité) 117, 222, 227, 279, 284, vgl. Antlitz
Nächste, der (prochain) 115, 242, 280 f., 283 ff., vgl. Antlitz
Nähe (proximité) 242–246, 254, 261–294, 296 ff., 319, 324 f. Anm. 19, vgl. Berührung
Näherung (approche) 258, 274, 278, 291 f., 313 f., 322, 329
Name (nom) 268, vgl. Nennen, Nomen
Narzismus (narcissisme) *188 bis 195*
Nationalsozialismus (national-socialisme) 194
Nennen (nommer) 264 f., vgl. Name, Nomen
Neukantianismus (néokantianisme) 159
Neutrum (neutre) 190, 192 ff.
Nicht-sein (non-être) 320
Nomen (nom) 268, 307, vgl. Name, Nennen

Objekt (objet) 87 ff., 157, vgl. Gegenstand
objektivierend vgl. Bewußtsein, Denken, Intentionalität
Ontologie (ontologie) 79 f., 92, *103–119*, 130, 276 Anm. 5, 303, vgl. Phänomenologie, Seinsverständnis
Operation (opération) 89, 131, vgl. Technik
Opfer (sacrifice) 257 f., 290, 309, 318, 321 f., 328
Ordnung (ordre) *240–242*, 245, 251, 298 f.

Paganismus vgl. Heidentum
passiv vgl. Synthese, passive

Passivität (passivité) 173, 271, 300, 316 f., 323
Person (personne) 97, 327 f.
– dritte Person (troisième personne) 229 f., 233, vgl. Ille
Phänomen (phénomène) 85, 134, *236–259*, 291, 306, vgl. Erscheinen
Phänomenologie (phénoménologie) 53–80, *81–102*, 123–139, 140–153, 154–184, 291, 306, 322
Philosophie (philosophie) 137, *185–208*, 212, 236, 260, 302 f., 329
– abendländische, europäische Philosophie (philosophie occidentale, européenne) 187 f., 195, 203, 211 f., 296, 313
– Philosophie der Existenz (philosophie de l'existence) 64, 105 ff., 132, vgl. Existenzialismus
plastisch (plastique) 199, 221
Poesie (poésie) 280
Potentialität (potentialité) 130, 132
Prinzip (principe) 316, vgl. Grundsatz
Proklamation vgl. Kerygma
Psychismus (psychisme) 276, 278

Rätsel (énigme) 120, *236–259*, 292, 294, vgl. Duplizität, Zweideutigkeit
Raum (espace) 178, 180, 233, 252, vgl. Konstitution
Realismus (réalisme) 61, 137, 149
Rede (discours) 117, 221, 262, 268, 270, vgl. Sprache
Reduktion (réduction) 101 f., 135, 150, 184
Reflexion (réflexion) 78 f., 118
regressus ad infinitum (régression à l'infini) 273

Religion, das Religiöse (religion, le religieux) 113f., 319, 323 Anm. 18
Retention (rétention) 167ff., 303, vgl. Intentionalität
Rezeptivität vgl. Passivität
Rückläufigkeit, Rücklauf (récurrence) *302–312*, 314, 316ff.
Sachen selbst (choses elles-mêmes) 53, 87ff.
Sagen (dire) 243, 251f., 267f., 285ff. 293f.
Scham (honte) 204
Schönheit (beauté) 309 Anm. 12
Schöpfung (création) 313, 315f., vgl. Geschöpf, Kreatur
Seele (âme) 304, 327
Sehen (vision) 277, 279
Seiendes als Seiendes (l'étant en tant qu'étant, l'étant comme tel) 110–115, 117
Sein (être) 57f., 66, 109f., 116, 133, 192ff., *209–213*, 213f., 228, 232, 236, 254, 256, *258–260*, 261f., 267, 272, 295f., 300, 302, 209 Anm. 12, 314, 318, 326
Sein des Seienden (Sein des Seienden) 303, vgl. Sein
Seinsakt (acte d'être, *essence*, œuvre d'être) 65f., 69, 109, 192, 303f., 307, 318
Seinsverstehen (intelligence de l'être) 59, 104, 210ff., 215, 276 Anm. 5, vgl. Ontologie
Seitlich (latéral) 229
Selbe, das (le même) 125, 186, *188–195*, 197, 199f., 202f., *209–213*, 240, 303
Selbst vgl. Sich
Sich, Sich-selbst, Selbst (soi, soi-même) 151, 198, 289, 303ff., 307ff., 310ff., *312–315*, 315ff., 320f., 330

Singularität (singularité) 270, 287, 306f., 308, vgl. Individuell
Sinn (sens) 263, 267, vgl. Bedeutung, Horizont
Sinngebung (Sinngebung) 134
Sinnlich, Sinnlichkeit (sensible, sensibilité) 93–98, 132, 136, 144ff., 267, *275–281*, vgl. Empfindung, Leib
Situation (situation) 132, 136, 148, 178, vgl. Kinästhese
Sprache, sprechen (langage, parler) 108, 111ff., 199, 221, 252, *261–294* (insbesondere *275 bis 281*), 296, 319 Anm. 16, vgl. Rede, Sprache (langue)
Sprache (langue) 286
Spur (trace) 106, *209–235*, 243f., 248 Anm. 6, 250f., 284f., 290f., 297, 319, 322f.
Staat (état) 319 Anm. 16
Sterben (mourir) 63, 72, 74ff., vgl. Tod
Strömen (flux, fluence) 161, 270
Struktur (structure) 179ff., 184
Subjekt, subjektiv, Subjektivität (sujet, subjectif, subjecivité) 95ff., 174, 177ff., *252–257*, 302, 313f., 318, 321, 324f. Anm. 19, 327f.
Subjekt-Objekt (sujet-objet) 109, 129, 135, 143, 174ff., 178, 198
Subjektivierung des Seins (subjectivation de l'être) 101f.
Substantiv (substantif) 66, vgl. Name, nennen, Nomen
Substitution (substitution) 290, *295–330* (insbesondere *315 bis 324*)
Synchronie, Synchronismus (synchronie, synchronisme) 249, 256, vgl. Gleichzeitigkeit
Synthese, passive (synthèse passive) *269–272*

Technik (technique) 89, vgl. Operation
„Technik", phänomenologische („technique" phénoménologique) *81–102*
Teilhabe, Teilnahme (participation) 186f., 197
Tempel (temple) 101
Thema, thematisierend (thème, thématisant) 261f., vgl. Bewußtsein, Denken, Intentionalität
Theologie, theologisch (théologie, théologique) 319 Anm. 16, 323 Anm. 18
Theorie, theoretisch (théorie, théorique, théorétique) 71, 87, 89, 92, 203, 276, vgl. Wissenschaft
Tod (mort) 72, 74ff., 79, 192, 309, vgl. Sterben
Totalität (totalité) 241, 254, 256, 294
Tragödie 106
Transitiv, Transitivität (transitif, transitivité) 66ff., 104, 107, 146, 148ff., vgl. Erleben, Intentionalität
Transzendenz (transcendance) 64, 70, 97, 149, 151, 155, 180f., 213f., 230, 233, 239, 247, 250, 254, 256, 277, 321f., vgl. Intentionalität, transzendierende
Trennung (séparation) 187

Unbewußte, das (l'inconscient) 130, 302
Unendliche, das, Unendlichkeit (l'infini) 71ff., 77, 85f., 114, 118, 196f., 230, 256, 258f., 284f., 289f., 293, 319, 321, vgl. Begehren
Unendlichen, Idee des (idée de l'infini) 85f., *185–208*, 225, 256f., vgl. Begehren

Universalität (universalité) 269f., *272–275*, 293, vgl. Bedeutung, Kerygma, Sprache
Unmittelbar, Unmittelbarkeit (immédiat, immédiateté) 124, 274f., 281, vgl. Dringlichkeit
Unruhe (inquiétude) 284f., 306, 308
Urimpression (proto-impression) 94f., 133, 168f., 172f., 183
Urteil (jugement) 268, vgl. Als

Verantwortung, Verantwortlichkeit (responsabilité) 205, 224ff., 253, 275, 283ff., 288ff., 298, 301, 311f., 314ff., 318f., 320, 326ff.
Verbum (verbe) 307, vgl. Seinsakt, Sein, Transitivität
Verdinglichung (réification) 313
Verfolgung (persécution) 299ff., 310, *312–315*, 320 Anm. 17, 323, vgl. Besessenheit, Heimsuchung
Vergangenheit (passé) 210, 228ff., 232, 234, 243, 249, 258, 327, vgl. Diachronie, Zeit
Verkündigung vgl. Kerygma
Vernunft, vernünftig (raison, raisonnable) 60–64, 73, 86f., 90, 108, 114, 124, 189f., 192, 203, 211f., *236–240*, 253
Verstand (entendement) 73, 90, 124, 267
Verstehen (entendre, compréhension, intelligence) 76, 106ff., 115, vgl. Seinsverstehen
Verweisen, Verweisung (indiquer, renvoi) 243, 314
Verwirrung (dérangement) 235, *236–240*, 240f., 245, 249, vgl. Ordnung
Vollkommenen, Idee des (idée du parfait) 56, 62, 64ff., 77

Vorladung (assignation) 253, 257, 298, vgl. Anklage
Vorsokratiker (présocratiques) 195
Vorstellung (représentation) 87, 92, *120–139*, 149, vgl. Abstrakt

Wahrheit (vérité) 57f., 91f., 137, 152, 184, 185f., 188f., 246f., 272f.
Wahrnehmung (perception) 279
„weil" („parce que") 54, 84
Werk (œuvre) 215ff., vgl. Liturgie
Wertsein (valoir) 325 Anm. 20
Widerstand, ethischer (résistance éthique) 117, 198f., vgl. Infragestellung der Freiheit
Wille (volonté, vouloir) 181, 204ff., vgl. Freiheit
Wissen (savoir) 275, 291
Wissenschaft (science) 62, vgl. Theorie

Wort (mot) *291–294*

Zärtlichkeit (tendresse) 275, 279f., 283, vgl. Liebkosung
Zeichen (signe) 228ff., 234, 243, 248 Anm. 6, 261f., *285–288*, 291, 293, 323
Zeit (temps) 94f., *165–170*, *170–173*, 184, 217, 238, 259, 272, 311, vgl. Zukunft, Vergangenheit, Gegenwart, Jetzt, Augenblick, Diachronie, Synchronie
Zeitbewußtsein (conscience du temps) 94, 145
Zirkel des Verstehens (circuit d'intelligence) 108
Zukunft (avenir) 74, 77, 210, 217
Zweideutigkeit (ambiguité)
– der Ontologie (de l'ontologie) *105–108*
– des Rätsels (de l'énigme) 245, 251, 292, vgl. Duplizität des Rätsels

Werke von Emmanuel Lévinas bei Alber

„Lévinas' Gedanken ist zu wünschen, sie möchten so manche als selbstverständlich erscheinende philosophische und theologische Denkweise wenn nicht gar erschüttern, so doch uns kritisch neu sichten lassen."

Theologische Literaturzeitung

Die Unvorhersehbarkeiten der Geschichte
Aus dem Französischen von Alwin Letzkus
1. Auflage 2006
184 Seiten, Gebunden
ISBN 978-3-495-48163-9

Die philosophischen Aufsätze und Schriften aus den Jahren 1929 bis 1992 stellen den Versuch dar, im Angesicht der tragischen Ereignisse des 20. Jahrhunderts wie dem Nationalsozialismus, dem stalinistischen Terror, dem poststalinistische Totalitarismus, dem Kalten Krieg etc. Spuren einer anderen Dimension der Geschichte zu entdecken. Die Leitfrage lautet dabei: »Wie wäre eine Geschichte zu denken, der auch die Besiegten und Verfolgten noch einen gewissen gültigen Sinn verleihen könnten?« Lévinas zeigt, daß er nicht nur ein aufmerksamer Zeitzeuge des 20. Jahrhunderts gewesen ist, sondern in seinem Denken des Anderen immer auch ein Stück weit »unzeitgemäß« geblieben ist.

VERLAG KARL ALBER   www.verlag-alber.de

Werke von Emmanuel Lévinas bei Alber

Vom Sein zum Seienden
Aus dem Französischen von Anna Maria Krewani und Wolfgang Nikolaus Krewani. Mit einem Nachwort von W.N. Krewani
1. Auflage 2008
184 Seiten, Kartoniert
ISBN 978-3-495-48352-7

Dieses schon vor dem Zweiten Weltkrieg konzipierte und zum Teil in deutscher Gefangenschaft redigierte Buch macht das Bewusstsein der Gefangenschaft des Menschen zum Thema. Die Erfahrung der Gefangenschaft artikuliert sich in der tragischen Verstrickung des Menschen in die Vergangenheit, die Lévinas als die Seinsverstrickung des Menschen vorführt. Die Perspektive einer Befreiung wird dem Menschen jedoch nicht aus eigener Kraft zuteil, sondern aus der Beziehung zum Anderen, zum Weiblichen. Lévinas versteht seine Analyse des Weges vom Sein zum Seienden und vom Seienden zum Anderen zugleich als eine Analyse der Zeit.

Wenn Gott ins Denken einfällt
Diskurse über die Betroffenheit von Transzendenz
Aus dem Französischen von Thomas Wiemer. Mit einem Vorwort von Bernhard Casper
3. Auflage 2015
288 Seiten, Kartoniert
ISBN 978-3-495-47959-9

Diese deutsche Ausgabe von zentralen Aufsätzen zur Religionsphilosophie aus den Jahren 1972–1983 gibt Zeugnis von dem Versuch, Transzendenz zur Sprache zur bringen, ohne ihr durch den Zugriff des Begriffs den Charakter des Transzendenten zu nehmen. Eine besondere Rolle spielen die Auseinandersetzung mit der Phänomenologie Husserls sowie Descartes' Idee des Unendlichen. In ihr findet Lévinas das Modell eines Denkens, das sich unendlich betreffen lässt von einem bis zur Abwesenheit transzendenten Gott, der sich in der unbedingten Verpflichtung zur Verantwortung für den Anderen zu erkennen gibt.

VERLAG KARL ALBER    www.verlag-alber.de

Werke von Emmanuel Lévinas bei Alber

Totalität und Unendlichkeit
Versuch über die Exteriorität
Aus dem Französischen von Wolfgang Nikolaus Krewani
5. Auflage 2016
470 Seiten, Kartoniert
ISBN 978-3-495-48055-7

Für Lévinas ist die soziale Beziehung zwischen Menschen etwas so Eigentümliches, daß sie nicht auf die Kausalbeziehung, die Logik oder die Intentionalität zurückgeführt werden kann. In seinem Denken bildet sie das eigentliche, Welt konstituierende und zugleich transzendierende »Prinzip«, von dem her alle anderen Beziehungen verständlich werden. Sie führt uns über die Totalität der Welt hinaus zum Unendlichen des Anderen. Lévinas stellt in diesem Hauptwerk die Eigenart sozialer Beziehungen heraus, entwickelt sodann den Begriff des autonomen Subjekts und thematisiert die ethische Begegnung mit dem Anderen sowie den Verlust der Autonomie. Abschließend erörtert Lévinas die Möglichkeit der Erneuerung des Subjekts in der erotischen Beziehung und der Familie.

Jenseits des Seins oder anders als Sein geschieht
Aus dem Französischen von Thomas Wiemer
3. Auflage 2016
408 Seiten, Kartoniert
ISBN 978-3-495-47901-8

In seinem zweiten Hauptwerk vertieft Lévinas die Kritik an der abendländischen Ontologie. In einer der Ausgesetztheit an die Sinnlosigkeit abgerungenen Sprache versucht er, die Krise des neuzeitlichen Humanismus so ernst zu nehmen, daß im Identitätszerfall auf der ontologischen Ebene die Berufung zu einer vorgängig anders verstandenen Conditio humana vernehmbar wird. Ihre Bestimmung ist die Vorladung zu einer Verantwortung, für die ich mich vertreten lassen kann. Diese Bestimmung gilt, so die These des Buches, unabhängig von den Gesetzen des Seins, sie regiert anders, als Sein geschieht.